U0136018

謹以本書敬獻給

兩位古道專家暨學者

唐羽先生

與

楊南郡先生

臺灣古道與交通研究

——從古蹟發現歷史卷之二

卓克華　著

蘭臺出版社

目　錄

臺灣古道與交通研究——從古蹟發現歷史卷之二

臺灣古道與交通研究──從古蹟發現歷史卷之二

序

陳宗仁

　　克華兄與我都是臺灣史學界的同行，在這個圈子裡，通常工作目標是在一級期刊發表論文，參與國際級的學術會議，或每年向科技部申請專題研究計畫，歷史學系或研究單位進行評鑑時，這些都是重要的指標，年復一年，很多人身陷其中，我也在內，但是克華兄似乎走在另一條路上。

　　我最早注意到克華兄的作品，是他有關清代行郊的研究，啼聲初試，即受矚目。這些年來，他與建築師合作，進行臺灣各地的古蹟調查、研究，如民間的寺廟、舊宅，也有官方的衙署、館邸，近代的郵局、燈塔等，使得他的著作目錄洋洋灑灑，研究課題紛雜多樣。這樣的研究路徑見不到史詩般的大歷史敘事，不是通論數百年的長時段架構？這些「雜文」如同一塊塊紅磚或青石，散落一地，固然不成片段，但若巧手堆砌，雖不敢說是七寶樓臺，至少是便利後學的街衢巷道。

　　這些年裡，克華兄結集成書的作品有《民間文書與媽祖廟之研究》、《從寺廟發現歷史：臺灣寺廟文獻之解讀與意涵》、《從古蹟發現歷史：家族與人物》、《寺廟與台灣開發史》等，這些書名其實代表著克華兄對臺灣史的解讀，涉及歷史

研究法、文獻解讀、臺灣的歷史脈絡。今年出版《臺灣古道與交通研究─從古蹟發現歷史卷之二》，收入十篇文章，談論主題涉及古道、海關、燈塔、郵局、鐵路驛站等，年代大致是十九到二十世紀的歷史變遷，全書勾勒的是清朝統治下的臺灣走向現代化的歷程。

　　克華兄走在一條行人不多的研究路上，他用古蹟說故事，臺灣歷史的底蘊，靜待讀者探尋。

實用史學的典範

謝英從

　　清代史學大師章學誠曾言：「君子苟有志於學，則必求當代典章以切於人倫日用，必求官司掌故而通於經術精微，則學為實事而文非空言，所謂有體必有用也。不知當代而言好古，不通掌故而言經術，則鑿帨之文，射覆之學，雖極精微，其無當於實用也審矣。」這是章氏視史學為實用之學最重要言論，吾稱之為實用史學。

　　對於史學工作者而言，章氏給我們最大的啟發是史學研究必須與當代生活結合在一起，而且是符合人民需求的學問才是真實的學問，所謂「必求當代典章以切於人倫日用」的意旨在此。所以一個史學工作者不能埋首於過去的歷史，而與當代生活脫節。明白地說，史學工作者研究歷史須從人民的需求著手，以歷史的專業解決當代的問題。從這個角度來看，卓克華教授以歷史學角度，探討「前清淡水總務司官邸」、「臺北郵局」、「淡蘭古道與金字碑」、「阿里山森林鐵路北門驛」、「新埤鄉東柵門」、「石頭營聖蹟亭與南部古道」、「西嶼燈塔」、「臺北市水源地唧筒」等建物的歷史價值，讓人民了解文化資產的重要，而加以保存維護，這是章氏實用史學的具體表現。

　　近來學界提倡應用史學，顯示史學界也注意到過去史學研

究陷入「不知當代而言好古」的通病，但提倡應用史學，似乎意指理論史學不具實用性，這種作法似乎與章氏的看法有很大的不同，依章氏的論述，不管是應用史學或理論史學，只要從當代人民的需求著手，都具有實用性，所以他強調「必求當代典章以切於人倫日用，必求官司掌故而通於經術精微，則學為實事而文非空言」。依我的看法，所謂「必求當代典章以切於人倫日用」指的是應用史學；「必求官司掌故而通於經術精微」指的是理論史學，了解此中的道理，我們就知道卓克華教授這本大作，在史學界的重要性。

淡蘭古道與金字碑之研究

一、宜蘭早期的對外交通

在臺灣開發史上宜蘭因地處山後，形勢隔絕，成為拓墾尾閭。宜蘭舊稱蛤仔難、噶瑪蘭、蛤仔欄、……名稱繁多，皆譯自昔居宜蘭平原之卡瓦蘭平埔族（kavalan）之族稱。其地居臺灣東北一隅，西南北環山，東臨太平洋，依山憑海，懷抱平原，在地理上形成自然體系，所以一向被視為「後山」。宜蘭位於後山北境，重山環繞，峰巒險峻，野川四流，行旅困難，交通問題遂成為移墾宜蘭地區首須面對之問題。

早期宜蘭對外之交通，首見於記述者，為西班牙宣教師愛斯基委（Jacinto Esquivel），於明崇禎五年（1632）所著之備忘錄。蓋在是年，有一批西班牙船員遇風漂至蛤仔難被殺，西班牙發兵由海路進攻平原。不過，由於船隊係由馬尼拉派出，並

非由臺灣西部出發，不足以代表其時到後山之交通。[1]嗣後，崇禎十七年（1644）九月間，荷人為探東臺灣之產金地，分別由海陸二路，派出軍隊，由雞籠南下欲進入蛤仔難。其中陸路一支由康尼利斯（Symen Cornelisz）率領，於到達三貂角後，為惡劣氣候與斷崖所阻，無法前進。海路一支由拉莫丟斯（Lamotius）率領，抵達三貂角後，另派遣部分軍隊到達今蘇澳灣（St. Laurens），征服平原之四十四處村落。其軍隊由五艘軍艦組成，擁有五百名軍士，復配置有六十名負責運送工作之漢人。[2]由此推論，此六十名漢人頗有可能將相關之地理形勢流傳出去，成為漢「番」交通之先鋒。

康熙中葉以後，對於臺灣北路略有概念，知有「山朝溪」、「山朝山」（今三貂山），「蛤仔難三十六社」等等記載，散見諸方志雜記。較明確者，在康熙卅二年（1963），有陳文、林侃等人之商船，遭風漂至其地，住居經年，習知番語，悉其港道。卅四年，有大雞籠通事賴科、潘冬等，為通山東土番，以七人為侶，越度叢山，抵達東面，並將該地之崇爻八社招撫歸附。[3]此次探勘路線係採陸路，其後一年一次之往返貿易，率

---

[1] 中村孝志著，賴永祥譯〈十七世紀西班牙人在臺灣的佈教〉收於《臺灣史研究初集》（譯者自刊，民國59年10月初版），頁126。

[2] 裴松林〈荷蘭之臺灣統治〉《臺灣文獻》第十卷三期，民國48年9月出版，頁22~23。

[3] 藍鼎元《東征集》卷六〈記臺灣山後崇爻八社〉（臺銀文叢第十二種，民國47年2月出版）頁90~91。並見郁其照錄〈臺灣番社考〉，收於《臺灣輿地彙鈔》（臺銀文叢第二一種，民國47年2月出版），頁38。

多採行海路，由安平鎮大港出口，沿海邊而行，順著西北風，歷鳳山、打狗，過琅璚，至沙馬磯頭（今鵝鑾鼻一帶）。然後向東轉行山背，改用南風北駛，到達山後。如果欲進一步通往蛤仔難，藍鼎元〈記臺灣山後崇爻八社〉載：

> 竹腳宣、……薄薄社……。東北山外，悉皆大海，又當從水道沿山，歷哆囉、猴猴，始道蛤仔難（蛤仔難三十六社，與三朝山雞籠相近），水道二十一更；南路船無有過者，惟淡水社船由大雞籠、三朝而至云[4]。

至康熙末年，交通益繁，知曉愈多，記載愈詳，周鍾瑄《諸羅縣志》〈風俗志〉記：

> 蛤仔難、哆囉滿等社，遠在山後。……越蛤仔難以南有猴猴社；云一、二日便至其地，多生番，漢人不敢入。各社於夏、秋時，划蟒甲，載土產（如鹿脯、通草、水藤之類），順流出，近社之旁與漢人互市。漢人亦用蟒甲載貨以入，灘流迅速，蟒甲多覆溺破碎；雖利可倍蓰，必通事熟於地理，稍通其語者，乃敢孤注一擲[5]。

於山川建置之記載有：

---

[4] 同上註3，頁91。

[5] 周鍾瑄《諸羅縣志》卷八〈風俗志，雜俗〉：蛤仔難條（臺銀文叢第一四一種，民國51年6月出版），頁171。

八尺門之南為山朝溪，為蛤仔難港（港有三合諸山，灘流與海潮匯。蛤仔難三十六社，散處於港之左右），東為大海[6]。

於是，利之所趨，漢人群入深山，雜耕「番」地，與之貿易，藍鼎元《平臺紀略》云：

> 前此臺灣，止府治百餘里，鳳山、諸羅皆毒惡瘴地，今其邑者尚不敢至；今則南盡郎璚，北窮淡水，雞籠以上千五百里。……前此大山之麓，人莫敢近，以為野番嗜殺；今則群入深山，雜耕番地，雖殺不畏，甚至傀儡內山、臺灣山後、蛤仔難、崇爻、卑南覓等社，亦有漢人敢至其地，與之貿易。生聚日繁，漸廓漸遠，雖屬禁不能使止也[7]。

浸而久之，此批漢人與生「番」雜處日久，通「番」語，解「番」情，識山川，成為漢「番」媒介之「番割」。透過「番」割建立了漢番之間關係，也促成以後漢人漸漸移入宜蘭之基礎。如康熙六十一年（1722），一何姓番割曾拯救落難之漳州把總朱文炳，黃淑璥〈番俗六考〉記其事：

---

[6]　周鍾瑄前揭書，卷一建置志山川，頁15。
[7]　藍鼎元《平臺紀略》（臺銀文叢第一四種，民國47年4月出版），頁30。

康熙壬寅五月十六至十八三日大風，漳州把總朱文炳帶卒更戌，船在鹿耳門外，為風飄至南路山後，歷三晝夜至蛤仔難，船破登岸，番疑為寇，將殺之，社有何姓者，素與番交易，力為諭止，晚宿番社，番食以麂，朱以片臠飼番，輒遜匿不食，借用木罌瓦釜，番惡其污也，洗滌數四。所食者，生蟹烏魚，略加以鹽，活嚼生吞，相對驩甚，文炳臨行，犒以銀錢，不受，予以藍布舊衣，欣喜過望，兼具蟒甲以送[8]。

惟上引史料，泰半為海路交通情形，陸路交通方面，亦有若干史料可徵引。如康熙末年藍廷珍剿平朱一貴之亂，追剿遺黨，為防匪類屯藏山後，委託民人相助搜尋，藍鼎元〈檄淡水謝守戎〉文載：

查大雞籠社夥長許略，干豆門媽祖宮廟祝林助，山後頭家劉裕，蛤仔難夥長許拔四人，皆能通番語，皆嘗躬親涉其地購社和番，熟悉山後路徑情形。該弁其為我羅而致之，待以優禮，資其行李餱糧之具，俾往山後採探，有無匪類屯藏巖阿，窮搜幽遐，周遊遍歷。……但恐許略等或有畏遠憚行，弗克殫心竭力，潛蹤近地，飾言相欺。…更選能繪畫者與之偕行，凡所歷山川疆境，一一

[8] 黃叔璥《臺海使槎錄》卷六〈番俗六考〉（臺銀文叢第四種，民國46年11月出版），頁140。

為我圖誌。自淡水出門，十里至某處，二十里至某處，水陸程途，至蛤仔難接卑南覓而止。百里、千里，無得間斷，某處、某社、某山、某番、平原曠野，山窩窟穴，悉皆寫其情狀，註其名色。使臺灣山後千里幅員，一齊收入畫圖中，披覽之下，瞭如身歷[9]。

據上引，知許略、許拔等人通番語，皆嘗躬親跋涉其地，熟悉山後路徑情形。惜文中語略不詳，於陸路路線僅含混提及「自淡水出門，十里至某處，二十里至某處，水陸程途，至蛤仔難接卑南覓而止。」其後知黃淑璥《臺海使槎錄》，亦略記出入之途徑，〈赤嵌筆談〉記：

自澹水經楓仔嶼嶺，上下十里。過港至雞籠，山高多石，山下即雞籠社。稍進為雞籠港，港道狹隘，港口有紅毛石城……遠望為小雞籠嶼，番不之居，……循此而上，至山朝社。又上，至蛤仔難諸社，深菁鳥道，至者鮮矣！[10]

山朝社即三貂社，至於「深菁鳥道」一語究竟是指一路行來之山徑路況，抑或僅是泛指當地地理形勢，已難推究，不過同書〈番俗六考〉記北路諸「番」，其中阿里山至蛤仔難又有二條山路：

---

[9]　藍鼎元《東征集》卷二〈檄淡水謝守戎〉，頁 25。

[10]　黃淑璥前揭書，頁九

有至崇爻社者，自倒咯嘓用土番指引，盤山逾嶺，涉澗穿林，即成五日夜方至。由民仔里武，三日可至蛤仔難，但峻嶺深林，生番錯處，漢人鮮至，或云水沙連過湖，半日至加老望埔，一日至描里眉，一日至眉加堞，一日至望加臘，一日至福骨，一日半至買槽無老，又一日半至民仔里武，二日至蛤仔難社。[11]

此二條山路，殆所謂「番仔路」者，來往恆取崙頂或稜線，一則利於進退，二則視野廣闊可瞭解週遭狀況，三則行走稜線，路途較為捷近。故其所經路徑，頗與乾隆五十二年（1787），林爽文殘部逃亡路線相近。

按，乾隆五十一年林爽文抗清事件起，翌年，福康安渡海鎮壓，亂稍平，於是年十二月攻入大里杙，林爽文已先前一步，逃入內山。越年正月，聞林爽文在埔里社、埔尾等地，時臺灣知府楊廷理，籌防杜止林爽文殘部之逃竄路線，檄令淡水同知徐夢麟與副將徐鼎士，於臺灣東北堵截，《欽定平定臺灣紀略》詳記此役，正月十四日條：

> 僉稱，聞得林爽文現在埔裡社、埔尾等處潛匿。……其埔里東北一帶山口要隘，雖已嚴密，但遠在山外，不能制其北竄內山之路。已飛飭徐鼎士、徐夢麟等帶領屋鰲

---

[11] 同註8

等生番，岸裡社熟番，進至內山蛤仔欄等處，在東北面
堵截[12]。

二月初一日條又記：

> 聞林爽文於（正月）二十四日夜間，在東勢角地方，被
> 生番截殺四百餘人，餘眾沿山北去。查看賊人蹤跡，係
> 兩路逃走，隨將官兵分為兩路，……。二十七日，行至
> 獅頭社。……據……生番等稟稱：「林爽文於二十五日
> 到獅子頭地方。……止剩賊一、二百人過山逃去。大
> 約從貓裡社逃往三貂地方。生番等不認得林爽文，不知
> 可曾殺死」等語。隨將各生番所獻首級並拏獲活賊逐一
> 認識，俱非林爽文。仍即分路帶兵馳往追捕[13]。

文末提及其時地理形勢與吳沙其人：

> 臣查臺灣以東，皆係大山，越過大山數十重，東面仍屬
> 瀕海。三貂社在淡水極北，轉東逼近海岸，與蛤仔欄相
> 近；本係番界，間有貧民前往租地耕墾。今林爽文在內
> 山逃往三貂，必由蛤仔欄經過；前經臣檄調副將徐鼎
> 士、同知徐夢麟帶領生熟番眾，至蛤仔欄邀截。徐夢麟
> 已於本月二十五日同都司徐機，至八堵地方屯劄。查八

---

[12] 《欽定平定臺灣紀略》卷五十，乾隆五十三年正月十四日條（臺銀文叢第一
○二種，民國50年6月出版），頁821。

[13] 同上註前揭書，卷五十三，乾隆五十三年二月初一日條，頁847。

堵距蛤仔欄不過二百餘里，層巒疊嶂，山徑陡峭，步行前進約有三、四日程途。且該處均係生番居住，必須熟悉情形之人，方能前往；前已訪明居住三貂之吳沙、許天送及生番通事張光彩等，最為熟悉，復示以重賞，令其遍諭該處生番擒獻逆匪，並即帶領官兵入山堵截[14]。

據此，可知吳沙早在乾隆中業已入居三貂，由於稟性好俠，三籍流民前來投靠者愈多，連一些亡命之徒，都視為藏身淵藪，於是引起官府注意，「淡水廳聞懼其為亂，乃遣諭羈縻之」。[15]很明顯地，林爽文餘黨「逃往三貂」，應該是前去投靠吳沙。吳沙可能因堵截有功而授封為「武信郎」，[16]得以交結官府，提昇聲望，更有助於他的號召力，促成他日後開蘭成功要素之一。

復次，乾隆五十八年（1793），奉檄調臺任吏職而於嘉慶十年（1805）解組歸里之翟灝，於所撰《臺陽筆記》中〈蛤仔欄記〉一文中，也曾提及由淡北入蘭之路有二條：其一由淡北之大雞籠沿海繞北而南，計程六日。其一由新莊之擺接保越大玉山南斜趨而北，計一晝夜[17]。

---

[14] 同上註，二月初一日，頁 848。

[15] 姚瑩〈噶瑪蘭原始〉，收於陳淑均《噶瑪蘭廳誌》（臺銀文叢第一六〇種，民國 52 年 3 月出版）卷七雜識，頁 371。

[16] 據吳沙墓之墓碑。

[17] 翟灝《臺陽筆記》之〈蛤仔欄記〉（臺銀文叢第二〇種，民國 47 年 5 月出版），頁 23。

　　總之，從上引之志書與諸家筆記，可知宜蘭對外交通有海、陸之別，而陸路即是山路，廣泛而多歧，令人讀之，易茲混淆，以下粗分南、北二路探討，北路再分（一）文山線，（二）三貂嶺線詳探。

二、宜蘭南路古道的探討

　　南路線之通蘭古道，係指以竹塹以南為主，首見於前揭《臺海使槎錄》所提及之二條番仔路，此二條路從中部連通東北部高山地帶，所經之地「盤山逾嶺，涉澗穿林」、「峻嶺深林，生番錯處，漢人鮮至」，尚須「土番指引」，真可謂計程迂迴，成了漢人逋逃之藪。迨及開蘭以後，少見官方資料提及，有之，嘉道年間嘉義、彰化、淡水等地平埔族遷往埔里、噶瑪蘭等地而漢人隨之跟進，方傳穟〈開埔里社議〉記：

> 其（指埔里社）山後東北遙通噶瑪蘭，東南則奇來秀姑蘭，鳥道曲逕，蓋不甚遠。一經開墾，難保無民人透越潛通。即使埔社之人，毋庸更入後山，而山後噶瑪蘭人，向苦由三貂轉出山前，路程險遠，今埔社既開，勢必由山後透越而至。[18]

---

[18] 方傳穟〈開埔里社議〉，收於周璽《彰化縣志》卷十二〈藝文志〉，（臺銀文叢第一五六種，民國51年11月出版），頁180。

　　再則，嘉慶九年（1804），蘭地初闢，彰化社「番首」潘賢文、大乳汗毛格，由於犯法懼捕，糾合岸裡社（約在今臺中縣豐原市、神岡鄉、后里鄉）、阿里史社（約在今臺中縣潭子鄉）、阿束社（約在今彰化市）東螺社（約在今彰化縣埤頭鄉）、北投社（約在今南投縣草屯鎮）、大甲社（約在今臺中縣大甲鎮、外埔鄉）、吞霄社（約在今苗栗縣通宵鎮）與馬賽社（不詳）諸「番」千餘人，越內山逃至五圍，欲爭地，引發一場流「番」與漢人之間戰鬥。[19]惜所經路線未見記載，以地緣推論，殆亦不外乎前述二條番仔路左近，也即是大致溯大甲溪谷，聰匹亞南隘，再沿叭哩沙喃溪（今蘭陽溪）入蘭陽平原，並介入漳、泉、粵三籍流民土地爭奪，終於退至西勢地方，在今日宜蘭三星鄉境創建阿里史庄。

　　要之，此路線深箐鳥道，生「番」伏潛，究竟非漢人所敢利用，故蘭地方闢，官方開道，便北移至竹塹，由九芎林進山，嘉慶十六年（1810），閩浙總督汪志伊與福建巡撫張師誠預籌進山備道，於〈雙銜會奏稿〉中建議：

> 蘭初闢時，預備進山備道，以便策應緩急。其路凡三條；一條由淡水、三貂過嶐嶐嶺抵頭圍；係入山正道。……又一路由艋舺之大坪林進山，從內山行走，經大湖隘，可抵東勢之溪洲……。又一路由竹塹之九芎林（今新竹

[19]　姚瑩《東槎記略》卷三〈噶瑪蘭原始〉（臺銀文叢第七種，民國46年11月出版），頁180。

縣芎林鄉）進山，經鹽菜甕（今新竹縣關西鎮），翻玉山腳，由內鹿埔可出東勢之叭里沙喃，係在粵人分得地界之內。[20]

柯培元《噶瑪蘭志略》〈關隘志〉「叭哩沙喃隘」條記：

在廳治西三十里番山前，重溪環繞，逼近額刺王字生番，第一險要，隘丁十二名。內另一路在鹽菜甕翻玉山腳，可通竹塹、九芎林仔，粵人分得地界。[21]

可見此一路線係自今新竹縣東部入山由宜蘭縣溪南之三星鄉出口，取用此道者，多來自關西、新竹、芎林等地粵籍移民為主，並設有隘寮隘丁駐守防「番」。所謂「係在粵人分得地界之內」一事，是指昔年吳沙招三籍流民入墾，初漳人眾多，分地得頭圍至四圍、辛仔羅罕溪（以上約在今宜蘭市一帶）；泉人少，僅分以二圍菜園地；粵人未有分地，民壯工食仰給漳人，後粵泉械鬥，粵人傷眾，將棄地走，漳人留之，更分以柴圍之三十九結，奇立冊二處（以上約今礁溪鄉一帶）。嘉慶七年（1802），三籍人至益眾，漳得金包里、股員山、仔大、三鬮、深溝地；泉得四鬮、一四鬮、二四鬮、三渡船頭地，又自

---

[20] 陳淑均《噶瑪蘭廳志》卷八〈雜識·紀事〉，頁 431~432。並見柯培元《噶瑪蘭志略》卷十三藝文志〈雙銜會奏稿〉（臺銀文叢第九二種，民國 50 年 1 月出版），頁 145~146。

[21] 柯培元前揭書，頁 26。

開溪洲一帶；粵得一結至七結地（以上約在今員山鄉一帶）。

　　至嘉慶十一年，漳泉又鬥，泉所分地多為漳有，僅存溪洲，不久雙方復合，乃自溪洲沿海開地至大湖，粵人乃至東勢開冬山一帶，而漳人也攻入「土番」社內，遂有羅東。[22]其間三籍民人雜處，夙分氣類，動輒械鬥，以強凌弱，故官府區分道路以區隔開，正道大路係在丁口最多漳人地內；進山備道小路二處，泉、粵二籍民人適各得其一，則三籍民人地界內，各有出山之路，避免引發糾紛，再起械鬥。[23]

三、北路淡蘭古道的探討

第一項　文山線

　　文山線之通蘭古道，入山在文山保（初爭拳山保），入山以後，又有東、西二支線之分，東支經過北勢溪上游山區，進入三貂地區。至於西支，係循南勢溪而上，進入生番地界。西支路線即前引〈雙銜會奏稿〉中之「又一路由艋舺之大坪林進山，從內山行走，經大湖隘，可抵東勢之溪洲」，文中「大坪林」，其地即拳山堡十四莊中之「大坪林莊」，鄰近秀朗、暗坑仔、青潭等莊，即今新店市地區。「大湖隘」，屬溪洲堡內山，

---

[22] 同註 19 姚瑩前引文。

[23] 同註 20 陳淑均前揭書。

《噶瑪蘭志略》〈關隘志〉，記「大湖隘」：

> 大湖隘，再廳治西四十二里大湖山前莊後，通生番界，
> 隘丁十二名。內山另開一路從內行走，可通淡水、艋舺、
> （大）評〔坪〕林仔，泉人分得地界[24]。

〈噶瑪蘭廳與圖〉亦記有：「此處另有小路一條，可通淡水、艋舺、大坪林」，[25]可證確有此一可通行之古道。

據上引史料，此條古道路線可推測為：從艋舺→公館→梘尾→新店，然後由當時之新店街，沿新店溪進入屈尺之番界。再於上游之匯流處，轉溯南勢溪，進入烏來番地，轉桶后溪，抵達桶后。復由阿玉山與紅柴山之間，越過分水嶺抵蘭界，取道宜蘭員山鄉之舊大湖庄、隘界等地，到達溪洲。

此條路線所經，均屬蠻叢險涉之境，仍屬番仔路一類，且路線分歧不一，行走時又須「結隊前進，以防生番肆殺，野獸搏噬」。[26]至於此西支路線何時出現，已難稽考，應在嘉慶末年即有，而姚瑩〈籌議噶瑪蘭定制〉將其列為入山備道，並詳介其路況：

---

[24] 柯培元前揭書，卷三〈關隘志〉，大湖隘條，頁25。
[25] 據《臺灣府與圖纂要》〈噶瑪蘭廳與圖〉，大湖隘條（臺銀文叢第一八一種，民國52年11月出版），頁328。
[26] 陳淑均前揭書，頁350。

噶瑪蘭廳應修備道二條，泉、粵二籍民人分墾地界，各得其一。……緣兩處備道，一由艋舺之大坪林進山，從內山折轉，至大湖隘，始抵東勢之溪洲，係泉人分得地界；一由竹塹之九芎林進山，經鹽菜甕，翻玉山內鹿埔（約今宜蘭縣東山鄉），可出東勢之小叭哩沙喃口，係粵人分得地界。計程皆應三日，而所歷懸崖峭壁，山徑崎嶇，樹木叢雜，須攀藤附葛而上，生番處處皆可出沒；兼隔大溪數重，深不可測，怪石羅列，舟楫難施；溪流復移徙不定，並無涯岸可建橋樑。……天限險峻，紆迴百數十里，並無平坦之地可以墾闢田園。山內向無居民，即樵採之人，亦不敢窮幽深入[27]。

文山線東支之通蘭古道正式出現較晚，早在嘉慶廿三年（1818），官方令泉人、粵人之頭人捐資辦理南路線與文山線東支的開路經費，因為事非急要，暫緩修築，至道光四年（1824）後竟成安溪茶販商路，《噶瑪蘭廳志》記：

蘭初闢時，預籌進山備道，以便策應緩急。其路凡三條，……至道光四年，呂（志恒）蒞廳籌議定制，又以事非急要，請咨緩修。近年以來，艋舺、安溪茶販，竟

---

[27] 陳淑均前揭書，卷七〈雜識上・紀文〉，收姚瑩〈籌議噶瑪蘭定制〉入山備道條，頁349。

由大坪林內山一帶行走，直出頭圍。其徑甚捷，徒無生番出沒，可見今昔形勢，又自不同矣[28]。

另外，文字中又提及：「但此時艋舺近莊人，已多由萬順寮六里至平林尾，過溪入九芎林，開闢田園千萬頃」[29]，以上諸地悉分布在臺北縣深坑、坪林二鄉境內，若由附近地區之開闢年代推測，此路或者乾隆末年已有，蓋乾隆五十三年堵截林爽文時，官方擬有便道一條，計劃開闢，陳培桂《淡水廳志》〈封域志〉附「淡蘭擬闢便道議」載：

> 由淡赴蘭，率苦三貂險。遠有議新闢便道者，途僅百十里（屬淡者八十里，屬蘭者三十里）。林爽文亂時，當軸議防，以此為備道；請開未果。今存其議，以俟將來[30]。

並於此條「便道」所經路線，文中詳記：

> 計自艋舺武營南門啟程，五里古亭村、水下頭，宜鋪石。五里觀音嶺腳，亦宜石，……十里深坑仔街，有渡，宜船（中一里許山路，已修尚平）；五里楓仔林，田塍尚闊；五里石碇仔街，……五里烏塗窟嶺腳，……五里大

---

[28] 陳淑均前接書，頁431。

[29] 同註27。

[30] 陳培桂《淡水廳志》卷二〈封域志・疆界〉附「淡蘭擬闢便道議」，（臺銀文叢地一七二種，民國52年8月出版），頁25。

隔門，金山路……，下嶺五里柯仔崙坑，一半山路，樹木陰翳，有兩坑……，五里粗掘坑，路平多樹，亦有兩坑……，五里仁里坂，有渡，宜船，山路平……，五里彎潭渡……（此間山平多種茶，自茶園中行）過渡鶯仔瀨；五里石磘坑……（自楓仔林至石磘，坑凡四十里，人煙稠密），又五里三分仔坑……，五里頂雙溪……，五里四堵寮，山路……五里金面山頭分水崙，即淡、蘭交界，山路，宜修闊。八里嶺腳礁溪街北（嶺高而不險，居民多種茶，有市百餘家）；十七里噶瑪蘭三結街，大路平坦。[31]

此一便道之路程，自臺北之艋舺街啟程，經古亭村（大加蚋堡），越觀音嶺，出石碇街（文山堡），越烏塗堀嶺，涉灣潭渡（新店溪上游），經鶯仔瀨、石磘坑、四堵寮（文山堡），到金面山頭分水崙（即淡蘭交界）下嶺，由礁溪街（四圍堡）入噶瑪蘭城，持與今地印證，其路線如下：由臺北市之古亭→景美→木柵→深坑→石碇→烏塗窟→坪林→宜蘭，幾與今北宜公路相同，期間所經地區，大抵均為泉籍安溪人之聚落，務農且以種茶為主，與前引之「安溪茶販」，由「大平林內山」行走諸說，大致吻合，且此時「有市百餘家」，其繁榮可想而知。

文末附言：「此路開行，（舊路仍不廢），亦利國便民之一

---

[31] 同上註。

端，留以告後之官斯土，有事會可乘者為之也。」以及「此路曾會營查勘，亦有兩路，一較近而費多；一稍遠而費省；經費絀中止」等字樣。[32]可知尚有另一通道，《臺灣府輿圖纂要》中〈噶瑪蘭廳輿圖〉記「頭圍後山通艋舺小路」云：

> 蘭徑開闢之初，曾議由內山增設備道一條，以防緩急之用。後以山路險巇，且路經生番地面，究非完善之計；故未果行。近年木拔道通，生番歛跡；頭圍新闢小路一條，山程九十餘里，可一日而抵艋舺。路由頭圍後山土地坑北行，越嶺十五里樟崙，東轉下嶺至炭窯坑。遶山西行十五里統櫃（此處最為險要）；樹木陰翳，障避天日。循嶺而下，穿林度石，八里為虎尾寮。西南行過溪，上大嶺八里大粗坑，四里崙仔洋。過溪，平洋三里石亭，六里枋仔林，三里深坑渡；翛然一片坦途。至萬順寮再上山崙，六里樟腳、三里六張犁，此去十五里，一帶大路，直達艋舺武營頭出口（自虎尾寮潭以下，皆西南行）。……惟其地未經除治，不過僅容背負往來，輿馬亦礙難行走。[33]

此一捷徑，據附註之說：「係履勘之便，順道跟尋而得」之二條路線之一，由於此一捷徑「可一日而抵艋舺」，所以「不

---

[32] 同上註。

[33] 同註24前引書，頁332。

特民間稍減跋涉之苦，而且省卻無數經營備道之費，其有益於
地方者，正復不少。」[34] 其有助早期噶瑪蘭之開發，當無庸
置疑。除上述諸路外，《臺灣府輿圖纂要》，又載有一條由頭圍
通往黃總大坪之路徑：

> ……黃總大坪者，當人力未及之時，棄為荒埔；迫道光
> 年間，有黃千總始招佃入其地。……路由頭圍北關內土
> 名外澳仔，登山至外石硿嶺，轉北五里為內石崆嶺，越
> 嶺東北支分小路一條，七里至烏山溪尾寮，則為黃總大
> 坪矣。其間土地平曠，田園溝渠流灌，阡陌交通。唯僻
> 處偏隅，經由之路難沓，蠶叢險偪，難容輿馬[35]。

所謂黃總大坪，清代隸屬拳山堡，約今雙溪鄉泰平村一
帶，同書〈噶瑪蘭廳輿圖〉山水條云：「頭圍後山。（上七里、
下八里）：廳治北三十五里，屬頭圍堡。連岡疊嶂，綿亙磅礴。
北走嶐嶐，南連金面；後通頭圍、外澳石崆嶺，有小路一條，
不過數十里可達艋舺。」[36]

此一路線雜沓，多有分歧，《噶瑪蘭廳志》〈紀事〉「蘭入
山孔道」條詳載：

---

[34] 同上註。

[35] 同前註前揭書，頁 332。

[36] 同前註前揭書，頁 323。

臺灣古道與交通研究──從古蹟發現歷史卷之二

茲查存一路，地甚寬坦，毋庸多涉深溪，重經峻嶺；只由頭圍砲臺外，斜過石磽仔山，六里至鹿寮（一名刣牛寮），再十二里至大溪，又十二里大坪，二十里至雙溪頭，雙溪頭二十里出淡屬之水返腳，再二十五里便抵艋舺矣。統計自頭圍至艋舺九十五里，自蘭城至艋舺一百二十五里。凡所經過內山，素無生番出沒，一概坐料煮栳、打鹿、抽籐之家。而大溪、大坪、雙溪頭一帶，皆有寮屋，居民可資栖息。現安溪茶販入蘭往返，皆資此途。惟中有溪流數處，深廣五、六尺許，必須造橋五、六坐，設隘一、二寮，方足利於行人[37]。

這一山間古道，近人唐羽曾四次踏勘其徑，其中：（一）自柑腳取道大坪一次，（二）由內大溪→三分二→烏山→，再折返至坪溪→石磽嶺→頭圍一次，（三）由頂雙溪→苦谷坑→大樟嶺→黃總大坪→破仔寮→溪尾寮→順北勢溪出坪林一次。而坪溪至石磽嶺一段，係沿北勢溪上游，南溯鶯仔嶺部分平行，道路平坦，兩邊峰巒夾峙，途徑隱密，嶺道壁立，至石磽嶺，下嶺出山，經外澳，即可抵達烏石港附近。並探詢泰平村居民，證實昔日為通往臺北平原之捷徑。至於雙溪頭抵達艋舺之後半段道路，唐羽以為雙溪頭似指今之柑腳，其附近上有山路一條，可直通平溪鄉平湖村，然後取道嶺腳寮，翻越石磽

[37] 陳淑均前揭書，頁432。

子，進入汐止鎮（昔水返腳）東山里之羌子寮，出保長坑，再抵達艋舺。[38]

　　此文山線路，於劉銘傳開山撫番時，因臺北至宜蘭間之舊道迂遠，遂計劃改由臺北府城大南門經景尾街，自坪林尾越山通宜蘭頭圍之便路，予以拓寬舖設，前後歷經三個月完成。先是光緒十一年（1885）十月，劉氏接獲淡水縣屈尺莊董事劉夙夜等稟稱：

> 淡屬拳山堡、大溪一帶，迫近內山，生番出沒無常。前有墾民自備資斧，募勇守隘。近因經費不給，隘勇遣散，番遂不時出山，耕作居民，橫遭殺戮……居民相率移避，田園盡荒，懇請派兵剿撫，以衛民生等情。[39]

　　劉銘傳命劉朝祐帶領兵勇百人，會同紳士李秉鈞、訓導劉廷玉先往屈尺察看地勢番情；復令淡水知縣李嘉棠會同劉朝祐妥為收撫馬來（今烏來）八社番丁，並飭「劉朝祐督帶張李成土勇一營，趁此隆冬，造橋開路，先通馬來八社，徐圖入山，相機辦理，但求成效，不計近功」，計劃「將來八社歸化之後，其附近南路生番，再能招撫，遂可徑達宜蘭，不虞橫隔」。果然於馬來八社就撫後，飭劉朝祐「開山闢石碇路百餘里，自馬

---

[38] 唐羽〈吳沙入墾蛤仔難路線與淡蘭古道之研究〉，《臺灣文獻》第四十卷四期（臺灣省文獻委員會，民國78年12月），頁205。

[39] 劉銘傳〈剿撫滋事生番現經歸化摺〉，收於《劉壯肅公奏議》（臺銀文從第二七種，民國47年10月出版），頁199~201。

來通至宜蘭」，於光緒十一年（1885）十二月，一律竣工通行。[40]

又，光緒十三年復派兵開路，此路線：「再淡水至宜蘭縣城，經臣於上年派兵開道，中有番境數十里，素無人煙，因飭淡水縣於平林尾、樟谷坑、摩壁潭、到吊子、四堵等處地方，修蓋草屋卡房五處，檄飭艋舺營參將張欣在艋舺、宜蘭兩營內，選兵四十人，派弁帶往駐防，保護行旅。」設想不可謂不週全，官民兩便，可嘆臺灣此時營伍廢弛，法紀紊亂，數月以來「經臣委員密查，據稱所過一路，僅平林尾、四堵兩處，各有兵十人，樟谷坑無兵往駐，本月始有二兵到防，並雇三民人為之頂替，其餘摩壁潭、倒吊子兩處仍舊無兵。……乃於派防道路兵丁四十人，僅用二十，所防五處，僅止兩處有兵，竟敢於耳目相近之區，欺朦隱飾，以少報多，冒領加餉；實屬藐玩戎規。」[41]

要之，康雍年間，雖有漢人從山、海兩路進出宜蘭，以探險成分居多，其中能與生番從事交易，究竟少數，是以通蘭山路似有若無，深菁鳥道，難以明確。兼且從基隆至臺中間，均可翻山越嶺到達宜蘭，使得早期宜蘭擁有數條聯外山道，同一路線又分歧不一，後人考證，不免混淆難明，茲於本節，先將上引諸史料，作一整理，列表於後，以明白文山線此一安溪茶

---

[40] 劉銘傳前揭書卷四〈剿撫生番歸化請獎官紳摺〉，頁 201。
[41] 劉銘傳前接書，卷十〈革降參將都司片〉，頁 444。

路之古道：

編號	古道年代	路名	開路與修路或紀述者	起程與沿途所經路線	出處
1	乾隆年間	文山西線	姚　瑩	由艋舺大坪林進山，從內山（今烏來地區）行走，經大湖隘抵東勢溪洲。	噶瑪蘭志略、噶瑪蘭廳輿圖。
2	乾隆末葉	文山東線		艋舺武營南門，經古亭村、水下頭、觀音嶺腳、深坑仔街、楓仔林、石碇仔街、烏塗窟嶺腳、大隔門、柯仔崙坑、粗崛坑、仁里阪、灣潭渡、鶯仔瀨、石磲坑、三分仔坑、頂雙溪、四堵寮、金面山分水崙（淡蘭交界）、嶺腳、礁溪街北、噶瑪蘭三結街。	噶瑪蘭廳志、淡水廳志。
3	嘉慶中葉	入蘭備道		由頭圍後山土地坑北行，經樟崙、炭窯坑、統櫃、虎尾寮過溪、上大粗坑、過崙仔洋，至萬順寮、樟腳、六張犁，直達艋舺武營頭出口。	噶瑪蘭廳輿圖。
4	道光年間	入蘭孔道		頭圍北關砲臺斜過石碇仔山，至鹿寮（一名刣牛寮）、大溪（按內大溪）、大坪、雙溪頭，出淡屬之水返腳，抵艋舺，為安溪茶販之入蘭孔道。	臺灣府輿圖纂要、噶瑪蘭廳志。
5	道光年間	口碑之路	唐　羽	自頂雙溪柑腳，翻坑	唐羽採訪

				谷入大坪，烏山，三分二，坪溪，至石硿嶺，出外澳。中途由三分二，可通內大溪。（由頭圍北關之外澳仔，登山至外石硿嶺、轉北內石硿嶺、越嶺至烏山溪尾寮、黃總大坪）。	口碑、臺灣府輿圖纂要。
6	光緒 11 年 12 月		劉朝祐	自烏來通至宜蘭，開山鑿石碇路百餘里。	劉壯肅公奏議。
7	光緒 13 年		劉銘傳	自淡水至宜蘭，經平林尾、樟谷坑、摩壁潭、倒吊子、四堵等地。	劉壯肅公奏議。

第二項　三貂線

宜蘭的聯外通路自然以俗稱「淡蘭古道」者最為重要，三貂線又為其中主要者。三貂線隨時代推移演進，舉凡數變，茲一一探討於後：

（一）三貂線

三貂線在通蘭古道中，為歷史最悠久，變化較多者。此一古道，最早可溯及黃淑璥《臺海使槎錄》之〈赤嵌筆談〉所述：

> 自澹水經楓仔嶼嶺，上下十里。過港至雞籠，山高多石，山下即雞籠社。稍進為雞籠港，港道狹隘。過港有紅毛

石城……。遠望為小雞籠嶼,番不之居,惟時於此採補。
循此而上,至山朝社;又上,至蛤仔難諸社,深菁鳥道,
至者鮮矣[42]。

文中之「楓仔嶼」即「蜂仔嶼」,在今之汐止鎮。至於到
了雞籠港後,「循此而上,至山朝社」,應該是循著海岸抵達,
翟灝《臺陽筆記》之〈蛤仔爛記〉載:

蛤仔爛,即臺灣東山之後,大玉山之前面也。……陸路
有二:其一由淡北之雞籠沿海繞北而南,計程六日[43]。

柯培元《噶瑪蘭志略》〈雜識志〉云:

噶瑪蘭入山孔道,初由東北行,自淡水之八堵折入雞
籠,循海過深澳至三貂、崔崒嶺,入蘭界[44]。

據上引史料,可約略推論此路線為:從淡水廳之艋舺出
發,溯基隆河經汐止及今宜蘭線鐵路之八堵站西方,再經基隆
河支流之畔(大約今基隆八北里附近),沿山谷越過獅球嶺,
進入今基隆市區到達社寮島。社寮島到鼻頭角這一段,大抵沿
著今濱海公路的海邊,可能經過八斗子、深澳、番子澳、海濱、
水湳洞、哩咾、南子吝、鼻頭社等地,然後,越鼻頭山轉南行,

---

[42] 同註 10。

[43] 同註 17。

[44] 柯培元前揭書卷十四〈雜識志〉,頁 196。

到達古之三貂社。以後越嶺而東行，到達宜蘭，此為古道之最早路線。此路線日人伊能嘉矩亦持如是看法：「另外有一條路，是從基隆沿海岸到深澳，再從深澳登越三貂嶺的舊道，因為路途遠，行走的人很少。」[45]

（二）由海道轉向陸路

三貂線繞海古道，由於所經遙遠，乾隆末年漸為較東之另一條路線取而代之，《噶瑪蘭志略》〈雜識志〉記：

> 噶瑪蘭入山孔道，初由東北行……折入雞籠，循海過深澳至三貂……嗣改從東行，由暖暖、三爪仔過三貂，則近於行雞龍矣[46]。

此一改從東行之路線，《淡水廳志》〈封域志〉亦載：

> ……十里艋舺汛（宿站）……十里錫口鋪，十五里水返腳汛鋪（尖站），二十五里暖暖汛鋪（宿站）（由暖暖轉而北過獅毬嶺至大雞籠街五里），三十里三貂嶺腳（尖站）（由嶺腳向北至大雞籠祖山極北沿海止，五里）。向東五里嶺頂，向東南二十里頂雙溪（宿站），向南二十

---

[45] 詳見伊能嘉矩著，楊南郡譯〈宜蘭方面平埔番的實地調查〉《宜蘭文獻》雜誌第六期，（民國 82 年 11 月出版），頁 114。

[46] 柯培元前揭書，頁 196。

里遠望坑。（噶瑪蘭交界），入蘭界再五里草嶺（尖站）。
[47]

而此路線據傳是平埔族先住民白蘭所開鑿，初闢由暖暖經三貂嶺越頂雙溪以達噶瑪蘭山道，姚瑩〈臺北道里記〉曰：

> 暖暖，迎日東行二里許……三里至碇內……更東行二里
> 楓仔瀨，復過溪南岸，仍東行三里，至鯽魚坑，過渡沿
> 山，二里伽石路甚險窄。土人白蘭，始開鑿之，奇其事，
> 以為神使云。二里至三貂嶺下[48]。

《臺北縣志》〈開闢志〉亦記：

> 頂雙溪莊一帶，為乾隆時，漳州人連喬、吳爾二人所闢。
> 時有白蘭者，曾開暖暖至噶瑪蘭道路經此[49]。

連、吳兩人之開闢頂雙溪，時在乾隆末年，白蘭築路也應在此時期，此白蘭古道詳細路線，據姚瑩〈臺北道里記〉云：

> 蓋艋舺以上，至噶瑪蘭、頭圍，凡三日程，皆山徑，固
> 無館舍耳。暖暖，迎日東行二里許，稍平，廣可三百餘
> 畝，居民四、五家散處。三里至碇內渡溪北岸，更東行

---

[47] 陳培桂前揭書，頁 24。

[48] 姚瑩《東槎紀略》卷三〈臺北道里記〉，頁 90。

[49] 盛清沂《臺北縣志》卷五〈開闢志〉「雙溪鄉」（臺北縣文獻委員會，民國 49 年出版），頁 27。

二里楓仔瀨，復過溪南岸，仍東行三里，至鯽（鰱）魚坑，過渡沿山，二里伽石，路甚險窄。……二里至三貂嶺下。俗云三貂（爪）仔，有汛。四里茶仔潭，過渡，水深無底，有小店為往來食所。三里則三貂嶺矣。盤石曲磴而上，凡八里，至其巔。嶺路初開，窄徑懸磴甚險，肩輿不能進。草樹蒙翳，仰不見日色。下臨深澗，不見水流，惟聞聲淙淙，終日如雷，古樹怪鳥，土人所不能名，猿鹿之所遊也。籐極多，長數十丈。無業之民以抽籐而食者數百人。山界廣約數十里，內藏生番。其外，熟番有社及街市在……下嶺八里牡丹坑[50]。

以上，係姚盈於道光年間，署噶瑪蘭通判時之記聞。日據時期（明治廿九年，1896）伊能嘉矩亦探勘此路線，彼路程簡化如下：八芝林（士林）→基隆社寮島→暖暖→基隆→瑞芳→三貂嶺→頂雙溪（訪三貂社）→下雙溪→遠望坑→草嶺→大里簡（今頭城）→蕃薯寮（番仔澳）→大溪→金邦湖（橋板湖）→北關→梗枋→頭圍街（訪打馬煙社）→二圍→三圍→四圍→宜蘭城（訪抵美社、辛仔罕社、擺里社）→羅東街→南關→蘇澳（訪猴猴社）→利澤簡（今五結鄉）→東港（訪貓里霧社）→頭圍→草嶺→頂雙溪→三貂嶺→基隆→臺北。[51]

---

[50] 同註48。

[51] 同註45前引文。按，伊能嘉矩於明治二十九年（1896）10月1日至24日，從基隆向東，沿淡蘭古道到達蘇澳，調查沿途的平埔番生活習俗，文中偏重

　　衍變至今，時移物換，景觀全異。按，乾隆年間，由艋舺循基隆河北上，沿河岸逐漸形成錫口、南港、水返腳、八堵等聚落，舟行終點在暖暖一地。由此登岸，一經四腳亭北出基隆，一沿河谷東行，為淡蘭古道的起點。由於基隆河源出三貂嶺山區，終年雨量豐沛，河水穩定，富於舟楫之利，而暖暖位處水陸轉運之地，遂成為淡北貨物集散中心，街肆繁榮，茶行染坊林立。姚瑩〈臺北道里記〉載：「每歲鎮道北巡及欽使所經，皆宿於此。」可知其地位之重要性。那知，嗣後因劉銘傳興築鐵路，基隆河運頓告衰退，暖暖港口失去貨運功能之重要性，至生意一落千丈，於今年華老去，只能從狹窄古街，陳舊店舖，依稀尋覓往日之繁華笙歌了。

　　溯基隆河東行，沿南岸而進，經碇內至四腳亭，渡河越山可通基隆。相傳昔年於今瑞芳國小處，建有涼亭，供往來行旅憩息，故稱四腳亭。四腳亭已不見古渡頭遺跡，今只有一水泥橋，溝通南北。古道由此分二途，皆沿河岸並行，北路經龍潭堵（今瑞芳火車站一帶）、柑仔瀨（瑞芳鎮柑坪里至九芎橋（瑞芳鎮芎橋里）。南路經楓仔瀨、鰱魚坑（瑞芳鎮鰱魚里北端）、三爪仔（爪峰里北端）、蛇仔形（瑞芳鎮光復里），渡河至九芎橋與北路相會於三貂嶺下，由此入山。從四腳亭至九芎橋，地當基隆河中游，由於九分山地的阻擋，原本南北流向之河水，於柑仔瀨轉成大灣折向西流，一路青山翠谷，景色怡人，而沿

採訪平埔番所得，於古道路線較少著墨，引用價值不大。

河岸狹窄平臺，也逐漸形成聚落，成為古道必經之途。尤其位於三貂嶺下之九芎橋，於光緒廿一年（1895）五月割臺之役，時日軍越三貂嶺而下，與守軍吳國華大戰於此，吳軍因實力懸殊而潰敗，瑞芳、基隆失去屏障而相繼淪陷，於臺灣史上增添一處禦侮史蹟。

其後楊廷理於嘉慶十二年（1807），於白蘭路東，新開一路，經雙溪鄉牡丹坑，越頂雙溪至噶瑪蘭，謝金鑾〈蛤仔難紀略〉之「楊太守紀程」載其路徑：

> 自艋舺東北行，十五里至錫口，又十五里至水返腳，又十五里至七堵，又十五里至蛇仔形，可住宿。蛇仔形二十里至武丹，又二十里至丹裡，又十里至三貂社……[52]。

此一新路，因路途迂遠，人多不肯行，故率由白蘭舊路，後人遂糾葛不清，常常張冠李戴。茲將兩條路線里程數約略統計，白蘭古道全部行程約為一一六里，楊氏古道約一一○里，大致里程相同，則所謂路途迂遠之說，恐是心理作用。楊氏此一新路，經近人唐羽勘查，疑由瑞芳鎮柑坪里（古名柑仔瀨）為新舊路差異不同之起點。唐文記載：此一路線，循一名為「舊道」之山坡而上，直線可通焿仔寮莊之大竿林（今九份一帶），過土地公坪，取道於較平坦之山鞍，於大金瓜西南方之地名「摩風」，循溪谷邊緣至牡丹坑，尤為捷徑。據九份故老相傳，此

---

[52] 柯培元前揭書，頁166。

路不但為民國二十五年以前，唯一通往九份地區之人行道，且為通往基隆、金山之輕便鐵路未開以前之出入孔道。道路中段，有一處早年留下之石屋，相傳為劉明燈所建，係提供出入燦光寮汛之兵丁所使用。[53]按，此一石屋實即當年舖舍，淡水廳無驛遞，改設舖遞，所謂舖遞，是古代地方官衙藉以傳遞公文而設之中繼站，淡蘭古道中設有七處舖遞：艋舺舖、錫口舖、水返腳舖、暖暖舖、柑仔瀨舖（一名楓仔瀨，設有舖司一名，舖兵四名）、燦光寮舖，三貂嶺舖等七處。吾人亦可由舖遞之串連，推想當年古道之路線矣！總之，淡蘭古道三貂線之前半段，至此暫告一段落。

（三）三貂嶺的景觀

三貂或寫「三朝」或作「山朝」，其名稱來源是：明天啟六年（1626）5月，西班牙都督安敦民（D Antonis Careais），為保護支那呂宋間貿易，出動遠征隊，圖佔臺灣北部，航路由巴士海峽進入臺灣東海岸，發現東北一突出之岬角半島，即登陸予以佔領，命名為「San Tiago」，故三貂角實係其名稱之漢字譯音。[54]其後遂概稱附近地區為三貂，該地區番社為「三貂

---

[53] 唐羽前引文，頁 213。

[54] 蔡啟恆譯《臺灣之過去與現在》（臺銀研叢第一〇七種，民國 61 年 4 月出版），頁 13。並參見曹永和〈荷蘭與西班牙佔據時期的臺灣〉，收於《臺灣早期歷史研究》（臺北，聯經出版公司，民國 70 年 7 月二刷），頁 30。

社」，山為「三貂山」，嶺為「三貂嶺」，溪為「三貂溪」，他如三貂保、三貂舖、三貂汛、三貂隘、三貂澳等等，均是由此而來。

三貂之地理位置，大致自今三貂角沿三貂溪向內陸延伸，包括今貢寮鄉全部及雙溪鄉的大部。綜括而言，古之稱三貂者，實以三貂溪為中心，北邊自瀕海之鼻頭角始，沿加裡山脈向西延長，而接於三貂嶺：南面自插入海中之三貂角開始，經隆隆嶺、草山向蕃薯寮山延伸，連接於淡水河上游之大坪山。這一片介於淡蘭之間的地區，就地形而言，三面環山，一面臨海，可漁可獵，適合以漁獵為生的先住民所謀生，故早已散佈著凱達卡蘭族之伐諾安社四個聚落，分別為舊社、澳底、新社、遠望坑，即漢人所謂的三貂四社。[55]就交通而言，陸路在清順治元年（1644），已有荷蘭人探勘金礦，由雞籠沿海岸至鼻頭角之傳說。水路則可自淡水、雞籠循海通於三貂澳之間，加上此地區又有三貂河貫穿，也有內陸航行之便，亦具有可耕種之條件，而且三貂居於淡蘭之間的交通樞紐，是北部漢人進入蛤仔難必經之孔道，所以很快地形成漢「番」雜處的新局面。故乾隆五十五年（1790）9 月 20 日，閩浙總督覺羅伍納拉上奏〈籌議臺灣新設屯所分撥埔地事宜〉一摺中，附有臺灣府知府楊廷理等人之「會稟」，其中記其時三貂之情形：

---

[55] 唐羽前引文，頁 180。並見臺北縣貢寮鄉公所「貢寮鄉簡介」，民國 73 年元月出版，頁 15~17。

惟三貂居淡水之極北，在山巖層疊之中，曲澗深溪，地
無連袤沃土，踰崖越嶺，地亦鳥道紆迴。現查所耕之地，
自一、二畝而至六、七畝不等，非近山根，即臨溪塹，
高窪不一，片段畸零，春漲秋潦，沖決無定，故所植類
多芒蔗、地瓜，並無稻糧菽麥，此與集集埔等處實有不
同之情形也。伏查例載內地邊省零星地土，聽民開墾，
永免升科。各省免升畝分不等，惟雲南之山頭地角、水
濱河尾，廣東之畸零沙地、高州、雷州、慶州三府之山
場荒埔，俱不論頃畝，概免升科，……。今三貂僻在海
隅，地本磽瘠，且墾無常時，正與不論頃畝，概免升科
之例相符，似應仰懇援照聲請，免其呈報升科，以廣皇
仁而昭憲德，邊氓感頌無涯[56]。

　　時漳人無沙寓居基隆，與「番」通市有信義，娶「番」婦，
始得入墾三貂。遂契資斧，經深澳至三貂嶺，復進入澳底（今
貢寮鄉真理村），向舊社「番」購得荒埔開墾，三籍流民來投
者日眾，人給米一斗，斧一柄，使入山伐薪抽籐自給，人多歸
附，闢地益廣，舊社（今貢寮鄉龍門村），澳底諸庄，次第拓
成。[57]其後復有長泰籍移民連元喬與漳人吳爾者，各率族人入
三貂，於雙溪川上下游拓墾，其後裔均成為三貂地區之盛族。

---

[56]　《臺案彙錄甲集》中〈附臺灣府知府楊廷理等會稟〉（臺銀文叢第三十一種，
　　　民國 48 年 1 月出版），頁 42~43。
[57]　宋增璋《臺灣撫墾志上》（臺灣文獻委員會，民國六十九年十月出版），頁 212。

並且因此地於乾嘉年間已形成街肆，於日後之開蘭提供了一眾多人力的支援。

　　三貂嶺為中央山脈北端，崇山匯結，終年陰霾，為淡蘭交通之最大障礙。行旅入山生死難測，自古以越嶺為戒，留傳下：「攀過三貂嶺，著無想某（妻）子」之諺語。淡蘭古道在進入三貂保後，在三貂嶺上所見景觀，嘉慶丁卯年（十二年）楊廷理入蘭經三貂，留有「上三貂嶺」詩描述：

> 衝嶽開雲舊仰韓，我來何福度艱難，腳非實地何曾踏，境涉危機亦少安。古逕無人猿嘯樹，曾顛有路海觀瀾。敢辭勞瘁希恬養，忽使番黎白眼看[58]。

「孟夏六日重上三貂嶺頂口占」一首紀：

> 不衿權術老迂儒，天付精神續舊圖。勞勛敢云惟我獨？馳驅偏覺與人殊。青山道眼春成夢，滄海當關靜似湖。可怪躋攀無腳力，重來絕頂汗如濡。三貂甫過又崟崟，嵐氣迷漫日乍紅。矗立參天雲際樹，橫空跨海雨餘虹。鋤奸計短頻搔首，補拙情殷屢撫衷。知遇萍逢能幾日，憐才都付不言中[59]。

　　道光辛巳年（元年，1821）正月入蘭之姚瑩，於〈臺北道

---

[58] 陳淑均前揭書卷八〈雜識·紀文〉，頁389~390。

[59] 同上註，頁391

里記〉云：

> 三里則三貂嶺矣。盤石曲磴而上，凡八里，至其巔。嶺
> 路初開，窄徑懸磴甚險，肩輿不能進。草樹蒙翳，仰不
> 見日色。下臨深澗，不見水流，惟聞聲淙淙，終日如雷，
> 古樹怪鳥，土人所不能名，猿鹿之所遊也。籐極多，長
> 數十丈。無業之民以抽籐而食者數百人。山界廣約數十
> 里，內藏生番。其外，熟番有社及街市在。楊廷理新開
> 路東，因其路迂遠，人不肯行，故多由此舊路，云：嶺
> 上極高，俯瞰雞籠在嶺東南，海波洶湧，觀音、燭臺諸
> 嶼，八尺門、清水澳、跌死猴坑、卯裡鼻諸險，皆瞭然
> 如掌，蓋北路山之最高矣。[60]

道光己酉（二十九）年，通判董正官赴蘭履任，有「由雞
籠口上三貂嶺，過雙溪到遠望坑界，入噶瑪蘭境」詩紀：

> 閩嶠東南盡海灣，重洋突湧大屏顏。雞籠口踞全臺北，
> 信否來龍自鼓山？不畏番林蓊翳迷，不嫌鳥道與雲齊。
> 盱衡小立三貂嶺，大海茫茫轉在西。一夜飛踰黑水溝，
> 山中又見大溪流。危帆甫卸還呼渡，真箇無邊宦海浮。

---

[60] 同註 48。

雲水天真以漏名，山靈慰我霽顏生，海邦風氣殊中土，
不喜隨車兩喜晴[61]。

蘭陽雜詠八首中「三貂（入蘭嶺路）」云：

想像三峰天外嶢，現從島國指三貂，猿梯直上雲千仞，
鳥道惟通路一條。望若茫茫西海隔，開蘭步步北關遙。
內山樵徑來茶客，說距新莊只兩朝。[62]

同治六年（1867）冬，臺灣鎮總兵劉明燈，北巡經過此嶺，
有感詠詩，並刻於山邊摩崖，詩云：

雙旌遙向淡蘭來，此日登臨眼界開，大小雞籠明積雪。
高低雉堞挾奔雷；穿雲十里連稠隴，夾道千章蔭古槐。
海上鯨鯢今息浪，勤修武備拔良材。

字由金箔上貼，民間俗云「金字牌」，訛傳至今稱「金字
碑」。碑文反映此嶺道之地勢高竣，不僅眼界大開，飽覽雞籠
山頭雪白積雪，也俯瞰到北關高低羅列之城池雉堞，一望無際
的阡陌良田，連綿不絕的古樹深蔭。至於「海上鯨鯢今息浪」
一句，坊間一般書籍論文竟然牽扯上海寇蔡牽、朱濆，實令人
啼笑皆非，蓋二人入寇劫掠臺灣為嘉慶年間事，實在風馬牛不
相及，此海上事件乃指是年美船羅蒙號（Rover）事件（詳見

---

[61] 同註59，頁419。
[62] 同註59，頁420。

後）。

　　循碑前古道石磴上行約十餘分鐘之鞍部道旁，有咸豐元年（1851）5 月淡水同知朱材哲出示勒石之「禁伐道樹碑」，碑文迻錄如下（碑文僅斷句，不標點）：

　　奉　憲　示　禁

　　署臺灣北路淡水總補分府加十級紀錄十次朱

　　為示禁事、本年三月初三日據生員連日春、林俊英等僉稱、竊生等住居三貂該處所、有三貂大嶺逶迆十里、係淡蘭來往必經之途、羊腸鳥道險峻非常、所幸綠蔭夾道、遮蔽行人詎爾來無知之徒、只顧利己、恣意燒林、將兩旁數木漸行砍伐、遂使行者有薰蒸之苦而無陰涼之遮、舉步維艱、息肩無地、生等步行經此、目擊心傷、緣思蘭前憲徐、曾於轄內草嶺示禁、道旁左右留地三丈不准斲伐、三貂嶺倍難於草嶺、非蒙出示嚴禁、諭飭該處隘丁及總董正副人等、嶺路兩旁留地、不准砍伐樹木、其已經砍伐之處不准開墾、以俟萌芽之、生旅可以有賴、憲澤可以覃敷、伏乞恩准示禁嚴飭隘丁等著意看守嶺路樹木、遇有故違者、即當諭止稟究、永遠遵行無懈、則此嶺樹之陰森、無異甘棠之蔽芾逗遇被德、萬代公侯切叩等情、據此除批示外、合行示禁為此示仰三貂堡等處袊者總董庄正副隘丁人等知悉、爾等須知道旁留樹原為遮蔽行人、三貂嶺道路崎嶇、相距何止十里、若

非樹陰遮蓋、夏秋炎熱行旅維艱、自示之後、該處路旁
樹木各宜加意保護、前經砍伐者毋許開墾、俟其萌芽復
生、未經砍伐者不准再砍以資蔭庇、如敢故違、著該地
總董庄正副、責成巡嶺民壯隨時諭止、倘有不法頑民恃
強不遵、仍然砍伐、許即扭稟赴轄、以憑究處、其各凜
遵毋違、特示、

　　　茲我眾等自示文以後毀壞、鳩集資費、爰立石碑
以垂永遠

咸豐元年五月給

林　合成
　　○○

連初敬　連同興　莊恒茂
林士彥　謝文根　靳雙源　　全　立碑

　　此碑由於被臺灣鎮總兵劉明燈素有名氣之三方古碑:「金
字碑」、「雄鎮蠻煙」及「虎」字碑,氣勢所奪,一直為人所輕
忽,其實以歷史文獻價值而言,此碑才是最重要的。觀此碑文,
吾人可以有以下幾點認知:

　　一、道光、咸豐年間淡蘭古道之往來路線是經過三貂大嶺
及草嶺,係淡蘭來往必經之途。

　　二、於道路之修護管理,官方已有示禁,規定道旁左右留
地三丈,不准砍伐樹木,以免行旅受蒸薰之苦,而無陰涼之遮。

　　三、此處設有隘寮,置有隘丁,其職責有巡嶺保護行旅,
兼有看守嶺路樹木之責,正可與諸文獻志書記載相印證。按宜
蘭僻處山地,所在生「番」出沒,易為藏奸之所,故吳沙開蘭

時，沿山設隘十一處以為防備（有窿窿、大溪、梗枋、白石、
乾溪、四圍山腳、鎮平、小員山、大湖、泰安、埤頂溪洲等）。
自噶瑪蘭收入版圖，楊廷理籌辦開蘭事宜，沿山次第設隘，添
設隘寮二十處：枕頭山、穎廣莊、大湖、內湖、叭哩沙喃、三
鬮仔、大埤、擺燕山、鹿埔嶺、員山、馬賽、施八坑、葫蘆堵、
泉大湖、四圍、柴圍、三圍、湯圍、白石山腳、金面山等隘。
[63]募舉隘首，選僱壯丁，堵禦生「番」，分管地段，防衛耕佃，
以及往山樵採諸民。至於隘首隘丁經費口糧之供給，楊廷理曾
奏請「所有隘首隘丁口糧，鉛藥辛勞之費，由附近承墾課地科
佃，按田園甲數，均勻鳩給，責令隘首向佃科收，毋庸官為經
理。」，不過，至通判翟淦，以蘭屬佃民賦稅已重，再令勻攤
隘費，恐怕民力竭蹶，不堪其累，議請：「其附近山麓之荒林
礫石瘠地，准隘首召佃墾陞，列為不入額之款，傳作隘丁口糧，
由官籌給，以公濟公。」[64]自設隘寮後，生「番」斂跡，行旅
無害，於是伐木築路，闢地日廣，進墾愈速，奠定了開拓宜蘭
良基。

　　四、官府禁止砍伐樹木，從前噶瑪蘭通判徐廷掄，以至朱
材哲之再度諭止，前後十年，似乎沒有多大效果。而且細審碑
文之涵義，似乎暗示恣意燒林，砍伐樹木，以開墾拓殖者，正
是三貂堡等處之衿耆、總董、庄正副、隘丁等人，我們參證上

---

[63]　《宜蘭縣志》卷三〈政事志〉，第一篇第二章第三節第二目「隘寮」（宜蘭縣
　　　文獻委員會，民國 58 年 12 月出版），頁 4。

[64]　姚瑩〈籌議噶瑪蘭定制〉，見陳淑均前揭書，卷七雜識，頁 343~344。

引諸文，准隘首召佃墾新，恐為最大原因，於是乎各丁恃強貪墾，砍伐林木。是以此次陳情是由生員連日春、林俊英等人出面，而非由該地總董、庄正副出面，而且官憲也不得不重申示禁，毋許開墾。

　　五、出面陳情者有生員連日春、林俊英等人，立碑者有林合成、連初敬、連同興、莊恆茂、林士彥、謝文根等人，似印證了前述乾隆末年連喬、吳爾二人入墾頂雙溪，暨嘉慶年間漳人連、林、莊、盧等姓，招佃入墾雙溪平林之說法。尤其連日春其人行實，基隆人蔡慶濤之手錄記載著：「連日春、三貂人，性情溫厚。三貂嶺路高崎嶇，炎夏之時，行貂嶺，汗流浹背，乃栽植榕樹，陰蔽道路，人免受蒸熱之苦。」[65]

　　要之，從「禁伐道樹碑」之立於咸豐初年，說明了三貂嶺此時已有相當程度之開發。

（四）三貂線的末段

　　淡蘭古道三貂線，在經過三貂嶺後，通蘭之末段，乃翻越隆隆嶺與草嶺山區，抵達噶瑪蘭，所經路線，〈臺北道里記〉續載：

---

[65] 轉引自伊能嘉矩《臺灣文化志》中譯本（臺灣省文獻委員會，民國80年6月出版），中卷第十一篇第六章第一節第三項，頁440。

（三貂嶺），下嶺八里牡丹坑，本名武丹坑，武鎮軍隆
阿改今名，有民壯寮守險於此，護行旅以防生番也。六
里粗坑口，過渡。六里頂雙溪，有渡。八里魚桁仔，有
溪。八里下雙溪，過渡為遠望坑民壯寮。里許至三貂大
溪，西淡水界，東噶瑪蘭界。……過溪迤北轉東八里半
嶺，四里草嶺，十里下嶺，至大里簡民壯寮則山後矣！
[66]

《噶瑪蘭廳志》卷二〈舖遞附考〉「由淡入蘭道里記」亦
載：

　　……三貂大溪，淡蘭分界；西屬淡水，東屬噶瑪蘭。過
　　溪迤北轉東，近崿崿嶺為崿崿舖，歲有千總輪防於此。
　　由溪至半嶺八里，再四里草嶺，十里下嶺……一轉為大
　　里簡民壯寮。龜嶼適與之對，則山後矣。[67]

　　按，道光年間之牡丹坑位於牡丹溪河谷，與北源頭的石壁
坑、三貂村一帶，曾是著名產金區，於今金盡人去，已成昨日
黃花。溪水南下，至頂雙溪有柑腳溪來會，因有此二溪而稱雙
溪，並與下雙溪（貢寮雙龍村）相對稱。清代淡蘭往來即取道
河岸狹長谷地而行，頂雙溪乃是淡蘭官府正道所經之地，白蘭
氏所開山徑，楊廷理、林國華拓築之路，均於此相會合，由於

---

[66]　同註48。
[67]　陳淑均前揭書，卷二〈規制〉，舖遞附考，頁46。

交通早闢，乾隆末年連喬、吳爾即已到此落戶，嘉慶年間形成街肆，而為出蘭大站。古道沿雙溪河岸折向東行通魚桁仔，另有小路接澳底，即今日雙澳公路前身。光緒廿一年日軍侵臺，由澳底鹽寮登岸後，即順此路線北上，翻越三貂嶺。魚桁仔位於雙溪河南岸，地近貢寮鄉界，昔時居民於溪中置漁具魚桁仔捕魚而得此地名。古道由此渡河到貢寮，河谷漸開，視野一闊。雙溪河在貢寮附近納石壁坑、枋腳二溪之水，河寬湍急，由此以下又稱三貂溪，清代淡蘭即以此為界河，河西屬淡水廳，河東則為噶瑪蘭界。古道渡河處即今渡船頭地方，貢寮鄉公所建有明燈橋溝通兩岸，過橋已達遠望坑口，草嶺古道即沿遠望坑溪右岸進入。

要之，以上所記，大抵由嶺上直下牡丹坑，渡過三貂溪上游；然後循通往雙溪之公路，視河而行，抵於頂雙溪，過渡轉溪北傍山行，經魚桁仔，到達下雙溪之新社。末段，視界一開，轉為遼曠，這一帶小丘連接平洋，北方為舊社，東去為澳底社，南有遠望坑社，附近有吳沙之墓塋及昭惠廟。

遠望坑溪源自草嶺北麓，過橋即入山古道，此一草嶺古道，群峰疊翠，曲徑百迴，古道前段已闢為產業道路，山腹而上，古道路基猶存，頗多取材山中巨石切割成石板舖設。嶺道中今留有同治六年（1867）臺鎮總兵劉明燈之「雄鎮蠻煙」、「虎」字兩古碑，遂噪名一時，一般大眾誤認此一路段為淡蘭古道之最後一段，其中實大有商榷之餘地。前引唐羽鴻文，大作中考證出草嶺古道屬後出之路線，直到道光年間，才漸次成為入蘭

孔道，而與三貂古道一路相接。其前應是薩嶺古道，前引諸文：
「為入蘭初闢孔道」、「蘭初闢時，……三貂過隆隆嶺抵頭圍，
係入山正道」及姚瑩〈臺北道里記〉中言隆嶺乃「嶺路初開」……
云云，是隆嶺為更早於草嶺古道，是入蘭孔道之明證。[68]所謂
隆嶺古道，入口之坑門係在福隆之內林溪，發源於隆隆山區。
循小溪溯行，左側有一山脈為趨向福隆海岸之茗蘭山餘脈。行
至舊草嶺隧道上方，有一楊姓為主之小聚落，即為內林。然後，
取道山路向東南前進，經一地名「七星堆」之天然石塔附近，
為古道之首段，唐羽曾二次進入其間，惜並未走完全程。宜蘭
縣文化中心之草嶺碑林小組倒是數度踏勘，並予以紀錄，茲摘
要如下：

　　自草嶺隧道「制天險」入口處，即為隆嶺古道……。日人
據臺開鑿草嶺隧道，日籍工程師於鑿成後死亡，其中又有一鐵
釘師傅，後人立碑以紀念之。……碑面已被水泥「敷面」，上
面依稀可見「……十月九日，……吉次茂七郎紀念碑」。由隧
道口登山，沿產業道路上約十分鐘，至大榕樹石塔入口，由此
上山，有一山中小渠，沿小渠往左前行，即為古道。……約十
五分鐘，有一福德正神鐫刻牌位，祠旁兩邊有明至四十一年土
地廟捐題碑，……左側之碑為道光十九年菊月所立，其中有楊
福壽等十八名捐題名單。二十分鐘後在羊腸鳥徑，草葉繁盛之
道旁，石岩下有一小墳，鑲在大岩石底下，墓碑上（題）和邑，

---

[68]　唐羽前引文，頁215~217。

咸豐三年吉旦，顯妣葉媽巫氏墓……（之銘）。過木橋轉過隆
隆溪，續行向前，梯田歷歷，種了眾多蟹行草，約五分鐘斜坡
而上，有舊屋數棟，此為福隆楊清海先生等之故居，石塊堆砌
整齊。……由此屋左有路上山，約二十分鐘，山頂埡口在焉，
有土地公祠遺跡，龜山島遠遠在望，山岰海濱處，形成一弧形
石礫，定置漁網、浮漂及深藍、淺藍海水，甚為明晰，太平洋
一望無際。石砌土地廟聯曰：「金玉滿堂（上）、天地古今在
（右）、日月萬年光（左）、福德正神（中）」。

　　登上埡口，即可望見龜山，之後：

　　由埡口往左望，山頂猙獰突兀，為貓里山，其下即為福隆，
下山道路相當陡削，無路跡可循，只有水道依稀，攀樹而下，
險峻異常，路之左側，又見土地廟遺蹟，火車過隧道聲，隱約
可聞。下行約十分鐘，路左有數幢石屋，排比齊整，格局完善，
有人在此耕作，種植果園，柑樹數十棵，金棗數棵，……路側
則麻竹沖天，高可蔽天，直徑竟達三十公分，環繞圍匝，土地
公已被請下山，四十多年前，此地人都走此道至福隆，鐵道通
後，才改走隧道內，下山之處，即為「國雲飛處」石額[69]。

　　以上從隧道口，行抵埡口，所費時間大約七、八十分鐘。
此一古道為「初闢孔道」、「入攔正道」、「舖遞道」，今沿路仍
留有若干石屋、古墳、土地公廟隆隆為三貂線最早入蘭之正
道，應可確信。惜以道路險惡，尤逾草嶺，道光初年遂被取代，

---

[69]　轉引自唐羽前引文，頁217。

《噶瑪蘭輿圖纂要》山水條載：

> 隆隆嶺（上五里、下五里）：廳治地七十五里，……石
> 磴如梯，險逾草嶺；為入蘭初闢孔道，今改由草嶺[70]。

道光三年（1823）時任通判之呂志恆更明確地說出原因：

> 各前廳以蘭城運穀至淡交倉，陸程四日，中隔三貂、隆
> 隆二嶺，山徑崎嶇，牛車、腳力，均難挑運。若由烏石
> 港配船，載至八里坌口登岸，其間有雞嶼、卵鼻兩處，
> 港門淺狹，礁山纍纍，各色小船往來，出入維艱，且非
> 春末夏初，南風當令之時不可。工費浩大，風水堪虞。
> 議請每穀一石，變糶庫紋銀六錢，解府發交淡防廳採
> 買。又以糶價不敷買補，致奉議駁。而蘭地潮濕非常，
> 食廒貯滿，所有供耗支給蘭營兵食外，盈餘之穀日多，
> 無廒可貯，霉變糟朽勢所不免。尤慮不肖官吏，乘機糶
> 賣。及至查參治罪，業經艱穀兩空[71]。

要之，乾嘉年間，由三貂社入蘭古道，係由隆隆而非其後
之草嶺，嗣後因山徑崎嶇，不便牛車、腳力之挑運，於道光初
葉，被拓寬之草嶺古道所取代。然而草嶺古道雖因運輸方便而
使用，隆隆古道卻因路途較近而仍存，成為「舖遞道」之作用，

---

[70] 同註 25 前揭書，草嶺條，頁 324。

[71] 陳淑均前揭書，頁 339。

兩路並存，以致界線糾葛不清，造成混淆，如柯培元《噶瑪蘭志略》〈山川志〉記隆嶺：

> 崒崒嶺，在廳治北五十里，石磴如梯，為入蘭第一孔道，亦名草嶺[72]。

又如頭圍縣丞王兆鴻咸豐八年（1858），為表揚吳沙立「昭績碑」，於文中敘及闢地事功時，竟云：

> ……日九人眾，闢地益進，三貂、草嶺之開，彷彿如有神助……[73]。

均可說明時人以訛相傳，產生混淆，界線不清。草嶺古道之修拓乃是道光初年修成，改由基隆經今瑞芳而入頂雙溪之嶺路，據仝卜年〈修三貂嶺路記〉述：

> （道光）辛卯（十一年，1826），通守蘭陽，路出新莊，乃知君（指林平侯）賊閒後，為淡寓公。淡去蘭不遠，遂匆匆就道。踰三貂嶺，見夫蠶叢萬仞，拾級而登，無顛趾之患。欲悉其詳，求碑文不可得，咸嘖嘖頌君砌石之功不置。君，義聲眾著……余生平樂道人之善，矧此舉一力獨肩，深合禦災捍患，有功於民之義乎！……是

---

[72] 柯培元前揭書，卷二〈山志川〉草嶺，頁 17。

[73] 引自陳進傳《清代噶瑪蘭古碑之研究》（左羊出版社，民國 78 年 6 月出版），頁 145。

役也，鳩功於道光三年（歲在癸未）仲春，兩閱月而工蕆。君名平侯，號石潭，龍溪人[74]。

林平侯為當時淡北首富，田地遍及噶瑪蘭。自道光以降，於頭圍從事水利建設與土地開墾，設有租館，並派人管理其名下土地、租穀等，連橫《臺灣通史》林平侯列傳云：

平侯……歲入穀數萬石，已復開拓淡水之野，遠及噶瑪蘭，所入益多，遂闢三貂嶺，已通淡蘭孔道[75]。

可知林平侯之修闢此路，亦出於己方所需，而官方遂假手林氏，完成此一交通道路，藉以運米入淡，我們不妨稱此路為古之產業道路。復因闢路為林家己身所需，所以其後仍修葺不斷，仝卜年前揭文附識云：

淡蘭接壤，自苧仔潭至大里簡七、八十里，嶺道溪梁，年需修葺。伊子國華，繼志不懈，附識於此[76]。

又楊浚在《冠悔堂詩鈔》之「題鷺江感舊」詩中小序，言及林國華捐修草嶺道路，云：「由淡水赴噶瑪蘭，必經三朝嶺，多陰雨苦滑，公獨立捐修，相傳公為嶺神降生者。[77]從「嶺神」

---

[74] 陳淑均前揭書，卷八雜識「仝卜年修三貂嶺路記」，頁388。

[75] 連橫「臺灣通史」倨五十三「林平侯列傳」（臺銀文叢第一二八種，民國51年2月出版），頁928。

[76] 同註74。

[77] 伊能嘉矩前揭書，頁440。

此傳說之歌頌，可窺見時人對林家修路功德之感戴謝恩。

　　此路遂取代隆嶺古道，一變為淡蘭正道，並且路況良好，「修整寬平，行旅往來不絕」。[78]入蘭古道在通過隆嶺或草嶺以後，則到達俗稱「草嶺腳」之大里簡海岸（今頭城鎮大里里）已是噶瑪蘭界，大里簡位於草嶺腳古道出口處，清代於此設有民壯寮，置兵防「番」以保護行旅之安全。由此沿海岸南行，經頭城，過北關、礁溪，達廳治所在地宜蘭城。〈臺北道里記〉述：

> 自（草嶺）此以下，皆東面海，為蘭北境。沿海南行，十里蕃薯寮，七里大溪，五里梗枋，皆有隘，設丁防護生番。四里至北關，至此入海，……八里烏石港，水自叭哩沙喃出，……港口沙線一道如蛇。……更二里乃至頭圍，二十五里則五圍蘭城矣。[79]

　　此段路程雖短，而途中怪石磷峋，較少平地，其間如外澳之金斗公廟附近，以及北關二地，石脈一線，由山巒分出，直伸海中，阻斷行人循海岸而走，艱苦萬分。而金斗公廟所在，有一與劉明燈有關之傳說，附記於此，以為資談：

　　金斗公所在，為一石脈由山上通入海中之地形，脈上石巖，密集兩側，北向者，石皆朝北，南向者，石皆向南，中間

---

[78] 陳淑均前揭書，頁350。
[79] 同註48，頁92。

一小巷，狹窄可通。當劉明燈巡視入蘭時，度其轎可穿過，但一入巷，即被夾石間，前進不得，如此進退數次，無法可施。最後，下轎而禱，始得通過[80]。

蓋金斗公廟附近石巖下，堆積海難遇險之無主枯骨，年久累累，未曾歸土，後受劉明燈之祈封，於光緒元年（1875），由祈求者建立祠宇於海濱石脈盡頭。

此外，礁溪鄉之協天廟亦留傳一有關劉明燈傳說，順帶一筆：

協天廟是福建漳州人林楓命其子林應獅、林玉樟等人至銅山縣關帝廟分靈安奉，於嘉慶九年（1804）現址建廟供奉。初時乃簡陋之草寮茅屋，至咸豐七年（1857）始改為土牆瓦頂，並於廟後遍植楓樹，每當秋雨，滿園朱紅，頻添勝景。同治六年（1867），臺鎮使者劉明燈北巡至此，曾駐宿本廟，其隨從士卒劈砍楓樹當柴薪，觸犯神威（蘭民俗稱楓樹為神樹，不得砍之，或可能因尊敬林楓創建之功，而「林楓」「楓林」義同辭同，遂尊楓樹為神樹，不得砍伐不得褻瀆；也有謂此楓樹為此地靈之龍麟，不得砍之），以致全體部屬染疫病倒。劉明燈見狀，乃跨廟步殿詢問神意，不小心將鞋尖踢到戶碇（門檻），偶一抬頭，惟見關聖帝君怒目注視，悚然一驚，惶然呼曰真神也，遂跪拜求赦，病者立即痊癒。以後返回京師表請皇帝勒建協天廟，遂有「勒封協天廟」之稱。

---

[80] 唐羽前引文，頁220。

總之，陸路之行，由淡赴蘭，率苦三貂之險，故屢有建議新闢便道者，今昔滄桑，有所變遷，前段（西段）三貂嶺有白蘭古道、楊廷理新路之別；末段（東段）又有隆嶺、草嶺之分，茲將歷來有關道路史料，整理列表如後，以醒眉目：[81]

編號	古道年代	路名	開路與修路或紀述者	起程與沿途所經路線	出處
1	乾隆中葉以前	蛤仔蘭孔道		自淡水東北行，經八堵、雞籠、過深澳，至三貂，取道隆隆嶺。	噶瑪蘭志略。
2	乾隆中葉	（舊道）	土著白蘭	由暖暖、三爪仔過三貂嶺，經頂雙溪。又一說由暖暖街直接入山，經十分寮、楓仔瀨，經頂雙溪。	(1)臺北縣志 (2)杉山靖憲《臺灣名勝舊蹟誌》。
3	乾隆末葉迄嘉慶中葉	入蘭初闢孔道		由三貂社經內林、七星堆、隆隆嶺、石磴如梯，為入蘭初闢孔道。	《臺灣府輿圖纂要》之〈噶瑪蘭廳輿圖〉。
4	嘉慶十二年間	（楊廷理）新路	楊廷理	自艋舺，至錫口，至水返腳，至七堵，至蛇仔形住宿。蛇仔形二十里至武丹，至丹裡，至三貂社，可住宿，三貂五里至隆隆，至卯裏嶺腳，至大溪，至烏石港。	《噶瑪蘭志略》之謝金鑾〈蛤仔難紀略〉。
5	嘉慶中、末葉	入蘭正道		由淡水、三貂過隆隆，抵頭圍，係入山正道。	《噶瑪蘭志略》之〈雙銜會奏稿〉。
6	道光三年	三貂嶺道路	林平侯	自芋仔潭至大里簡，七八十里，嶺道溪梁，年需修葺，伊子國華，繼志不	《噶瑪蘭廳志》之「全卜年修三貂

---

[81] 本表與前表皆據唐羽前引文之表格，進一步整理補充而成，前人奠基之功，筆者不敢掠美，特此說明。

			懈。	嶺路記」。
7	道光四至五年	呂志恆	刻下三貂正道，大半業已修整寬平，行旅往來不絕。	《噶瑪蘭廳志》之「噶瑪蘭定制」芻議。
8	道光九年	臺北道里記	姚瑩	由艋舺北行，過錫口、南港、水返腳、一堵山、五堵、七堵、八堵、暖暖、碇內過溪、楓仔瀨、復過溪、鯽魚坑、過渡、伽石、三貂（爪）仔，芋仔潭過水、三貂嶺、嶺頂；嶺路初開，窄徑懸磴甚險，肩輿不能進。 牡丹坑、粗坑口過渡，頂雙溪，有渡，魚桁仔有溪，下雙溪過渡，遠望坑民壯寮，轉東半嶺、草嶺、下嶺，至大里簡民壯寮、番薯寮、大溪、梗枋、北關，至烏石港。	姚瑩《東槎紀略》之〈臺北道里記〉。
9	同治年間	總兵巡閱路線	臺灣總兵劉明燈	由艋舺營北行，經錫口、水返腳、五堵、六堵、七堵、暖暖嶺、三瓜仔、三貂嶺、大里簡、北關、頭圍、三圍、噶瑪蘭城。回程由原途至七堵轉往雞籠，再循原路回艋舺。	《臺灣兵備手抄》。

有關整個淡蘭古道路線之分佈，之變遷，之興廢，已探討如上，茲再略述築路修道所需花費，以為本節之結束。

按，前述諸道路之開闢修築，其路線既廣泛多歧，興修年代不一，很難予以估算，遑論精確，不過宜蘭現存有道光十年（1830）二月之「林廣懷鋪路捐題碑」之拓本，其碑文略述：「聯首林廣懷，街長吳尚儒、蔣昆、陳聽、耆老鄭性愚」等人，

顧慮來往行人之困頓，體念擔任負載之艱辛，「於是傭工石以造道路，俾億兆徘徊於大道者，無顛躓之憂行，止於周行絕少崎嶇之患」，在眾人出銀鋪路之下，「備石僱工鋪路二佰三十一丈，每丈工銀八角，共去工石佛銀一佰八十八元」，另外「石碑運費大小價工什費，共銀貳拾肆元」。[82]據此碑文所載道光十年之工價為基準，則道光三年去時未久，自然可供參用。林家所修道路「自苧仔潭至大里簡七、八十里嶺道溪梁，年需修葺」，案計里之法，向以營造尺一一百八十丈為一里[83]，則一丈工銀八角，林家修路所費，一年至少也要一萬一千五百二十銀元，實在所費不貲。[84]恐怕在當時，也只有林家有此能力負擔，也難怪林國華有「嶺神」之稱號了。

---

[82] 陳進傳前揭書，頁 118。按原書中作「備五僱工鋪路……」，「五」為「石」之誤，茲於文中逕改。

[83] 屠繼善《恆春縣志》卷一〈疆域〉（臺銀文叢第七五種，民國 49 年 5 月出版），〈前後山道里紀〉云：「案計里之法，向以營造尺一百八十丈為一里。」，頁 38。

[84] 筆者推算林家修葺道路，需費金萬元，再參考姚瑩《籌議噶瑪蘭定制》中所載：「噶瑪蘭應修備道二條，一由艋舺之大坪林進山……始抵東勢之溪洲……一由竹塹之九芎林進山……可出東勢之小叭哩沙喃口……計程皆應三日……若欲進山修築，須得溪流乾涸之際，各負乾糧，執持器械，結隊前進，以防生番肆殺，野獵搏噬。需數載之久，始能將事。計其工費，非萬金不可。」據此佐證，應不致於過份誇大離譜，附記於此，以就教方家。

四、劉明燈北巡背景與在臺事蹟

在金字碑的題款勒石上，寫有「劉明燈北巡過此題并書」的字樣。劉明燈的官銜總稱是「提督軍門、臺澎水陸掛印總鎮斐淩阿巴圖魯」，「巴圖魯」便是滿洲語 Bat'uru，有武勇或勇悍之義，清朝無分滿漢，對於經實戰而軍功顯著者，授與此稱號，名為「勇號」，共分兩類，一類僅稱「巴圖魯」，一類再於其上加字號，其中又分清字勇號與漢字勇號兩種，「斐淩阿」則為清字勇號。「掛印」係掛正形官印。清制，地方文武官吏印信，共分三種：一銀質、一銅質、一木質。正方者名印，文曰某某官之印；長方者名關防，文曰某某官之鈐記。印上之字，銀銅兩種，皆篆文、滿文各居其半；木質者無滿文，全用宋體楷書。銀銅印及關防上篆文之體，亦分三種：(1)督撫及司道官，皆秦篆；(2)府廳州縣皆垂露文，垂露文者，每直之末，皆綴有一小圓點如珠形；(3)武職所用者，皆仿天發神讖體，每筆之兩端，皆作尖形。以各省言，銀質者，文官僅總督巡撫關防及布政使印，武官僅提督印及總兵關防。提督軍門，係掌理防守、稽查等軍務之謂。[85]

劉明燈於同治五年（1866）十二月調補臺灣總兵，並帶楚軍新左營來臺，首開率勇渡臺先聲，九年正月，奉旨回湘募勇。

---

[85] 沈雲龍《近代史事的人物》之〈清代地方官吏之印信〉（大西洋圖書公司，民國 59 年 4 月初版），頁 29。

關於劉明燈其人其事，《清史》卷六十有傳：[86]

> 劉明燈，湖南永定人。咸豐十年，由武舉赴襄辦兩江軍務四品京堂左宗棠軍營，隨同剿賊；攻克江西德興及安徽婺源等縣有功，保千總並加守備銜。時逆酋李世賢率眾竄江西樂平，明燈拔營進剿，擒斬悍賊甚眾；建德、德興股匪不能支，大破之。詔以都司儘先補用，並賞戴花翎。同治元年，攻克浙江開化、遂安、江山及衢州府城，詔以參將留浙江補用。二年，統帶新左三營；又克復湯溪、龍游、蘭溪、金華，斬逆目偕天豫、謹天豫，拔難民數千。十二月，乘勝進攻餘杭，克之，遷副將；武康、德清、石門竄賊以次蕩平。閩浙總督左宗棠上其功，得旨：交軍機處存記，遇有閩浙總兵缺出，請旨簡放。三年，湖州之賊分竄衢、嚴，意圖復逞；明燈率所部會同黃少春各軍出蜀口，扼要兜剿。復追擊逆首洪幅瑱於昌化，斃悍賊萬餘，斬賊目莫桂先、李士貴等於陣；賞加提督銜。
>
> 四年三月，補授福建福寧鎮總兵。四月，統領五營由福建興、泉赴安溪邊界，相機進剿。七月，馳抵武坪，進攻下灘，擊汪逆海洋於廣東鎮平縣，克之。會簡桂林、賴長立等營駐軍西洋市，偪攻嘉應州；城賊負嵎自固，

---

[86] 《清史列傳選》劉明燈條（臺銀文叢第二七四種，民國57年6月出版），頁296~298。

不能制。明燈疾督前隊直前，並力合剿，遂復其城；賞加「斐淩阿」巴圖魯勇號。

五年，調補臺灣鎮總兵，並帶楚軍新左營。

九年正月，回籍募勇，赴甘肅援剿回寇。八月，行抵平涼大營，與寇戰於靜寧、秦安、清水，連敗之。即以得勝之師進攻狄道、渭源，賊望風遁去，河州金積堡逸匪及岷州潰卒皆就撫；詔以提督遇缺題奏。十一年，派委統領安西各軍。十二年正月，克復巴燕戎城，交部優敘。三月，進規循化，攻破上四工、下四工、卞勤等處，窮回乞撫，盡繳軍器、馬匹。四月，又收復迪化。十三年，關內肅清，仍帶安西中營駐防碾伯。

光緒元年，移駐西寧。二十一年二月，卒。遺疏入，諭曰：「已故遇缺題奏提督、前任總兵劉明燈，於咸豐同治年間隨同左宗棠轉戰江、浙、陝、甘等省，疊克名城，卓著功績。著准其照軍營功後病故例，賜卹；生平戰功事蹟，並著宣付史館立傳：以彰勞勳」。尋賜祭葬。

此傳與故宮所藏「咨送總兵劉明燈出身履歷」（摺包二六二五號）有所出入，摺包中記載劉明燈於同治五年十一月廿四日，朝廷下旨委任臺灣鎮總兵，於五年十二月八日抵臺履任，七年十月奉旨回籍募勇赴甘助剿，於七年十二月交卸。經查鄭喜夫所編《官師志》之武職表，記劉明燈「同治五年十月二十四日由福寧總兵調任，六年到任；同治七年十月初一日開缺」

臺灣古道與交通研究──從古蹟發現歷史卷之二

又有出入，似應以摺包所載為是。

傳中於劉明燈在臺事蹟，幾無一語提及，實則劉於在臺任內，除了搜捕戴潮春案餘黨外，最重要者乃是處理美國商船羅蒙號（Rover）事件。[87]

同治六年二月（1867 年 3 月），有美國三檣帆船羅蒙號（或譯作羅妹號、羅發號），自汕頭駛往牛莊，途遇颶風，漂流至臺灣南岸，觸七星岩礁沈沒，船長及水手共十四人駕小船逃至琅嶠龜仔角登岸，遭當地社「番」殺害，僅餘一名華人水手得脫，旋經琅嶠匠首人等隨貨船送至打狗，報告英國領事館。因此美駐廈門領事李仙德（C. W. Le Gendre，或譯李善得、李讓禮）至臺興師問罪，照會臺灣鎮總兵劉明燈、臺灣道吳大廷，請加以查辦。劉、吳以「臺地生番，穴處獉居，不隸版圖，為王化所不及」為由搪塞。李仙德與美艦則擅自登岸查辦或報復，均無功而返。總理衙門恐事端擴大，乃請旨令閩省督撫轉飭鎮道迅速處理。

七月，令下。臺灣鎮總兵劉明燈於八月十三日先帶所部兵勇五百名由郡城（台南府）起程，一路斬荊開路，添募勇丁，各給旗幟，分紮各莊。南路海防兼理番同知王文棨則與李仙德

---

[87] 有關羅蒙號事件始末，茲據下列三書改寫而成：(1)《臺灣省通誌》卷三〈政事志外事篇〉第二章第四節（臺灣省文獻委員會，民國 60 年 6 月出版），頁 71~75。(2)伊能嘉矩《臺灣文化志》中譯本下卷第十三篇第七章（臺灣省文獻委員會，民國 80 年 6 月出版），頁 67~69。(3)戚嘉林《臺灣史》第卅二章（作者發行，1991 年 9 月出版），頁 646~648。

由水道出發，至琅𤩝灣（今車城）上陸，雙方相會。九月，劉明燈移軍大繡房莊，以剿、撫兩策相詢於吳大廷，吳氏以「不可剿」五條理由勸說，打消剿「番」行動。時李仙德亦私下與「番」社頭目卓杞篤和解，訂約和息，結束羅蒙號事件。事後劉明燈應李氏之要求，及鑒於該處戍防不足，主張添設營汛，在福州將軍英桂支持下，議妥辦法如下：鳳山縣治以南六十里之枋寮，為防「番」重地，將鳳山縣屬之興隆里巡檢，改駐枋寮。並撥臺灣道標、臺灣南路營兵弁，合成一百名，同往該處駐紮，經理護洋防「番」各事。又就當地閩粵「番」三籍民人，每籍挑選正副隘首二人，又隘丁五十人，各就所居，分設隘寮，逐段防護，如遇洋船遭風，隨時救援，轉送地方官，按約妥辦。以上均歸枋寮巡檢、千總就近督率，仍由臺防理番同知管理，並責成鳳山縣一體稽察。

　　此次事件能不動干戈，順利解決，而且劉氏所主張添設營汛，佐以屯弁護洋防「番」之建議也能達成，其心中之躊躇得意可想而知，不免自我表彰一番，遂在車城福德祠外題贊勒石（此碑仍存，今在福安宮），文曰：「奉君命，討強梁，統貔貅，駐繡房，道塗闢，弓矢發，小醜服，威武揚。增弁兵，設汛塘，嚴斥堠，衛民商，柔遠國，便梯航，功何有，頌維皇。同治丁卯秋，提督軍門、臺澎水陸掛印總鎮斐凌阿巴圖魯劉明燈過此題。」

　　明白此，自會了然劉明燈於同年歲末北巡臺灣，在三貂嶺金字碑末句「海上鯨鯢今息波，勤修武備拔良才」一句之由來

了。

同治六年是劉明燈百事順遂的一年，同年歲末率兵北巡，留下了膾炙人口的「金字碑」、「雄鎮蠻煙碑」、「虎字碑」的事蹟。先是康熙六十年（1721）朱一貴亂後，清廷為革新臺政，擴張武備，將當時分巡臺廈兵備道改為分巡臺廈道。除道員節制總兵之特例，將兵權完全委任總兵，使其專負鎮撫彈壓之責。雍正十一年（1733），復援山西、陝西沿邊之例，陞為掛印總兵，授與印信。清代總兵有巡閱營伍之責，臺灣總兵初為一年南巡，一年北巡，稱為分巡，乾隆末年則改一年總巡南、北一次，巡閱時間大抵在十月以後，封印以前，其原因有二：蓋其時歲末宵小易生，藉巡視營伍，鎮清郡邑，得消其亂萌，且時農功閒隙，道路供給，夫差較便。[88]此所以說明劉明燈何以會在歲末冬月北巡淡蘭之原因。

總兵在出巡需先發告示，由臺灣知府轉知屬下各官。除出告示外，鎮署也需準備出巡時應攜帶之人役和物件，如字旗、隊伍旗、馬料、槓擔轎等等，均需事前檢查備妥。諸事停當後，尚要發牌曉諭軍民，牌示巡閱日期。出巡攜帶人役，初只能帶親標兵一、二十名，吃住必需自帶帳房、鍋鑼。然而，事實上不可能自備吃住，以後臺鎮又需在巡行途中覆勘刑案，處決人犯，則所需的人員更多，有師爺、巡捕、稿科、巡書、管隊、

---

[88] 姚瑩《東溟文集》卷四〈上孔兵備書〉，收於《中復堂選集》（臺銀文叢第八三種，民國 49 年 9 月出版），頁 11。

管軍裝、戈什哈、門政、旗牌、三堂茶房、剃頭匠、大轎、馬
頭、摻轎、巡捕跟丁、師爺跟丁、總帶官、稿房、親標兵……
等等[89]。洋洋大觀，浩浩蕩蕩，但不知當年劉明燈北巡，攜帶

---

[89] 有關臺灣總兵出巡諸多事項，頗為瑣碎，《臺灣兵備手抄》中「出巡事項」（頁
291-122）有詳盡記載，茲因文長且瑣細，轉錄在附註部份，以免佔正文之篇
幅：

出巡事項

　　南北巡預先數日前，向左軍府汎衛門取白牌一支，明油紙一張，大條紅紗
一只，小鐵釘二十四支，竹板四枝。以上數件係發馬牌用的。

　　又欲出巡數日前，查明帥字旗，隊伍旗：頂馬官紅紬弓箭套一副，油布漆
紅一副：擺馬官月紬弓箭套二副：油布套二副，背印背令，黃帶三條，小印箱，
黃紬披綿印箱套一個，紅紬金字封條二條；令箭月紬套二個，油布套二個。以
上數件交管太平庫收的，前數日取出來看，若有破壞不堪用，即將舊物拏到營
中吩咐換新回來，仍交管太平庫收存。

　　出巡應用物件，前數日向臺灣縣辦差取來油紙、葉簍（四行八人一擔，隊
伍十人一擔）、麻繩、竹梆、明瓦燈、桃紅布、水桶、天地蓋。以上數件，隨
時斟酌應用若干，開單向辦差取來，分與各行。

　　又向值月中軍府取大人出恭燈一支，係小雨傘，兩邊畫如意，帶竹燈架一
支。

　　每日員弁書吏及四行口糧：總帶六元，協帶四元，或二元不等，巡捕二元，
門政二元，稿房二元，房科每名一元，幫寫一元，小寫一元，頂馬一元，背印
一元，擺官、背令、管隊、管軍裝等官，千把一元，跟丁各二名，外額半元，
跟丁各一名。管軍裝加跟丁二名。管賞號半元。效用二百文。其餘向外四行跟
丁馬差等每名每日一百二十文。稿房跟丁三名，巡捕三名，科房一名，門政跟
丁一名。總帶稿房每日一元，幫寫半元，協帶稿房每日一元，幫寫四百文，掌
標四百文。

　　每日馬草料：大人坐馬每匹每日一元，總帶協帶、坐馬每日一元，巡捕坐
馬每日一元，稿科坐馬每日一元，其餘各官坐騎現馬每匹每日三百文。到南路
營，每匹貼站銀二元。到淡水，每匹貼站銀一元。

　　尖宿站席棹：師爺一席，巡捕一席，稿科等一席，巡書一席；印令，頂、

了多少人馬？又如何率領此大批人馬越過淡蘭古道這一蠻叢

擺馬一席，管隊、管軍裝一席，戈什哈一席，門政一席，旗牌一席。以上係上席。三堂、茶房、剃頭匠一席，四行三席，大轎三席，馬頭一席，摻轎一席，巡捕跟丁一席，師爺跟丁一席（師爺有上席，跟丁即無中席；若師爺同大人一席，跟丁即有此中席）。以上俱中席。總帶官一席，稿房一席，四行中二席，大轎中一席，協帶官上一席，稿房及四行同總帶。

應派馬匹開單向中營取討：巡捕每員一匹，稿房一匹，門政一匹，背印一匹，背令一匹，頂馬一匹，擺馬二匹，戈什哈三匹，茶房、三堂一匹，剃頭匠一匹，旗牌二匹，管賞號一匹，隊伍官、軍裝官每員一匹，小寫一匹，四行三匹，馬頭一匹，師爺跟丁一匹，巡捕跟丁一匹，稿房跟丁一匹，門政跟丁一匹。

應用槓擔轎：

槓：大人行李四槓，師爺一槓，巡捕一槓，門政一槓，稿科二槓，賞號二槓，廚房一槓。

轎：師爺一把，門政一把，巡捕一把，稿科一把，科房每名各一把，幫書一把，小寫每名一把，另旗牌一把，戈什哈一把（此二把係他自己向縣取討，並不可開在單內。縣中有出，亦有不出）。

擔：師爺一擔，巡捕每員各一擔，稿科二擔，科房每名一擔，印令、頂擺馬、軍裝、管隊官每員各一擔，賞號一擔，門政一擔，戈什哈三擔，旗牌二擔，小寫每名一擔，馬頭看馬匹多少，大轎三擔，三堂、茶房、剃頭匠二擔，四行四擔，號手一擔，廚房一擔。

皮椅夫一名，茶擔夫二名。

其餘總帶、協帶及精兵俱係他自己另開。所有隨帶鉛子、火藥、軍裝，均係總帶官開來，則將單回明。

總帶官大轎一把，天地蓋一槓，擔二擔；稿房轎一把，擔一擔；傳號旗茶轎二把，幫寫轎一把，跟丁轎一把，四行擔一擔。以上轎、槓、擔應配夫，向係夫頭由縣中與差總酌定夫價，係中縣出的。

總帶官隨帶書吏四行人等：

稿書一名，每日口糧銀一元；傳號一名，每日口糧銀半元；幫寫一名，每日口糧銀半元；旗牌一名，茶房一名，跟丁一名，號手二名（食三名口糧），四行四名，內丁家旗茶十名。以上旗茶四行等共二十名，每名每日口糧錢一百二十文。

鳥道？

　　巡閱路線，早期北巡自無噶瑪蘭之後設廳，也列入巡閱路線之中，但總兵不一定每年都去，同治末年所留下來之《臺灣兵備手抄》，紀錄了翔實的巡閱里程及宿尖路站，北路自郡城（臺南）小北門起，至噶瑪蘭營止，計程六百九十九里，其間路線，因文長，謹附於註釋中，以免佔正文篇幅過鉅，茲僅以艋舺為往返之起終點，簡化如下，以明梗概：[90]

---

[90] 《臺灣兵備手抄》中〈臺灣北路汎塘尖宿里站〉（臺銀文叢第二二二種，民國55年2月出版），頁15~18，茲逐錄全文如下：

〈臺灣北路塘汎尖宿里站〉

自郡城大北門起，四里至右軍柴頭港汎（兵五名），六里至鳥菘塘（兵七名），五里至溪邊塘（兵五名），五里至木柵塘（兵五名），計程二十里，打尖；十里至水堀頭塘（兵五名），十里至茅港尾汎（外委一員，兵二十五名），計程二十里，住宿：十里至尖線橋塘（兵五名），十里至急水溪塘（兵五名），五里至北勢埔塘（兵十名）；以上係臺灣縣境。

五里至下茄冬汎（駐右軍守備一員，輪防千總一員，兵九十一名），計程三十里，打尖；十里至八槳溪塘（兵五名），五里至嘉義營八槳溪塘（兵十名），五里至水堀頭塘（兵六名），十里嘉義縣城（駐參將一員，守備一員，把總二員，外委一員，額外四員，兵四百四十名），計程三十里，住宿。城外汎山底塘（把總一員，管轄兵六名），五里至牛稠溪塘（兵五名），五里至打貓塘（兵五名），十里至大埔林汎（該汎分防外委一員，兵二十二名，係斗六門都司管轄），計程二十里，打尖；十里至他里霧汎（該汎分防外委一員，兵四十名，係斗六門都司管轄），十里至斗六門汎（兵一百五十名），計程二十里，住宿：以上係嘉義縣境。

十里至北路中營觸口汎（額外一員，兵三十名），十里至林圮埔汎（外委一員，兵三十名），計程二十里，打尖；十里至水沙連汎（係嘉義營管轄，千總一員，兵九十名），計程十里，住宿；二十七里至北路中營大哮南北投汎（把總一員，兵八十九名），計程二十七里，打尖；四十五里至北路中營彰化縣城（駐副將

一員，都司一員，千總一員，外委一員，額外一員，兵六百名，抵塘兵六名），計程四十五里，住宿。

又斗六至彰化路站二十三里至三塊厝，十里至枋橋頭塘（兵五名），十里至燕霧汛（把總一員，兵三十名），計程四十三里，打尖；十里至赤塗崎塘（兵五名），十里至彰化縣城東門外八卦山汛（把總一員，外委一員，兵一百名，內撥把總一員，兵六十名，分防許厝埔），計程二十里，住宿。

外四汛（把總一員，額外一員。分駐牛罵頭、大肚塘二汛）：彰化北門十里至大肚塘（額外一員，兵十五名），十三里至沙轆塘（兵五名），五里至牛罵頭汛（把總一員，兵二十五名），計程二十八里，打尖；以上係彰化縣城。

十五里至北路右營大甲汛（守備一員，千總一員，把總一員，外委一員，兵二百名），計程十五里，住宿；十里至貓盂塘（兵五名），十里至吞霄汛（外委一員，兵三十名），計程二十里，打尖；十五里至白沙墩汛（外委一員，兵十名），十五里至後壠汛（千總一員，兵五十三名），計程三十里，住宿；十五里至中港汛（把總一員，外委一員，兵五十八名），計程十五里，打尖；十里至老衢崎，十里至香山塘（兵十名），十里至北路右營（係竹塹城，駐遊擊一員，千總一員，外委一員，額外一員，兵二百八十八名），計程三十里，住宿；十里至鳳山崎；十里至大湖口，十里至崩碑，十里至楊梅壢汛（把總一員，兵六十七名），計程四十里，打尖；十里至長重溪，十里至中壢（竹塹至此實五十五里，先無公館，至同治八年，署淡水廳陳司馬罰款蓋建公館，立有碑記，至此宿站），十里至內壢，十里至崁腳，十里至桃仔園汛（把總一員，兵二十五名），計程四十六里，住宿；十里至艋舺營陸路龜崙嶺塘（兵十名），十里至大坵田，十里至海山口汛（外委一員，兵九十名），五里至艋舺營（駐水師參將一員，陸路守備一員，外委一員，額外一員，兵三百一十五名），計程三十五里，尖宿；十五里至貓裡錫口，十五里至水返腳汛（外委一員，兵三十名），計程三十里，打尖；十里至五堵，十里至六堵，五里至七堵；十里至暖暖嶺汛（兵七十名），計程三十五里，住宿；二十五里至三爪仔汛（外委一員，兵十名），計程二十五里，打尖；二十五里至三貂汛（把總一員，兵三十名），計程二十五里，打尖：以上係淡防廳境。

十五里至大里簡民壯寮礐礐汛（千總一員，兵五十名），計程十五里，打尖；十五里至北關汛（外委一員，兵四十名），十五里至頭圍汛（守備一員，外委一員，兵一百名），計程三十里，住宿；二十里至三圍塘（兵十名），十里至

（一）往：艋舺營（尖宿）15 里→貓裡錫口 15 里→水
返腳汛（打尖）10 里→五堵 10 里→六堵 5 里→七堵 10
里→暖暖嶺汛（住宿）25 里→三爪仔汛（打尖）25 里
→三貂汛（打尖）15 里→大里簡民壯寮礐礐汛（打尖）
15 里→北關汛 15 里→頭圍汛（住宿）20 里→三圍塘
10 里→噶瑪蘭城汛（尖宿）

（二）回：噶瑪蘭營（原途）→七堵渡頭 10 里→大雞
籠汛（宿）原路→艋舺（坐船）→滬尾（陸路）→艋舺。

據上引史料，可知當年巡閱路線即是走淡蘭正道之三貂

噶瑪蘭城汛（都司一員，千總一員，外委一員，額外二員，兵三百六十名），
計程三十里，尖留。

回郡由噶瑪蘭營原途至七堵渡頭分路，十里過大雞籠汛（輪防千把總一員，兵
一百五十名），宿；由大雞籠原路回艋舺，艋舺坐船往滬尾（須俟潮水流赴水
洋，係內港，多小船），三十里由陸路小路轉折，籌馬難行（路程三十五里）。

由艋舺原路回郡，至彰化大肚分路，二十里至鹿港（駐水師，臺協左營遊擊一
員，千總一員，把總二員，外委二員，額外二員，兵三百七十七名），計程二
十里，住宿；二十里至小埔心，計程二十里打尖；二十里至西螺汛（把總一員，
外委一員，兵五十九名），計程二十里，住宿；以上係彰化縣境。

二十五里至大崙腳汛（外委一員，兵三十九名），三十里至塗庫，計程二十八
里，打尖；二十五里至笨港汛（千總一員，外委一員，兵八十九名），計程二
十五里，住宿；二十里至朱曉陴（港仔墘），計程二十里，打尖；二十里，至
鹽水港汛（把總一員，兵九十名），計程二十里，住宿；二十里至茅港尾汛（外
委一員，兵二十五名），計程二十里，打尖；二十里至木柵塘（兵五名），二十
里，抵郡。

自郡城小北門起，至噶瑪蘭營止，計程六百九十九里。

線，由艋舺至噶瑪蘭，計程一百九十里，耗時三天，需在暖暖嶺、頭圍、噶瑪蘭住宿，而三貂嶺一線最稱艱苦，所以每到一站，即需打尖休息，可想見山道之難行，而此時仍以隆隆古道為巡閱之線路。至於回程，則由七堵轉回雞籠巡視，回艋舺後，還得至滬尾巡查一番，再返回艋舺，不可謂不辛苦，而且果真按規定逐站前進，前後共需六天。至於各營汛所轄地區，駐防兵力，同書「艋舺營所轄地方洋面程途里數」有所記錄，文長，茲轉引在註釋，以供參考。[91]

---

[91] 　同註 86 前揭書〈艋舺營所轄地方洋面程途里數〉，頁 19~22。

　　艋舺營參將水師海洋，南自淡防廳屬大安與臺協左營交界，北至噶瑪蘭屬蘇澳止，計水程七百餘里。沿邊臨海五里為內洋，黑水為外洋。歸艋舺參將統轄，滬尾水師守備兼轄。按自大安港、中港、竹港為小口，八里坌港正口，大雞籠港為小口，噶瑪蘭烏石港為正口，加禮遠蘇澳為小口。

　　艋舺營陸路所轄地方，西自龜崙嶺北路右營交界止，東至三貂，魚桁仔與噶瑪蘭交界止，南透山林，北至關渡，與滬尾水師交界止；文屬淡防廳艋舺縣丞，武屬艋舺營參將、守備管轄。

　　滬尾水師所轄地方，東自關渡門與艋舺陸路交界起，至西臨大海，南至南澳與北路右營交界，北至野柳，與艋舺陸路交界止；文屬淡防廳艋舺縣丞，武屬艋舺參將、滬尾守備管轄。

　　噶瑪蘭營所轄地方，東臨大海，西透山林，南至蘇澳，北至三貂魚桁仔，與艋舺陸路交界；文屬噶瑪蘭廳頭圍縣丞，武屬噶瑪蘭都司頭圍守備管轄。

　　龜崙嶺塘（兵十名），北至海山口汛十五里，南至北路右營霄裡汛十五里，離竹塹城八十五里，離臺灣府城五百零二里。

　　海山口汛（外委一員，兵六十名），北至艋舺營汛十里，南至北路右營霄裡汛以石頭溪交界三十里，離竹塹城一百里，離臺灣府城五百一十八里。

　　八里坌汛（外委一員，兵三十名），南以海山汛與獅長山交界，北至北路右營南投汛二十里，離艋舺營三十里，離竹塹城一百里，離臺灣府城五百五十八里。水洋南至大安二百七十里，北至蘇澳四百五十里。

　　滬尾水師西至小雞籠汛（守備一員，把總二員，外委二員，額外三員，兵五百八十名）以林仔街交界五里，東至北港塘與灰窰尾交界一里，離艋舺營汛三十里，離竹塹城一百四十里，離臺灣府城五百五十八里。水洋南至大安二百七十里，北至蘇澳四百五十里。

　　北港塘（兵五名），西至砲臺汛與灰窰尾交界一里，南至艋舺汛以關灣門交界三十里，離竹塹城一百四十里，離臺灣府城五百五十八里。水洋南至大安洋面二百七十里，北至蘇澳洋面四百五十里。

　　小雞籠汛（兵五名），北至石門汛與貓尾溪交界二十里，南至砲臺汛與林仔街交界二十里，離艋舺營五十二里，離竹塹城一百三十里，離臺灣府五百四十八里。水洋南至大安二百七十五里，北至蘇澳四百四十五里。

　　石門汛（外委一員，兵三十名），北至金包里汛與阿里傍交界二十里，南至小雞籠與貓尾溪交界二十里，離艋舺營七十二里，離竹塹城一百五十五里，離臺灣府城五百六十八里。水洋南至大安洋面二百八十五里，北至蘇澳洋面四百三十五里。

　　金包里汛（千把總一員，兵五十七名），北至大雞籠汛與馬鍊港交界四十里，南至石門汛與阿里傍交界三十里，離艋舺營九十二里，離竹塹城一百七十里，離臺灣府城五百八十八里。水洋南至大安三百里，北至蘇澳四百二十里。

　　馬鍊汛（外委一員，兵三十名），北至大雞籠汛與文武崙交界十五里，南至金包里汛與野柳港交界十里，離艋舺營汛九十二里，離竹塹城一百七十里，離臺灣府城五百八十八里。

　　大雞籠汛（千總一員，兵九十名），東北至水返腳汛三十里，西南至金包里汛四十里，離艋舺汛六十里，離竹塹城一百七十里，離臺灣府城五百九十六里。

　　三爪汛（外委一員，兵十名），北至燦光寮塘十五里，南至暖暖塘二十里，離艋舺營汛七十里，離竹塹城一百八十里，離臺灣府城五百九十八里。

　　燦光寮塘（兵十名），北至三貂港口汛十六里，南至三爪仔汛十五里，離艋舺營汛八十五里，離竹塹城一百九十五里，離臺灣府城六百一十三里。

　　三貂港口汛（千把總一員，兵三十名），北至三貂嶺溪與蘭營交界十里，南至燦光寮塘十六里，離艋舺營汛一百零一里，離竹塹城二百一十一里，離臺灣府城六百二十九里。

　　水返腳汛（外委一員，兵三十五名），北至暖暖塘二十里，南至舺營汛三

　　同治六年是劉明燈得意的一年，但好景不長，同治七年，樟腦事件起。[92]

　　樟腦為臺灣特產，相傳鄭芝龍居臺時，其部眾曾入山開墾，伐樟熬腦，配售日本，以供藥料。清初領臺，有禁止伐樟製腦之舉，而山麓細民猶有私熬者。雍正三年（1720），閩浙總督滿保奏准清廷在臺設廠，修造戰船，於是南北二路各設軍工料館，大伐樟木以為船料，並特許匠首熬腦私利，然仍嚴禁私自伐製。至道光五年（1825）於艋舺設置軍工廠，及軍工料館，兼辦腦務，在深山私製的樟腦均由軍工料館收購，不得私售。鴉片戰後，英商以鴉片交換樟腦，私製私運之風日盛。咸豐五年（1855），外商來臺經營樟腦者愈多，開港後愈熾，樟腦成為重要輸出品。同治二年（1863）實行樟腦專賣，禁止私伐與外商私購。因官辦專賣，外商不得獲巨利，屢生事端。同治七年四月，英商怡記洋行（Elles & CO.）遣必麒麟（W. A. Pickering）擅自於梧棲港開洋棧，收購樟腦，欲私運出口，結

十里，離竹塹城一百四十里，離臺灣府城五百五十八里。

　　暖暖塘（兵十名），南至水返腳汛二十里，北至三爪汛二十五里，離艋舺營汛五十里，離竹塹城一百六十里，離臺灣府城五百七十八里。

　　艋舺營汛（參將一員，守備一員，千把總一員，外委一員，額外二員，兵四百二十五名），北至水返腳汛二十五里。南至海山口汛十里，與艋舺溪交界二里，離竹塹城一百一十里，離臺灣府城五百二十八里，由八里坌對渡五虎門，水洋七更。

[92]　同註87前揭三書：(1)《臺灣省通志》，頁75~79。(2)伊能嘉矩《臺灣文化志》中譯本下卷，頁61~64。(3)戚嘉林《臺灣史》，頁640~643。

果被鹿港同知洪熙恬阻截扣留。會美國駐廈門領事李仙德乘砲艇抵打狗訪問，即邀駐打狗之英國代理領事傑美遜（G. Jamieson）、海關稅務司惠達（Francis W. White）及必麒麟等人共至臺灣府謁臺灣道臺梁元桂交涉，要求發還。梁氏堅持樟腦官賣，至於被扣樟腦從寬處理。然必麒麟未得允許，又私自到梧棲察看，造成衝突，逃至淡水。

五月，又有打狗德記洋行（Tait & CO.）代理人夏禮（Hardie），為釐金事與海關哨丁林海因口角互毆，而被竹棍戳傷。同時又發生民教衝突，英國領事吉必勳（John Gibson），認為事態嚴重，出與道臺交涉，並急馳報香港請調兵船來臺，名為保護，實為要挾。同年九月，福建興泉永道曾憲德奉閩省督撫之命，抵臺查辦教案與商務糾紛。後親赴打狗旗後與吉氏會商，但未能達成協議，吉氏決定攻安平。十月初，吉氏帶領二艘英艦至臺南安平，聲言將佔領該地，以為談判之保證。時梁元桂與臺灣鎮總兵劉明燈不知所措，僅派兵五百趕赴安平抵禦，並令協防安平副將江國珍調集兵船，嚴密扼駐，約束兵丁，不可妄動。而曾憲德等再往晤吉氏，幾經折衝，曾氏答允吉氏條件。

正當各案將結之際，英清雙方軍隊，竟起戰事，先是江國珍調集兵船扼駐，而英艦艦長茄當（Thornhangh P. Curdon），警告清廷兵船須退出港外，否則即予扣捕。江氏不理，茄當果真擄去兵船，劉明燈、江國珍見英艦如此跋扈，乃調集水陸師欲以應戰。茄當偵悉，先下手為強，十月十二日，砲擊市區，

是夜襲安平協署，放火焚燬三營軍裝局火藥庫，江國珍受傷後，旋服毒殉職，兵勇被傷五十餘人。在英國砲艦威脅下，曾憲德幾乎全部接受吉必勳所提要求，英軍則等候在各案結束後，始行退去。

英國此種無法無天之強暴威脅手段，事後經總理衙門向英交涉，吉必勳終被英政府革職，清廷亦撤梁元桂、洪熙恬、及鳳山縣知縣凌樹荃等職。至於總兵劉明燈之處分如何，遍查故宮摺包、同治朝《籌辦夷務始末》及《教務檔福建教務》，均無明確之議處記載，劉明燈為左宗棠之愛將，筆者懷疑，劉明燈可能知道此次事件難以善了，卅六計走為上策，透過後門求助左宗棠，調動回籍募勇，赴甘肅協助左氏援剿回寇，是以十月旨下開缺，由朱德明暫署，於十二月交卸，才能安然無恙避過此一劫難。

五、金字碑之現況與價值

金字碑位於今瑞芳鎮猴硐里三貂嶺頭，由猴硐車站東南行，攀山而上，約一小時可達。行程前半段已舖設水泥梯道，後半段則為山坡土石步道，可見昔時舖設之卵石、踏石及護坡石矮牆。同治六年冬（1867），臺灣鎮總兵劉明燈經此前往宜蘭，見山棧鳥道，形勢險絕，有感而發，乃題詩一首：

雙旌遙向淡蘭來，此日登臨眼界開。

大小雞籠明積雪，高低雉堞挾奔雷。

穿雲十里連稠隴，夾道千章蔭古槐。

海上鯨鯢今息浪，勤修武備拔良才。

事後磨峭壁為碑，刻詩其上，字作漢篆，高二百四十公分，寬一百四十三公分，邊框以蓮花條紋雕飾，碑額以雙龍托珠圖案襯托。其旁有石孔，為當年石匠架木托板雕鑿石碑所留下的痕跡。碑成之後，據說碑文及碑龕以金箔黏貼，鄉民因呼曰「金字碑」。此外在草嶺附近亦留有「虎字碑」、「雄鎮蠻煙碑」，今皆保存良好，為淡蘭古道上極為重要之古蹟。

金字碑就岩壁先打鑿深約三公分，以長二四〇公分，寬一四三公分之碑底，以作為題字之處。左右兩側即碑側各十六公分寬，以兩公分為邊框，框內雕刻連續唐草圖樣。碑額作圭形，與碑體銜接寬約二十五公分範圍內，雕雙龍戲珠之圖樣。碑趺為方趺，內雕拐龍圭腳。造形有如立碑之形式，惟此類立於岩壁上之碑石刻字，傳統學術上稱之「摩崖」，故民間俗稱「金字碑」、「虎字碑」、「雄鎮蠻煙碑」，在學術上均有必要予以更名，金字碑以可稱「三級古蹟三貂嶺金字摩崖刻石」，其他依此原則稱「三級古蹟草嶺虎字摩崖刻石」，「三級古蹟草嶺雄鎮蠻煙摩崖刻石」。

立碑在我國一向是件大事，臺澎地區開發較晚，經調查約有石刻一千餘座，為數不算多，多年來未受重視，任其風雨剝蝕，棄置摧殘，今所見所存只有刻石、碑碣、墓誌、摩崖等數

種，設置地點位置常在山川、關塞、祠廟、墓塚、津梁、庭園、渡口等，其內容以示諭碑特別多，廟記碑、學宮碑稍遜，其他雜記碑也不少。目前已編纂出版主要有《臺灣北部碑文集成》、《臺灣中部碑文集成》、《臺灣南部碑文集成》，近年陳進傳所撰之《清代噶瑪蘭古碑之研究》，雖侷限宜蘭一地，內涵豐富精瞻，後出轉精。而何培夫主編之《台灣地區現存碑碣圖誌》，洋洋精裝十七鉅冊，圖文對照，校對又精，後出轉而集大成，成學者必備之案頭工具書。

「碑」為人工石，由碑座、碑身、碑首組成。碑座稱趺，多為方趺，也有龜趺。趺上為碑身，多為長方形，面為陽面，背面為陰面。碑身上端為碑首，作圭形或環形，多有題字或雕飾稱碑額。碑文刻在碑身陽面為主。亦有在碑身作雕刻花紋裝飾。唐宋以來碑有定制，如宋《營造法式》卷三贔屭鼇坐碑：「造贔屭鼇坐碑之制，其首為贔屭鼇盤龍，下施鼇坐於土襯之外，自坐至首共高一丈八尺，其名件廣厚皆以碑身每尺之長積而為法，碑身每長一尺，則廣四寸，厚一寸五分（上下有卯隨身陵並破瓣）」。

「碣」形狀無定制，多作下大上小的圓錐形，即圖形無方正稜角之碑，周身刻字，作用與碑相類。宋《營造法式》卷三笏頭碣：「造笏頭碣之制，上為笏首，下為方坐，共高九尺六寸，碑身廣厚並准碑制度（笏首在內），其坐每碑身高一尺，則長五寸，高二寸，坐身之內，或作方直，或作疊澀，宜彫鏤華文」。按此規定，碣高不過碑高之半。

「墓誌」為隨同死者放入墓葬內的銘刻，記載死者生平有關情況，臺灣多用墓碑替代。具文史價值，常可彌補文獻之不足。

「摩崖」在天然石壁上鐫刻文字，與碑的作用相類。

此外與以上所述類似之紀念包括：石經、石闕、石柱、華表、幢塔、浮圖等，均具民族、民俗特色，常在中國建築中以點景方式出現，造成出人意表畫龍點睛之效果。

金字碑係立於天然岩壁之石刻，距今已有壹佰貳肆拾餘年，長年裸露大自然中，經風雨摧殘風化，及經年在林蔭下，壁體青苔密佈致造成壁體表面鬆動剝落，為破壞石刻雕飾之主要原因。其字體原貼金箔，現況仍依晰可見。碑體之破壞處以雕刻之紋飾為主，碑身兩側唐草飾剝落呈不連貫，碑額雙龍托珠亦風化模糊不清，碑趺之拐龍飾雕刻紋飾也被青苔覆蓋，不復見當初雕刻紋飾的銳利。

金字碑附近之岩塊高寬約十餘公尺，聳立山溝邊，周圍雜草叢生。而淡蘭古道如羊腸小徑，經岩壁下方貼左岩塊而過，形勢險要，過此即往牡丹坑之下坡路。岩塊於碑體上方約五十公分處，有斜向之節理岩塊一分為二，在安全上尚不致影響，反而可以襯托碑身之岩塊變化性，岩塊上方雜草叢生，地勢較平坦，具水土保持作用，可避開碑體上方之土石沖刷，是字碑仍能保存完整原因之一。岩塊右側亦臨山溝，使岩塊由下方望去具雄偉完整之氣魄。而岩塊正向下方剛好可立足之地，予人駐足瀏覽。要之，金字碑周遭環境，大致上仍然保留自然生態。

　　古碑既為鄉土史料一大資源，是以「金字碑」之探討之研究，自有其價值、意義之存在，約略言之，有下列諸項：

　　一、臺灣刻石，今所習見，只有刻石、碑碣、墓誌、摩崖。所謂摩崖者，乃就其山而鑿之，為天然之石，刻文字於其上。金字碑就屬於摩崖，而摩崖石刻在臺灣獨獨少見，金字碑正好提供一典型範例。

　　二、古碑有文學價值。金字碑文雖不敢說是句句珠璣，然其詩，有紀事、有描景、有抒懷、有立志，文字皆有律有度，以漢篆刻成，工整美感，對稱流麗，允為書法典範，誠千古美文佳字，可傳可頌，世所共賞。

　　三、外觀上，古碑有造形之美。金字碑，字作漢篆，碑側邊框以蓮花條紋雕飾，碑額以雙龍托珠襯托，厚實之中，帶有雄渾之勢，而據說昔年碑文及碑龕以金箔黏貼，鄉民因呼曰金字碑，更突顯其藝術價值，圖飾之美。

　　四、立碑功能有述德、銘功、紀事、撰言之用，是則反映了政治、社會、經濟、文化各方面之時代問題，備史取裁，增添史料。所以欲考疆域之開拓，交通之往來、社會之習尚、文化之變遷，均宜取之，以為佐證。是以金字碑之存在，一則說明了過去淡蘭古道路線，再則明了當年臺灣總兵劉明燈克盡職責，確曾入巡淡蘭營伍，三則說明古道之僻險艱難。

　　五、石刻具有久不磨滅形體，故名山大澤，山村野外，廟宇殿旁，皆置有古碑透過古碑說明，使觀者細細品讀。而金字碑所在，正在山崖岩石，腳下即三貂古道，山光古道，相互輝

映，駐足觀賞，似正在聆聽金字碑娓娓訴說著古老的故事，為歷史事件作見證。而斯時斯刻，古道、古碑、景緻、旅人，融而為一，令人發思古幽情，則極具歷史、觀光價值，兼為健行步道，豈不宜哉！

六、結語

交通為繁榮之根，其於地方，固為財富商業之命脈，人文建設之依歸。此所以世界強盛之國家，亦即交通最發達之國家，經濟繁榮，人文鼎盛之地區，亦交通最便利之處所，交通之於地方，猶吐納孔道，是交通之發達與否，尤影響地方之興衰。

宜蘭負山面海，居臺北後方，舊為蛤仔難「番」社，有卅六「番」社盧居，相傳明末即有西人、荷人前來招撫經營，其時雖已有漢人足跡，其效不彰。迨至清領臺灣，《番俗六考》、郡志、《諸羅縣志》始見紀載，然而峰巒險峻，人跡罕至，乾隆中有漳民吳沙率三籍流民入墾，以墾務雄長其地，始日漸開拓，至嘉慶十五年（1810），歸入版圖，設官治理。維時百務草創，隘寮橋渡因地勢而布置，村庄里保就「番」語譯成。同治十三年（1874），開山撫「番」議起，廳改為縣名，名曰宜蘭，是則番黎向化，人煙日稠，凡遐陬僻壤之區，無不開闢周遍，居然成一都會也。

唯是蘭疆雖屬一隅褊小之區，然地理環境特殊，經由之

路，雜沓蠻叢，僅容背負往來，輿馬礙難行走，或走田塍，或越茶園，而山險巇盤旋，茂林危石當道，且路經生「番」地面，其間穿林渡溪，或大或小，或淺或深，或用渡船，或用橋架，或可跋涉而過，究非完善之計，故道路之開拓經營，實屬必要。

蘭境開闢之初，通往路雜踏不一，可粗分南北二路，南路可由中部經水沙連、埔里，循山路而至。也可由新竹之竹塹，經由鹽菜甕、九芎林前往。至若淡北而言，捷徑山路，分布更多，出入匪易。

淡北路線，即日後所謂淡蘭古道，就狹義大略而言，係指由艋舺，取道錫口、水返腳、八堵、暖暖、三爪仔、三貂嶺，進入三貂社，越嶺進入噶瑪蘭廳。然新開僻壤，道路所經，隨地隨時，就其便利而變。初自康雍乾三朝以來率走海路，取道八堵港口附近，進入雞籠，然後沿今之濱海公路，循海岸進入三貂社，轉往蛤仔難。之後，因路途遙遠，且海濤洶湧，暗沙橫亙，風潮不定。重要港口北為烏石港，南為蘇澳港，居中則是加禮苑港（又稱東港），其港口通塞無時，故清代噶瑪蘭之交通，海運僅居一席之地，遂改走陸路。

噶瑪蘭聯外通路以淡蘭古道最稱重要，古道即陸路，陸路即山路，山路之行，就其便利、安全、捷徑，隨時隨地而變，本文詳志書之記載，諮父老之傳聞，佐以時人踏勘紀錄，及筆者實地調查所得，將其路線，逐處表而出之。約略言之，古道路線凡三變：（一）乾隆年間，自昔時淡水廳艋舺出發，循基隆河東北行，經水返腳（汐止）、八堵，過獅球嶺，進入基隆；

再由基隆循海至深澳，攀登三貂大嶺，續越隆隆嶺，而至蘭地，此古道最早路線。（二）嗣後向東另闢蹊徑，至嘉慶初年，改由八堵入山，經暖暖、四腳亭、瑞芳、苧仔潭，越三貂嶺，過牡丹坑、頂雙溪至下雙溪。由此入蘭之道，初採東行，經鐵路草嶺隧道北端出口沿山溪上山，越隆隆嶺，至南端「國雲飛處」石額下山。（三）惟此段迂遠陡峭，漸為人廢，尤以蘭邑開疆後，需擇一便道，遂改由下雙溪，經魚桁仔、槓仔寮、遠望坑，越草嶺至大里、北關而入頭城。

是以嘉慶十五年（1810）以後，草嶺古道成為入蘭之「官道」、「正道」，為北臺與宜蘭之間，商旅糧食往返必經之孔道，是漢人終能在宜蘭立足生根，繁衍發展之臍帶。故清廷擇險要之處，沿線置汛防、舖遞、驛站、舍店、隘寮，以利通行，以衛行旅。淡蘭古道全程約百七十里，歷時三天兩夜。唯三貂崇嶺匯結，鳥道蠶叢，窄徑懸蹬，雲湧霧迷，瘴癘襲人，行路之難，肩輿難進，由淡入蘭，率苦三貂之險。嗣後草嶺初開，交通漸暢，雖路狹谷幽，然一登嶺巔，海天壯闊，盡收眼底。沿途路徑，先有板橋林家父子，斥資修葺山道，使無顛趾之患；復有官府隘丁，保護行道林樹，而免薰蒸之苦。

同治六年（1867）冬，臺灣鎮總兵劉明燈（簡青），以職責所在，率兵北巡營伍，由淡入蘭，有感於先民開疆拓土之艱辛，與夫山道之奇絕雄偉，風光之壯闊磅礴，乃題下「金字碑」、「虎字碑」及「雄鎮蠻煙碑」，勒石紀盛，永誌瞻仰。並留下瑞芳鎮「明燈路」、貢寮鄉「明燈橋」、頭城鎮吳沙祠神位遺蹟，

暨金斗公廟、協天廟之傳說。

迨明治廿八年五月，日本北白河親王率近衛軍旅，攻打臺灣抗日義軍，草鞋藜枚，越三貂之險，推進旌旗，亦係此嶺路，成為我臺灣抗日史上一大遺跡。臺灣被佔後，日人調派軍隊，再行改修嶺路，行徑緩遶山腹，肩輿可進，馬背得起，亦是貢獻。嗣後，日據時期開闢從新店經坪林自白石腳之道路外，並築從八堵經瑞芳、三貂嶺、雙溪、貢寮、頭城達宜蘭之鐵路。此一路線於大正六年（民國 6 年，1917），南自蘇澳，北自八堵兩端敷設，第三年，完成蘇澳至宜蘭段，其後延到礁溪、頭城、大里。大正十三年，貫通臺北、宜蘭兩地的草嶺隧道完成後，全線通連，全長九十五公里，其中所穿越的草嶺隧道，長七二〇〇英呎，為當年臺灣最長的鐵路隧道。鐵道完成後，日人在草嶺隧道兩端題字以資紀念，北端入口處是「制天險」，不遠處也立有一紀念當年工程師之石碑，字跡湮滅，無從辨識。南端入口石額有「國雲飛處」，由於年久日長，也被燻黑地難以辨認。

光復後，於民國五十五年（1966）更築有北部橫貫公路，從桃園縣復興鄉之復興，經高坡、榮華、萱原、西村、池端、翻越雪山山脈至宜蘭縣大同，與中部橫貫公路宜蘭支線銜接。民國六十二年十二月，北迴鐵路分別在北埔與南聖湖（今蘇澳新站）兩地開工，開始了漫長的六年施工歲月。到了民國六十八年二月，和平以南路段完工，長三十九‧六公里，包括和平隧道、崇德隧道、和仁隧道及清水隧道，於二月七日舉行北迴

鐵路南段通車典禮。北段包括觀音隧道、南澳隧道、永春隧道及谷風隧道，於民國六十八年底完成，翌年二月一日舉行通車典禮。民國六十九年十大建設之一的北迴鐵路通車後，宜蘭縣成為連接東部鐵路與西部幹線之地位，更形重要，所以擴建成雙軌工程順勢展開，一邊施工，一邊還要維持營運，其困難與安全可以想見，直到民國七十四年六月，全線雙軌化全數完工。[93]

　　以上為歷代至今開鑿通蘭陸道之情形，其中古道一向為熱愛訪古的人們所尋目標，這條三貂古道的健行路線，除了上述「金字碑」與「奉憲示禁碑」兩個著名古蹟外，尚可遊覽九份，亦可登基隆山，飽覽臺灣東北角之山海景色。佇立在古碑前可遠眺基隆嶼、基隆外港及深澳火力發電廠、八斗子等地，近可俯視瑞芳猴硐外貌，遠近山巒，層層羅列，遙望近觀，不免有物換星移，唯有自然不變之感，現今古道荒蕪，鮮有人往，唯有登山健行者才來此憑弔，給人一種時過境遷，不勝感慨之嘆，正是是非成敗轉頭空，獨留古道、古碑、與劉明燈傳奇長相映照！

---

[93]　洪致文《臺灣鐵道傳奇》(時報文化出版公司，1992 年 10 月初版)，頁 44~49。

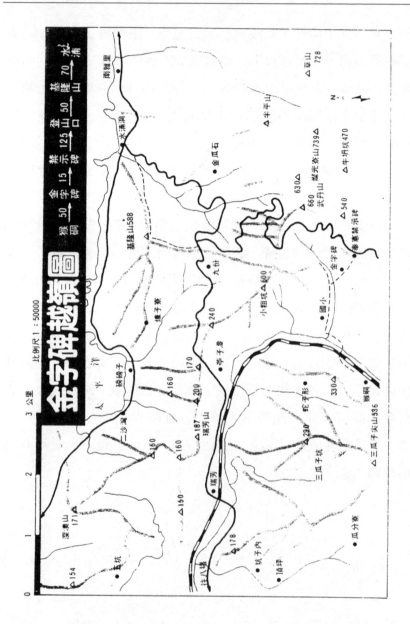

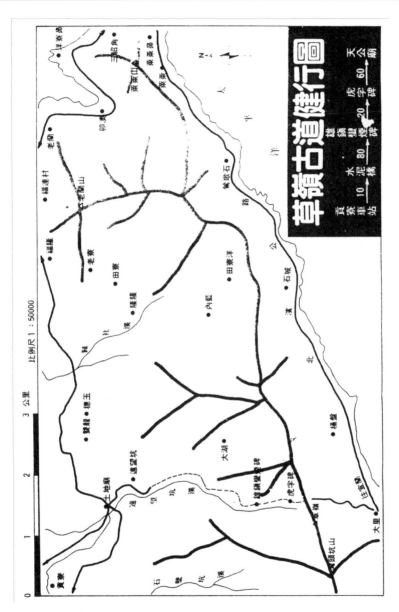

引自臺北文獻直字 109 期・民 83 年 9 月

臺灣古道與交通研究——從古蹟發現歷史卷之二

八通關古道中的鹿谷聖蹟亭與碑碣之研究

一、引言——古道開闢的背景

　　清同治十年（1871），琉球宮古島民六十九人歸途遇風，漂至臺灣南部八瑤灣，溺死三人，餘者誤入牡丹社，被「土番」殺害五十四人。翌年，又有日本小田縣人至卑南（今臺東）被劫。日本向以琉球之宗主國自居，為了牡丹社事件，於同治十二年派人向清廷交涉，翌年並遣陸軍中將西鄉從道，率兵三千餘人入侵臺灣，四月在琅璚之社寮登岸，「番社」相繼投降，日軍遂置大本營於龜山，作久居計。清廷向日本抗議，同時清廷派總理福建船務大臣沈葆楨來臺，督辦軍備，以辦理海防事宜。

　　於是，沈葆楨被任為欽差大臣，辦理臺灣等處海防，兼理各國事務大臣，所有福建鎮道等官，全歸節制，江蘇、廣東輪

船亦准其調遣。沈葆楨與閩浙總督李鶴年、將軍文煜，聯名會奏，提出預備辦法四項：聯外交、儲利器、儲人才及通消息，均蒙朝廷嘉納。抵臺之後，當即與西鄉展開談判，但並無結果。後日軍因罹病者較多，至八月，乃派大久保利通為全權大使，至中國交涉，經英公使調停，至十月底定約北京，我償銀五十萬兩，日本始依約退兵。

　　沈氏至臺，始認識臺灣地位之重要性，思對臺政有所革新，於是在日軍撤離後，詔命沈氏籌劃善後，沈氏以為「臺地之所謂善後，即臺地之創始也，善後難，以創始為善後則尤難」，乃作一全盤規劃，奏請設臺北府、淡水、新竹、宜蘭及恆春諸縣，並且建城署、清田賦、改營制、築砲臺、架電報、採煤硫、拓商務。他在臺前後年餘，備嘗險阻，終告成功，可推為臺灣新政史上之第一人。其開府臺北之舉，奠定了光緒時臺灣建省之基礎，而開山撫番尤為其中大事。

　　沈氏先後二次蒞臺，認為臺灣是東南七省門戶，其地廣袤千里，向稱饒沃，久為他族垂涎，故視開山撫番為經營臺灣著手的第一要事，始為永久之計。同治十三年十一月，乃會同閩浙總督李鶴年具摺奏請開山撫番，辦理招墾，並請移駐福建巡撫於臺灣，以專責成。而沈葆楨又以為「務開山而不先撫番，則開山無從下手，欲撫番而不先開山，則撫番仍屬空談」[1]，沈氏所謂的開山，並非單指焚萊伐木，開墾道路，而是有計畫

[1]　沈葆楨《福建臺灣奏摺》（臺銀文叢第二十九種）〈請移駐巡撫摺〉，頁 2。

的招募漢人移墾，促進全島的開發，故其所擬的步驟是：屯兵
衛、伐林木、焚草萊、通水道、定壤則、招墾戶、給牛種、立
村堡、設隘碾、致工商、設官吏、建城郭、設郵驛、置廨署。
所擬的計畫是：選土目、查番戶、定番業、通語言、禁仇殺、
教耕稼、修道途、給茶鹽、易冠服、設番學、變風俗。[2]因此，
開山與撫番兩事同時並進，方能收效。

　　於是旋在翌年（光緒元年，1875），決心打通前山與後山
的通路，來配合開山撫番的政策，交由軍隊以武力進行，分軍
三路：

（一）、南路：由海防同知袁聞柝負責，督兵三營，分為二支，
自鳳山縣赤山至山後卑南，袁氏自行率領，計程一七五華里；
自射寮至卑南，總兵張其光當之，計二一四華里。

（二）、北路：先後由臺灣道夏獻綸、提督羅大春負責，督兵
十三營，自噶瑪蘭廳蘇澳至山後奇萊（即約今蘇花公路線），
計二〇五華里。

（三）、中路方面，歸總兵吳光亮擔任開山事宜，開始較晚，
從光緒元年正月由林屺埔（今南投縣竹山鎮）而東，至山後璞
石閣（今花蓮縣玉里鎮），計二六五駐里，歷時一年，才闢成
此一條互古未開之路，也就是今人俗稱的「八通關古道」。[3]

---

[2]　同前註。

[3]　按「八通關古道」一名，乃光復後一般人之俗稱，其先並無特定專名，因位
　　在中部，故稱「中路」或「蕃界中路」等泛稱。日據時期，則或稱「八通關
　　越嶺道」，或「八通關越橫斷道路」，或「八通關警備道路」，不一而足，本文

二、古道開闢之經過與路線

　　吳光亮號霽軒，廣東英德（一說揭陽）人，原任閩粵南澳鎮總兵，因丁父憂，遵例解任回籍守制。至同治十三年五月十四日期滿服闋，適值臺灣有事，經臺灣鎮總兵張其光之推薦，於六月由文煜、李鶴年、沈葆楨、潘霨（時任幫辦臺灣事宜福建布政使）等會銜薦舉，得朝廷允許，派往臺灣任使。吳光亮隨即奉命於廣東募勇，至七月始足，即將所募一千名，分為兩營，稱飛虎營左翼、右翼，[4]遂與張其光同時所募得之粵勇，於八月十四日起程，僱輪船載勇渡臺，十七日始到達旗後，略事休憩，即調往臺灣府城分紮。九月，進紮中路，統領軍勇辦理開山撫番事務。

　　是時因南北撫番開路諸事，勇夫齊集，畚鍤日興，惟獨中路水沙連、秀姑巒一帶，尚未興工。由於中路水沙連、秀姑巒一帶，位居全臺適中之區，深林疊嶂，罪人積匪往往逋匿其間，沈氏決定一面撫「番」搜匪，一面開路設防。同治十三年十月，沈氏令營務處黎兆棠召募營勇，以為中路開山之用，而吳光亮則率粵勇兩營，駐紮集集埔（今南投縣集集鎮）搜捕藏匿中路之盜匪，積匪既盡，「生番」乃可綏之使來，故沈氏於十月廿三日上奏，謂：

從光復後之俗稱。

[4]　王元穉《甲戌公牘鈔存》（臺銀文叢第三十九種）〈前南澳鎮吳移臺灣道〉，頁115~116。

水沙連一帶，久為逋逃之藪，非先搜捕積，匪無以撫綏生番，新軍無多，不敷分布，現飭（前）南澳鎮吳光亮率粵勇兩營赴之，已於（十月）十四、十五等日由郡城率隊北行。[5]

所謂「積匪」，指的就是陳心（新）婦仔者，平時借報仇為名，嘯聚死黨，殺人紮厝，控案累累，經官兵剿辦，負嵎抗捕。其後，終在十一月，生擒到案，就地正法，大快人心，沈氏上奏其事，曰：

> 再，彰化集集街，地近內山。有著匪陳心婦仔者，借報讎為名，嘯聚死黨，殺人紮厝，控案鱗積；疊經前縣會營剿辦，負嵎抗捕，未能得手。本年臺南戒嚴，該匪乘機肆擾，荼毒居民。九月間，經彰化令朱幹隆督軍攻破竹圍，遂率黨逃入內山；懸賞購線，仍未弋獲。十一月，聞該匪潛匿葫蘆墩之南坑地方；朱幹隆會同副將唐守贊等帶勇星夜銜枚馳往，該匪不及提防，生擒到案。臣等即令就地正法，以快人心。謹會同附片陳明，伏乞聖鑒，訓示遵行。謹奏。[6]

羅大春於《臺灣海防並開山日記》中亦記載：

---

[5] 王元穉前引書，〈欽差大臣沈葆楨等會奏〉，頁 150。
[6] 沈葆楨前引書，〈匪犯陳心婦仔就地正法片〉，頁 9。

彰化之集集街，有著匪陳新婦仔者，平昔借報讎為名，嘯聚死黨，殺人紮厝，控案鱗疊。「紮厝」者，乘人無備，糾眾擄人，毀宅之謂也。倭事方急，該匪乘間蠕動，官軍破圍捕之，逃入內山，不能獲也。至是，彰化令朱幹隆、副將唐守贊擒之於葫蘆墩之南坑，亦一快也。[7]

於是吳氏遂帶號稱飛虎軍之二營粵勇，駐紮集集埔一帶，辦理開山撫番諸事，隨後遣人入山探路，等到年底所遣探路之人歸報後，始於次年正月初九日起，親率兵勇，由彰化縣屬沙連保之林圮埔（今南投縣竹山鎮）與社寮莊（今竹山鎮社寮一帶）兩路分開，至大坪頂（今南投縣鹿谷鄉鹿谷村）合為一路，繼續向前推進，經大水窟（今麒麟潭，鹿谷鄉永隆村），抵頂城（今鹿谷鄉鳳凰村）。二月初七日，復由頂城開工，直抵鳳凰山麓，躋半山，越平溪（今東埔蚋寮仔溪上游），經大坵田（今鹿谷鄉清水村），跨扒不坑（約在今鹿谷與信義二鄉邊境）等處，而入茅埔（今南投縣信義鄉豐丘、愛國、自強等村），凡建塘坊八所，沿途橋道、溝壑、木圍、宿站，俱漸興修，分派兵勇配紮各要隘，又安撫諸「番社」，計歸化「番丁」、「番口」，凡七千二百九十二人，自此循途漸入，斬荊棘以出秀姑巒之背。其時開路進展，及沿途撫番之情形，經吳氏呈稟，由沈氏於三月十三日上奏「北路、中路開山情形摺」。[8]而羅大

---

[7] 羅大春《臺灣海防並開山日記》（臺銀文叢第三〇八種），頁35。

[8] 關於此摺內文，茲轉錄於此，以免佔正文過多篇幅：

春所記，亦大同小異。[9]

　　此後自三月初九日起，至四月初八日止，由茅埔越紅魁頭（今風櫃斗）、頭社仔坪（今新鄉），過南仔腳蔓（今久美村），至合水（今和社、同富村）止，開路二十六華里有奇，建塘坊四座，茶亭二所，大小木圍二座，公所二座，小營壘一座，以便往來。

　　又自四月初九起，至五月初八日止，因大雨兼旬，工程延滯，其路線自合水起，歷東埔社心（約今東埔一鄰），走霜山

茲迭據吳光亮稟稱，自年底探路歸報後，本年正月初九日起，即率勇由林圯埔、社寮，兩路分開，至大坪頂，合為一路，進而大水窟，進而頂城，計共開路七千八百三十五丈有奇。二月初七日復由頂城開工，直抵鳳凰山麓、躋半山，越平溪，經大坵田，跨扒不坑等處，而入茅埔，計又開路三千七百七十五丈有奇。兩處統計一萬一千六百一十丈，凡建塘坊八所，沿途橋道、溝壑、木圍、宿站，俱漸興修。分派兵勇，自集集街起，至社寮、大水窟、大坵田、茅埔、南仔腳蔓、東埔各要隘，已逐漸配紮，又送到查撫、水裏、審鹿等三十九社名冊，計歸化番丁番口，凡七千二百九十二人。辰下方循途漸入，斬棘披荊，以出秀姑巒之背，倘能因勢開通，將與北路諸軍，聯為一氣。此又中路一帶，開山之情形也。（見沈葆楨前引書，頁34－35）

[9]　羅大春所記，茲轉錄於下：

光緒元年（乙亥）……吳霽軒來函，知中路定初九日興工，擬由林圯埔、社寮莊分路入大坪頂，乃合而達茅埔、東埔。……中路吳霽軒鎮軍至正月之底，即開七千八百三十五丈有奇。二月，由頂城開工，直抵鳳凰山麓，躋半山，越平溪，終大坵田，跨扒不坑等處而入茅埔，計又開路三千七百七十五丈有奇。凡建塘坊八所，沿余橋道、溝洫、木圍、宿站俱漸興修；分派兵勇自集集溪起，至社寮、大水窟、大坵田、茅埔、南仔腳蔓、東埔各要隘，已逐節配紮。又送到查撫、水裏、審鹿等三十九社名冊，計歸化番丁、番口，凡七千二百九十二人。辰下方循途漸入，斬棘披荊，以出秀姑巒之背，倘能因勢開道，將與北路諸軍聯為一氣矣！（見羅大春前引書，頁48）

橫排，至東埔坑頭（今樂樂溫泉）止，共開二十一華里餘。復顧工從牛輼轆（今南投縣水里鄉永豐村），旁開一道。側接茅埔，分達埔里、集集、社寮、南投各處，以便商旅之轉運。

這兩個月開路情形，沈氏於五月廿三日上奏「北路、中路情形片」：

> 中路一軍，據吳光亮報稱，自三月初九日起，至四月初八止，由茅埔越紅魁頭，經頭社仔坪，過南仔腳蔓，至合水止，統共開路四千六百八十丈，合計二十六里有奇。遞建塘坊四座、茶亭二所，大小木圍二座，公所二座，小營壘一座，以便往來。自四月初九日起，至五月初八日止，大雨兼旬，工程稍滯。自合水起，歷東埔社心，走霜山橫排，至東埔坑頭止，共開三千七百九十丈，合計二十一里有奇，建塘坊三座，石橋兩道、木柵、土圍、公所、兵房，均已隨地建置，以後當再接續前進。復雇工，從牛輼轆，旁開一道，側接茅埔，以便分達埔裏，集集，社寮，南投各處，使商旅時通。[10]

---

[10] 沈葆楨前引書，〈北路中路情形片〉，頁49。另羅大春前引書，頁54，也有同樣記載：

「中路一帶，自三月初九日起，至四月初八日止，由茅埔越紅魁頭，經頭社仔坪過南仔腳蔓至合水止，統共開路四千六百八十丈，合計二十六里有奇，遞建塘坊四座、茶亭二所、大小木圍二座、公所二座、小營壘二座，以便往來。續自合水起，歷東埔社心，走霜山橫排，至東埔坑頭止，又開三千七百九十丈，計二十一里有奇，塘坊，石橋，木柵，土圍稱是。另從（牛）輼轆旁開一道，

此後工程的進展，以至全路開通的情形，沈葆楨、文煜、李鶴年、王凱泰等人合奏之「臺灣撫番開路情形疏」，續有記載：

> ……中路疊接前南澳鎮總兵吳光亮文稱：自五月初九日起，至八月初八日止，所開之路，曰鐵門洞、曰八同關、曰八母坑、曰架扎、曰雙峰仍、曰粗樹腳、曰大崙溪底、曰雅托，凡七十九里有奇，建設塘坊卡所十處，副將吳光忠等各率所部填紮。其前開之牛輼轆，查有旁路三條：一莊上至茅埔，一莊至龜仔頭並壩邊，一坑口至迴龍廟，凡三十里有奇，併予開過，以利行人。尚有後山璞石閣等處，開路一十九里有零，係派哨弁鄧國志，先往秀姑巒約僱民番，由後山開來，以期前後接續。……此又中路一帶之情形也。內山氣候極寒，竟有六月飛霜，不被葛而擁裘者。……[11]

據此奏疏，很明顯地，吳光亮開路僅到雅托（可能是今大水窟，位在南投、花蓮二縣邊界）為止，最後的十九里，則是哨弁鄧國志從秀姑巒約僱民番，由後山璞石閣（今花蓮縣玉里鎮）開來，兩邊接通。而且前述從牛輼轆「旁開一道」，也並非僅有一路，事實上有三條路。至此全路工程告竣，自林圮埔

側接茅埔，以便分達埔里，集集，社寮，南投各地，使商旅時通。」

[11] 諸家《道咸同光四朝奏議選輯》（臺銀文叢第二八八種）第一冊收〈臺灣撫番開路情形疏〉，頁 77~78。

至璞石閣，凡二百六十五里，時為光緒元年（1875 年）冬十一月，歷時僅十一個月而已。

完成後的古道路線，早期文獻記載雖大同小異，但頗為混淆，如夏獻綸的《臺灣輿圖》記：

> 璞石閣往彰化縣林圯埔路程：四十里打淋社，三十一里雷風洞，十三里雅托，十二里大崙溪溪底，四里粗樹腳，五里雙峰仞，五里架札，十三里八母坑，十三里八同關，十八里鐵門洞，十里陳坑，五里東埔坑頭，七里霜山橫排，三里東埔社心，十一里合水，八里南仔腳蔓，五里頭社仔坪，五里紅魁頭，八里茅埔，十四里平溪，四里鳳凰山麓，三里頂城，四里大水窟，七里大坪頂，十七里林圯埔；綜計二百六十五里。[12]

胡傳的《臺東州采訪冊》記：

> 舊通臺東之道有六……一由雲林縣東行，十七里至大坪頂，又七里至茅埔，又八里至紅魁頭，又五里至頭社子坪，又五里至南仔腳蔓，又八里至合水，又十一里至東埔社心，又三里至霜山橫排，又七里至東埔坑頭，又五里至陳坑，又十里至鐵門洞，又十八里至八同關，又十三里至八母坑，又十三里至架札，又五里至雙峰仞，又

---

[12] 夏獻綸《臺灣輿圖》（臺銀文叢第四十五種），後山總圖附錄道里，頁 76~77。

五里至粗樹腳，又四里至大崙溪底，又十二里至雅托，又十三里至雷風洞，又三十一里至打淋社，又四十里至水尾，此總兵吳光亮所開之道也。[13]

薛紹元的《臺灣通志》載：

自前山至後山，未通已通凡五。中路：從雲林縣之林圯埔東南至社寮十二里，龜仔頭十里，牛轀轆二十五里，茅埔二十里，紅魁頭九里，南仔腳蔓十里，合水十里，東埔社心十一里，霜山橫排五里，坑頭陳坑五里，鐵門洞五里，獅頭山十里，八同關十里，雞公山十里，八母坑十里，水堀十里，雙峰仞十里，坑底五里，大崙坑五里，雅記十里，神仙嶺十里，雷峰洞十里，玉屏山溪十里，奇淋山十里，打林番寮十里，黃崎十里，排山十里，璞石閣二十里，板仔莊五十里，嗎達唵社、噠吧龍社共三十里，吳全城五十里，岐萊二十里，花蓮港三里，米崙山九里，三層城二十里，新城十里，得其梨二十里，大濁水二十五里，大南澳三十里，大東澳三十里。以上非有番目引導，不能行。[14]

連橫的《臺灣通史》也述及：

---

[13] 胡傳《臺東州采訪冊》（臺銀文叢第八十一種），〈疆域〉，頁 2~3。
[14] 薛紹元《臺灣通志》（臺銀文叢第一三〇種），第一冊〈疆域〉，頁 15。

自林圯埔（十七里）大平頂（七里）大水窟（七里）鳳
凰山麓（十八里）茅埔（十八里）南仔腳（十九里）東
埔社（十里）東埔坑（十五里）鐵門洞（十八里）八通
關（十三里）八母坑（十八里）雙峰仞（九里）大崙溪
（二十五里）雷風洞（三十一里）打淋社（四十里）璞
石閣。計二百六十五里。[15]

比對四書所載八通關古道里程數與地名，略有出入，而不
盡相同，尤其自東埔社以東諸地名，在今之何地，多難考證，
蓋此地為新闢之地，民少「番」多，識字者鮮，問以山水地名，
或瞠目不知，或舉「番」名以對，而又語焉不詳，譯之不確，
諸路又有舊路路道，已開來開時通時阻之諸多變遷異，不但山
脈、川源難紀其實，而地名名稱亦無一定。東璞社以西的沿線，
又因百年來的人為開發，有的湮沒於茶園果林之中，有的為新
建道路所取代，目前僅留存若干小路段，依稀可尋。

八通關古道的開鑿，自興工以至完工，前後歷時十一個
月。從冬去到秋來，從二百公尺的平地開到海拔三千公尺的高
山，逢山舖階，遇水架橋，時而在密林幽谷穿梭，時而在懸崖
峭壁盤繞。工程進行中，面臨深淵幽谷，瘴癘猖獗，身處「生
番」剽殺出草之險惡環境，遭遇狂風暴雨之惡劣天氣，開路過
程極端艱鉅困難，故沈葆楨在「請獎開山首先出力人員摺」中

---

[15] 連橫《臺灣通史》（臺灣省文獻委員會發行，民國 65 年 5 月出版），卷十九〈郵傳志〉「前山至後山道里表（一）」，頁 412~413。

云：

> 竊維此次臺事之興，轉餉重洋，勞師千里，而撫局旋定，
> 異類輸誠。此蓋我國懷柔之德，格頑服遠，在事文武，
> 何得言功。惟撫番闢路，深入窮荒，披斬荊棘，衝犯瘴
> 癘，通從古以來未開之途，蹈六合以內絕奇之險，其勞
> 瘁艱苦，過於軍營。而當軍務喫緊之時，或深入刺探敵
> 情，或孤軍鎮過敵衝，或能聯絡民心，或能擒獲匪首，
> 均屬著有微勞，未忍湮沒，非擇尤請獎，無以鼓勵人心。
> [16]

又在光緒元年九月廿八日之「請獎剿番開山出力人員摺
中」稱道：

> 中路則由大坪頂，大水窟，鳳凰山，茅埔，東埔等處，
> 而抵霜山，計三路開地各數百里，百餘里不等。均係束
> 馬懸車，縋幽鑿險，隨地隨時，創碉設堡，馘逆撫良，
> 艱苦勞瘁，亦比尋常行軍過之，其或襄贊機密於風鶴動
> 心之日，或建築城壘於驚沙烈日之中，或涉重洋以購軍
> 需，或冒奇險以籌接濟，或率偏師以扼要險，或捕積匪
> 以靜內訌，或司偵探以濟兵謀，或聯鄉團以固邊圍，均
> 能始終勤奮，著有成勞，自應先行擇尤錄功，用示勸勉。

---

[16] 沈葆楨前引書，頁20~21。

臣等謹遵前旨，不敢冒濫，逐一核實臚列清單，恭呈御
覽，合仰懇聖恩，准予獎敘，以資觀感，而勵後來。[17]

結果吳光亮得進陞一級，餘亦嘉賞。據文獻資料所載，當
年中路工程，總共投入了兵工一千五百名，外加火工及石工若
干，並僱請民「番」五百餘名加入臨時工，計費一萬兩銀[18]，
是三路之中最為節省，也是最為紮實者，如《清德宗實錄》光
緒二年三月癸巳朔日條記：「刻下中路、南路業已開通，提督
吳光亮辦理中路頗為得力，……」[19]；又如《臺案彙錄壬集》
收有「福建巡撫丁日昌奏臺灣北路舊勇未甚得力，擬咨請提臣
前赴分別汰留摺」記：「查臺灣開山，共分三路。南路業已開
通，中路統領記名提督吳光亮辦理最為節省，民番亦最為帖
服」。[20]

而吳光亮之所以能有此成就，有此評價，自是其潔清自
矢，不貪不污，兼有攻心之法，「番」人悅服，《臺案彙錄壬集》
收有彼〈擬上丁中丞片稟〉，敘述開山經費之開支詳情（如來
臺船價，「番人」來營飯食酒菜、文武隨員支食薪水、及添補

---

[17] 沈葆楨前引書，頁78。

[18] 此據黃炫星《臺灣的古道》（臺灣省政府新聞處，民國八十年九月出版），頁
157。

[19] 見《清德宗實錄選輯》（臺銀文叢第一九三種），光緒二年三月癸巳朔日，頁
21。

[20] 見《臺案彙錄壬集》（臺銀文叢第二二七種），卷二第十四件〈福建巡撫丁日
昌奏臺灣北路舊勇未甚得力，擬咨請提臣前赴分別汰留摺〉，頁56。

旂幟、號衣、醫藥、紙張、文案、書手等費用，又墊給員弁、
通事、社丁人等入山查探、招撫及編造番冊等事用費……）及
本人不斷墊賠近七千兩之鉅的心酸情形。[21]

---

[21] 同前註前引書，卷三第三十件〈擬上丁中丞片稟〉，頁99~101。稟文如下：
「敬稟者：竊亮本隸仁帡，飫叨至教。故自帥師以至筮仕，潔清自矢，斷不敢
稍存私意，圖無名苟且之財；以致日上債臺，抱虧綦重。緣自前年五月奉文募
勇一千名來臺防海，其時心殷投效者擁躋不開；然皆勇於打仗、勤於辦事舊人，
不得不帶同東渡，共計逾二百七、八十名之多。時聞臺灣軍務重大，多帶二百
餘人，自無不可安置之處。迫抵臺以後，稟求至再，概不准行；思必負累不了
矣。幸遇唐副將守贊募勇前赴北路，尚未成軍，因得撥去一百名，以足該軍之
數；其餘多係舊部保有官階員弁，不願往投別軍，祇得墊給口糧，帶隨差遣。
嗣後瀝情，再三稟懇。至是年十一月十五日，幸蒙沈憲准補親兵一百五十名，
每名月給薪水銀四兩二錢；尚有二、三十人，在營候遣。因念遠涉重洋，情殷
報效，不得不公同喫飯，並各給親民口糧一名以示體恤。計自同治十三年七月
二十由粵啟程起，至十一月十四日止，將近四閱月，已墊去銀二千餘兩；又墊
來臺時船價五百餘兩。迫奉文督辦中路開、撫事務，自移紮內山以來，如墊給
番人來營飯食酒菜，不下千餘兩；又買備二營半藥材，亦將一千兩；又墊給員
弁、通事、社丁人等入山查探、招撫及編造番冊等事用費，未報銷者，亦約有
一千兩；又查淮軍及北路羅提督兩處文武隨員俱有支食薪水，卑營文武隨員在
營出力辦事者約有四、五十員以及文案書手均未給領得項，亦墊二千餘兩。舊
臘核數，業已虧累七千餘兩之鉅，人所共知。後因深入內山，勇額不敷派紮；
請將原撥唐副將之勇一百名調回，議准另開一哨，以資分紮。原□每營營官，
按月應給公費銀一百五十兩；卑營親兵一百五十名，並添開一哨，合成半營，
月亦應支公費銀七十五兩，以資添補旂幟、號衣、醫藥、紙張、文案、書手一
切費用。卻因□□（按應即吳光亮本人之謙稱，且語多牢騷故不便填上）公事
紛繁，忘未請領，計墊一千兩有奇。其三節節賞，卻係發給二營半之數。惟墊
給至於如此深重，勇足數實，術乏補苴。□□統領是軍，乃起服候補之員，非
張鎮、羅提督之有俸廉可墊者比，不免東挪西扯至於今，已屬告貸無門矣。乃
薪水既無支食，而公費亦無絲毫；時恐愈累愈深，再四稟吝。無如沈憲度量寬
宏，自不作主；致任唇焦額禿，均不准行。竟至王中丞至臺後，洞察負累情形，

　　同書「賞番衫褲數目請即發給價銀由」，敘述凡是遇調集開路，並幫同負米、運石、伐木、拔茅，且來營歸化之原住民，均賞給衫褲一套，以示其籠絡原住民之情狀，有利開山通道，此亦花費之一般。[22]

函稱「致使閣下賠墊，弟等於心何安！容與支應局相商，再行回報」等語。候至舊年十月，方蒙議准按二營半，自前年八月十七到臺起，每月補給統費銀一日百兩。杯水車薪，終屬無濟。即今按月支領，亦祇敷油鹽柴炭之需。然非王中丞見諒情，亦斷難有也。辰下抱虧彌鉅，誠有不得了之勢；較之南北路情事，不啻天淵。緣沐垂青，用敢上瀆。

至於勇□並親兵共一千二百五十名，除親兵一百五十名必須隨護卑營以資出入後山差遣，併防護營盤外，實勇一千一百名分紮三百餘里，實形單薄，若非幸得攻心之法，番人悅服，眾寡之勢，何堪設想！緣恐小人讒說，是以未敢請添。並此稟明，統祈鈞察！

[22] 同前註前引書，卷三第三十二件〈賞番衫褲數目請發給價銀由〉，頁103~104。其文如后：

「竊（為）照前因歸順番民裸體無衣、求賞衫褲，對經□□（□□□）酌擬：除未來者不必往賞，凡有來營薙髮投誠，並幫同開路工作者，無論男婦、大小，求賞衣衫而必不得已者，各給粗布短衫褲一套、白布紅邊背身一件，以示區別而順夷情，約計擬造四、五千身可資賞給一案，稟奉欽差大臣沈批開：『……』等因，由營務處（貴營務處）移請查照前來，遵經依弁前赴鹿港、南投各處先行製二千身，陸續運回備賞；業將辦理緣由，是否在案。

嗣據差弁稟覆：『擬定俱用大青粗布，每衫褲一套，實用工料庫平價銀八錢六分；其背身一項，布值雖屬無多，而製工倍貴，未敢購辦』請示前來。當飭背身一項，毋庸辦造，趕將衫褲速製去後。旋據陸續製便，解送到營；凡遇調集開路並幫同負米、運石、伐木、拔茅以及來營歸化之番民番婦，赤體無衣，再三求賞者，均經給于衫褲一套。或由通事、社丁填繳領狀，或著各番丁催人代寫領狀，並取指摹繳收。該番等絡繹求賞，踴躍領穿。

嗣因不敷應賞，並據後山各員弁懇請酌給前來，復經添製三百餘套。計自上年七月起，至本年正月止，合共賞給粗布衫褲二千三百零二套，每套工料庫平價

三、開闢後之經營與招墾

　　由於中路之開通，為招徠商賈墾民，恐怕匪徒混跡，為害行人，嚴飭各哨駐防員弁時常彈壓稽查，並定以每逢五、十之期，出哨一次，在於前後左右附近地方小心巡邏，以衛行旅而靖道途。即使發生了凶殺命案及漢「番」衝突，也能迅速破案，以期開路招商，固結「番」心。[23]並且中路道途既闢，市鎮未開，必須選擇一來往適中之地建蓋公所、腰站，以便官軍行旅住宿，結果選擇了牛輼轆（今南投水里鄉）一地，建立公所一座，其原因是：

> 緣查牛輼轆為南北投、集集、林圯埔、社寮莊及埔裏社前進茅埔、東埔適中捷徑，越濁水溪東北逾大山，則係水沙連等社後路；其西北則由水裏坑越土地公坑而達田頭、水裏、貓裏、審鹿、埔裏、眉裏等社，登高俯瞰，路程俱在目中；非但為往中途，且復前後山運糧必經之處。將來開闢埔、眉六社，亦須駐軍於此，藉以聯絡聲威。[24]

銀八錢六分，共銀二千零二十五兩七錢六分；另粗布褲二十二條，每條庫平價銀三錢八分，共銀八兩三錢六分；合共庫平銀二千零三十四兩一錢二分。此項係向各店鋪先行賒欠，應即請領歸款。」

[23]　同前註前引書，卷三所收第一七至二五等文件，頁63~88。

[24]　同前註前引書，卷三第三十三件〈買建牛輼轆公所，一座業經派弁召匠興工以便駐紮由〉，頁104~105。

　　其他附屬工程如沿途的橋棧、溝渠、駁坎、木圍、以及宿站的興修，自屬必要；此外沿途設塘坊八所，為駐紮營地的主要建築物，這其中維護的人力與物力均遠超過闢建時的費用。

　　當開山之際，募民隨往，與地使耕。由是，特設撫墾委員，以掌管開山撫番一切事宜，分臺東為三路，以總兵吳光亮辦之，南為卑南、中為璞石閣，北為花蓮港，而恆春別設一局，以知縣兼管。當時撫墾方針，大要有三：（一）、為撫化原住民，在各要地設立義學。（二）、對原住民授產，使其營生，以期馴化成良民。（三）、自大陸招募移民，開墾番地，特加保護，以期有成。於是廈門、汕頭、香港各設招墾局，立章程，任保護。凡應募者與以便宜，給口糧，人授地，助以牛種農器，三年之後，始徵其租。然而招墾成效不彰，農功未啟，其原因約略言之，有下列數點：（一）、瘴癘尚盛，居者多病歿；（二）、道路初闢，運輸不便，物價昂貴，開墾不易，墾民觀望不前；（三）、浮浪之輩，貪冒墾民，或取口糧而半途逃亡，或准開墾而轉賣他人，弊端百出。其間影響最大者，厥為漢人與原住民的衝突，戕害不絕，於是不得不派軍隊駐紮彈壓，用重兵，糜鉅餉，處處築堡設防，剿撫兼施，不遺餘力。然兵甫撤，而道即為原住民所阻塞，復不能通行，前功盡棄，是以經營多年，土不加闢，民不加多，徒費財力，成為漏巵，無所底止。光緒三年福建巡撫丁日昌上奏朝廷，敘述其情狀與困境：

竊查臺灣自同治十三年日本琅嶠之役，始議通關後山，於南北中三路籌辦開路撫番：北路則自蘇澳至吳全城為止，共紮一十三營半，又水師一營，提督羅大春主之。南路自社寮至卑南為止，共紮振字四營，又綏靖軍一營，總兵張其光、同知袁聞柝主之。中路自牛輞轆至璞石閣為止，共紮二營半，總兵吳光亮主之。前山所紮兵勇，尚不在內，每年耗餉鉅萬，成效毫無，棄之則恐後山為彼族所佔，後患滋深；守之則費重瘴深，兵勇非病即死，荒地仍然未墾，生番仍然殺人，年復一年，勢成坐困。[25]

如上所述，招墾雖無良好成績可言，然而臺東一帶及恆春地方、嘉義內山，此三地方之墾殖，及商工之勢得稍見之，移居之民亦漸加多，實由此啟端。

總之，光緒二年夏初才整個修闢完成的古道，使用不久即逐漸荒蕪，自是意料中事。完成後的古道，維持亦不過十多年之暢通，嗣後開山撫番政策，隨主持臺政者，屢有張弛變更，古道所經番社無法全面控制，故至光緒十七年四月劉銘傳卸任，沈應奎護理一段時間，十月邵友濂繼任，緊縮臺政，百事俱廢，撫墾局名存實亡，理番政策為之停頓，此條由林屺埔至臺東璞石閣的古道亦告斷絕，漸歸荒跡蕪沒。

---

[25] 同註 20 前引書，收「籌商大員移紮臺灣後山疏」，頁 86。

四、日據時期古道情形

甲午戰後，日人據臺，其勢力於明治廿九年（光緒廿二年，1896）始達東部，東西部之間交通仍然依靠帆船。是年九月間，有一日本陸軍中尉長野義虎，為考察山地的番社與地形資源，曾兩次深入番境部落「視察」，這兩次探勘，長野都曾提出報報，第二回路線即是自臺東璞石閣，走吳光亮所修步道，經八通關、東埔社，出集集街，可以確信他是日據後第一個橫貫中央山脈的日本人。次年，他在臺灣總督府民政局通信部的一次講演會中以「番境探險譚」為題，報告沿途所見，其中提及古道的情形有：[26]

> 「從璞石閣起程算到林圯埔為止，共歷時十七天，不過中途曾逗留四天。當我考察清國政府所開鑿的道路時，實在為該工程的雄偉吃了一驚。一遇到岩石便鋪石或築成階段。差不多六尺闊，不過現在已經破壞。」
>
> 「我們通過的大體六尺闊，也是有巖石的地方鋪石，一遇森林便鋪木材，鋪路的手法相當高明。不過多年失修，雜草茂生，掩蓋路面，或者被水沖壞。」
>
> 「任憑花了多少鉅款，人家不通往的路線是無濟於事的。它是必廢絕而與八通關線一樣的情形。」

---

[26] 長野義虎〈番境探險譚〉，《臺灣風物》月刊第四卷六、七期合刊本（臺灣風物雜誌社，民國43年6月30日出版），頁63~68。

「不管道路怎麼壞，生番通過其間，似甚平易。說也奇怪，番人喜歡走捷徑，而似無須有好好的道路。任你如何急峻的山坡，番人都由捷徑走，清政府費了一筆鉅款所造成的傾斜路，也因為生番不來往，以致雜草茂生，而至荒廢。又，生番亦多不走曲徑，他們總是一直爬上去。他們並非不知有完善的道路，但是有捷徑，他們就摒棄完善的路。今後，假使我們想以生番為嚮導的話，那就不必開鑿完善的道路了。因為它一定會變成剛才所述的情形。我也曾看過番人跋涉山野的玩意兒。他們一面走一面破壞清政府所築的好好道路。到了有石階的地方，番人不管有沒有背著行李，他們搬動石階的石頭拼命的推下溪谷去。他們這種一如小孩子所做的玩意兒，是旅行者常常看到的。所以此後若是須築道路時，不必如清政府那麼浪費鉅款了，再者務須有土人（按指在台之漢人）來往於其間，因為土人不善於爬行小路，所以自會行走於此路。如祇為讓生番行走，則易於陷於前述的情形。」

　　尤其據說八通關昔日原建有木造壯麗關門，嗣後，原住民至此狩獵，每每削取關門門柱為薪燃火，致今日關門材木一無遺留，徒曉關門原址，憑空託弔而已。[27]要之，由於漢人少加

---

[27] 同前註，頁66。

利用，軍工維護不力，再加原住民的反抗破壞，不過短短二十年幾乎成了一條廢路。

到了明治卅七年（光緒卅年，1904）十一月初，又有日人烏犍生、大津淡海、補野副茂等人前往攀登遊覽，其路線約略為：從林圯埔出發，經過東埔蚋、陂仔寮、大水堀，越過鳳凰山由內份埔至八通關，再登新高山（玉山）。回來之後，烏犍生寫有一文〈新高山紀遊〉投稿刊登於《臺灣慣習紀事》。文中紀錄了沿途番社的住居及風俗情況，並有古道現況，茲摘要於下：[28]

「（十一月）七日從牛輞轆出發，越一山坡直達陳有蘭溪。……抵達十八重溪，在左岸有彫刻石碑『山通大海』。此物為吳光亮在開闢道路時彫立者也，該地舊稱可能就是金銀山。石碑頗碩大，但因每年洪水沖流岩底，致傾斜東邊，如此再經過若干年可能倒下被蔓草湮沒，行人將難以發見矣。……東埔社戶數三十……頭目名『旺萬』，副頭目名『伊諾』，山中無日曆，所以不知其年齡，話說當年吳光亮開拓道路時擔任通譯。……離開東埔社，直攀登一千公尺長之山坡路，順沿陳有蘭溪本來有吳光亮開闢之道路，因在明治三十五年（光緒二十八年）被洪沖壞，番人不修復，以致只能翻山通

[28] 烏犍生〈新高山遊記〉，收於《臺灣慣習記事》中譯本（臺灣省文獻委員會發行，民國81年12月。）第六卷第一號，頁23~28，與第六卷第二號，頁73~78。

行⋯⋯。下到山腳再到陳有蘭溪，該地名是『樂樂』，
在溪右方有三處湧出溫泉，其中一處成瀑布，⋯⋯繼續
前進告別三天來溯流攀上之陳有蘭溪，爬上從八通關山
腹流注溪中之道路，行走八成道路到達吳光亮開闢之道
路，上午十時二十分終於到八通關。當年吳光亮開闢八
通關道路時在此建舍督工，如今風殘雨虐，僅留遺址令
人憑弔。松風颯颯吹過化神之石碑，但石片已不存。⋯⋯
吳光亮為功業流傳萬代，在東埔蚋附近勒石立碑『前山
第一城』、新寮立碑『德遍山陬』、鳳凰山頂巖刻『萬年
亨衢』四大字，在金銀山下立碑『山通大海』、在八通
關建立『過化存神』大碑。現在『前山第一城』及『過
化存神』兩石碑遺址無處可尋。新寮石碑是否尚存不可
知，其餘尚存兩碑，惟有通行鳳凰山赴樟腦寮時可見，
今天楠仔腳萬之通行道路，繞經牛轀轆後，終於無人可
識矣。剩存在金銀山下之石碑，連路過之西內先生亦未
曾見到，可想石碑存在與否未卜。⋯⋯十一日終可抵達
絕巔⋯⋯十四日⋯⋯而決定不採嘉義行，仍沿來路歸
去⋯⋯十五日自牛轀轆出發，從番仔寮起可見吳光亮所
闢路段的一部份，經清水溝、羌子寮，在初鄉土名崎仔
頭見到山坡路開鑿工程，此山坡路實係臺東通路的第一
關，直立五百餘尺，石階數千級，規模廣大，工程之艱
鉅，可推想而知，現在通行之人，受其餘澤非淺，在新

寮的『德遍山厰』，於清水溝探問老一輩，因不明其存
在，而放棄迂迴去採訪。……」

　　綜引長野義虎與烏犍生兩人之報告，無不極力讚歎古道鋪
設工程之艱鉅，與規模之廣大。惜某些路段因多年失修，雜草
蔓生，掩蓋路面，尤其陳有蘭溪沿岸一段，於 1902 年被水沖
壞，不復通行，但大體上，日據初期古道尚能通行，而且整體
路線還能知曉，只是某些石碑位置已不確知，「山通大海」碑
已傾斜東邊，估計若干年後將倒。果不其然，五十餘年後之民
國 48 年（1959）八七水災時，為滾滾洪水沖失，已難尋回。

五、日人新開越嶺道路

　　明治四十二年（宣統元年，1909）六月，日人開始整修集
集拔仔庄道路，同時也整修清代八通關古道的東段部份，於阿
桑來戞、大分等地設置駐在所，並粗略完成中央山脈地形測
量，為開闢越嶺道的先期作業。大正四年（民國四年，1915），
大分駐在所日警屢被布農族人殺害，爆發「大分事件」。事件
後，日警乃封鎖古道，並於璞石閣近山處，架設通電鐵絲網，
防範山胞出擊。

　　嗣後，日人改變策略，亟求速開一條橫越中央山脈，且能
在日警控制下之警備道路，以期有效鎮壓山胞。於是決定開闢
能高越嶺道後，即行重開「八通關越橫斷道路」，以代替毀於

颱風的拔仔橫貫道。大正八年，越嶺道分從東西兩端築起，連接於大水窟，全線路寬保持一公尺，於十年三月完工。其中東段由花蓮港廳於八年六月十日興工，從玉里築起，投入二萬多名人工，耗費十七萬四千多日圓，於十年一月築至大水窟，計長八三‧二三公里。西段由南投廳於八年六月十五日興工，從楠仔腳萬築起，花費十二萬四千有奇日圓，於十年三月築至大水窟，計長四十二‧四三公里。道路沿線重要據點設有警官駐在所三十餘處，以就近監視布農族山胞，內附宿站以接待旅人之住宿。[29]

　　越嶺道之開闢雖然艱辛，惟因運用番社原住民及平地保甲的義務勞役，又動員軍警人力，所以花費得以降低。昭和六年（民國 20 年，1931），日人又修築臺東道，自水里至東埔接替越嶺道，東埔遂取代楠仔腳萬而成越嶺道的起點。

　　民國三十四年臺灣光復，越嶺道於是年九月間飽受颱風、洪水、地震之災害，使路基嚴重崩坍，路線柔腸寸斷。三十八年，彰化溪湖鎮人杜灶等，為挖掘金礦而雇工修復西段，設「中繼站」於對關附近，補給各項物資予中央、白洋兩處礦場，但路況仍不理想。四十年，政府以治安理由，派員燒燬沿線大部份駐在所，免予歹徒利用。五十年後，時有登山隊伍出入頻繁，借道攀登玉山或秀姑巒山，使西段保持暢通。六十年後，始有零星隊伍，連接走東段出玉里，勉強打通東部路線。直至民國

[29]　黃炫星《臺灣的古道》，頁 169~172。

74 年，玉山國家公園成立，才將越嶺道西段部分至玉山山道修護的比較完整，成為大眾化之健行路線。

六、新舊古道的比較

清代八通關古道與日據時期所開之八通關越嶺道，由於都是經過南投縣信義鄉之東埔、八通關，橫越中央山脈主脊大水窟，東下花蓮縣卓溪鄉的密林深谷，再抵達古道的出口玉里鎮，曾一度引致今人的混淆，指鹿為馬。但經近來的多方探勘追尋，已能釐清，並進一步分析比較兩條路線之異同，如目的、年代、施工、路線、築法、長度等等，茲摘要分項比較如下：[30]

（一）築路目的

清代古道，是為了開山撫番以鞏固東南海疆而開鑿的，一則感化山胞，一則鼓勵移民，沿路普設義塾，促使臺灣東西兩方連成一體。主其事者為清吏沈葆楨、吳光亮，遇到山胞的反抗輕微，沿線設立的碑碣匾額以西段偏多。

---

[30] 參見(1)黃炫星前引書，頁 172~175。(2)吳成義〈清代八通關古道調查工作〉報導，《史聯雜誌》第十一期（中華民國臺灣史蹟研究中心出版，民國 76 年12 月），頁 108~109。陳仲玉〈八通關古道調查報告〉，《中央研究院歷史語言研究所集刊》第五十五本第四分（中央研究院歷史語言研究所，民國 73 年 12月出版），頁 814~820。

日人所築越嶺道，則是為了了三項目的：一、配合隘勇線的推進，協助平地人開墾山區；二、廓清蕃地，以控制山胞的生存空間；三、開發山地資源，榨取廉價勞力，產業如製樟腦、伐木、開礦等。主其事者為日本臺灣總督府蕃務署。遇到激烈的反抗，尤以東段的布農族為甚，屢起流血事件，沿線設立之殉職碑、紀念碑，東段偏多，可以想見其慘烈。

（二）闢建年代

清代古道完成於光緒元年（1875）十一月，日人築越嶺道竣工於大正十年（民國 10 年，1921）三月，二線之間相差四十六年，幾近半個世紀。而且近年有關專家在古道營盤址發現的陶瓷殘片，鑑定多福建德化窯的粗陶碗盤，而越嶺道駐在所發現的，則大多為日製細瓷、罐盒，除了文獻資料，這些遺物足為物證。

（三）築路方式

清代古道，從竹山逐步向東推展築路工程，基本上係採單向開路方式，只有最後一小段路程是由玉里開來。施工前僅作粗略的踏勘，選取「路程近、易開通、易維護」的路線，不繞山腰、少用「之」字形，遇陡峭路面砌成石階，護以駁坎，平均路寬六尺，即一‧八公尺。

日築越嶺道，則採雙向開工方式，分由南投廳楠仔腳萬與

花蓮港廳玉里街，各向中央山脈大水窟築路會合。並且事先測繪地圖，編列詳細預算，路面定線平緩沒有階梯，路寬一公尺以上，以便推拉砲車或補給車。沿等高線繞山腰蜿蜒而行，遇溪流則架吊橋，路線迂迴加長。

（四）路線長短

清代古道從東埔至八通關一段為二四‧七七公里（四十三華里），八通關至大水窟一段為一四‧九八公里（二十六華里），合計約三九‧七五公里。越嶺道東埔至八通關一段為一七‧六公里，八通關至大水窟一段為一五‧八公里，合計約三三‧四公里。

比較之下，古道稍長，前述日人之越嶺道曲折迂迴以配合外坡度，而清代古道多取近路，古道反而較長則豈不矛盾？主要理由，據楊南郡先生看法是：因為古道開路時，必須刻意避開高難度地形，以及為了減少維護工作，而選取不易崩坍之路線，例如為避開東埔斷崖而取對岸路線；又如為避開大水窟南麓某些易坍溪溝地段，數度採取大幅度的下坡；類此均足以使路線加長。

（五）路線異同

(1)西段路線

於今南投縣境內，二線基本上均溯陳有蘭溪走山腰路至八

通關，再沿荖濃溪北岸、八通關山、大水窟山南坡，到大水窟池邊。只是古道常居山坡下方，越嶺道常在山坡上方；而東埔至樂樂間，清代古道在溪左（南），越嶺道則於溪右（北）。從樂樂以東至大水窟之間，絕少山胞住居。

　　又二線之起點不同，古道起自竹山、牛轀轆；越嶺道則起於楠仔腳萬、東埔，後二地屬今信義鄉。古道經過竹山鎮、鹿谷鄉及水里鄉進入信義鄉，路線較長；越嶺道從信義鄉起程，少了前段一大截的路，從水裏坑社子另有車道入山。

　　要之，在西段的概略路線，二者大致相同，雖偶有交接點，但幾乎沒有重疊的路段。

(2)東段路線

　　於今花蓮縣境內，二線在東段的築路方位顯然有別。古道在拉庫拉庫溪北岸的支流溪澗穿梭，沿線的山胞聚落稀疏分散，自卓溪（位於玉里山與卓溪山之間）南方越嶺抵達玉里北郊（今源城里）。今此線大部分古道雖仍留地基，但已被叢林蔓草覆蓋地面，有的部分則已坍塌斷落，消失在原始的溪澗山谷中。

　　越嶺道則盤旋於拉庫拉庫溪南岸支流間，架吊橋、開隧道，沿線有較密集的山胞住家及三十四處警官駐在所，分屬於六個監視區。中途要驛大分設有養蠶所、公學校等機構，今仍留日式房舍數幢，附近山頂遺下鎮壓山胞的重砲。民國二十七年（1938）以前，沿線山胞大多遷居東部平地，今部分驛站增

設造林護管所。越嶺道經鹿鳴至卓鹿，通往玉里南郊（今民族路）的山口處。今留有「表忠碑」、「八通關越道路開鑿記事」、「八通關越殉職者之碑」等等。

為清眉目，茲再將以上諸項目比較，列表於後：

	清　　代	日　　據
築路目的	開山撫番鞏固海疆，遇原住民反抗較輕微。	控制原住民，開發山地資源，遇原住民激烈抗爭。
主事者	沈葆楨、吳光亮等人。	臺灣總督府蕃務署。
闢建年代	西元一八七五年（光緒元年）	西元一九二一年（大正十年）
築路方式	除最後十九里外，採單向開路方式，選取路程近、易開通、易維護的路線。	採雙向開工，路面平緩，路線迂迴。
路線比較	1. 起點：起自竹山、牛輴轆。 2. 西段：溯陳有蘭溪至八通關，再沿荖濃溪北岸、八通關山、大水窟山南坡，到大水窟池邊。 3. 東段：自卓溪南方越嶺抵玉里北郊，約在今拉庫拉庫溪北岸。	1. 起點：起於楠仔腳萬、東埔。 2. 西段：大體相同，清化古道在下，日據新道在上；東埔至樂樂間，古道在溪南，新道在溪北。 3. 東段：經鹿鳴至卓鹿，通往玉里南郊，約在今拉庫拉庫溪南岸。

路線長短	1. 代東埔—八通關：二四·七七公里。 2. 八通關—大水窟：十四·九八里。 3. 合計：約三九·七五公里。較長。	1. 東埔—八通關：一七·六公里。 2. 八通關—大水窟：一五，八公里。 3. 合計：約三三，四公里。較短。

七、鹿谷聖蹟亭

　　鹿谷鄉聖蹟亭在今南投鄉鹿谷鄉鹿谷村通往溪頭風景區觀光道新路與舊路分岔處，地址為鹿谷鄉鹿谷村中正路一六四之一號。亭為砂岩砌成，額鐫「聖蹟亭」，並有對聯云：「浩氣通霄漢；丹光耀斗躔。」。按聖蹟亭或稱敬聖亭、敬字亭，又名惜字亭。為一種爐亭，凡官衙學校所在之地，及城市鄉村之要衝，多有設置，凡有字之紙片，不論大小，皆撿拾堆置爐中焚化。此種工作，率由地方士紳組織惜字會等，募集經費，雇傭夫役，早晚巡邏各街巷，負責撿拾收集。敬惜字紙亦為清代社會教育之一手段，敬惜字紙，亦即尊敬聖賢之道，重民族文化之象徵，無論男婦老幼，莫不小心遵守。[31]

　　亭右嵌麒麟浮雕，左嵌捐題名銜石碑，已剝蝕漫漶，略可辨讀如下：「陳宗器捐艮……林濟川捐艮拾（元）……彬彬社捐艮六（元）……許清源捐艮……黃承澤捐艮……黃時中捐

---

[31] 王啟宗〈清代臺灣的風教〉，收於《臺灣史蹟源流研習會研究班講義彙編》（中華民國臺灣史蹟研究中心編印，民國79年6月），頁121。

艮……陳慶祥捐艮五（元）……林新科捐艮二（元）……」[32]
此亭之創建年代據《雲林縣采訪冊》載：[33]

> 聖蹟亭，在林圯埔福德廟前。……又一在天后宮廟壁。
> 一在東埔蚋延平郡王廟右畔。……一在大坪頂新蔡街，
> 規模一如林圯埔聖蹟亭式。同治十年，彬彬社諸生捐
> 建，童生黃時中董其事。又一在社蔡街，……。

　　是可確知本亭創建於同治十年（1871），可嘆坊間一般介
紹本古蹟書籍輾轉抄襲，均注明創建於光緒元年，實令人感
慨。本亭創建之相關人物，參考上引捐題碑內人名，大多雷同，
應可證明本碑亦鐫於同時——同治十年。茲略爬梳史料，將碑
文作一考證：

　　捐獻人之一「陳宗器」，於「賢德可嘉碑」碑末題名人物
中有「陽明經進士補訓導廩生陳宗器拜贈」，想必是同一人，
此人生平不詳，其履歷《雲林縣采訪冊》沙連堡「科貢」記：
[34]

> 歲貢生，陳宗器，彰學廩膳生，同治戊辰科（按即同治
> 七年），選歲貢生，祖籍漳浦。

　　所謂歲貢生，指的是貢舉一事。貢舉原由各府縣廳儒學選出生員。經學政等考試後，舉為貢生，陞國子監肄業為本旨。但實際上，僅具形式，止於取得貢生之空銜資格而已。貢生有歲貢、恩貢、拔貢、副貢、優貢等五種，向稱五貢；此外又有以捐納而取得貢生之資格者，稱例貢。上述各種貢生中，凡例貢非由廩、增、附生進取者，習慣上不得用為教職，以防止無品學之例貢生濫竽充數。彰化縣學歲貢生之出貢，可分為前後兩期，前期定四年一貢，止於乾隆五十八年（1793）；後期從乾隆五十八年起，定每兩年貢一人，至光緒十七年（1891），合計出貢六十二人。[35]陳宗器名列六十二人之一，且為真才實學之「廩膳生」又「補訓導」，並非捐納出身，固然是其個人之光采，與下之「彬彬社」參證，也顯示了沙連堡一地人文薈萃，文風鼎盛。復次，陳宗器祖籍漳浦，亦可佐証鹿谷鄉一地曾是漳籍人士所招墾。

　　彬彬社為其時社學之一，《雲林縣采訪冊》記：[36]

> 彬彬社，在大坪頂新簝街（縣治東三十八里），學舍三間，祀大魁夫子，為大坪頂士子講學之所，置有田租，供香燈祭品之費。

---

[35]　《臺灣省通志》（臺灣省文獻委員會，民國 62 年 6 月出版）卷五〈教育志考選篇〉第二章第二節第三項，頁 36，及頁 54~56。按，光緒十四年水沙連堡改隸雲林縣以後的貢生，則不列入。

[36]　倪贊元前引書，頁 158。

大坪頂一地，《雲林縣采訪冊》續載：[37]

> 大順嶺，俗名大坪頂崎，在縣東三十餘里。自鳳凰山迤
> 邐而來，崎嶇通幽，嶺高二里許。前臺灣總鎮吳光亮，
> 從此修築為入後山八通關等處之路。山路平坦，行十餘
> 里，即大坪頂七處，民居稠密，煙火萬家。七處山產，
> 甲於全堡。嶺上下竹林、樹木，布滿巖隈。崎腳溪水左
> 旋而出嶺。北行為蜈蚣崙，徑通社蔡等處。又北行為苦
> 瓜蔡山、籐湖山。相傳乾隆中福中堂討林爽文駐兵於
> 此，攻克小半天，擒獲匪首，故以「大順」名山。

此地為道路要衝，開拓又早，七處山產，甲於全沙連堡，
再加上民居稠密，煙火萬家，文風之「彬彬」，自屬必然。「彬
彬社」之興，其由有自矣！再則，據上引條文，指彬彬社置有
學舍三間，祀大魁夫子，為大坪頂士子講學之所，則此聖蹟亭
極有可能就在學舍之旁，若然，則此聖蹟亭不僅代表開山撫番
與崇文敬字之史蹟，尤其突顯鹿谷地方教育史之重要史蹟，可
不慎哉！至於坊間一般書籍謂此亭「祀文昌帝君」、「為路旁亭
型聖蹟亭之碩存者也」云云，率憑空想當然爾之瞎說，茲不取。
　　另，鍾義明在〈竹山城隍〉一文中，亦有提及彬彬社同仁
者，茲節錄於後：[38]

---

[37] 倪贊元前引書，頁 149。

[38] 鍾義明《臺灣的文采與泥香》(武陵出版有限公司，1992 年 11 月出版)，卷三
〈竹山城隍〉，頁 300。

黃錫三，沙連堡羌仔寮庄（今鹿谷鄉新寮街）人，祖籍
福建漳州府。生於同治七年，自幼讀書，才智穎脫。其
先渡臺，初寓諸羅，迨其祖時，入墾羌仔寮，家道中康。
光緒十八年為秀才，設塾授徒，籌組「彬彬社」於新寮
街，學舍三間，祀大魁夫子，以為大坪頂（即鹿谷鄉）
諸士子講學之所，並置田租若干，以為香燈祭品之資。
日據初（一八九九年）受聘林屺埔公學校，教授漢文，
一九一三年退休。一九一五年十一月授佩「紳章」，為
鄉黨師表。一九二九年（民國十八年）五月二十八日卒。
年六十二。

　此文謂黃錫三「籌組」彬彬社，顯然有誤，黃錫三既生於
同治七年，至光緒十八年才為秀才，而彬彬社早在同治十年就
已存在，豈有三歲籌組彬彬社之道理，恐為「入讀」之筆誤。

　日據時期，聖蹟亭曾傾圮，經張達修（號篁川，竹山人）
勸捐重修，撰「募修聖蹟亭啟」，得復舊觀。張氏有「聖蹟亭」
七律二首，即詠此亭，茲錄其一首：「聖蹟收藏記此亭，摩挲
苔蘚認碑銘；不甘文字淪周孔，且把叢殘付丙丁。地老天荒留
一角，神啾鬼器護千靈，秕糠濁世逢今日，珍重吾儒守舊經。」
[39]八年代亭、碑遭車禍，俱毀，殘件碎塊現暫存鹿谷鄉圖書館
外。

[39]　林文龍《臺灣史蹟叢論》（國彰出版社，民國 76 年 9 月出版），上冊信仰篇「記
　　臺灣的敬惜字紙民俗」，頁 140。

八、「萬年亨衢」碣

　　中路開闢既成，沈葆楨奏獎請敘，吳光亮得進陞一級，因而親題「萬年亨衢」於大坪頂鳳凰山麓石壁。復以「山通大海」鐫於金銀山前陳有蘭溪畔石壁，以誌其功；另於八通關山頂題「過化存神」碑，「過化存神」碑俗名「水窟碑」，在日據時期已佚失不可見。「山通大海」碣，於日據時期已傾斜下沈，至民國四十八年八七水災時，終於受到洪水沖擊而坍落溪底，被砂石埋沒。七十年 2 月，此一巨石在筆石橋溪邊露出，經集集鎮公所努力以機械搬運上來，打算建亭保護，惟重達數千公斤，仍無功而罷。今陳有蘭溪橋旁巨石，乃就原拓本放大三倍，重新鐫刻，以資紀念，兼為觀光招攬之目的。

　　「萬年亨衢」碣在鹿谷鄉鳳凰谷鳥園內路旁林中之一山坡，山坡上有座巨大砂岩，刻了「萬年亨衢」四個行書大字，《雲林縣采訪冊》記此碣：[40]

> 萬年亨衢碑，在大坪頂鳳凰山石壁上。高約六、七尺，寬三尺，正書「萬年亨衢」四字，光緒年間，鎮軍吳光亮勒石。

　　同書又記：[41]

---

[40]　倪贊元前引書，頁 161。
[41]　倪贊元前引書，頁 147。

鳳凰山，在縣東五十餘里，發脈於八通關，由雞胸嶺蜿
蜒而來。山勢巍峨插天，不知其幾千丈尺，形如飛
鳳。……每值雨霽，山光晴煙騰樹，黛色參天，好鳥爭
鳴，山花欲笑，前人「鳳麓飛煙」為八景之一。……山
後時有生番出入，前臺灣吳光亮由此開路，直通臺東州
後山，於山石上勒「萬年亨衢」四字。

「亨衢」二字，語出易經大畜「何天之衢亨」，即指交通
大道，其意蓋在祈禱中路開闢後，但願千年萬年，此路仍通達
順利。此碣距地面約一四〇公分，邊框高一五〇公分，寬二二
三公分，邊邊還刻兩道空框，據說以待後之遊客旅人題字，是
邪非邪？若然，還真設想週到，惜吳光亮本人並未落款。此碑
之寬高與字體，與《雲林縣采訪冊》所記不符，今對照實物，
則《采訪冊》失實也，是志書所記碑碣多有失實，應作田野調
查實際對勘也。

九、「開闢鴻荒」碣

「開闢鴻荒」碣位在集集鎮埔草嶺腳濁水溪畔之巨石上，
即今林尾里集林大橋北端溪畔。字高四一公分，寬三五公分，
行書，每字距八公分，字體雄勁有力。此碑相傳當時為雲林撫
墾局委員陳世烈所題，以為陳氏「有感於吳光亮受命籌劃中路
開山事宜，終能克服萬難，築成橫貫道路，似此先賢開荒於前，

造福於後，其精神之偉烈，實足以垂範千古，於是親題開闢鴻荒」云云[42]，此皆想當然耳之說詞，近人林文龍不採此說，認為是吳光亮於光緒元年十月帶粵勇兩營駐紮集集埔一帶，辦理開山撫番諸事，乃題「開闢鴻荒」四字於草嶺濁水溪畔巨石上，以資紀念。其論證摘要如下：[43]

> 「開闢鴻荒」石碣現存，在集集鎮林尾里草嶺吊橋下濁水溪畔，劉枝萬先生輯《臺灣中部碑文集成》謂：「相傳為光緒十三年雲林知縣陳世烈題」，似誤，因此碣與集集鎮洞角陳世烈所題「化及蠻貊」字體迴異，而與鹿谷鄉鳳凰山吳光亮所題「萬年亨衢」相似。

且林氏曾至林尾里草嶺，訪問老者多人，皆謂此四字為「吳大人」所寫。另林氏聞一老者（年約七十餘）所言，其幼時曾聞其祖父謂親見「吳大人」，當時「吳大人」率兵欲入集集埔時，至此因濁水溪兩岸之山形如「獅象守口」，故不敢越獅背或象背而過，乃由溪底經過，而題「開闢鴻荒」於石上云云，據此說可知此碣為吳光亮所題可能性較大。如鄉人張達修先生詩云：「緬懷吳光亮，隻手開鴻荒」、「吳公當年闢鴻荒，即今僻壤成名鄉」，皆與「開闢鴻荒」四字有關連也。況陳世烈所題之碑，必署姓名，如「前山第一城碑」、「竹城旌義亭碑記」、

---

[42] 黃炫星前引書，頁 166~167。

[43] 林文龍〈清代開闢臺灣中路之吳光亮事略〉，《臺灣文獻》第二十六卷三期（臺灣省文獻委員會，民國 64 年 9 月出版），頁 161。

「化及蠻貊碑」、「萬興關碑」等均是,而吳光亮所之碑,如「萬
年亨衢」、「山通大海」皆不署姓名,此又一證也。

不過,林氏似乎誤會劉枝萬先生本人之文義,劉氏並未明
言是陳世烈本人所題,甚且也是懷疑是不是陳世烈所題,劉氏
以為:[44]

> 關於開闢鴻荒碣,《臺灣名勝舊蹟誌》云:「在集集突角
> 獅仔頭下濁水溪右畔,彫『開闢鴻荒』四大字於高七尺,
> 周圍約四丈之天然巨石。雲林知縣陳世烈所題,以隸體
> 為之,因字跡淺刻,草茅掩覆,不易尋覓,但該處溪岸
> 巨石僅有三四,故留神搜尋便可得」,所謂字體疑誤,
> 且不知何以遽斷為陳世烈所題。山木〈柳塘新高山沿道
> 之名勝〉云:「刻於集集下游森尾獅仔頭崖下濁水溪右
> 岸天然石上,字體行書,一字三尺四方,光緒十三年雲
> 林知縣陳世烈題」,但所云大小似未甚妥,且年代與題
> 者,未知根據何在。

劉氏之懷疑有理,林氏之論斷甚是,況碑碣所在乃集集鎮
茅林南溪左岸,昔為吳光亮軍隊駐紮營地,民間俗稱「吳大人
營盤」,又可為一旁證。而吳光亮開闢集集一帶山路,利便往
來(詳見「化及蠻貊碣」一節),尤其是一大力證。

---

[44] 劉枝萬〈南投縣名勝古蹟〉,收於《南投文獻叢輯》第二輯(南投縣文獻委員
　　會,民國 42 年 12 月出版),頁 90~91。

十、渡臺入番弛禁告示碑

「渡臺入番弛禁告示碑」（以下簡稱弛禁碑）與「德遍山陬」碑，俱在鹿谷鄉新寮福安宮土地祠旁。「弛禁碑」高一三三公分，寬六十公分，砂岩，每行字數不甚整齊，刻工粗糙，碑文如下：

「欽命提督銜福建臺澎掛印總鎮勇巴圖魯張。欽命布政使司銜福建分巡臺澎兵備道兼提督學政夏，為出示曉諭事，照得臺地現在開關後山，舊例應行弛禁。經欽差大臣沈奏，奉上諭『福建臺灣島自隸版圖以來，因後山各番習俗宜異，曾禁內地民人渡臺及私入番境，以杜滋生事；現經規制，自宜因時變通，所有從前不准民人渡臺各例禁，著悉與開除；其販賣鐵、竹兩項，並著一律弛禁，以廣招徠。該部知道，欽此。』轉行到道，除移行欽遵外，合行出示曉諭，為此，示仰闔屬紳商、士庶，軍民人等知悉：從前不准內地民人渡臺及私入番境各例禁，現已一律開除，不復禁止；臺地所產大小竹竿，以及打造農器等項生、熟鐵片，悉聽民間販運。其內山所產藤條，並由本司道通行開禁，將藤行裁革。如所轄文武，汛口、員弁、兵役及通事、匠首人等，仍有藉端扣留勒索等情事，官則撤參，兵役、通事、匠首即立提究辦，決不姑寬。其各凜遵毋違，特示。光緒元年拾壹月初八日給告示。」

碑文中之「張」為其時臺灣總兵張其光,「夏」為臺澎兵備道之「夏獻綸」。此碑為開山撫番之一重要物證,更為一重要古蹟。碑文中所載開禁事項,約略言之有三:(一)、允許內地民人渡臺,(二)、可以進入番境,(三)、籐條、竹鐵之開採販賣,不復禁止。

按,康熙廿二年(1683)平定臺灣後,經施琅力爭,始決定保留臺灣,但對臺灣惟恐成為盜藪,或成為反清復明之根據地,故採消極政策,不努力開發臺灣,並採嚴格管制,不允人民來臺。大陸人民渡臺之管理規例,大要有三:

(一)、須領照單,經分巡臺廈兵備道稽查,再得臺灣海防同知驗可,始許放行;(二)、不准攜帶家眷;(三)、嚴禁粵地人民渡臺。自康熙廿三年至乾隆五十五年(1684~1790)一百零六年間,或禁或弛,群臣之奏議與朝廷之決策,均集中於是否允許攜眷入臺問題,蓋一道禁令,不過一紙空言,閩南來台三地大小均官臣更工心知肚明移民不斷偷渡來臺,故其間曾五禁四弛,不斷地重複禁止、鬆弛,再禁止,再鬆弛。此種管制政策,施行至道光年間,尚再數次重申前令,直至同治十三年十二月,為配合臺灣全島之開拓,沈葆楨上奏開禁,始行廢止,沈之〈臺地後山請開舊禁摺〉,奏文節要如下:[45]

---

[45] 沈葆楨前引書,頁 11~13。

奏為臺地後山急須耕墾，請開舊禁，以杜訛索而廣招徠，恭摺馳陳，仰祈聖鑒事。竊臣等於十二月初一日，業將南北路開通及擬將琅璚，旂後等處布置各情形奏明在案。……邇者南北各路雖漸開通，而深谷荒埔人蹤罕到，有可耕之地，而無入耕之民。草木叢雜，瘴霧下垂，兇番得以潛伏狙殺。縱闢蹊徑，終為畏途；久而不用，茅將塞之。日來招集墾戶，應者寥寥。蓋臺灣地廣人稀，山前一帶雖經蕃息百有餘年，戶口尚未充牣。內地人民向來不准偷渡，近雖文法稍弛，而開禁未有明文，地方官思設法招徠，每恐與例不合。今欲開山不先招墾，則路雖通而仍塞；欲招墾不先開禁，則民裹足而不前。

臣等查舊例稱：臺灣不准內地人民偷渡；拏獲偷渡船隻，將船戶等分別治罪，文武官議處，兵役治罪。又稱：如有充作客頭，在沿海地方引誘偷渡之人，為首者充軍，為從者杖一百、徒三年；互保之船戶及歇寓知情容隱者杖一百、枷一箇月；偷渡之人杖八十、遞回原籍；文武失察者，分別議處。又內地商人置貨過臺，由原籍給照；如不及回籍，則由廈防廳查明取保給照；該廳濫給，降三級調用。又沿海村鎮有引誘客民過臺數至三十人以上者，壯者新疆為奴，老者煙瘴充軍。又內地人民往臺者，地方官給照，盤驗出口；濫給者，分別次數罰俸降調。又無照民人過臺，失察之口岸，官照人數分別

降調；隱匿者革職。以上六條，皆嚴禁內地民人渡臺之舊例也。

又稱：凡民人私入番境者杖一百；如在近番處所抽籐、釣鹿、伐木、採者杖一百、徒三年。又臺灣南勢、北勢一帶，山口勒石分為番界；如有偷越運貨者，失察之專管官降調，該管上司罰俸一年。又臺地民人不得與番民結親，違者離異、治罪，地方官參處；從前已娶者，毋許往來番社，違者治罪。以上三條，皆嚴禁臺民私入番界之舊例也。際此開山伊始、招墾方興，臣等揆度時勢，合無仰懇天恩，將一切舊禁盡與開豁，以廣招徠，俾無瞻顧。

此奏摺不僅建議大開內地民人渡臺禁例，連漢民私入番境之例禁也一律開除。有清一代，「番患」始終是困擾臺灣治安之一頭痛問題，漢「番」之衝突與磨擦，固然本身有「番族」出草馘首之風俗因素，最主要的原因還是漢民侵佔「番」地。漢人侵入「番」界之目的主要在於獲取土地以供拓墾，其方法巧取豪奪，不擇手段，舉例言之有：（一）、強佔：如吳沙之墾噶瑪蘭，金廣福之墾竹東；（二）、欺詐：如與土「蕃」立契約時，欺「番」不識字且單純，在契文上動手腳；（三）、偷墾：如利用「番」社地界不清而偷墾「番」地；（四）、誘惑：如以酒誘土「蕃」，允許借居「番」社，久之，反客為主，再用銀錢遣開「番」人，拆屋闢地為田，致社「番」無容身處；（五）、

高利貸：誘土「番」以田典借金錢，以高利計算，使其無力償還而得其地；（六）、通婚：取「番」女為妻，進而侵佔或繼承「番」地，等等不一而足。當時清廷雖訂有禁墾「番」地之法令，立有石碑、土牛來維護「蕃」人，但執行不力，總是在越界侵墾成為既成事實後，予以追認，造成墾民有恃無恐之心理。尤其清領後期，由於樟腦與茶貿易之興起，為尋求樟林與植茶地，又不停地侵犯原住民土地，於是衝突愈趨激烈。[46]

除對「番」地之侵墾外，入山採取籐條、木材或捕鹿，亦是漢「番」衝突因素之一，「弛禁碑」文中所云「其內山所產籐條，並由本司道通行禁，將籐行裁革。」清末此種開山撫番政策，固有助臺灣山地和各種產業得以加速開發，也再度容納了大量移民，但對那些土地被侵奪的原住民而言，實有無比恨意，造成一連串更多的「番害」與「番亂」。

「弛禁碑」文中另一弛禁事項有「其販賣鐵、竹兩項，並著一律弛禁」，也是臺灣特殊之管制。康熙廿三年雖開海禁，對於臺灣之管制猶未鬆懈，凡是要航行臺灣與大陸間之船隻概須領牌照，獲得許可才准駛行。並在臺灣與廈門兩地分設臺防同知、廈防同知負責稽查海口。當時凡是臺灣的商船都在漳州，泉州製造的居多，規定船隻竣工時要稟請官衙查驗，烙印取照，才得航行貿易。所訂規程中有船隻要到臺灣須稟請原籍

---

[46] 詳見黃煥堯〈清季臺灣番患成因之探討〉，《臺北文獻》直字第七十七期（臺北市文獻委員會，民國75年9月出版），頁283~296。

地方官，取具無違禁制結狀，才給照票，或商船出入之口，稽查舵手、水手、船客、貨物有無違例，以及禁止私煮興販臺產硝磺、合製火藥，與生番交易等事項，其中較奇特怪異的禁制有三：（一）、禁由臺灣積載米穀六十石以上，（二）、禁由臺灣出口竹材，（三）、禁鐵貨入口臺灣。其理由不外乎是：（一）、要預防臺灣糧食之不足，（二）、懼怕大篷篦接濟匪船，（三）、防遏私造違禁軍器。[47]

是以開採竹木籐條，鼓鑄鐵器均有所限制管理，清制舊例，臺灣鼓鑄鍋皿農具之人，須由地方官舉充，由福建布政使司給照，通臺只有二十七家鑄戶。鐵則由漳州采購，私開私販者均治罪，遂得任由鑄戶把持，不肖兵役也藉端向民間訛索。臺地農具鐵器之價數倍於內地。夏獻綸認為臺灣開港通商後，形移勢轉，鐵勵可自外國進口，臺灣禁鐵，須向內地采買，徒然給予不肖兵役人等向民間訛索之藉口，而鑄戶由官控制，任意把持，更為民間帶來不便。何況海船可以蒲布為帆，不必用竹編篷篦，故鐵竹兩項之屬禁徒為兵役留下一索詐之端，使民間多受一害，夏獻綸遂主張毋庸查禁，沈葆楨支持夏氏主張，奏請朝廷予以開禁：[48]

---

[47] 《臺灣省通志》卷二〈人民志〉（臺灣省文獻委員會，民國61年6月出版），「人口篇」第四章第三節，頁99~105。

[48] 同註15。

嗣又據臺灣道夏獻綸詳稱：舊例臺灣鼓鑄鍋皿農具之人，向須地方官舉充，由藩司給照，通臺祗二十七家，名曰鑄戶；其鐵由內地漳州采買，私開私販者治罪。邇來海口通商，鐵觔載在進口稅則；昔在內地之出，今自西洋而來，情形迥異。而不肖兵役人等往往向民間藉端訛索，該鑄戶亦恃官舉，任意把持，民甚苦之。又臺灣產竹竿，向因洋面不靖，恐大竹篷篾有關濟匪，因禁出口，以致民間竹竿經過口岸均須稽查。不知海船，蒲布皆可為帆，無須用竹立之。屬禁，徒為兵役留一索詐之端，民間多一受害之事；應該毋庸查禁等因。臣等思當茲開闢後山，凡百以便民為急，不得不因時變通；合無再懇天恩，飭地方官將鐵、竹兩項悉弛舊禁，以斷胥役勒索之路，以濟閭閻日用之需。

　　光緒元年正月初十日，朝廷正式下令弛禁臺灣販賣竹鐵兩項舊例。[49]鐵竹兩項禁令之解除，不僅可斷胥吏勒索之路，亦可解決人民日用之需，而開墾用之草刀、竹箕、扁挑、農具等物，均可在臺購辦矣！

十一、「德遍山陬」碑

　　「德遍山陬」碑在「弛禁碑」旁，砂岩，高九五公分，寬

---

[49] 見《清德宗實錄選輯》第一冊，光緒元年春正月初十日則，頁2。

四二公分，正楷橫書四字：「德遍山陬」，下為碑文，頌揚吳光
亮開闢中路，繁榮地方之德政，碑文如次：

> 記名提督軍門，前任閩粵南澳總鎮新授福寧鎮誠勇巴圖
> 魯吳，貴籍廣東，官章光亮，號霽軒公。視民艱辛，稟
> 撤禁例、單餉等費，悉暨消除，沐恩載德，永頌不忘，
> 以石為碑，依附告示。峕維光緒二年三月。沙連大坪頂
> 等處紳士、民人、各匠等同叩立。

此碑《雲林縣采訪冊》載：[50]

> 德遍山陬碑，在大坪頂新寮街。高六尺，寬三尺。正書
> 「德遍山陬」四字橫列於上，前任臺灣掛印總兵官記名
> 提督吳光亮德政及人，光緒二年紳士里眾立。

同治十三年清廷開山撫番之議決，撤去民人私入番地之
禁，並由北、中、南三路，同鑿通往臺東之橫斷中央山脈道路。
斯舉給予前山山地開拓之影響，實屬匪尠。竹山、鹿谷等地乃
因之而繁榮，發展迅速，而新寮適當交通要衝，形成一地方市
場，遂更臻發達，《雲林縣采訪冊》云：「新寮街，在縣東三十
七里，為大坪頂七處交易之區，入後山臺東州總路。」[51]舉人
陳肇興有「大坪頂」詩紀其地：「朝經水沙連，暮宿大坪頂；

[50] 倪贊元前引書，頁162。

[51] 同上註，頁146。

石級高百盤，槎枒爭一挺。直上如雲梯，連步防躥等；中絕忽旁通，儼若汲引縆。前登膝齊腰，後顧形隨影，絕頂忽開張，桑麻近半頃。耕鑿數百家，茅舍亦修整；有如桃花源，雞犬得仙境。又若榴花洞，煙霞饒佳景；大石立其前，勢如猛虎猛。修篁四森布，巨可任柞艋，峨峨高半天，嶺上疊諸嶺。居人扳木末，雲際摘仙茗，復聞大頂峰，中有蚑龍井；其上多白雲，其下產蓴莛。路絕不可攀，悵望徒引領。何當結茅屋，長此事幽屏，閉戶有名山，願言養心靜。」[52]詩中之蓴莛或云莛蓴，即竹也，折竹用來卜卦，語出《漢書・揚雄傳・瓊茅注》。[53]前引大順嶺（大坪頂）「山路平坦，行十餘里，即大坪頂七處。居民稠密，煙火萬家。七處山產，甲於全堡。嶺上下竹林、樹木，布滿巖隈。」正是其互相寫照，足窺當時殷盛情形。是知大坪頂七莊紳民，因吳光亮之開闢中路，復稟請開除舊禁，其中包括竹、籐、鐵等項，竹、籐為大坪頂山產之大宗，「為居民之利」、「民賴其利」[54]。又稟請免去餉稅，致促進大坪頂一帶山產之開發，乃鳩資立「德遍山陬」碑，與「弛禁碑」並立，以頌揚光亮德政，可察知百姓心中之感戴，固永誌不忘矣。

---

[52] 同上註，頁172。

[53] 見《中文大辭典》（中國文化大學出版部，民國79年9月八版），「莛」字條，頁12273。

[54] 倪贊元前引書，頁147~148。

十二、「化及蠻貊」碣

「化及蠻貊」碣在集集鎮廣明里洞角巷三十八號一香蕉園中，砂岩，行書，鐫刻「化及蠻貊」四個大字，高三尺，寬五尺，邊框高四十八公分，寬一八〇公分，字體蒼勁，上下款是：「欽命布政使銜署臺兵備道陳方伯撫番開墾處」「大清光緒十三年春雲林撫墾局委員陳世烈題」。

此碣所在位置，乃集集往水里公路附近，係往時濁水溪北岸河畔舊路旁。此石碣非沈葆楨開山撫番時期所留，乃劉銘傳時期題留，關於此事，仍須從頭說起。

前述吳光亮督兵新開中路，由林圯埔，抵達臺東之璞石閣。同時另鑿一路，由集集街經牛輈轆，而於大坪頂匯合前者。自是，商賈終繹不絕，地方繁榮，民生發展。集集為西部平原入日月潭、埔里地方之孔道，其發展亦然，《集集紀略》載草嶺山路之開闢：[55]

> 山間四處，俱是高山竣嶺，茂林大木，兇番甚多，行路稀少，佃人往來，至外草嶺腳，多被兇番所殺。至乾隆四十八年，集集草地，開闢愈廣，佃人愈多，往來愈眾。於是眾佃相商，招集多人，各執器械，將草嶺山路之草木，剪伐焚毀，不致被兇番隱匿路旁，出殺行人。由是，

[55] 轉引自劉枝萬《南投縣沿革志開發篇稿》(南投文獻叢輯第六輯，南投縣文獻委員會，民國47年1月出版)，頁220。

臺灣古道與交通研究——從古蹟發現歷史卷之二

商旅之往來漸多，草嶺路之崎嶇，漸有修理。迨光緒元
年，臺灣總鎮官吳光亮，要開透後臺東之路，先倩工人，
將草嶺山路，大為修造。所以至今出入往來，甚為利便，
雖不如周道之蕩蕩平平，亦覺無甚困苦之嘆也。

同書復記土地公鞍路之開闢，云：[56]

迨至光緒八年，臺灣總鎮官吳光亮者，既開路透入後
山，遂再開往埔里社之路。夫自集集往埔里社之路，則
土地公鞍為第一崎嶇，吳光亮派出委員，大興土工，剪
伐樹木，修理崎嶇，凡有顛危之處，改易大異尋常，險
阻頓平，開費不少。自此行路之人，雖是登山陟嶺，比
昔日之困苦，卻減少一大半也。

是可察知集集地方不但陸路暢通無阻，草萊日闢，民居日
多，至光緒元年，以集集、林尾、柴橋頭及社仔等四庄而成立
集集堡。該堡轄有集集大山南，濁水溪北岸一帶地域，以集集
街為堡名，東與番境、西與沙連下堡、南與沙連堡、北與五城
及南投兩堡接境。

光緒元年之撤廢番境禁例，同時針對理蕃設施，採取革
新：(1)撤裁越界入「番」之禁，聽民「番」交易自如，以期開
放「番」境之實，(2)「番」社境域，恐啟日後侵佔之漸，不准

租與民人承佃，(3)在不致威脅「番」人贍養之範圍，雖屬「番」境，不妨劃界，以供招墾，俾期民「番」相安等三事。至於積極撫墾之要旨在：(1)撫化「番」黎，應設義學於各要地，(2)授產於「番」，以期馴化為善良之民，(3)由本土招募移民，予以保護，獎其墾成。而所謂撫綏，尤著重教育，光緒八年，曾設明新書院於集集街，其功能兼存義學者也。[57]綜而言之，光緒初年，今南投縣之開發，因政策之改變，交通發達，地方殷盛，大有一日千里之概。

交通發達，地方殷盛，民居稠密，文治武備亦不得不採予新措施，以策配合。光緒十三年臺灣巡撫劉銘傳與閩浙總督楊昌濬聯銜上奏，建議臺灣郡縣分別添設移改，於是將全省劃分為三府一直隸州。乃新設臺灣府於彰化縣東二十里之地，臺灣府下新設臺灣、雲林、苗栗三縣；合彰化縣及埔里社廳為四縣一廳。新設之雲林縣則卜城於原彰化縣沙連堡林圯埔，由臺灣府經歷陳世烈陞任第一任之知縣。陳氏名世烈，字竺軒，廣東嘉應州興甯縣人，監生出身，因奉檄調補臺灣府經歷，於光緒十二年春二月，由廈門東渡來臺，時臺灣建省之議已決，所以陳氏謁見巡撫劉銘傳之際，即被委以設縣分治、度地築城、撫番招墾之責。

四月，陳世烈駐紮斗六門，籌劃度地築城事宜。九月，劉銘傳親赴中路，沿途察看地勢，遂卜城於彰化縣沙連堡林圯埔

---

[57] 同上註，頁230。

郊外之雲林坪，蓋其地「居中路之心，扼後山之吭，萬峰環拱，雙水匯流」，其後陳氏又會同南路撫民理番同知歐陽駿覆勘詳明。十月，乃自斗六門移駐雲林坪，設「督辦雲林城工總局」專督城工，另設「雲林撫墾局」，自任委員，積極辦理撫墾，與築城工程分頭並進。築城之役，進行順利，十月由地方士紳募捐，以補國帑之不足，築土城，周圍一千三百丈餘，寬六尺，設四門，環植莿竹三重，翌年二月竣工，乃勒碑於城外，曰：「前山第一城」，即《雲林縣采訪冊》所記：「前山第一城碑，在九十九坎上旌義亭內。高六尺，寬三尺，正書『前山第一城』五字。光緒十三年，前邑令陳世烈勒石。」[58]，惜碑已佚不存。

築城順利，但招墾撫番，則波折較多。自從光緒元年，開山撫番以降，雖閱十載，但其實效，未臻理想。迨劉銘傳治臺，即有積極剿「番」之意，銳意盡瘁，籌劃擴張，以期拓殖「番」境之實效。同時，劉銘傳又鑑於「生番」種類不一，其開化馴熟各有差異，為因地制宜，乃設「番婆」、市司事、教讀及教耕等職，總期恩威並用，猛以濟寬。是以光緒十二年十月，臺灣道陳鳴志、統帶鎮海後軍副將張兆連，先後稟稱：「後山番社，未撫尚多。……若由水尾適中之地，與前山彰化遙遙相對，開通道路，聲氣聯絡，先撫後山中路，其餘聞風向化，招撫較易」，[59]而擬開鑿由集集街通往臺東水尾之道路。劉氏從之，

---

[58] 倪贊元前引書，頁161~162。

[59] 劉銘傳〈奏臺灣各路生番歸化並開化招撫情形疏〉，收於《劉銘傳撫臺前後檔案》附錄（臺銀文叢第二七六種），頁265~267。

遂授臺灣鎮總兵章高元率領砲隊並鎮海中軍兩營，及練兵七百人、石工、民夫等，由集集東南之拔社埔山界至丹大山，開山而東；又張兆連由水尾興工，至丹大山，東西兩面剋期並行，自光緒十二年冬至翌年春，短短三月，便告竣工，並於山路要處，均設塘碍，派撥兵勇，護衛民人。此中情形，劉銘傳〈奏臺灣各路生番歸化並開山招撫情形疏〉有詳紀：[60]

> ……章高元由彰化水底寮開路至埔裏社，沿山招撫北港、葛霧等五大社、眉毛納、吻吻等四十四小社，番丁九千餘人。又由拔埔社開至丹社，沿路撫卓大、意東等六十一社，番丁八千餘人。中路嘉彰之交，經斗六門縣丞陳世烈於雲林坪設局招撫，沿山郡番十六社、蠻番、丹番等三十七社，番丁四千餘人，樟腳、楠子腳等七社，番丁四百餘人，均先後薙髮歸化。

是可知陳氏乘此開山撫番之際，頗能盡職，在中路約當嘉義、彰化兩縣之交界處，沿山之郡番、蠻番、丹番等社，暨楠仔腳蔓等社，兩處經陳氏招撫後，均先後薙髮歸化。於是為陶鑄涵化原住民，而開辦番學堂於楠仔腳蔓（今南投縣信義鄉久美村）以教化之，陳氏並親題「萬興關」碑，置於該學堂門口，藉彰學堂創設之意義。各社既經招撫撫歸化，陳氏隨奉台澎兵備道陳鳴志之命，招募兵民至集集埔一帶從事開墾，後親題「化

---

[60] 同上註。

及蠻貊」碣於開墾處之巨石上，以資留念。

　　此碣為劉銘傳主臺開墾撫番時所留，與前述諸碑碣為沈葆楨開山撫番時所留，雖為不同時期文物史蹟，但皆象徵中路開發後之政績表現，後先輝映，值得紀念表揚。惟其後事願違，光緒十三年七月，由集集街通往臺東水尾之沿道山「番」，齊起反抗，埔裏社熟番、水社、頭社、貓蘭、沈鹿等，亦乘機與卓大社合而叛變，戍兵不支而退，中路之山，往來遂絕。惟嗣後雖派兵分道討伐，時而就撫，時而背叛，反反覆覆，游移不定，終不能徹底解決，曩設義學、番學亦漸趨衰微。光緒十七年四月劉銘傳卸任，沈應奎護理一段時日，十月邵友濂繼任，緊縮臺政，撫墾局名存實亡，以致理番頓受挫折，例如由林圯埔通往臺東璞石閣橫貫道路亦告斷絕，漸歸荒蕪。自是，清末之招墾撫番，雖一時鋪張，將近尾聲，遂不得不遷雲林縣治於斗六，而造成地方衰微之因焉！[61]林圯埔也由是漸趨蕭條，徒留古道、碑碣之殘跡供後人之憑弔、今人之稽考而已！

---

[61] 同註 25 前引書，頁 260。

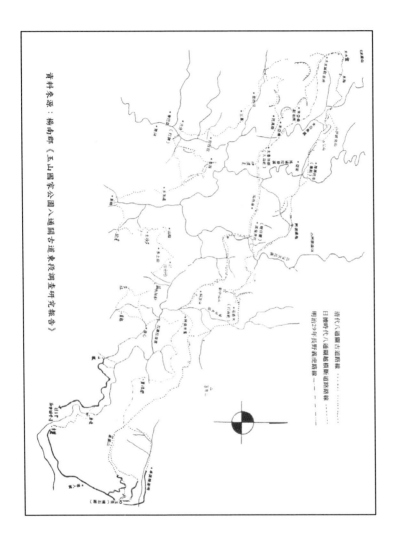

資料來源：楊南郡《玉山國家公園八通關古道東段調查研究報告》

清代八通關古道路線 ………
日據時代八通關越嶺道路路線 ‥‥‥‥
明治29年長野義虎路線 ━━━

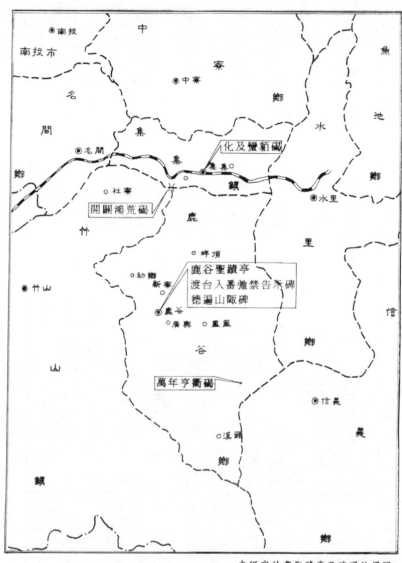

本研究計畫聖蹟亭及碑碣位置圖

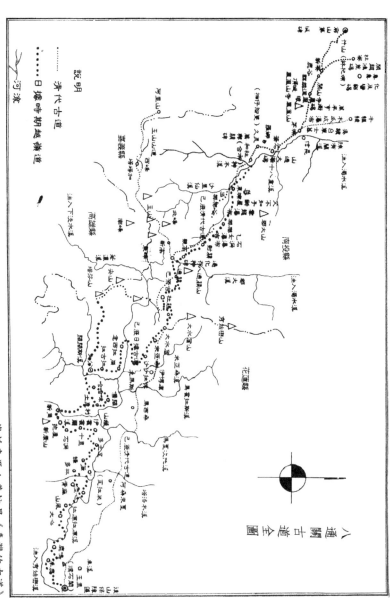

資料來源：黃焜星《臺灣的古道》

石頭營聖蹟亭與南部古道之歷史研究

一、前言

　　民國八十二年初承中國工商專科學校閻亞寧教授之囑，負責二件古蹟調查案，一為屏東縣枋寮鄉石頭營聖蹟亭，一為同縣新埤鄉建功村東柵門。當時閻教授曾提醒：資料很少，恐怕會麻煩。筆者心中倒不在意，直覺中以為聖蹟亭與柵門還是滿普通的古蹟，因此不予放在心上，等到實際著手搜集資料，及二度南下田野調查，才知棘手，不是很少，歷史資料幾乎可以說簡直沒有，透過鄉公所的科員，再透過里幹事拜會村長暨一、二鄉耆，所得資料幾乎只能歸納成一條：「清嘉慶至同治年間，曾有軍隊在此駐紮，稱石頭營，並興建了這座兼有敬字和祭祀功能的聖蹟。」

　　石頭營聖蹟亭位於屏東縣枋寮鄉玉泉村大餉營段第九

四七地號。即在玉泉路與青山路之交叉東南隅，路旁一片雜草，遠處零零落落幾間低矮民房，頗為荒涼，佇立此處，猶記當時心中一片淒苦，茫茫天地，宇宙洪荒，真不知從何下手破解此一聖蹟亭。回來臺北之後，泡在臺北市文獻會圖書室中，一一詳閱搜尋史料，採取抽絲剝繭之手法，一步一步追尋，一步一步淘汰不可靠之線索，終於皇天不負苦心人，總算理出一些頭緒。

先是依據「石頭營」一名之線索追尋史料，考證結果證實確實有此勇營，但非在枋寮鄉玉泉村，初步線索就此一斷。繼再尋思，此地過去名「大餉營」，且開拓始於同光之際，則此「大餉營」軍隊應與同治十三年起之開山撫番軍隊有關。憑此線索，經過一番爬梳史料，推斷玉泉村為昔年沈葆禎開闢北、中、南三路中之南路二條古道之一：射寮卑南道的起點，並且是張其光所部福靖左營所開闢，所駐防。稿成之後，再三電詢村長，確證此地確是古道所經，方才放心。事隔數月之後，偶一閱及佳冬蕭家資料，當下狂喜，幾不能自持克制，內中竟然有關「大餉營」及開闢古道之記載，可以佐證個人之推論無誤，真是踏破鐵鞋無覓處，得來全不費功夫。

古道、駐軍解決了，最重要之問題仍未解決，聖蹟亭何時建？為何而建？幸在《鳳山縣采訪冊》中找到在「大餉營」設有番社學一處，及伊能嘉矩《臺灣文化志》下卷中若干資料推論應即是此番社學所置。而且因為從光緒十年起，陸續裁撤社學、義學，所以才會剩下今孤零零一座聖蹟亭殘跡。

略微敘述此文撰寫之源起、過程，這篇文章雖已三易其稿，仍不敢斷言百分之百考證無誤，私心企盼方家學者有以教之補之，期能有所補苴改正，減少錯誤，則不勝感謝！

二、枋寮鄉之開發

三級古蹟「石頭營聖蹟亭」位於屏東縣枋寮鄉玉泉村大餉營段第九四七地號，欲探討此一古蹟請先從其大環境著手。枋寮鄉位於屏東縣南部，東接春日鄉，西臨臺灣海峽，南通枋山鄉，北界新埤、佳冬兩鄉。本鄉概為平地，唯東境高山綿亙，是昔日所謂番界地區，原為平埔族放索社（又名阿加社）活躍地域。本鄉在清代是隸屬於鳳山縣，明鄭時代，初隸萬年縣，後隸萬年州。鄭氏領臺之始，南在鳳山（約今左營一帶），北在嘉義地方駐屯營兵，以半農半兵方式從事屯墾，解決糧荒問題。清領初期，明鄭文武官員丁卒與各省流民相率回歸大陸，所留者瑣尾殘黎，只見井里蕭條，民雜而貧，地疏而曠，一望蓁茅。嗣後，臺灣府知府蔣毓英與各知縣，乃大力招集流亡開墾，朝廷大幅降低稅賦，在此有利背景下，大批內地民人前赴臺灣開墾。不過，因臺灣縣轄區較小，而農田土脈漸薄，故其後續增墾不易，反之，鳳山縣則因幅員遼闊，土地肥沃，故其發展遠邁臺灣縣。而漢人之開發，從海岸地區開始，至康熙末葉，已絡繹移墾林邊溪上游，其中移民，漳、泉、客均有，以陳、潘、林、黃、李為五大

姓。

其時枋寮一地，尚未開發，被視為毒惡瘴地，人莫敢近，以為野番嗜殺，故郁永河指稱：「諸羅、鳳山無民，所隸者皆土著番人」。[1]下淡水溪（今高屏溪）以南廣大土地，仍是蠻荒一片，有番無民，住有：下淡水社、力力社、茄藤社、放索社、上淡水社、阿猴社、搭樓社、大擇機社、郎橋社、琉球社、南覓社、加六堂社等。[2]之後，流移開墾，日趨日眾，於是利之所趨，漢人群入深山，伐木通道，雜耕番地，與之貿易，藍鼎元《平臺紀略》載：

> 前此臺灣，止府治百餘里，鳳山、諸羅皆毒惡瘴地，令其邑者尚不敢至，今則南盡郎嬌，北窮淡水，雞籠以上千五百里……今則群入深山，雜耕番地，雖殺不畏，甚至傀儡內山，臺灣山後，蛤仔、崇爻、卑南覓等社，亦有漢敢至其地，與之貿易。生聚日繁，漸廓漸遠，雖屬禁不能使止也。[3]

於是鳳山縣所轄坊里，由七里、二保、六莊、一鎮、十二社，再增港東、港西二里，及觀音山一庄，其中港東里在縣治東南方，距城三十里。其疆界：「東以三條崙嶺與傀儡山分界，西以東溪與港西里分界，南以率芒溪與恒春縣分界，

---

[1]　郁永河《裨海紀遊》，臺銀文叢第四四種，頁 32。

[2]　蔣毓英《臺灣府志》（北京中華書局，1985 年出版），頁 22。

[3]　藍鼎元《平台紀略》，臺銀文叢第十四種，頁 30。

北以東溪與港西里分界」[4]。陳文達《鳳山縣志》、王瑛曾《重修鳳山縣志》諸書，猶未能詳記其時坊里所轄之範圍，然大體而言，村落營屯，碁布星羅，閩粵錯處，頗見繁榮。而枋寮一地逼近生番處所，更成軍隊駐防要地，乾隆初葉，王瑛曾《重修鳳山縣志》記其地：「枋寮口街：在枋寮口，縣東南六十五里。南近瑯嶠，東近傀儡山，軍匠屯集之處」，[5]及枋寮為商民聚夥，軍匠輻輳，居然樂土。[6]

　　而雍正十二年（1734），巡道張嗣昌建議，南北各番社置師一人，給以館穀，以教番童，使各縣學訓導，按季考察。於鳳山縣之力力社、茄藤社、放索社、阿猴社、上淡水社、下淡水社、搭樓社、武洛社等八社設土番社學[7]，該八社屬搭樓系之平埔族，分佈於今高屏溪南方屏東縣境，南起枋寮，北至里港之平原。八社所在位置，約略是：(1)搭樓庄─今里港鄉搭樓村(2)武洛社─今里港鄉茄苳村武洛庄(3)阿猴社─今屏東市市中心(4)上淡水社─今萬丹鄉社皮村(5)下淡水社─今萬丹鄉番社村(6)力力社─今崁頂鄉力社村(7)放索社─今林邊鄉水利村(8)茄藤社─今佳冬鄉佳冬村。[8]經過數十年之努

---

[4]　盧德嘉《鳳山縣采訪冊》，臺銀文叢第七三種，頁 11。

[5]　王瑛曾《重修鳳山縣志》，臺銀文叢第一四六種，頁 32。

[6]　王瑛曾前引書，頁 65。

[7]　王瑛曾前引書，頁 182。

[8]　王萬壽〈乾隆以前臺灣南部客家人的墾殖〉，《臺灣文獻》第三十七卷，第四期，民國 75 年 12 月，頁 72。

力，不僅所有鳳山縣之熟番力力等十二社早已內附，即南路生番山豬毛等五社（約今屏東縣三地門一帶）、傀儡山等二十七社生番、琅嶠十八社生番亦內附歸化，對於其時整個鳳山縣開化繁華情形，王瑛曾撰文描述：

> 按鳳處東南，地兼山海。山標鼓嶼，合魚鹽蜃蛤，常不盡夫取攜；海表瑯峰，列梓栗梗楠，復足供夫日用。觀音山五峰錯落，居然菩薩低眉；羅漢門一帶環圍，疑是落伽分侍。漯底若天荒鑿破（山頂平，上有泉湧出），半屏如巨手削成。上下赤山，丹青其質；大小滾水，濼濼其巔。蛇岫蜿蜒，半城半海；龜山蒼鬱，內郭外田。古橘樹岡山，石門群傳仙蹟（有石室，古橘一株）；圓峰羅鳳岫，彈丸凤擅奇形。傀儡諸山，聯絡而分前後（分山前，山後）；琉球禁地，平衍而盡浮沙。打鼓港巨艦可通，而旂後、萬丹，水利能生三倍；大林蒲漁家錯落，而東港、西溪採捕不下千戶。海坪、漁塭，港商掌而貼納本輕；灶戶、鹽戶、鹽埕，貨利多而徵餉從薄。龍目二井，源自天開；河流三叉（淡水有三叉河地方），工非人力。二層緣溪而下，綠野桑田（鳳界至二層行溪以下皆平原）；兩港分里而遙（淡水分港東、西），農耕士讀。山豬毛為狂獉地，今則營屯村落，碁布星羅（新設淡水營）；阿猴林為逋逃藪，今則壤僻山凹，禾青麥秀（康熙六十年，

賊蹤多潛匿於此）。津渡免輸官稅（惟各廟觀香燈費
准給），陂潭足補天工。上游土地瘠疏，用糞慮旱（在
淡水溪上）；下游田園卑沃，不糞慮淹（淡水溪下夏
月鮮晴）。火耨水耕，異初開之逸獲（昔稱田不糞而
耕）；習紡學績，非囊昔之女紅（鳳山嘉祥等里多織
布）。地角山頭，零星免課；旱田沙例（新例照同安
下沙則）新墾緩徵。粟米餘資閩、粵，菁糖直達蘇、
杭，絲帛雖藉中邦，瓜果亦登天府。停山樵採其業，
依水蜑蛤其家。城郭村莊，莿竹、珊瑚屏障；鄉閭洲
麓，覆茅、編竹室廬。牛車任重、舟楫濟人，經商便
於水陸；溪漲平蕪、泥途濘淖，行旅苦於秋淋。不桑
不蠶，率由地煖；無鴻無鵲，祇別土宜。山居不虞猛
虎，室處最忌毒蛇。晴天風信，早東晚西；果熟花開，
無冬無夏。人崇氣節，奴婢不為；俗尚奢華，富豪更
甚。番黎薙髮裸飾，盡為衣冠；社師課童咿唔，粗知
「語」「孟」。瑯嶠社，臺灣始為禁地；卑南覓，新例
准其歸輸（乾隆十三年開禁）。見聖德之覃被日深，
而大化之無遠弗屆矣。[9]

　　總之，在乾隆初葉，今之屏東地雖仍多為番社，但已能
達到藥葭笙、勤耕鑿、作番酒、服衣冠、通漢語之程度。而

---

[9]　王瑛曾前引書，頁 10~11。

東港之南的枋寮地方，以富於草原與森林，始者泉州人建立木板小屋，採伐森林，再者，地近生番處所，係軍防要地，農工頓形繁榮，「枋寮」一名，隨之宣傳，騰播人口，尤其是被選為修造船艦所在，於此地設軍工廠，成為購料造船、軍匠屯聚之所，不旋踵，商民聚夥，居然成為一小樂土。而其開拓方向亦從海岸區之枋寮街、番仔崙、大武烈、北勢寮，漸次向北旗尾、水底寮方向。同治十二年（1783），將巡檢司移往枋寮，枋寮益增其重要性。[10]不久牡丹社事件起，事平之後，乃有開山撫番之舉，枋寮才有另一發展，又往新開庄、大餉營、竹仔營等地拓殖。至光緒十八年（1892），據盧德嘉《鳳山縣采訪冊》所載，其時之港東里，轄有一百七十村莊、埔兩處，人口一萬零六百七十三戶，男二萬六千九百十四丁，女二萬五千二百十四口。[11]港東里所轄村莊其中屬於今枋寮鄉者有：枋寮街（今枋寮村）、大武烈、番仔崙（今新龍村）、北熱寮（今保生村、中寮村、安樂村）、水底寮（今天時村、地利村、人和村）、內寮莊、頂營莊、蜈蜞溝、匏仔園（今內寮村）、大北旗尾、小北旗尾（今東海村）、新開莊（今新開村）、大莊、下寮莊（今大庄村）、大餉營、竹仔營（今太源村、玉泉村，玉泉村乃是民國四十七年從太源村分出）。可知枋寮鄉已於光緒中大體開發完成。

---

[10] 盧德嘉前引書，頁144。

[11] 同註4，頁12。

　　日人據臺後，明治二十八年（光緒二十一年，1895）設
臺南縣，下轄鳳山、恒春兩支廳，是年八月二十五日（日曆），
改為鳳山、恆春兩出張所。翌年，又改回鳳山、恒春兩支廳。
明治三十年，增設鳳山縣，乃改隸之。卅一年，裁撤鳳山縣，
再改隸臺南縣，在今屏東縣境內設阿猴、潮州庄、東港、恒
春四辦務署。下再設潮州、內埔、枋寮支署。三十四年，廢
縣置廳，本縣區改隸阿猴、恒春兩廳，廢辦務支署，改設潮
州、枋寮、枋山支廳。時枋寮鄉一直沿用港東下里名稱，並
將北勢寮等二總理廢除，設置枋寮、水底寮兩區役場，轄於
阿猴廳。

　　明治四十二年（宣統元年，1909），撤恆春廳，本縣區
全部改隸阿猴廳。大正九年（民國 9 年，1920），廢廳置州，
改隸高雄州，在縣境內設屏東、潮州、東港、恆春四郡。並
將枋寮、番仔崙、水底寮、新開、內寮、北旗尾、大庄、大
餉營等八大字合併為枋寮庄，隸屬高雄州潮州郡轄。迄光復
後，廢庄改鄉，名曰枋寮鄉。隸屬屏東縣，直到今日。[12]

三、石頭營之考證及古蹟名稱之商榷

　　「石頭營聖蹟亭」之得名，據鄉公所簡介說明：「清嘉

---

[12]　以上據(1)志賀格編《潮州郡勢要覽》（日本大正十三年排印本，民國 74 年 3
　　　月成文出版社翻印），頁 5。(2)《臺灣通志》卷一地志疆域篇（民國 59 年 6 月
　　　出版），頁 137，二書參酌寫成。

慶至同治年間，曾有軍隊在此駐紮，稱石頭營，並興建了這座兼有敬字和祭祀功能的聖蹟亭」，此說有待商榷。

　　按，枋寮鄉在清代隸屬於鳳山縣，清代對鳳山縣之防戍，在營制上來說，分成水師營和陸路營。水師營乃安平水師協右營分汛鳳山洋面；陸路營則有專設的臺灣南路營及雍正十一年（1733）分設的下淡水營，雍正十年新設城守營左軍共同負責鳳山縣之防汛兵備。其中下淡水營之設置，乃因下淡水之地，離邑既遙，地近生番，賊匪潛藏要衝，奸宄易以竊發，所以駐紮正五品都司一員，隨防把總一員，目兵三百名，所防戍的汛塘有：新圍汛、萬丹汛、舊船頭汛、新船頭汛、新東勢汛、阿猴汛、武洛汛、阿里港汛、大林蒲汛、淡水溪汛、枋寮口汛、茄藤汛、放索汛、以上諸汛，俱由淡水營撥兵分防，而枋寮口汛，據《重修鳳山縣志》卷七〈兵防志〉：「枋寮口汛：縣東南八十里，地邇瑯嶠，奸匪所匿。駐防外委把總一員，目兵一十八名。」[13]

　　清代汛塘的設置，有因地理形勢險要而設，也有隨著土地的開發而置，故汛塘時有變更裁改。根據上引「地邇瑯嶠，奸匪所匿」之說法，可知此時的枋寮是因軍事要地，因地理形勢而設防汛。不僅如此，此時枋寮亦因是修造船艦之軍工廠所在，益增其重要性，《重修鳳山縣志》記：

---

[13]　王瑛曾前引書，頁196。

在縣治東南六十里枋寮街，購料造船、軍匠屯聚之所。按臺、澎各標營戰船，初俱分派通省內地廳員修造，康熙三十四年改歸內地州縣。其尚可修整而不堪駕駛者，內地之員辦理工料，赴臺興修。迨通省按糧議派，臺郡三縣亦分修數隻。後定在近道、府監修，統計閩省船隻勻派通省道、府，乃將臺、澎九十八船，內派臺灣道、府各十八隻，餘俱派入內地。既而仍歸內地修造，惟未至朽爛而不堪駕駛者留臺修補。至康熙四十四、五年間，仍俱改歸臺屬；而派府船數倍於道，令其與福州府分修，議於部價津貼運費外，每船捐貼五十金，續交鹽糧廳代修其半，道、鎮、協、營、廳、縣共襄厥事。嗣又專責知府，並將道船亦歸於府。雍正三年兩江總督查弼納題准，設立總廠於通達江湖、百貨聚集之所，鳩工辦料，較為省便。每年派道員監督領銀修造，再派副將或參將一員公同監視，務節浮費，均歸實用。部價不敷銀兩，歷來州縣協貼，仍應如舊。復經總督覺羅滿保會題：將臺、澎戰船九十八隻，就臺灣設廠，委令臺道、臺協監督修造；因設廠於此。[14]

依上引史料，修造戰船軍廠設置所在條件要「通達江

湖，百貨聚集之所，鳩工辦料，較為省便」，此所以枋寮經過這一番的兵備佈置，「內山有阨塞之繁，海港有巡遊之制，商民聚夥，軍匠輻輳，居然樂土」之寫實。

更番迭戍，固若金湯。不料時日既久，兵虛將惰，官多離汛，兵多聚賭，有汛防之名，無守望之實，多兵亦奚益乎？於是歷經同治八年（1869）、光緒元年（1875），光緒五年（1879）之三次陸續裁兵，鳳山縣駐防之綠營兵人數銳減，且因營伍廢弛，戰鬥力差，只擔任防守汛塘之工作，以後作戰之任務，全交由新設立之防營來代替。而枋寮汛先由下淡水營防守，道光中葉以後由臺灣南路營防戍。盧德嘉《鳳山縣采訪冊》丁部〈規制營汛〉記其時的枋寮汛：

> 枋寮汛，在港東枋寮街，縣東南六十里，屋二十二間，同治十二年巡檢司胡震建。光緒十九年，被風損壞，現租民房。駐額外一員，兵二名。[15]

可見枋寮汛此時之沒落，不被重視。而開山撫番之事，則由新設勇營負責，此時鳳山縣新設防營有：防軍營、防軍營右哨（俗呼鳥松腳營）、石頭營、打鼓山營，其中的石頭營，據《鳳山縣采訪冊》載：

---

[15] 同註10。

石頭營，港東里三條崙嶺，縣東五十里，同治十三年，
屯兵於此。現駐都司一員、兵二百名（內分札歸化門、
力裏社、樹林口、浸水營、出水陂等處，各駐兵三十
名，惟大營五十名，合二百名）。[16]

按，三條崙位於縣東南四十五里，乃險隘所在，設有番
屯（放索屯），駐有外委一員，兵三百名。[17]同書乙部〈地
輿諸山〉記三條崙嶺：

三條崙嶺，在港東里，縣東五十里，脈由南崑崙山出，
同治十三年屯兵於此（營地即在嶺上，現有營官鎮
守），上有新開石路可通卑南覓。[18]

據此，可知前述簡介所謂自嘉慶年間以來駐有軍隊云
云，實為揣測之詞，不足憑信。石頭營之得名乃因此地駐有
軍隊，疊石為牆環繞軍營而來，並且此營始自同治十三年
（1784）之屯兵，而非早自嘉慶年間。而可怪者，石頭營大
營營地在今春日鄉三條崙附近（清代仍隸屬鳳山縣），駐札地
點有歸化門（今歸崇）、力裏社（今力里村），樹林口、浸水
營、出水陂，而無今枋寮鄉玉泉村，則此地「石頭營」地名

---

[16] 同註10，頁143。

[17] 盧德嘉前引書，頁147~148。

[18] 盧德嘉前引書，頁40。

之從何而來，頗成一疑問？[19]並且玉泉村原屬於太源村，於
民國四十七年才分出另設，而兩村過去皆名為「大餉營」，則
此聖蹟亭名稱實應改為「大餉營聖蹟亭」較為妥當。

至於石頭營駐紮之地，「上有新開石路可通卑南覓」，此
一新開之路線，《鳳山縣采訪冊》竟然未有詳確記載，而胡傳
《臺東州采訪冊》反倒有所記載：

> 今前後山相通只三條崙一縷之道，乃光緒八年以後提
> 督周大發，張兆連相繼開通者。自鳳山東港東南行三
> 十里至三條崙，上嶺十五里至歸化門，又東南七里至
> 六儀社，又南十三里至大樹前，又南下嶺十五里至大
> 樹林，又南下嶺十八里至出水坡，又東七里下嶺至溪
> 底，沿溪東行七里至海，曰巴塱衛，折而北沿海行十
> 五里至大得吉，又北十五里至虷仔崙，又北二十里至
> 知本社，又北二十里至埤南。[20]

尤其可喜者，光緒十八年應聘為胡傳幕府之池志徵，由
臺北至臺南，再到臺東，前往履職，舉凡山川之扼要、人物

---

[19] 按王元穉《甲戌公牘鈔存》收〈游擊王開俊稟報〉，文中稟報：「去枋寮三里
之北勢寮莊口有一地址，名曰石城，係嘉鹿、楓港通衢。閱乾隆年間，福中
堂於此立案，遺跡宛然。於二十一日黎明，興工動土。二十三日，粗經成壘，
計營地周圍七十五丈，牆高六尺許，皆砌以石，外濠深廣各六、七尺。」
則不知是否因時日湮久，村民張冠李戴，以訛傳訛，將北勢寮之石城名及駐
軍，誤導至今玉泉村之石頭營地名！

[20] 胡傳《臺東州采訪冊》疆域（國防研究院，民國57年10月出版），頁3~4。

之蕃昌、風俗之奇異,以及社寮險阻、民番雜處之情況,莫
不記之,成《全臺遊記》一卷,其中有經三條崙古道之詳細
記載,此一資料足為臺灣割讓前夕之寫照,令人倍覺可貴,
茲摘錄如下:

　　明年(按即光緒十八年)正月,張公轉薦余於臺
東營刺史胡公幕府。……廿二日由雞籠上船,自雞籠
至澎湖……澎湖至安平一百五十里,次早謁臺南道顧
公,……在道署二日,欲訪友人孫君巡檢於大武
壠。……留三日,仍回臺南道署。查安平到臺東,尚
有九站山路。……十二早出安平城,南行二十里曰大
湖……再二十里曰阿公店……十三早,由阿公店二十
里曰楠梓街……再行六、七里,為鳳山縣城……十四
日出鳳山城,東行十五里曰林仔邊……過溪為東港,
宿焉。……十五日,兩轎夫不肯行,遂止東港。……
十六日,由東港行約五里……再行十五里曰蕭家
莊。……再行二十里為石頭大營,即東州界,止焉。
營官譚鎮軍以余統營幕府,即以官銜手版聲砲,飭隊
而迎。欲於次日上三條崙,譚營官曰:「去此數里皆
番山險社,地僻人稀,非多隊不能行,必須敝營先飭
知各分棚,以便派差伺侯」。遂勉留一日。

　　十八日,譚營官即派哨官一人、洋槍隊二十人、
刀叉大旗對號各二人,護余上嶺。十五里至歸化門

營，換隊焉。又十五里至六義社營，又換隊焉。又八里至大樹前營，止焉。營官歐君曰：「自三條崙至此，雖峻嶺，馬轎皆可行，過此四十里，凶巖峭壁，草木蒙茸，非番轎不能涉，故嚴營半番兵焉」。十九日歐營官即備番轎一乘、番兵三十人，皆執槍矢以行。歐君復曰：「此去二、三里煙瘴甚屬，歲不見天日，六月非重棉不暖，公須含檳榔數口，以避氛焉」。番人每行數十步，輒長嘯一聲，作老鵬鳴，其聲甚裂，群山皆應。復前行數武，見高峰數重，果皆壁立，番人屢以指語。不能轎，遂下轎攀援而上，屢涉屢仆，不得已復命兩番兵挾掖而行。煙霧淋漓，十步之外不見人，鹿啼猿吼，遠近俱聞，如是者十八里到大樹林營焉。大樹林十里，兩旁皆合抱大樹，樹黑如山，人怕樹中行，兇番往往匿此以槍矢殺，人，月必數發。番兵過此，砲聲不絕。屢以番語告人曰：「隔隔莫」，又曰：「麥溜溜」。隔隔莫，謂小心也；麥溜溜，謂快走也。再行十五里，為出水坡營，遂下嶺焉。下嶺較上嶺愈險且峻，余既不能步，祇得面山背坐，閉目任扛。八里為溪底營。谿底亦為番社最險之區。谿闊數里，冬春水涸可涉，秋夏颶風暴雨，往往漂人入海。兩山谷壁，皆作奇形。獼猿數百，見人不避。忽聞砲聲，群馬升木，林樹遂震震有聲。有一哨兵告余曰：「數

日前有兇番於此殺二人焉」。時日未暮，陰風怒號，
巖壁半黑，鴉鳥無聲，余心悚焉。今晚遂回舍豀底營。

十九日，出豀底營，四里皆海岸行，北風捲面，
塵揚接天，怒濤拍岸，倒捲如山。回視昨日所過諸峰，
或霧或日，皆矗立萬疊，不知昨日何以能過之。天地
之色，至今日又為一變矣。十五里到巴郎衛。二十里
到大竹篙，飯焉。又二十里到蛤仔崙。又八里到大麻
里，亦大營，宿焉。

二十日，自大麻營復遵海而行，數里遙見野番數
人，皆卉服佩刀、騎牛高嘯而來，余心復驚。哨官曰：
「此皆已撫之良番，毋慮焉。前途山麓東西，茅穴纍
纍，皆其寮社也」。余自十八日上三條崙，被凶莒、
歷瘴毒，旁行四百里，上升崖縣，下墜壑宻，夐不見
人，至今日茅荒沙渚，始遇島夷，則此行險苦可知矣。
二十里到知本營。有番兵四人適殺鹿刺血而飲。李哨
官留余午飯，遂煨鹿脯以待。飯後約行五里，遙見海
中兩嶼對峙。哨官告余曰：「彼火燒嶼也，縱橫二十
里，天清斯見，見者次日必大風；離此約六十里，居
民五百餘家，商船避風，間有至其地者。其一則紅頭
嶼也。此嶼皆番族穴居，不知耕稼，以捕魚、牧羊為
生，形狀無異野番，而性較馴。牧羊於山，剪耳為誌，
無爭奪詐虞之習。民人貿易至其地者，攜火槍至，則
知其能傷人也，輒望然避之。語音頗類太西洋，然實

莫測其所由。統島周圍約五、六十里，島有高至六、七十丈者，而男女大小不及千人。光緒三年，恆春縣周有基嘗率船政學生至其地」。又行十里，則埤南大營焉。[21]

胡傳前揭書〈兵事項〉又復詳記此條古道開發始末：

三條崙現在通行之道，訪聞係八年周提督大發屯兵三營所開，九年裁去，調張提督兆連鎮海後軍中營接開。十年，張提督移駐埤南，乃募南路屯兵二哨分駐防。[22]

關於南路屯兵二哨，同書〈營汛〉有記載：

南路屯兵二哨；管帶官一員……正哨長二員…副哨長二員…什長十五名……親護兵三十二名……正勇一百四十名……伙勇十七名……長夫五十六名……查南路屯兵，光緒八年原設三營，又年裁去。十年復募二哨，共二百一員名。十八年正月，裁正勇八名，長夫十六名，以親兵及左哨七隊駐防三條崙；五、六隊

---

[21] 池志徵《全臺遊記》，收於諸家《臺灣遊記》，臺銀文叢第八九種，頁9~15。

[22] 胡傳前引書，頁67。

分駐出水坡，七、八隊分駐溪底。十八年秋，調溪底
防勇併歸三條崙。[23]

據此項記載，與前引《鳳山縣采訪冊》「石頭營」記載
相對照，可發現分防地點，兵勇人數恰相符合，可知石頭營
者，即是光緒八年周大發所募屯兵三營，九年裁去，十年復
募二哨，共二百一員名。而且胡傳在「營汛」下特別註明：「經
制額兵，營汛未設，僅列防營人數、餉數及駐防處所」，[24]
可知石頭營非經制額兵（即綠營），乃募勇而得之勇營，是以
餉銀優厚，則地名「大餉營」之由來，殆與此有關乎？

總之參考胡、池二氏記載，可知此路線是由東港東行至
今枋寮鄉，再上三條崙，入山東南行，經歸化門（今歸崇），
上稜線，經六儀社（今力里村）、大樹前（今具馬奴山）至大
樹林山（今大漢山）；復走稜線至出水坡（今浸水營），順稜
線東南下坡，至溪底，（約今姑仔崙新社）再沿今大武溪東下
至巴塱衛（今大武），接臺九線公路，以下折而北行，經大得
吉（今大武鄉大竹）、虷仔崙（今歷坵）、知本，至今臺東卑
南。

此條路線，所有番社、民莊皆在山之麓、水之濱，所謂
山路，不過鳥道一線，旋開旋塞，地多曠土，草生甚茂，山
頗陡峻，兵民無所憑依，防不勝防，不得不壘石為牆，以作

---

[23]　胡傳前引書，頁 16。
[24]　胡傳前引書，頁 14。

營盤之固，可想見甚為艱辛危險之狀況，是以舖遞路線所經，
「凡二十二處，皆防營所駐之區，其遞送公文，皆由營派勇
夫，未設舖遞，亦無額設舖兵也。」[25]，前引池志徵之遊記
內文亦可為佐證之一。也因此，胡傳對於開山撫番一事，頗
有異議：

> 臺東僻在後山，拊全臺之背。用兵經營其地，以杜外
> 夷窺伺之萌……然由前山陸路勞師鑿險，冒瘴深入，
> 扼要設防，剿番撫番，招民墾荒，不遺餘力已二十年，
> 縻餉已數百萬，而兵猶不撤，歲費尚需十餘萬金，……
> 而至今民不加多，地不加廣，如耕石田，徒費財力，
> 且將成為漏厄，無所底止。……今我開後山，乃反其
> 所為，舍海道、棄舟楫，專事陸路，道踰山嶺，穿番
> 社，力求深入。處處設防，處處為番所牽制，徒自罷
> 其力於荒山窮谷之間，如羝羊觸藩，不能退、不能進。
> 師老財費，夫何怪焉！[26]

其致邵班卿書函亦認為：

> ……皆同治十三年以後，用重兵，縻鉅餉之所開，今
> 已阻塞不復能通，前功盡棄矣，目今通行之道，只有
> 鳳山枋寮之東十五里三條崙新路，一縷可達後山之巴

---

[25] 胡傳前引書，頁17。
[26] 胡傳前引書，頁5~6。

塑衛，乃光緒十四年所開。……自議開山以來，十有
八年矣！所辦剿、防、撫、墾四大端，弁勇之死於此
者以萬計，國帑之糜于此者以千萬計。[27]

池志徵本人也持相同看法：

沈公以海途風信靡常，輪舟不能停泊，始議由鳳山、
恆春鑿山而進。其途凡三出，而總以三條崙為通衢，
然亦左山右谿，鳥道一線，側足乃通。余甚怪當時官
吏拔山通道，斬棘披荊，糜國家金錢數百萬，僅開此
三百里無益之巖疆，亦可為失計較矣！[28]

可見同治末年以來，耗費鉅餉所開闢之越山道路，由於
多沿山胞番仔路之簡陋小徑，路況十分不理想，再加上魯凱、
卑南、排灣三族之未平服，常為所阻，或塞或廢，不能常通，
不得不派駐軍隊，據險隘鎮守，以維持山路之通暢，但效果
不彰，又不得不覓路新開，清代如此，日據時期亦復如此。

大正六年（民國 6 年，1917 年），日人闢建警備道路，
越嶺而過，西起枋寮，經水底寮（今枋寮鄉天時村）、崁頭、
歸化門、力里、大樹林、浸水營，越過出水坡、姑子崙南坡，
再東下大武溪，路沿溪谷而開，以至大武，稱為浸水營橫斷
道，是為控制排灣族而建。光復後因浸水營附近列入軍管區，

---

[27] 胡傳《臺灣日記與稟啟》卷一〈致邵班卿〉，臺銀文叢第七一種，頁 66~67。
[28] 池志徵前引文，頁 15。

東部越嶺路段受阻而荒廢。[29]不過最近經楊南郡先生探勘結果，發現古道的西段仍保留不少路段，偶爾會與大漢林道重覆，至於東段則有許多路因為大武林道之開闢而被破壞。但令人興奮的是在浸水營右道上，發現了樹林口清代營盤址的石砌駁坎。[30]

總之，綜合上文所考：可知此條古道是由東港東行，經今枋寮玉泉村石頭營、三條崙，入山東南行，經崁頭、春日鄉之歸崇、力里村、具馬奴山、大漢山、浸水營、姑子崙至臺東大武，折而北行至卑南，與日據時期經由水底寮入山略有不同。此條古道始於光緒八年（1882）周大發率領屯兵三營開鑿；九年，續由張兆連率鎮海後軍中營接開。光緒十四年，埤南番社亂，路況不穩，一度中斷，劉銘傳調大軍往剿，諸叛番乞撫，方得又開。之後，以三條崙石頭營為大營營地，駐都司一員，率領親兵、左哨五十名，並分札歸化門、力里社、樹林口、浸水營、出水陂等處，各駐兵三十名。古道上少者五里，多則一、二十里，安置防勇，築壘棚，以避風雨，以安民番，以送郵遞，兼作行旅往來，軍民歇息之所，考其功能，實與清代綠營制度下之汛塘功能相同，具有巡防稽察、捕匪防盜、傳遞消息之作用，惟一異者，且為其貢獻者，兼負有開山撫番之大任也。

---

[29] 黃炫星《臺灣的古道》，（臺灣省政府新聞處，民國 80 年 9 月出版），頁 200~201。

[30] 見中國時報民國 82 年 8 月 16 日第八版報導。

四、大餉營軍隊及南部古道之考證

　　石頭營之考證已略如上節，今則進一步考證大餉營。

　　前文已述今玉泉村原名大餉營，此地之開拓始於同光年間，且同治十三年（1874）始屯兵於三條崙等線索，可推知「大餉營」應與同治十三年起之開山撫番軍隊有關。

　　沈葆楨在牡丹社事件後，全力關闢北、中、南三路，北路即蘇花古道，中路就是有名的八通關古道，其中南路築有二條，一條是赤山卑南道，由南路海防兼理番同知袁聞柝率兵三營監督築造而成，長約一百八十華里，《鳳山縣采訪冊》記：

> 崑崙坳山，在港東里，縣東五十五里，即南太武、南崑崙二山之凹折處。內有崑崙坳社、烏鴉石村、內社生番居之。其上新開石路，可通卑南覓。按縣治出東門八里至芎蕉腳莊，又七里至鳥鼠洲莊，又至兩魚山，又十五里至雙溪口，又五里至內社，又十五里至崑崙坳，又十里至大石巖，又四十里至諸也葛，又二十里至干仔崙，又十三里至大貓裏，又四十五里至卑南覓，綜計一百八十三里，入卑南覓界。[31]

　　胡傳《臺東州采訪冊》也記：

---

[31]　盧德嘉前引書，乙部地輿「諸山」，頁38。

謹按舊通臺東之道有六……一由鳳山東三十里之下
淡水東行十二里至赤山，又十里至雙溪口，又五里至
內社，又十五里至崑崙坳，又十里至大石巖，又四十
里至諸也葛，又東二十里至虷子崙，此同知袁聞柝所
開之道也。……以上六道，皆同治十三年秋冬以後，
督辦臺灣海防大臣沈公葆楨建議用重兵，糜鉅餉所
開，穿番中以行，處處築堡設防，剿撫兼施，不遺餘
力。然兵甫撤，而道即為番所阻塞。今皆不復能通行，
前功盡棄矣！[32]

　　此條古道為南路主線，姑且稱之為「赤山古道」，其路
線西起鳳山縣治，經赤山、雙溪口、內社、崑崙坳、大石巖、
諸也葛，至虷仔崙，再南接大貓裏至卑南覓，綜計約一○五
公里。路線所經今地名，古道專家楊南郡先生研判：（一）「內
社」應是排灣語 Rai 的臺語讀音，今譯「來義社」。（二）「崑
崙坳」即「古樓社」，排灣語唸：Kunanau 或 Kulanau，日本
人類學者鳥居龍藏曾將古樓社寫成日文：コソロナソウ
（Konlonnau），非常接近「崑崙坳」的臺語讀音。（三）「虷
仔崙」就是金崙的舊部落，即金崙溪終點站。路線是從今屏
東縣萬巒鄉萬金村南下，進入山區第一站便是庫瓦魯斯溪與
來義溪的匯流處「雙溪口」，經舊來義社、舊古樓社，從古樓

[32] 胡傳前引書，「疆域」，頁 2～3。

社東方的大石巖獵場，升到中央山脈衣丁山的南鞍，翻過主脊後，沿大里力山支稜北側溪谷，斜升至支稜末端的諸也葛，再下降到金崙溪主流，沿溪岸東行，最後抵達金崙舊部落「虷仔崙社」。於是楊南郡、林古松兩位先生率領一批大學生，在民國八十三年（1994）1 月，入山實地踏勘，證實了此一路線，除了古道、石階、浮築橋外，還尋獲了六處清軍的營盤址。[33]

此路之開墾，極為艱辛，不僅地形險惡，又須防患疾疫及山胞之攻擊，胡傳同書記：

> 七月，沈公遂命袁聞柝募綏靖軍至鳳山之赤山開道，由南路進……南路袁同知之兵，八月由赤山入雙溪口。沈公復派臺灣鎮總兵張軍門其光撥所部副將李光；十月，進紮諸也葛社；十一月，抵埤南。張軍門之軍亦進紮諸也葛、虷子崙、大麻里一帶。十二月，袁同知染瘴回郡就醫，通判鮑復康接帶綏靖軍。[34]

羅大春《臺灣海防並開山日記》也記載：

---

[33] 詳見中國時報人間副刊「南路大發現」專輯，於民國 83 年 5 月 3 日~6 日所連載之：(1)楊南郡〈南路探勘前夕〉，(2)林古松〈南路小檔案〉，(3)林學聖〈崑崙坳古道初探〉諸文。

[34] 胡傳前引書，「兵事」，頁 63。

……我二起准軍，於（八月）十四、五、六等日，以次由旂後抵紫鳳山。張奎垣、吳霽軒兩鎮軍所募粵勇三千餘亦到，擬駐郡城。同知袁聞柝親督卒徒自赤山步步為營，跨獅頭山，入雞籠坑，距崑崙坳——蓋諸山之脊也。卑南番目牙等、陳安生等，已自率番眾由本社循山闢路，出至崑崙坳相迎；其附近番社各繳倭旂多面，以示輸誠。八月初八日，復有崑崙坳及內社番目率二百許人來袁營，請領開路器具，願為前驅，分別賞賚訖。詎其旁有望祖力社兇番——其目名武甲，及卑南社素仇，率眾伏殺之。番與抵禦，殺武甲等三人。袁聞柝急馳至，排解之。星使慮袁軍之深入無助也，以副將李光率勇三哨紮雙溪口，遊擊鄭榮率一營駐內埔莊應之。十一日以後，內山風雨暴作，棚帳皆飛，為之停工者數日。然一過崑崙坳，則近卑南地界，經諸番墾荒闢穢，雖未必合法，然從而擴充之，沿途尚易施工也。……此八月以前南路大概也。

南路自八月……袁丞聞柝開山已越崑崙坳，更八十餘里即卑南界，憑高俯瞰臺東海色，如在几前。惟山徑愈深，番社愈雜，沿途留隊扼險，兵力漸單，星使檄張奎垣以新到粵勇兩營濟之。

（十一月）……南路一帶，自袁聞柝九月間率綏靖一軍越崑崙坳而東，張奎垣派李光領隊繼之，李營至坳東，袁軍乃得拔而前進。自崑崙坳至諸也葛，計

程不過數十里,而荒險異常,上崖懸升,下壑窅墜。山皆北向,日光不到,古木慘碧,陰風怒號。勇丁相顧失色,只得中止。……既而都司張朝、張天德分率營哨至大石巖、諸也葛,袁軍乃得前進卑南。諸也葛以下平坦,但榛蕪未剪,焚萊伐木,頗費人工。而袁丞累夜露宿空山,感受瘴癘,亦抱恙甚重。星使當以候補通判鮑復康暫領其軍,俾歸郡就醫。未至,而袁丞已輿疾率旅經抵卑南。張天德一軍亦趨大貓貍,與之犄角。崑崙左近兇番,懲儆之後,雖無敢生心,惟山道險遠,糧運艱難……幸派營分布,聲勢尚屬聯絡耳。[35]

沈葆楨〈南北路開山並擬布置琅璚歸後各情形摺〉有更詳細的記載:

> 茲疊據報稱:南路一帶自九月間袁聞柝率綏靖一軍越崑崙坳而東,張其光隨派副將李光領前隊繼之;十月初一日,李營至坳東,袁聞柝乃得拔營前進;初七日至諸也葛社。自崑崙坳至諸也葛,計程不過數十里,而荒險異常:上崖懸升,下壑窅墜,山皆北向,日光不到,古木慘碧,陰風怒號,勇丁相顧失色,不能不

---

[35] 羅大春《臺灣海防並開發日記》,臺銀文叢第三〇八種,頁 25、26、29、34、35。

中途暫駐，以待後隊之來。當袁聞柝駐營諸也葛之日，正張其光在內埔辦理兇番之時。內社地有老鴉石者，崑崙坳之西境也。初八日，張其光左營有勇丁五人，暮經該處，草間突起數番截殺何禮一名、槍傷譚大一名，旋經都司張欣、守備周恩培等派隊追趕，該番逃散無蹤。隨傳內社頭人陳汝玉，查係七家蛋社兇番，正在勒限緝辦。二十四日，參將周善初出哨雙溪，路見無首勇丁橫臥血地；方深疑駭，旋見兇番多人執械向山坡狂竄。揮勇追之，適周恩培出哨，橫截坡前，槍斃其一、兜擒其三，餘悉散走。訊供：被殺者曰拉立、被擒者曰亞利目、曰蘇拉、曰白牛，俱為陳阿修社番，即割路旁勇丁之首者；譚大、何禮之死，亦該番糾同七家蛋社所為不諱。張其光即將三人就地正法，以快人心。二十日，都司張朝光率兩哨營於大石、都司張天德亦率隊至諸也葛，袁聞柝乃得拔營前赴卑南。諸也葛以下地略平坦，但榛蕪未翦，焚萊伐木，頗費人功；而該丞祭夜露宿空山，感受瘴癘，染病甚重。臣等聞信，即委候補通判鮑復康馳往暫領其軍，俾歸郡醫治；未至，而該丞已興疾率旅徑抵卑南，張天德一軍亦趨紮大貓狸與之犄角。目下卑南一路業已開通，甚崑崙左近雖有兇番出沒，已分別懲儆，諒無敢生心。惟山道險遠，糧運殊難，而卑南一帶海口，當此東北風司令，波濤拍岸，倒捲如壁，船隻不能攏

泊。現聞袁聞柝病體漸輕、鮑復康亦已到軍,自內埔
至卑南均已派營分布,聲勢尚能聯絡:此南路近日開
山之情形也。[36]

並於光緒元年九月二十八日之〈請獎剿番開山出力人員
摺〉中總結開山撫番之艱辛與功勞,稱道:

至去年五月以來開山撫番,南路則由內埔、崑崙、諸
也葛、大貓釐等處而入卑南;北路則由蘇澳、大南澳、
三層城、馬鄰溪、鯉浪港等處而抵加禮宛、秀姑巒;
中路則由大坪頂、大水窟、鳳凰山、茅埔、東埔等處
而抵霜山。計三路開地各數百里、百餘里不等,均係
束馬懸車,絕幽鑿險,隨地隨時創碉設堡,戡逆撫良,
艱苦勞瘁亦比尋常行軍過之,其或襄贊機密於風鶴動
心之日,或建築城壘於驚沙烈日之中,或涉重洋以購
軍需,或冒奇險以籌接濟,或迕偏師以扼要隘,或捕
積匪以靜內訌,或司偵探以濟兵謀,或聯鄉團以固邊
圉;均能始終勤奮,著有成效。[37]

據上引史料,知此條古道,由今鳳山市東行,經今屏東
縣萬丹鄉下淡水,東行至萬巒鄉赤山村,南行至該鄉新置村
雙溪口。入山,溯今林邊溪而上,至來義鄉的內社(今稱來

[36] 沈葆楨《福建臺灣奏摺》,臺銀文叢第二九種,頁 5~6。
[37] 沈葆楨前引書,頁 78。

義莊），再溯內社溪及支流瓦魯斯溪而上，經泰武社，走山稜線，抵北大武山南鞍部（即崑崙坳）。越嶺，經方屯山（昔大石巖），順諸也葛溪（今金崙溪）東下，抵溪畔之諸也葛（今新興社）。由此順溪而下，地勢平緩，經虷仔崙（今歷坵），抵達海口之金崙，再沿海岸北上，經大貓裡（今臺東縣大麻里鄉）、知本，而到達今臺東卑南。現今崑崙坳尚存清代營壘，壘中有一小祠，作為登北大武山者的休憩處及擋風牆。然而此路開通後竟影響波及恆春之繁榮，實始料未及，屠繼善《恆春縣志》載：

> 其平時出入，則惟以楓港、四重溪兩處為要道。西南沿海一帶，以及縣東之射蔴里、萬里得、牡丹灣等處，先為卑南商民通衢，旋以崑崙坳、諸也葛一路拔木通道，則恒春遂成偏僻矣！[38]

南路另一條古道是射寮卑南道，長約二百多華里，始於同治十三年八月動工，十二月告一段落，由臺灣總兵官張其光督造而成，《鳳山縣采訪冊》記其路線：

> 南崑崙山（亦名廊亭嶺山），在港東里，縣東七十三里，高出雲表，其大亦與南太武相埒。內有本地社（即冀箕社）、頂望仔、立下望仔、立加磅社、陳阿修社、

---

[38] 屠繼善《恒春縣志》卷一疆域（國防研究，院，民國57年10月初版），頁8。

沙里老社、北力力社、加無朗、古阿崙等社。所產樹木（附近粵民與平埔番、山番熟識者，往往相邀上山伐木，放火燒炭，搬運下山，每夜望見火光一團，即知為山麓人在彼焚炭。漢人名為番山夜火云），金線蓮（性極涼，能治熱症，漢人皆珍貴之，縣城有購自藥圃者，其價頗昂，洋銀一元僅得一兩五錢。若內山則一元可買數兩）及番黍、番芋，生番賴之。上有新開山路，可通卑南覓。按縣治出東門，五里山仔頂，又三里芎蕉腳，又七里頂鳥鼠洲，又五里新園街，又十二里崁頂，又八里射寮，又八里半紅泥嘴，又十六里力裏社，又八里半南崑崙，又二十里古阿崙，又二十三里春望巖，又十里大鳥萬溪口，又四十三里大貓裏，又四十五里卑南覓，綜計二百十四里，入卑南覓界。[39]

胡傳《臺東州采訪冊》亦載：

……一由鳳山之下淡水東行三十里至射寮，又八里至紅泥嘴，又十六里至立里社，又九里至南崑崙，又東二十里至古阿崙，又二十三里至春望巖，又東十里至

[39] 盧德嘉前引書，乙部地輿〈諸山〉，38~39。

大鳥萬溪，又北十里至虷子崙，此總兵張其光所開之道也。[40]

《臺灣輿圖》之〈恆春縣輿圖說略〉記載：

> 而卑南之途，又凡三出，其闢自通判鮑復康者，自楓港、射不力、圓山、雙溪口、大雲頂、魯木鹿、阿郎壹而至者，計程二百三十六里。又自鳳山縣之下淡水，歷射寮、南崑崙、大鳥萬而至者，計程二百四十里，總兵張其光所闢也。又自下淡水歷崑崙坳、諸也葛而至者，計程一百七十五里，同知袁聞柝所闢也。[41]

《臺灣地輿全圖》之〈鳳山縣輿圖說略〉亦記：

> 邑東二十里為下淡水，設縣丞。該處通埤南有二路：一由三條崙歷巴塱衛至埤南，計程二百二十二里。一由赤山歷崑崙坳至埤南，計竹程一百九十五里，皆光緒元年新闢之路。近年多由三條崙行走。[42]

可知南路此條古道乃自鳳山縣治起，經射寮、力里社、南崑崙、古阿崙、春望巖，至大鳥萬溪口，再南接大貓裡至

---

[40] 同註32。

[41] 夏獻綸《臺灣輿圖》，臺銀文叢第四五種，頁50~51。

[42] 《臺灣地輿全圖》，臺銀文叢第一八五種，頁70。

卑南覓，綜計約一二三公里。

　　總之，這二條新闢之路不僅是在光緒元年所闢，前述恒春通埤南之路，由楓港翻山，歷雙溪口，達阿朗壹至卑南，也是光緒元年新闢之路。不過此路少人行走，多由鳳轄之東港三條崙一帶往來，影響所及，竟造成恒春一邑之蕭條，亦始料未及。蓋恒邑地處偏僻，山海交錯，陸行則有番患，舟行則有風險，且無貴重土產，是以商賈罕至，往來僅營勇、墾民、小本商販而已。若能各處荒郊，全行開闢，種植農產，地利非不可興，而三條崙通路之後，竟成僻境，行旅稀少，屠繼善《恒春縣志》卷一疆域記：

> 臺南郡城至埤南覓，向由鳳山之東港沿海南行，越楓港、車城，入恒春縣城西門；出東門，過射麻裏、高仕佛、牡丹灣等處，而至埤南覓。自三條崙通路以後，往來皆由東港分路北行，而恒春縣城至牡丹灣一帶遂成僻境。[43]

　　同書卷十九〈兇番〉亦記：

---

[43] 屠繼善前引書，頁38~39。

臺灣古道與交通研究──從古蹟發現歷史卷之二

光緒初年，夏筱濤觀察建沿海碉堡一十九座，堡有土
勇，實為防番良策。自卑南改走三條崙以後，則恒春
遂為偏僻，而碉堡亦不駐勇矣！[44]

　　此三條崙古道即前述從射寮至卑南之道路，「射寮」一
地絕非今車城鄉之射寮，然而究竟在那裏，成一疑問，坊間
一般提及古道之書籍，多簡略記述在今枋寮鄉附近，未明確
指出位置，伊能嘉矩《臺灣文化志》中卷第十一篇交通沿革
第六章道路中提及此路，於「射寮」地名下注：「屬港東下里
大餉營庄」，[45]經查《臺灣輿圖並說》之〈鳳山縣圖〉（光緒
六年刊本，如附圖），射寮位於紅泥嘴西南方，正是昔日大餉
營庄之所在，今日玉泉村左右之位置。則可知此路大體係由
今枋寮鄉玉泉村起，東行至力里溪出山口的紅泥嘴（土音泥
寮，今稱禮寮）入山，溯力里溪而上，至今春日鄉力里村（即
立里社），至七佳，上稜線，經南崑崙、姑仔崙山。下山，經
春望巖（今臺東縣大武鄉加奈美山），下山至大鳥萬溪（今大
溪大鳥村），沿海邊北行，至扞仔崙（今歷坵），銜接袁聞柝
所開之赤山古道。此三條崙古道並經前述楊南郡先生等人於
同年三月踏勘，尋獲了排灣族姑仔崙大社舊址附近的清軍古
阿崙營盤址及五角形碉堡，這些史蹟遺物為此條古道提供了

[44] 屠繼善前引書，頁298。

[45] 伊能嘉矩《臺灣文化志》中譯本中卷（臺灣省文獻委員會編譯，民國80年
　　6月出版），第十一篇交通沿革第六章道路，頁446。

直接證據。[46]

　　三條崙古道路線之稽考略如上述，則可確知經大餉營庄，且是張其光所部開闢，則大餉營地名之由來應與張其光部隊有關。是時總兵張其光所部營稱福靖前營、左營、右營三營，係粵軍，由張其光、吳光亮等粵系將領統帶，王元稚《甲戌公牘鈔存》有記此批粵軍招募拓墾始末：「鎮臣張其光原部一營，因廖有富尚未就擒，分駐彰化之三哨，一時未便撤動，只得先帶兩哨，於本（五）月初四日前赴鳳山，其新募五營，派員赴粵開招，到臺尚需時日。」[47]其後順利招募成軍，「鎮臣張其光與前南澳鎮吳光亮所招粵勇二千餘人，亦僱輪船於（八月）十七日到旂后，雖已登岸，以風濤顛簸，人力饑疲，俟暫息一、二日調來郡城分紮，一時兵勇聚增，聲勢頗壯。」[48]但此批粵勇後卻調為別用，王元稚前揭書記：

　　南路開山據袁聞柝稟稱：已越過崑崙坳，再八十餘里，即卑南之界，憑高俯瞰。臺東海色如在几前。惟入山愈深，番社愈雜。沿途留隊扼險，兵力漸單，請添營濟之。臣等飭張其光親率新到粵勇兩營，於（九月）十二日馳赴內埔察看情形，調度前途各軍，挨次

[46]　同註33。

[47]　王元稚《甲戌公牘鈔存》之〈欽差大臣沈葆楨等奏〉，臺銀文叢第三九種，頁98。

[48]　王元稚前引書〈欽差大臣沈葆楨等會奏〉，頁134。

進紮，使無後患。若工程順手，下月當能東達海濱。
此臺南一帶之情形也。[49]

事實上，在這之前，張其光已先期展開撫番之作業，同
書記：

> 當臣（潘）霨至舊城之日，鎮臣張其光業自鳳山，周
> 巡下淡水之麟樂、上元等莊。同知袁聞柝派往卑南之
> 弁回報，卑南番目與西路各社生番素無往來，仍須從
> 下淡水一帶，先行設法招徠開路，方有把握。適張其
> 光到彼查勘，詢自土人，咸以由潮州莊開通，路直而
> 坦。現擬招徠後再行動工。當張其光之到鳳山也。千
> 總郭占鰲帶崑崙鏡、望祖力、扶圳、鹿坡角四社番人
> 遮謁，已經慰遣還山。迨抵下淡水，都司丁汝霖復稟
> 稱，山豬毛社番之總頭人，亦願出山求見；張其光遂
> 駐騎待之。[50]

羅大春前引書亦記：

> （六月）……張奎垣鎮軍自鳳山周巡至下淡水之麟
> 樂、上元等莊，同知袁聞柝駐卑南……將為開路之
> 舉，必自下淡水入手，商諸張鎮軍，又以為由潮州莊

---

[49] 王元稚前引書〈欽差大臣沈葆楨等會奏〉，頁148。

[50] 王元稚前引書〈欽差大臣沈葆楨等奏〉，頁104。

開通，路直而坦。當鎮軍到鳳山時，千總郭占鰲、都司丁汝霖等先後率崑崙饒、望祖力、扶圳、鹿坡角、山豬毛等社番目遮謁求撫，均慰受而遣之，此五、六月間南路所辦大概也。[51]

而且「張其光之經下淡水也，扶里煙六社番目，率百餘人迎謁，諭以薙髮開山，該番目等亦俱點頭遵照」[52]嗣後，張其光並調派部勇協助袁聞柝，如「臣等恐該同知孤軍深入，後援無資，札副將李光帶勇三哨進紮雙溪口，遊擊鄭榮帶勇一營進紮內埔莊，節節相銜，庶入山日深，後顧無慮。」[53]袁聞柝率綏靖一軍越崑崙坳而東，張其光隨派副將李光領前隊繼之。十月初一日，李營至坳東，袁聞柝乃得拔營前進，初七日至諸也葛社。開山撫番，榛莽廓清，按隘設碉，步步為營，「其原駐琅嶠之淮軍、原駐崑崙坳之粵軍，仍照常堅紮，以鎮民番。」[54]、「卑南一帶，署臺防同知袁聞柝，現方招集屯丁建築碉堡，為經久之計。內埔、崑崙坳、諸也葛等處，鎮臣張其光仍駐營彈壓，地方均稱安謐。」[55]、「至卑南等處，自內埔以至大貓釐，張其光諸營分布其間；袁聞柝病痊

---

[51] 羅大春前引書，頁 19。

[52] 王元穉前引書〈欽差大臣沈葆楨等奏〉，頁 112。

[53] 同註 48。

[54] 沈葆楨前引書〈商辦獅頭社番摺〉（光緒元年二月十七日），頁 28。

[55] 沈葆楨前引書〈北路中路情形片〉（光緒元年五月二十三日），頁 49。

後，業再馳往經理番情，尚稱安帖。」[56]

關於南路此兩條古道，時任福建巡撫之王凱泰於《臺灣雜詠》之續詠十二首中吟道：「雙溪迤邐轉崑崙，直向卑南問水源；正是艱難初著手，如何此事不推袁！」並在原註中作一評論：「袁警齋司馬南路開山，由雙溪口至崑崙坳入卑南，山徑崎嶇。緣上年時勢，不能不於此路先開。嗣鮑吉初通守開楓港，張奎垣鎮軍開射寮，路較平易矣！」[57]此論可稱公允，可見公道自在人心。

要之，此批招募之弁勇，有事則當勇，無事則開山，山路既開，即可分移各處墾荒。諸營之中，又以福靖左營為主，故傷亡特重，如「張其光在內埔辦理兇番之時，內社地有老鴉石者，崑崙坳之西境也。初八日，張其光左營有勇丁五人，暮經該處，草間突起數番，截殺何禮一名、槍傷譚大一名……」[58]、「管帶福靖左營、溫州右營遊擊王開俊，本年（光緒元年）正月初八日以入剿獅頭社番，遇伏陣亡。」[59]、「連日福靖左營之勇被殺者五，南勢湖之勇殺者一，含沙射影，防不勝防。」[60]、淮軍攻破內外獅頭社後「抄出福靖左營旗幟

---

[56] 沈葆楨前引書〈北路中路情形摺〉（光緒元年三月十三日），頁35。

[57] 陳漢光編《臺灣詩錄》（臺灣省文獻委員發行，民國73年6月再版），第九卷所收王凱泰〈(臺灣) 續詠十二首〉，頁920。

[58] 沈葆楨前引書〈南北路開山並擬布置琅嶠旂後各情形摺〉（同治十三年十二月初一日），頁5~6。

[59] 沈葆楨前引書〈游擊王開俊請卹片〉（光緒元年二月十七日），頁28。

[60] 沈葆楨前引書〈報明南路剿番情形摺〉（光緒元年三月十三日），頁30。

十餘面，抬砲十桿……隨於前後溪壑覓得白骸甚夥，千總郭
占鰲指為王開俊及勇丁等捐軀之地，無貴無賤，同為枯骨，
慘目傷心，購木匣殮之。」[61]

　　淮軍完成圍剿番社工作後，將士勞苦之餘，疾疫病苦，
遂全數移回鳳山老營，自光緒元年六月初旬，十三營淮軍，
陸續內渡凱撤。而所留防衛，「先飭署臺防同知袁聞柝馳往接
辦招撫事宜，復飭鎮臣張其光於前駐崑崙坳等處之四營內抽
出六哨馳往會辦，總兵朱名登、副將王福祿兩營留紮刺桐腳，
千總郭占鰲一營留紮南勢湖。」[62]可知三條崙古道原張其光
所部駐軍，幾移調換防殆盡。而原王開俊統領之福靖左營委
由王福祿接帶[63]，福靖營名號裁撤後，併入鎮海軍，稱鎮海
前營[64]，於光緒八年三月，副將王福祿與恒春縣知縣蔡麟
祥，奉文會建起造鵝鑾鼻燈塔及守備署。及燈塔建成之後，
回駐郡城，並添募營勇。在中法之役中，與劉璈舊部的岳營、
鎮海左營，成為劉璈直轄三營，負責曾文溪以南防務。光緒
九年底，劉璈派岳營暨鎮海前弁勇分段挑築臺南至安平道
路，及大路旁建一砲營堅壘（今臺南市民生路二段前空軍醫

[61] 沈葆楨前引書〈淮軍攻破內外獅頭社摺〉（光緒元年四月二十三日），頁
42~43。

[62] 沈葆楨前引書〈臺南撫番就緒淮軍陸續凱撤摺〉（光緒元年六月十八日），頁
54。

[63] 同註 54。

[64] 石萬壽《甲仙鎮海軍墓勘查研究》，（民國 80 年 5 月定稿），頁 48。

院之永固金城），幾乎成為專事工程的工兵營。光緒十年正月，永固金城完成，後移駐鳳山之大林仔邊（今高雄市大林埔海邊），量築營壘，以期居中策應。[65]至於以後之演變，已非本文範疇，茲不贅述。

要之，射寮卑南右道是張其光所部福靖左營所開闢、所駐防，至於「大餉營」地名之由來，或與「餉銀」優厚有關，「現時淮、楚各軍月餉均四兩二錢，魁桀者未嘗不爭趨若鶩。」[66]「蓋勇之得力，在於辦事容易，一切由營官主持，但能殺賊立功，即可兼食數名之糧，是以勇敢超群之士，多樂為勇。」[67]況且此條古道又是運送鹽米、火藥、餉銀之撫番路線，一再招募土勇，調派弁勇，以供開山之役，無事以之開路，有事以之防番，而「番社愈進愈險，施工亦愈深愈難。且開通一層，便須分紮一哨，衛以碉堡勇夫，方無意外之虞。雖營頭愈多，餉需愈鉅，大局所係，何敢坐失機宜。」[68]

在此，舉一實例以說明開山撫番之鉅大花費，便可知曉，《臺案彙錄壬集》收有負責開闢中路之吳光亮〈擬上丁中丞片稟〉，詳述開山經費：

---

[65] 石萬壽前引書，頁 52。

[66] 羅大春前引書，頁 38。

[67] 林豪《澎湖廳志》卷五〈武備〉，臺銀文叢第一六四種，頁 146。

[68] 王元穉前引書〈欽差大臣沈葆楨等會奏〉，頁 127。

……緣自前年五月奉文募勇一千名來臺防海，其時必殷投效者擁躋不開；然皆勇於打仗、勤於辦事舊人，不得不帶同東渡，共計逾二百七、八十名之多。其間臺灣軍務重大，多帶二百餘人，自無不可安置之處。迨抵臺以後，稟求至再，概不准行；恩必負累不了矣。幸遇唐副將守贊募勇前赴北路尚未成軍，因得撥去一百名，以足該軍之數；其餘多係舊部保有官階員弁，不願往投別軍，祇得墊給口糧，帶隨差遣。嗣後瀝情，再三稟懇。至是年十一月十五日，幸蒙沈憲准補親兵一百五十名，每名月給薪水銀四兩二錢；尚有二、三十人，在營候遣。因念遠涉重洋，情殷報效，不得不公同喫飯，並各給親民口糧一名以示體恤。計自同治十三年七月二十由粵啟程起、至十一月十四日止將近四閱月，已墊去銀二千餘兩；又墊來臺時船價五百餘兩。迨奉文督辦中路開、撫事務，自移紮內山以來，如墊給番人來營飯食酒菜，不下千餘兩；又買備二營半藥材，亦將一千兩；又墊給員弁、通事、社丁人等入山查探、招撫及編造番冊等事用費未報銷者，亦約有一千兩；又查淮軍及北路羅提督兩處文武隨員俱有支食薪水，卑營文武隨員在營出力辦事者約有四、五十員，以及文案書手均未給請得項，亦墊二千餘兩。舊臘核數，業已虧累七千餘兩之鉅，人所共知。後因深入內山，勇額不敷派紮；請將原撥唐副將之勇一百

名調回，議准另開一哨，以資分紮。原□每營營官，按月應給公費銀一百五十兩；卑營親兵一百五十名，並添開一哨，合成半營，月亦應支公費銀七十五兩，以資添補旂幟、號衣、醫藥、紙張、文案、書手一切費用。卻因○○公事紛繁，忘未請領，計墊一千兩有奇。其三節節賞，卻係發給二營半之數。惟墊給至於如此深重，勇足數實，術乏補苴。□□統領是軍，乃起服候補之員，非張鎮、羅提督之有俸廉可墊者比，不免東挪西扯；至於今，已屬告貸無門矣。乃薪水既無支食，而公費亦無絲毫；時恐愈累愈深，再四稟咨。無如沈憲度量寬宏，自不作主；致任唇焦額禿，均不准行。直至王中丞到臺後，洞察負累情形，函稱「致使閣下賠墊，弟等於心何安！容與支應局相商，再行回報」等語。候至舊年十月，方蒙議准按二營半自前年八月十七到臺起，每月補給統費銀一百兩。杯水車薪，終屬無濟。即今按月支領，亦衹敷油鹽、柴炭之需。然非王中丞見諒用情，亦斷難有也。辰下抱虧彌鉅，誠有不得了之勢；較之南北路情事，不啻天淵。緣沐垂青，用敢上瀆。[69]

支出如此浩繁，連沈葆楨亦難免感慨道：

---

[69] 見《臺案彙錄壬集》（臺銀文叢第二二七種），卷三第三十件〈擬上丁中丞片稟〉，頁99~101。

淮軍雖已凱旋，而各路分布之勇約三十營，兵力猶嫌
單薄，軍餉業已不貲，然尚有常額也。既防海，則砲
臺有費、城邑有費、輪船有費；既開路，則橋樑有費、
亭坊有費；既撫番，則碉堡有費、賞犒有費。應崖斗
絕，糧道維艱，則儲運有費。荒谷招耕，農民裹足，
則墾本有費。其餘棚帳、軍裝，則有歲更之費；瘴癘
痍傷，則有醫藥之費、賙卹之費。似此者不一而足，
俱難裁減。……而所謂金沙、銀礦，都屬影響之談，
即使有之，亦苦費人力煎煉而成，所得不償所失。非
無材木也，出運不得津塗；非無煤礦也，挖取尚須機
器。……夫既創辦之甚難，而又無利源之可濬，當此
帑項支絀、疫癘繁興，必有謂以不急之圖，勞民傷財，
殊非善策者。臣等經營後山者，為防患計，非為興利
計。為興利，儘可緩圖；為防患，必難中止。[70]

可知其中甘苦辛酸非局外人所能稔悉。既已開山通道，
沿途山路不得不派勇營常川駐守，其間耗資「大餉」，自是驚
人，加上此地又為新闢之地，民少「番」多，識字者亦鮮，
問以山水地名，往往瞠目不知，或舉「番」社之名以對，而
又語焉不詳，譯之不確，不但山脈、川源難紀其實，而地名
名稱亦無定焉，故清末名之為「大餉營」，嗣後名之為「石頭

---

[70] 羅大春前引書，頁59~60。

營」，皆因此故。

　　除上述諸史料之考證外，尚有一傳說可供旁證，加強本文之論點。屏東佳冬蕭家古宅名列三級古蹟，聞名南臺灣，關於蕭家的由來和事蹟，邱秀堂小姐曾訪其後裔蕭秀利、蕭福應兩先生，在民國 67 年 9 月號《臺灣》雜誌，發表過一篇特寫〈屏東的蕭家古厝〉，敘述其事，其中與本文有關者，茲摘錄其要點如下：

> 蕭家松源始祖派下第十九世達梅公來臺，先到臺南，一度居住在打狗、鳳山一帶，最後定居下六根（今佳冬村），以釀酒為業，刻苦經營，善用腦筋，因此不到幾年就購置田產。長子清華（號蘭斗），曾襄助當時駐紮大餉營之營官李光將軍撫番，並開恆春、車城、枋山等地因而知名，後由染布業改為米穀生意，財富累積上升，遂開始興建蕭家大宅。

　　又據淡江大學建築研究所主持之《第三級古蹟佳冬蕭宅之研究與修護計畫》（民國 83 年 4 月出版），第二章第二節「佳冬蕭家發展概述」頁十七中據蕭家世代傳說所述：

> 咸豐十年（一八六〇）李洸將軍（按應即是李光副將）分遣「振宇」（或是綏靖之誤）、「福清」（應是福靖之誤）兩營軍往佳冬地區，清華公與其子啟明同往。至李將軍換防才回鄉，及籌建忠英祠與設防。初遇當地

原住民「力力社」大頭目「阿比丹」之頑劣抵抗，後
得其歸順，並經同意始得於石頭營、后山建堤防，及
開石頭營→力力社→浸水營→大武之路，但此路未成
即遇豪雨於浸水營，時死亡營兵勇丁達千人。光緒五
年（一八七九），將建路亡故勇丁改葬，新建忠英祠，
由清華公次子光明公承接奉祀。

　後文雖較前文詳明，可惜時代錯亂，人名錯誤，而軍隊
番號亦復有誤，不過，該文卻提供了福靖營軍隊開闢古道另
一佐證。

　總之，文獻有缺，傳說有誤，姑誌於此，他日若得更詳
確史料，復考證之。

五、聖蹟亭創建之背景及年代

　石頭營之建置，射寮古道之開鑿，已略如上二節所考
證，但聖蹟亭之設置，則未必與彼有必然之關係。古道之開
鑿於同治十三年，石頭營之得名始於同治十三年之屯兵，但
就此兩事聯想推敲，則聖蹟亭應與其時沈葆楨之開山撫番事
業有關連。

　牡丹社事件之後，沈葆楨大力推動開山撫番事業，開山
之後，繼之撫番，撫番又繼之以開山，沈葆楨言：

　　夫務開山而不先撫番，則開山無從下手；欲撫番而不
先開山，則撫番仍屬空談。今欲開山，曰屯兵衛、曰
刊林木、曰焚草萊、曰通水道、曰定壤則、曰招墾戶、
曰給牛種、曰立寸堡、曰設隘碉、曰致工商、曰設官
吏、曰建城郭、曰設郵驛、曰署廳署；此數者，孰非
開山之後必須遞辦者。今欲撫番，曰選土目、曰查番
戶、曰定番業、曰通語言、曰禁仇殺、曰教耕稼、曰
修道塗、曰給茶鹽、曰易冠服、曰設番學、曰變風俗；
此數者孰非撫番之時必須並行者。[71]

　　故於光緒元年四月攻剿內外獅頭社後，總統淮軍提督唐
定奎「示約七條：曰遵薙髮、曰編戶口、曰交兇犯、曰禁仇
殺、曰立總目、曰墾番地、曰設番塾。……於枋寮地方先建
番塾一區，令各社均送番童三數人，學語言文字，以達其情，
習拜跪禮讓，以柔其氣。各番聞之，無不俯首帖服等因。」
[72]、「又中紋、永化二社，各送番童二名，願入官學，擬於
枋寮創建義塾，延師教導，俾通言語文字，有以自達其情，
所有膏火口糧由官發給等因。」[73]

　　沈葆楨於光緒元年七月離臺，赴兩江總督任，經營臺灣

---

[71]　沈葆楨前引書〈請移駐巡撫摺〉，頁2。

[72]　沈葆楨前引書〈番社就撫布置情形摺〉，（光緒元年五月二十三日），頁
　　　47~48。

[73]　同註62。

事務改由閩撫王凱泰負責，惜在任僅五個月即病卒，改由丁
日昌接理。丁日昌對臺灣之重要性認識甚早，也是視撫番開
山為急務，故於光緒三年三月，擬定撫番開山善後章程廿一
條款，交由臺灣道夏獻綸頒行，其中有關番社義學有：「附近
番社市鎮均宜廣設義學，選擇善於勸導塾師，講說禮義，導
以尊親。各番社目尤應勸令，多選子弟入學，如有讀書明禮
者，准其應試上進。」[74]所以在此撫番設學之大環境下，遂
有番塾社學之設，乃進一步於社學內建惜字亭，此聖蹟亭之
所以創建背景也。

　　按，清代學制為省設提督學政，總攬文教；另設提調，
協理學政事務。府設府儒學，由教授掌管；縣設縣儒學，由
教諭掌管；另設訓導，為教授、教諭之副員。儒學為地方政
府之最高教育行政機關，掌管文廟、指導與監督生員，舉行
士子月課，均為儒學主要任務。儒學之外，尚有書院，書院
為主持地方文運機構，旨在補助府縣學之所不逮。故書院既
是生童、士子受基本教育之所在，亦為文運中心，當時生童
受教與士子研習，並有義學、社學與民學三類，輔助官學之
不及者。義學由官方設立，以教貧童；社學由士子結合設立，
為敬業樂群之所；民學則係私家延聘教師，設帳授徒，以為
應試之準備。

----

[74]　溫吉編譯《臺灣番政志》第一冊（臺灣省文獻委員會，民國 46 年出版），頁
　　268。

各級學校之設施，尤以義學、民學、社學等為重要，且遍設全臺各地。他如在清代中葉以後，在較開化之番社中，亦設有土番社學，各派社師一人，教授番童讀書寫字，並定期派縣儒學之訓導執行考察，並酌予選授四書五經、三字經、千家詩及化番俚言等。

鳳山縣之有土番社學，早在雍正十二年（1734），巡道張嗣昌建議下，設有八所社學，《重修鳳山縣志》卷六〈學校志〉載：

> 雍正十二年，巡道張嗣昌建議各置社師一人，以教番童，令各縣訓導按季考察，一在力力社、一在茄藤社、一在放縤社、一在阿猴社、一在上淡水社、一在下淡水社、一在搭樓社、一在武洛社。[75]

其所教內容及方式，《臺海使槎錄》所收〈番俗雜記〉「馭番」項提及：

> 肄業番童，拱立背誦，句讀鏗鏘，頓革咮離舊習。陳觀察大輦有司教之責，語以有能讀四子書、習一經者，復其身，給樂舞生衣巾，以風勵之。癸卯夏（雍正元年），高太守鐸，申送各社讀書番童，余勞以酒

---

[75] 同註 7。

食，各給四書一冊，時憲書一帙。不惟令奉正朔，亦
使知有寒暑春秋。番不紀年，或可漸易也。[76]

所記即是。至於據同書所錄事例，其效果為：

南路番童習漢書者，曾令背頌默寫。上淡水施仔洛讀
至離妻，人孕礁、巴加貓讀左傳鄭伯克段于鄢，竟能
默寫全篇；下淡水加貓、礁加里文郎讀四書、毛詩，
亦能摘錄，加貓讀至先進，礁恭讀大學，放䌸社呵里
莫讀中庸，搭樓社山里貓老讀論語，皆能手書姓名。
加貓於紙尾書「字完呈上，指日營陞」數字，尤為番
童中善解事者。[77]

乾隆二十五年（1760）鳳山縣學訓導林紹裕於其〈巡社
課番童〉詩云：

宿雨初收澗水渾，閒騎款段過蠻村，檳榔交暗青圍
社，椰子高懸赤映門。卉服授經通漢語，銅鐶把未識
君恩，三年來往慚司教，喜見番童禮讓敦。[78]

至道光年間，「臺、鳳諸邑，番丁歸化已百餘年，甫能

---

[76] 黃叔璥《臺海使槎錄》卷八〈番俗雜記〉，臺銀文叢第四種，頁171。
[77] 黃叔璥前引書，卷七〈番俗六考〉，頁149。
[78] 盧德嘉前引書，癸部藝文「詩詞」，頁449。

略通漢語，粗識文字。」[79]要之，清代當道有關臺灣原住民之教化，係承荷人、鄭氏之遺蹤，專業平埔熟番為主，對於未歸附生番，其教化政策似完全闕如，僅消極地置於化外之間，施行若干安撫手段，求其逐漸順導歸附。其轉而為積極手段，始至光緒元年確立開山撫番方針之後。當時沈葆楨，在其條奏中所擬撫番綱要，揭示設番學及易冠服，變風俗等要目。其時撫番委員所採用之教化方法，乃先置剃頭匠，定期巡迴番社，令薙髮結辮，給予剃頭銀，以示獎勵，作為改化之標榜。並製簡易曆書，頒給番社各戶，以收番人奉行正朔之實效。[80]

因此，光緒元年（1875），分巡臺灣兵備道夏獻綸，基於有養不能無教之旨趣，於鳳山縣添設若干義學，伊能嘉矩《臺灣文化志》下卷番人教育記有十四所：蚊蟀埔（永靖里）、虎頭山（仁壽里）、射麻里（永靖里）、龍鑾（宣化里）、響林（長樂里）、四重溪（成昌里）、統埔厝（嘉禾里）、莿桐腳（嘉禾里）、枋寮（港東下里）、冀箕湖（港東中里）、赤山（港東上里）、北勢寮（港西下里）、加蚋埔（港西中里）、杜君英（港西上里）[81]。後裁去大半，僅六所番社義學，《鳳山縣采訪冊》記此六所為：

---

[79] 陳淑均《噶瑪蘭廳志》卷七雜識「紀文」，臺灣文獻叢刊第一六〇種，頁342。

[80] 伊能嘉矩《臺灣文化志》中譯本下卷（臺灣省文獻委員會編譯，民國86月出版），第十五篇番政沿革第二章番人之教育，頁317。

[81] 同前註引文，頁316。

一在港西里杜君英莊，縣東北三十二里，脩脯百二十元。一在港西里嘉獵埔莊，縣東北五十里，脩脯未詳。一在港東里北勢寮莊，縣東南六十一里，脩脯未詳。一在港東里枋寮莊，縣東南六十里，脩脯未詳。一在港東里冀箕湖社，縣東四十六里，脩脯未詳。一在港東里赤山莊，縣東四十五里，脩脯未詳。[82]

此外，在港東、港西二里另有番社學八學：大餉營社一處、向潭社一處、放索社一處、蜜婆山社一處、溝仔墘一處、漏陂莊一處、舊陂寮社一處、舊寮社一人處。[83]其中除了番童外，亦兼收漢人子弟，概以番童佔多數，多者十三、四人，少者不逾三人。至於鳳山縣邑之番學，因其位置距番社遠，故一律實行寄宿，若不願番童一人單獨離山者，亦准其兄弟之一，伴同住宿。每月每名番童給與學費五十錢乃至一兩，口糧米三斗左右，除教師一員為定額外，另有通事掌翻譯，膳夫理番童伙食，且屢勸番童父兄前來義學參觀，以資鼓勵。以上諸番學中，其規模較完備者，應舉枋寮義學，就學番童亦最多，故教師亦破例聘用二人，據當時紀錄，存有該義學廨舍平面圖，茲列示如後：[84]

---

[82] 盧德嘉前引書，頁 161。

[83] 同前註，頁 164。

[84] 同註 80。

職員宿舍	職員宿舍	職員宿舍
職員宿舍	講　堂	職員宿舍
蕃童宿舍	教　室	蕃童宿舍
同		同
同		同
職員宿舍	辦公室	辦公室	職員宿舍

　　社學課目以讀書、習字為主，其詳不得知，不過，與鳳山縣鄰近之恒春縣知縣周有基擬有學規八條，或可供參考：
[85]

　　一、延請塾師，無論生童，務擇老成自愛，始可延請。每歲以正月中旬開館，十二月中旬解館。如教讀認真，由縣分別獎勵；若督課懶怠，由縣查明另延。

　　二、義塾學生，每塾以二十人為度。如三十人以內者，仍歸一塾；三十人以外，則須添設。

　　三、館若教三十人之塾師，可否每歲加送脩金六八銀二十元？

　　四、義塾內各設敬惜字紙鼎一口，以代爐化；並多備收字紙簍，散給各村，近者由塾內伙夫五日往收字紙一次，遠者令各村自收來塾。每斤給錢二文，所收字紙，由塾師督令伙夫，查有污穢。須用清水洗淨晒乾，再行焚化；字紙灰，隨用紙包好，年終送之於海。

　　五、塾師教迪學生，先以《三字經》，繼以《朱子小學》，再讀《四書》。每逢朔望清晨，謹敬講解《聖諭廣訓》及《陰騭文》等書。月終，塾師將每學生名下，註明所讀何書？至何章、何節、何句？列單報縣備查。

　　六、學生每日來塾，塾師宜設小簿一本，分清晨、上午、下午按名登記。月終，核計來學之日多者，以三名列為上取；

[85]　屠繼善前引書，卷十〈義塾〉，頁 199~201。

每名，賞花紅錢二百文。來學之日少者，以三名列為下取，每名薄責示儆；如有事故者，免議。

七、塾師今日與學生開講，來日欲再講解時，須先問明學生記得前日講說否？一連兩次，忘記者責懲示儆。

八、義塾開館三年以後，宜於縣城設立大學一所。將各塾聰明勤學子弟，移入其中；撰擇品學兼優之師，格外教訓。十年之後，文風可盛，頹俗可變。

其中值得我們特別注意者是第四條「義塾內各設敬惜字紙鼎一口，以代爐化」，此雖是恒春縣之規定，但揆之常情，鳳山縣應不例外，前述大餉營社學自是極有可能也有敬惜字紙之規定，至於一開始是設「鼎」或是設「爐」，依常情推測，應該也是「鼎」，其後才改設正式之「聖蹟亭」。

社學之設，原為啟迪民番子弟，使其領解誦讀，漸知禮義，於作養童蒙之中，寓轉移漢化之意，故最初執事諸人都能認真講求辦事，如「侯選縣丞莫廷璋，上年（同治十三年）九月派往崑崙坳東彈壓路工，本年（光緒元年）六月間，委赴刺桐腳軍營幫理撫番事務，督同通事人等，親走各番社勸諭番童出山就學，衝冒嵐瘴，於七月十六日病歿。」[86]在諸人實心任事之下，頗能達到涵濡漢化之目的，如光緒五年，鳳山縣屬下淡水之放索社諸熟番，竟能主動捐輸，倣官方祀典，組成私祭孔聖之團體，該會之議祀典合約字內容為：

---

[86] 沈葆楨前引書〈吳鼎燮等請卹片〉（光緒元年七月二十一日），頁76。

立設合約字、下淡水社放縤屯千總劉天水，佾生邱貞
吉、陳飄香、王有祥、土目王力良、劉盈科、番耆趙
三貴、劉振元、潘有義、劉登貴、潘三光、潘阿妹、
趙紅孕、潘肇基、潘紅孕、邱仕開、趙應開、潘貴生、
林海生、並林開賢、潘阿望等，為崇祀典，以振文風
事。竊維孔聖德配天地，道冠古今，刪詩書、定禮樂、
作春秋、鑄史鎔經，萬世師表，百王維欽，朝廷崇禮，
況我番黎，向化日久，已蒙學習，憲取入黌宮，即稱
斯文之風，豈可依前無知，不效先生崇祀乎？予等故
以設席公議，將頓物庄公租粟四百八拾餘碩（疑為石
之誤），抽出壹百碩，交付殷實妥人，經理收貯，放
生立業，一為孔聖祀典饗祭之費，立功建業之源，二
為社番子弟延師修業，俾番童上進有階，文風日盛，
萬代留存勿墜，神人兩得，豈不美哉！其餘租粟，仍
交通土，收繳番丁餉，自立約以後，務必照約而行，
不可有違規心情。日後祀典，盈豐不息，再行舉議，
永遵，毋違施行。同立合約字參紙壹樣付執。螽斯振
振，瓜瓞綿綿，存照。

　　大清光緒五年歲次己卯，再置新合約開會名人總
列于左（人名省略）[87]

　　誠可窺見漢風儒化，已漸深及番黎之面，則大餉營社學之設有聖蹟亭更是勢所必然。

　　然而，久而生玩，其間竭盡心力者，固不乏人，而諸塾師積習相沿，不認真督課，虛應故事者，亦復不少，為撙節經費，留充餉源，諸多社學，概行裁撤，「如埔裏社、枋寮、後山等處，不免同坐此弊，亟應一律仿照該縣之式，分別裁撤另設，庶節經費，而歸實效。」[88]從光緒十年十二月起，陸續裁撤，迨光緒十六、七年，多半義學、社學廢絕殆盡，大餉營社學亦於此時期裁撤，惟確切年代日期不可得知，於今僅存留一孤零零之聖蹟亭殘跡。

　　總之，據上引史料及考證，是可確知在大餉營設有社學一處，此社學可能是在前述淮軍提督唐定奎或臺灣道夏獻綸指示下所建。也因設有社學，及儒風涵濡之下，有了崇文敬字之活動，遂設有焚化字紙之聖蹟亭，則大餉營聖蹟亭建置年代不會於光緒元年（1875），以光緒二、三年最有可能，並且其位置所在應在大餉營營地附近，或曰不然，有所懷疑，以下試舉若干假設以反證：

　　（一）惜字亭之設置多半附廟宇或書院，此地若有祠祀或書院，則當然不會在軍營附近，但遍查陳文達《鳳山縣志》、王瑛曾《重修鳳山縣志》與盧德嘉《鳳山縣采訪冊》所記載有關寺廟、祠廟、書院等項資料，此地均無寺觀、書院建置

---

[88]　屠繼善前引書，頁202。

之記載，則此項假設自然不能成立。

（二）惜字亭也有附於聚落巷道、隘內者，為聚落之地方仕紳庄民所捐建，但親履此地，便可發現這一處聖蹟亭獨自矗立在一片荒煙蔓草之中，四周空無一物。此亭位於往山地春日鄉七佳、力里兩村路旁，土地係屬於臺糖公司南州糖廠所有，早期臺糖公司曾在附近興建大餉營農場辦事處及員工宿舍，幾年前臺糖公司將辦事處及宿舍拆除後，才突顯聖蹟亭之獨立突兀，可知此項假設也不可能。地方耆宿回憶，均一致肯定此地有官兵駐紮平番，並無二說，可知此聖蹟亭與此軍隊有密切關連，自然位置應在營地左近，而且甚至有可能即是軍隊所建。

六、石頭營聖蹟亭現況之調查

臺灣地區曾建有多座聖蹟亭，但由於部分人民認知不足，或因人為不能控制之天災留下來之聖蹟亭所剩無幾，有的直接拆毀（如宜蘭仰山書院），有的直接改建，原貌盡失（如高雄龍肚庄），而其敬聖惜字的功能也常被扭曲，構築於廟旁的聖蹟亭常被誤為金爐來燒金紙（如鹿港龍山寺之聖蹟亭）；構築於書院旁的，若此書院已被列為古蹟，則連帶聖蹟亭也受到保護（如彰化員林興賢書院），最常見到的例子是聖蹟亭被民眾誤為具神力的小祠廟，為祈求平安或好運，並以一般廟宇祭祀方式摹拜，與原敬字之意完全相左，石頭營聖蹟亭

就是一極佳例子。

石頭營聖蹟亭地屬屏東縣枋寮鄉第 947、947－1 地號，位於枋寮鄉玉泉路及青山路之交叉處東南隅，此兩路為近年所新築，缺乏維修，路旁雜草一片，在玉泉路上南方有零星低矮民房，四週略顯荒涼。亭北有一新建圓形土地公神祉，亭之正面有一石桌，經詢問附近居民，知石桌是求六合彩時擺祭品用，聖蹟亭反成土地公祠附屬之金爐，作為燒金紙用，主從不分，乾坤顛倒，令人扼腕，啼笑皆非。

石頭營聖蹟亭可分作：外牆墩、臺基、亭身及亭頂四部份，燒字紙時由正面亭身投紙燃燒，煙則循內部卵石窟拱，由上方排出。觀察外表，所得印象如下：聖蹟亭外牆墩為六邊形，由於年代久遠，表面多已斷裂剝落，內部建材已完全外露。亭底之臺基亦為六邊形，以磚疊砌，外覆灰漿，現表面已嚴重腐蝕，成鱗片狀，模糊不清。亭身是焚燒字紙主要空間，外部以清水燕尾磚疊砌，正面有一拱形開口，凹凸不整，是投入字紙之焚燒口，其左右、上方原有泥塑之對聯及匾額，皆已破壞剝落；餘五面皆為以尺磚為外框之內凹式壁堵裝飾，惜表面剝落班駁，原文字或彩繪之式樣已不可得知。

石頭營聖蹟亭亭頂之硬山形式屋面為最具特色部分，是現存臺灣地區倖存聖蹟亭惟一之孤例。此一迷你小屋頂，板瓦屋面，外覆灰漿，屋脊、規帶為硬疊砌，亦抹以灰漿，山牆面亦作出小小的馬背山頭，極為袖珍可愛。牆身正面有一長方形神龕，神像已不見，其上方及左右有部份灰漿殘跡，

應該有匾額，對聯才是。總之整個聖蹟亭，大體上結構完整，細部裝飾多已風化剝落，淪為燒金紙之金爐，崇文敬字之美風已被扭曲。[89]

七、結語

我國人素受儒家思想之薰陶，尚文崇字觀念下，雖目不識丁之村夫愚婦亦知敬惜字紙，凡衙署、學校、城池、街庄所在，到處均設有聖蹟亭（亦名惜字亭、敬字亭、敬聖亭、字紙亭），所有大小廢棄字紙，盡行收集爐亭之內，予以火化。火化之後的字灰，美其名為聖蹟，盛於一器，供於制字先師倉頡牌位前，卜以佳日，舉行儀式，放流河海。

鳳山縣拾紙惜字活動可以追溯至嘉慶庚申年（五年，1800）奮社同人釀金倡建。每歲傭工撿拾字紙，彙化於爐。每年正月之吉，送而投諸海。迨嘉慶十九年候選訓導歲貢生張廷欽建鳳儀書院，並建文昌祠，而復造敬字亭於講堂之左。[90]之後，邑內尚有一座由民間捐建之敬聖亭，建於咸豐五年（1855），亭已不存，惟存石碑於屏東縣車城鄉之福安宮。此外，同鄉之福安村另有一聖蹟亭，原為當地紳士蕭重樓倡建，

---

[89] 以上據筆者之調查探勘外，並參考中國工商專科學校建築工程科，民國 83 年 6 月出版之《石頭營聖蹟亭之調查研究與修護計畫》（歷史部份即為筆者所寫），頁 35~41。

[90] 盧德嘉前引書，頁 158、343~345。

至光緒十六年，復經莊民鳩資重建，今存「重新敬聖亭碑記」
在東柵門內。

　　較為特殊者為石頭營聖蹟亭，本文若考證無誤，此亭應
是總兵張其光所部福靖營中一營，於同治十三年屯兵於此，
負責守隘開山工作，翌年，於營區附近設番社學，教導番童
學語言文字，習拜跪讓之儀。不久設有聖蹟亭一座，一則焚
燒字紙公文，二則祭祀倉頡仙師，三則濡涵教化番童，使其
崇文尚字，知書達禮。若然，則此聖蹟亭之意義尤值得提出
一談：

　　臺灣自雍乾以後，移民日多，日趨漢化，地方官大多科
舉出身，社會領導階層也逐漸轉為士紳階級，民間價值判斷
與社會習俗亦均以儒家道德標準為重，唯就整個臺灣而言，
此一地區究嫌過小，非僅廣大的山區仍是番胞所有，未曾開
發，即在西部平原地區中，亦有民番雜處，豪強稱雄的現象，
因此，「官吏所治祇濱海平原三分之一，餘皆番社耳」。[91]而
在一般庶民觀念中，多視此等番胞居住地方是不隸版圖，為
王化所不及。再加以臺灣是移墾社會形態，存在不少械鬥民
變、豪強稱雄的問題。故當牡丹社事起，清廷被迫禦侮抵抗，
轉而決心積極經營臺灣時，所面臨的最大問題是舊制度的改
造與開山撫番全力加速。

　　沈葆楨先後二次涖臺，認為臺灣是東南七省門戶，其地

---

[91] 同註71，頁1。

廣袤千里，向稱饒沃，久為他族所垂涎，故視開山撫番為經
營臺灣著手的第一要事。沈氏所謂的開山，並非單指焚萊伐
木，開墾道路，而是要有計劃的招募漢人移墾，促進全島的
開發，故其所擬的步驟是：屯兵衛、刊林木、焚草萊、通水
道、定壤則、招墾戶、給牛種、立村堡、設隘碉、致工商、
設官吏、建城郭、設郵驛、置廨署。而他所謂的撫番，就是
要促進原住民漢化，使之成為中華文化之一份子，故其所擬
的計劃是：選土目、查番戶、定番業、通語言、禁仇殺、教
耕稼、修道途、給茶鹽、易冠服、設番學、變風俗。[92]因此
開山與撫番兩事相輔相成，同時分頭並進。

　　沈葆楨此項政策已與傳統撫番政策有所差別。在此之前
的傳統撫番政策是綏撫與保護並行。就綏撫言，限於熟番，
設土目以治之，另設通事司理漢番交往事宜，並訂有利番民
歸化之條款與社學，促其自動歸化。就保護言：多限於生番，
其目的在防止漢人私入番境，或生番闖入漢界滋生事端，故
沿邊設隘，名雖保護，實兼防範，予以隔離，視之化外異類。
此種政策是消極的，以番民自動漢化為主，殊少積極作用。
沈氏的主張則不然，其所擬辦法，就是要積極主動開發後山。
故於光緒元年正月奉准廢除內地民人入臺耕墾禁例，廣設招
墾局，招募閩粵居民來臺移墾，成為臺灣開發史上創舉。

　　沈氏開山撫番之初步工作是交由軍隊以武力進行，即開

---

[92] 同註71，頁2。

闢通往後山道路，以武力征討不服凶番，實含有武裝殖民意味，非僅開路工作由軍隊擔任，即日後之招墾亦是以武力為其保護。開山之後，乃設招撫局，立總目、置番塾、墾番地，其撫番重點在於：(1)各番地設義學以教化之；(2)對番人授產，使其營生，俾馴化為良民；(3)招募內地民人，開墾番地。[93]可見彼企圖強迫性地促使原住民漢化，不再任憑其自然發展。

　　沈氏於光緒元年離臺赴兩江總督之任，繼起者為丁日昌，他亦同沈氏一樣，視撫番開山為急務，全力寓撫於教化，故於光緒三年擬定撫番開山善後章程廿一條款，交由臺灣道夏獻綸頒行，從此一章程內涵，我們可以看出，丁氏仍是企圖強迫原住民漢化，要原住民薙髮穿衣，送子弟入學（兼有為人質之意味），為使其甘心教化，則輔以種植，增加收入，改善生活，設醫施藥等措施，對於不受招撫凶番，則力予攻伐。在沈、丁兩人努力之下，於中部埔里、南部恒春、東部臺東、花蓮一帶，廣設義學，以教番童，石頭營聖蹟亭之設置之出現，便在此開山撫番的大環境下創建的。因而我們認為石頭營聖蹟亭有其特別的紀念性：

　　(1)本省的惜字亭，多半出現於書院、寺廟、聚落，很少附於營區左右，此為其特殊性之一。

---

[93] 同註 74 前引書，頁 258。

(2)有關沈、丁兩人開山撫番事業的史蹟見證,大多是古道、碑碣,很少是惜字亭,而本聖蹟亭,位在射寮古道的起點,恰是最佳見證之地標,此為其特殊性之二。

(3)惜字亭多是漢民儒家思想下產物之一,代表了當年企圖使山胞漢化證據之一,此為其特殊性之三。

(4)本亭造形特殊,亭頂之硬山形式屋面及馬背山頭,迷你袖珍,精緻可愛,在比例與細部作法上完全符合傳統屋面形式,其樸實造形不同於其他聖蹟亭華麗之燕尾脊之造形,不僅成為全臺灣倖存聖蹟亭之獨一孤例,更反映了石頭營番社學之樸實背景,此為其特殊性之四。

有諸如以上所言之特殊性,則評定石頭營聖蹟亭為三級古蹟,恐還不能突顯其特殊意義的價值!餘如「石頭營」之名稱是否妥當,也有待學者專家進一步之討論。

附錄:臺灣地區已知或現存聖蹟亭整理表

縣市	名稱	地址	現狀
屏東縣	枋寮鄉石頭營聖蹟亭	枋寮鄉玉泉村大餉營段 94 地號	現存
	佳冬蕭宅聖蹟亭	屏東縣佳冬鄉佳冬溝堵 1 號	現存
高雄縣	瀰濃庄聖蹟亭	高雄縣美濃鎮中山路與永安路交叉口	現存
	萃文書院聖蹟亭	高雄內門鄉觀亭村 117 號	拆毀無存
	鳳山市鳳儀書院聖蹟亭	高雄岡山鄉鳳岡里中正路 129 巷 3 弄 號	拆毀無存
彰化縣	員林興賢書院敬聖亭	彰化縣員林鎮三民路 1 號(員林公園內)	現存

	和美道東書院聖蹟亭	彰化縣和美鄉和鄉路 10 號	現存
	鹿港龍山寺聖蹟亭	鹿港鎮龍山里金門街 81 號	現存
雲林縣	西螺振文書院字紙亭	雲林縣西螺鎮廣福里農西路 6 號	現存
南投縣	集集明新書院聖蹟亭	南投縣集集鎮永昌里東昌巷 4 號	現存
	竹山社寮聖蹟亭	南投市竹山鎮社寮里集山路一段 1738 號	現存
	草屯鎮登瀛書院聖蹟亭	南投縣草屯鎮史館路文昌巷 30 號	現存
	藍田書院聖蹟亭	南投縣崇文里文昌街 140 號	非原貌
	鹿谷鄉新寮村聖蹟亭	南投縣鹿谷鄉新寮中正路 164 之 1 號	拆毀無存
臺中縣	磺溪書院聖蹟亭	臺中縣大肚鄉磺溪村文昌路	拆毀無存
苗栗縣	英才書院聖蹟亭	苗栗市中正路	現存
桃園縣	蘆竹五福宮聖蹟亭	桃園縣蘆竹鄉五福村 55 號	現存
	大溪觀音亭敬聖亭	桃園縣大溪鎮康定里 49 號	現存
	龍潭西烏林村聖蹟亭	桃園縣龍潭鄉凌雲村竹窩子段	現存
	中壢新街國小旁之聖蹟亭	中壢市延平路 176 號	現存
臺北縣	板橋林本源聖蹟亭	臺北縣板橋市流芳里西門街 42 之 65 號	現存
	泰山鄉明志書院聖蹟亭	臺北縣泰山鄉明志路二段 184 號	非原貌
	樹林鎮奠濟安宮聖蹟亭	臺北縣樹林鎮潭底里中山路	現存
臺北市	學海書院聖蹟亭	臺北市萬華區環河南路二段 93 號	拆毀無存
	士林芝山岩惠濟宮聖蹟亭	臺北市士林至誠路二段	拆毀無存
臺南市	蓬壺書院聖蹟亭	臺南市赤崁街 2 號	現存
新竹縣	芎林文林閣聖蹟亭	新竹縣芎林鄉文林村文山街 30 號	拆毀無存

新竹市香山區朝山里官道的調查研究

一、新竹市朝山里歷史發展沿革

（一）香山的地名沿革及開發

　　香山地名由來傳說有二：一說是鄭成功治台時，為原住民道卡斯族（Taokas）竹塹社所居，無固定名稱；爾後漢人流寓至此，見大坪頂一帶，漫山遍野無名花草盛開，薰芳馥郁，故名香山。另一說傳來自鹿仔坑秀才林秀春派，傳說：香山往昔為竹塹社棲栖住地，漢人初來稱曰番山，後覺地名不雅，乃改稱香山。其實究竟如何？已難考證確定，不妨兩說並存。

　　香山區位於新竹市之西南部，北以客雅溪和雷公圳下游圳道與新竹市北區為界。東北為牛埔山、印斗山與茄苳湖山；東南以古車路山、南隘山和新竹縣寶山鄉為鄰，南以尖筆山、鹽

水港溪中游與苗栗縣竹南鎮毗鄰。西臨台灣海峽，東與新竹市東區相接，北與新竹市北區相鄰，南接苗栗縣之竹南鎮。區內有新竹平原，是新竹地區農漁業最發達之地帶。全區土地面積為 54.8491 平方公里，占全新竹市土地面積 52.69% [1]。

新竹市的海岸線北以鳳山溪與頭前溪交會的舊港為起點，南至南港里里界為止，香山區的海岸線約佔了此段海岸線四分之三的距離。依濕地灘地測量從舊港至鹽水溪口為 17.14 公里，直線測量為 14.11 公里，泛稱為 17 公里海岸線。其間有豐富的生態資源、自然景觀和文化資產，為近年新竹市政府積極推行發展生態觀光事業的重點所在地，南香山今已成為假日人潮休閒去處。

香山區所屬朝山里其地勢東面丘陵起伏，往西逐漸降低，分別出現山丘、平地、濱海之地形。以東區及寶山鄉的交會點至西濱公路，量測東西向直線距離有 5.7 公里，其中山丘距離佔 5 公里，平地才 0.7 公里，本里平地寬度也大約如此而已，可知海岸平原狹小且接近海岸線。由古至今一直都是台灣南北重要的交通孔道，實繫因於此。區內可北推至頂寮、草納，南至海山罟之範圍，其平原土壤，主要由三姓公溪、頂寮溪、洪水港溪、鹽水港溪共同沖積而成，土質為砂質壤土，多呈強酸性，成土之地勢低下，以致地下水面高，呈泥濘狀態。

---

[1] 資料來源，香山區公所網站。http//dep-s-district.hccg.gov.tw，2008 年 6 月 10 日。

　　從鹽水港溪以北以至香山沿海及丘陵地，原為竹塹社棲住地區。傳說明永曆三十六年（1682），竹塹社民不堪鄭軍徭役之苦，響應大甲等七社平埔族抗拒，隨即被鄭軍鎮壓，相率遁入新竹東南山區。後來部份經招降歸撫而遷入竹塹武營頭及北鼓樓一帶。在康熙五十七年（1718）王世傑開墾竹塹埔，所闢的南莊包含海口（今港南里），但實際開墾僅至今香山牛埔庄[2]。乾隆三十七年（1772），陳璋琦請墾地區更達鹽水港海墘一帶，甚至沿溪深入丘陵中谷地。換言之，雍乾年間，本區中、南部海岸平原，已盡為漢人所拓殖。嘉慶後，漢人與竹塹社民合作，設隘拓墾，開發保留地；道光十四年（1834），淡水同知李嗣鄴更諭示姜秀鑾、周邦正等粵閩人士集資組「金廣福」大隘，繼續往東南山區深入開闢；至道光末年，本區丘陵地帶已轉為漢人之生活空間，聚落散佈，已不再有「凶番」出入侵擾。

　　明治三十四年（光緒 27 年，1901）新竹設廳，在此設竹北一堡，堡下設第二、三區，共轄四十七庄。明治三十七年（1904），將第二區調整，區下轄有十五庄，即：客雅庄、青草湖庄、牛埔庄、香山坑庄、茄苳湖庄、香山庄、海山罟庄、鹽水港庄、南隘庄、油車港庄、吉羊崙庄、楊寮庄、沙崙庄、虎仔山庄、浸水庄。[3] 大正九年（1920），新竹改廳設州，州

---

[2]　張德南，〈香山灰窰地區發展初探〉，《竹塹文獻雜誌》，第 19 期，2001 年 4 月，頁 49。

[3]　〈本廳管內街庄長管轄區域〉，《新竹廳報》百七十五號，明治 37 年 10 月 27

下置八郡四街三十九庄，香山區改制為香山庄轄屬新竹州新竹郡；香山庄轄域內分為青草湖、牛埔、香山坑、茄苳湖、香山、海山罟、塩水港、南隘、楊寮、虎子山、浸水十一個大字。（圖1）

　　昭和5年（1930）改新竹州為新竹市直屬新竹州管轄。昭和16年（1941）香山庄裁撤，香山併入新竹市；民國35年（1946）廢大字設村里時，香山大字的境域，被析分為香山、大庄、美山和朝山四里。

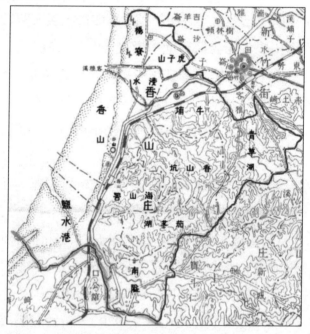

圖 1 大正九年（1920）香山庄所轄範圍圖（新竹州管內圖，此為大正十年，局部放大）

　　朝山官道在本研究中之境域主要經過：美山里（草納、香山塘）、朝山里（頂寮、下寮、香山）、海山里（洴水港、海山罟）、鹽水里（鹽水港、草厝仔）等地，（圖2）其附近聚落之開發史實，相對於今新竹市區而言，因是海濱赤滷之地，地理條件不佳，因此開發較慢，且紀錄凌亂瑣碎，今參酌陳國川《台灣地名辭書（卷 18）》一書、《淡新檔案》、《土地申告書》及田調資料作一綜述：

圖 2 新竹市行政區及官道路線圖

今香山區轄 24 里，其平原地帶，傳說漢移民農墾甚早，但朝山地區並不以農業機能發達，反而以航運商貿興起，尤其東南側丘陵地帶，因地形影響，居民散處溪谷之中，呈散村形態且多是小聚落，不論是人口數或人口密度，均較他處為低，今根據留下許多的老地名，作為追索歷史的切入點。

（1）如鹽水里聚落約在今鹽水里中部，縱貫鐵路西側，因鹽水港溪而得名。港之起始，首見於雍正年間之《台灣輿圖》，（圖 3）載有「鹽水港仔」。附近土地於乾隆三十七年（1772）時，有陳璋琦等人入墾，道光十八年（1838）淡水同知婁雲在此設一官渡即鹽水港官渡，方便往竹南堡中港間往來。咸豐七、八年間（1857~1858），港口泊船優於竹塹港而興盛一時，為香山停泊口岸之一，不料未及數年後因泥沙淤塞，港口機能漸廢。今在鹽水里南部，鹽水港溪口東岸有一「草厝仔」地名，據聞原址即是上述清代官渡民人候船之所，候船之時搭有草寮以遮風避雨，故得名，居民以王姓為主，聚落東緣即今長興街，建有一廟名長興宮（照片 1），址在長興街 498 號（民國 61 年時門牌為長興街 13 號），主祀邱、吳、溫三府王爺，係道光七年（1827）創建，[4]先後在光緒元年（1875）、大正三年（1914）、民國五十四年（1965）、民國八十八年（1999）重修建造過。

---

[4] 「新竹廳竹北一堡鹽水庄土地申告書」，明治 34 年（1901）。

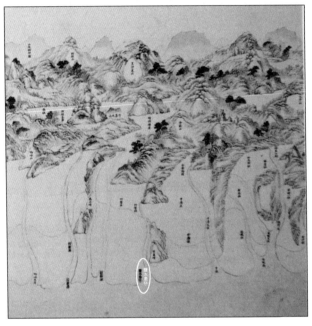

圖 3 雍正年間《台灣輿圖》(部分),出現「鹽水港仔」港口名

照片 1 長興宮 劉超然,《台灣寺廟》民國 61 年,工商雜誌社出版

　　（2）海山里因海山罟舊地名而來，又因地當海（台灣海峽）、山（竹東丘陵）之交而得名。海山罟指日治時代海山罟大字名，明治三十四年（1901）新竹設廳時，將清代發展的洪水港莊、海山罟莊、菅蓁林莊和鹿仔坑莊合併成海山罟庄，歸新竹廳香山區轄；大正九年（1920）新竹改廳設州，海山罟庄改為大字單位，屬香山庄（街庄單位）轄；昭和十六年（1941），海山罟大字隨香山庄併入新竹市；民國三十五年（1946）廢大字時，海山罟大字改制為海山里。聚落及其附近土地於乾隆三十七年（1772）均為前述陳璋琦等人入墾之處。據聞，聚落初設，為居民在西部海濱設定置網牽罟的基地，故名海山罟。海山罟聚落南側的海山川，發源於內湖里北緣，為海山與鹽水二里的界溪；全長 2.95 公里，河床平均比降為 6.78 公尺／公里。[5]（按，此海山川應是今居民所稱海山罟溝，今地圖標示之海山川應即昔稱之洪水港溪）

　　區內有一洪水港，居海山罟與香山（車頭）間，洪水港為閩南語音，即為淡水港之意，故有作洪水、有作淡水兩名，不知閩南語者，易致紛紜困擾。港之得名係因洪水港溪，該溪源於海山里之鹿仔坑，西流經李仔坑、李厝、洪水港而出海。溪流河床比降度大，海水漲潮不易自河口湧入，河水常保清淡，故因而得名。洪水港溪河口南岸有一洪水港聚落。該聚落為清

---

[5]　陳國川《台灣地名辭書》卷十八，新竹市，台灣省文獻委員會，民國85年，頁 213。

代「南北往來孔道，香山適鹹（鹽）水港之所。」；道光十八年(1838)，淡水廳同知龍大惇曾在此捐設「井（汫）水港官渡」；咸豐七、八年間（1857-1858），香山港興起，汫水港聚落西部海濱及北部溪岸，曾為香山港的船舶停靠口岸之一，後因港道淤塞而廢。此溪上源之鹿仔坑，古稱路仔坑，地當香山港經茄苳湖出入新竹東南山區之要衝，故得名，再因諧音而變成「鹿」仔坑。此地在清代原設有堆棧（即今之倉庫、貨棧），東南山區之土產，先運至此處存放集結，再以牛車運往港口裝船出海。[6]

（3）美山里因境內有香山美景而得名，南以西濱公路聯絡道和朝山里相鄰，北以草納和大庄里為界。境內有草納靠近西北緣，因土地泥濘，雜草茂生而得名，聚落西緣有一廟名福寧宮，主祀保生大帝和土地公，相傳創建於嘉慶年間。

在今香山山腳下，清乾隆中葉即設有香山塘派兵駐守，《乾隆台灣輿圖》（圖 4）中香山塘所在駐有「安兵十名，東至坎仔口山七里，西至船頭港六里，北又至竹塹城十里」。該地為北上從南面進入新竹平原重要關卡，後發展成一聚落。聚落北緣有一廟名三真宮，雖祀三府王爺代巡，其實是祭拜死去駐守塘口的武職官兵勇弁，相傳創建於乾隆二十九年（1764）。聚落中央另有一廟名保安宮，祀保生大帝，該廟相傳係乾隆二年（1737）所創，原為簡陋茅草搭蓋的小廟，道光十二年（1832）

---

[6]　同註 5，頁 214。

改建土埆屋，原名花橋公宮，民國三十五年（1946）現址翻修改建磚瓦廟宇。民國六十二年遷建今址。舊廟遺址仍在，成一廢屋，屋側巷弄即清代官道所經。香山塘南緣原有一「飯店」，為北官道過「塘」站檢查哨前，休憩打尖之處，日久形成一地名，今與香山塘聚落發展連成一片，居民早已遺忘此一舊地名。飯店位置另一說在今香山天后宮後方附近，事遠難稽，但從地緣關係思考其位置與香山天后宮距離偏遠，耆老曾回憶追敘壹善堂位在美山村飯店之說法恐有誤，且凡是今人文章所述及飯店與朝山地區相關者皆指香山塘南側。在《淡新檔案》中，光緒十四年（1888）北路右營遊擊翁曦，因同治年間汛弁裁汰，見該地荒曠已久，乃招墾納租，作為北路右營案牘尊神及十標天后誕辰、香燈、普度之費用。並命人測繪一圖，（圖 5）避免為他人侵吞並作為日後招租證明，圖中詳細標示汛地、飯店、車路、田、園、埤、崁溝、餘地、埔地，另有田、園面積記載：「香山田三段，十四坵，應徵四分三厘九毫二絲，園四段，應徵五分六厘三毫六絲[7]」，北側與陳家田交界，此圖可作為香山塘汛地位置所在重要證據。從現有日據時期堡圖中，在香山塘聚落南側確留有埤塘。民國六十八年之航測圖尚可見一水池，（圖 6）從此兩圖相比對，其地為昔時香山營盤地可能性頗高。又從現有都市計畫圖中，該地目前規劃為公園預定地，而一般公園預定地常以公有土地作為規畫優先使用，避免

---

[7] 　《淡新檔案》13216 號。

土地徵收或預算編列的困擾，亦可作為一佐証，但仍須待更新
資料出現，才能進一步証實。

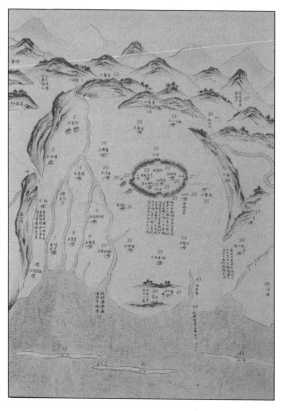

圖4《乾隆台灣輿圖》，翻拍自《新竹市志》，標註38為「香山塘」、37為「飯店」
　　所在

臺灣古道與交通研究——從古蹟發現歷史卷之二

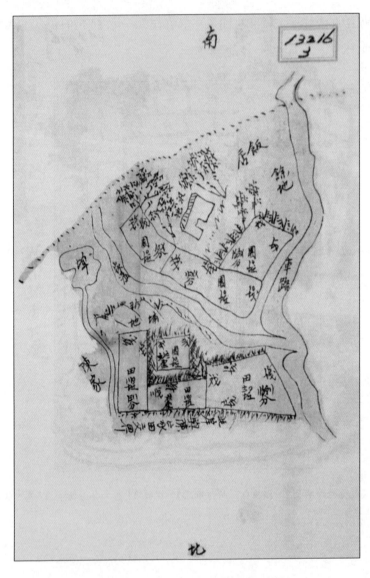

圖 5〈香山營盤田園圖〉 資料來源:《淡新檔案》13216 號

圖 6 香山塘南緣遺留水池（民國 67 年航照圖）今不存

（二）朝山里歷史沿革

上一小節概述鹽水、海山、美山三里開發史略，本小節則專門針對朝山里作敘述探究：

朝山里之名，係因其里境朝山面海而來，南以洪水港溪和海山里相鄰，北以西濱公路美山聯絡道南側水溝和美山里相隔，清代舊聚落主要有頂寮、下寮及車頭（即今香山火車站附近）。境內有頂寮，為清季南北官道北上要站之一，也是香山港泊岸之一，聚落因而繁榮發展成街肆，街外有一土地公廟，有新竹塹郊金長和在光緒十三年（1887）所敬獻之「香山福地」之匾，反映此廟宇當年與北門郊商之密切性。其境內下寮為官道北上過洪水港官渡後之首站，和頂寮溪相對而稱下寮，顧名思義，該地緣設有許多魚寮而名，咸豐年間香山港興起，也是香山港泊岸之一聚落，也因而發展成街肆。今聚落中心有一媽祖廟（香山天后宮）乃道光五年創建。傳說天后宮後側，原有一齋堂名壹善堂，創建於光緒十年（1884），供女眾修行，後因昭和十年（1935）新竹地區大地震，建築半毀而遷於朝山里東緣山坡今址。下寮南側有一沿海居民牽罟曬網的地點，故名網罟寮，咸豐年間為下寮的泊地，故又名船頭。聚落中心有一王爺廟名靈興宮，主祀邢、王、朱、沈四府王爺及江、吳、徐、黃、金、李、顏等七夫人媽，係光緒十二年（1886）創建，越二年落成。

《淡新檔案》收有同治十三年之〈淡屬各庄人丁戶口清冊

稿〉，記載共有一百九十四庄，但其調查單位是以「庄」為主，所以庄以下的小地名並沒有記載，但並不表示其時沒有頂、下寮之已存在；直到光緒二十年陳朝龍《新竹縣采訪冊》中方才有頂寮街、下寮街之名，既然出現街的名稱表示此二地之具有商業機能，因此應該熱鬧繁榮，因此，其歷史的發展似可追溯到更前面的年代。根據香山港的繁榮年代，以及香山天后宮的創建年代，推論道光年間已有街肆，應不為過。只是因為限於直接史料的關係，無法確定其確實年代，但至少追溯到同治初年應無疑義。朝山里地處竹塹城及竹南堡中港主要生活圈的外圍，同時所在地因地瘠、水利不便，農業向來不發達，以看天田為主，故開發最晚。雖咸同年間因香山港之興起而成為熱鬧街肆，卻也因香山港之淤塞而沒落，重回以農漁業為主之生活方式。

明治三十五年（1902）11月23日，《台灣日日新報》記載：「香山下寮庄迫近海墘，門以外一望皆水，縱橫十餘里遠，不知者多代為該處居人憂，謂遇潮水一至，不皆為魚乎？豈知距此十餘里遠，有一海岸，自原上望之，僅如線，然橫千十餘里，作眉彎樣，將該庄蔽住，大有藩籬之固。處其中者，雞、豚等物，無不以水為活。雞則放之海灘尋蛤、蚶等物以食，豚亦下海尋海菜、魚、蝦等物以養。而更足異者，其線內每逢潮水至，魚亦隨之以入，居人於潮水將退時，具網於破隙處以伺魚，其魚入時路闊，出時僅有此隙，皆為所獲，計此不論風晴雨陰天皆可得魚。雖難致大魚，而若烏魚、黃魚，產魚日皆可

致數百斤，其地係為吳姓所有，每日漁人多向吳姓求做罟腳，
故此蔭及多人，夫似此塭，不謂之天然成不可也。」

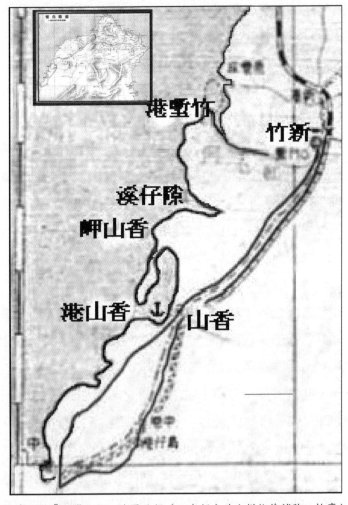

圖 7 日據初期「台灣北部」地圖局部（文字部分放大模糊後補強，輪廓加黑）

明治三十六年（1903）6 月 10 日，同報載有：「大凡地

之興衰，總由乎人物之聚散，曾見竹北一堡內湖庄，前為輕便小車停車場，四方人等於此往來，庄頭遂旺。不但做生意者，欲於此居，即非做生意者，亦以其興而樂聚焉。自昨該停車場廢取，汽車又不由該庄而過而人散，庄頭遂冷落不堪矣。又香山下寮庄，前為來往船隻停泊之所，該庄遂結成一市，積有家屋四、五十座，居人以百餘戶計，歷年船廢不到該處，該庄遂以無可為謀利，且地低臨海，偶一雨水海水動輒入，戶恐為大水流去，群徙而之，刻下大有廢庄景象焉。」

從上述香山下寮地區的興廢變遷，可知台灣西部海岸眾多小港口變遷之發展模式，即：濱外沙洲與陸地連結成沙嘴→沙嘴內側形成潟湖港→港口帶動聚落發展→潟湖淤淺陸化成沼澤濕地→轉變為生物棲地與濕地養殖業，[8]香山下寮地區亦不例外。

香山亦指朝山里南境的聚落名即在今香山火車站附近，居民以蔡姓為主，其址在洪水港溪北岸的香山火車站對面。光緒二十一年（1895）日本據台之時，因軍事需要而積極籌建新竹以南之鐵路，而於明治二十九年（1896）在現址完成香山火車站，明治三十三年（1901），新竹至苗栗三義的鐵路完工通車，香山火車站前即因火車之停靠而漸發展成聚落，並以「香山火車站」為名，而稱「香山」。今聚落在中華路五段 126 號址，

---

[8]　黃琡勻，〈新竹沿海地區信仰與祭祀圈探討〉，《竹塹文獻雜誌》，2006 年 9 月號，頁 31。

有創設於民國四十一年（1952）的朝山國小（舊址在中華路四段 466 號即今原住民文化園區）；以及富禮街 16 號址，創設於民國七十八年（1989）的富禮國中；香山火車站聚落西北側中華路五段 646 號址，則有民國四十四年（1955）吉鳳祥神父創建的天主教聖三堂。

（三）香山港之興衰

香山沿海開港始於何時不知，據當地耆老傳說可以遠溯至明鄭時期，但是最早之文獻與圖的記載卻是鹽水港，首見於 1730 年代之《雍正台灣輿圖》，汫水港則至道光中葉（1840）之《道光台灣輿圖》才見記載。香山港之名稱，則出現於道光年間鄭用錫之《淡水廳志稿》，但實際上之香山港則泛指客雅溪口至鹽水港等港澳泊地之總稱，其地點有時指汫水港，有時指今頂、下寮凹狀泥灘海岸，鄭用錫《淡水廳志稿》記：「嘉慶乙丑歲（十年，1805），洋匪蔡逆由八里坌登岸寇掠，……胡司馬自內地星馳旋塹，率義勇協官兵鎮守船頭港及香山港等處。」[9]

可知在雍正年間鹽水港已經成港，香山港約在嘉慶年間開港。由上文《淡水廳志稿》所記載，嘉慶年間竹塹地區主要停泊之港口要地應為船頭港（竹塹港）以及香山港，道光年間小船暫寄香山澳。香山港澳之沿革與港口條件，鄭用錫《淡水廳

[9] 鄭用錫，《淡水廳志稿》，台灣省文獻委員會，民國 87 年 3 月，頁 72。

志稿》亦記：「香山澳，在廳治西十里，離深水外洋五里，小船遭風或暫寄泊該處，係南北大路，設有香山塘，安兵十名。」[10]

至道光 20 年（1840）姚瑩〈台灣十七口設防狀〉云：

> 淡水廳轄地勢綿長，次要小口四：曰大安、曰中港、曰香山、曰竹塹；最要大口二：曰滬尾、曰大雞籠。…香山港，中港北二十里為香山港，在廳治南十里。岸去海口甚遠，居民寥寥。…內地商船遭風，每寄泊於此。海灘甚大，不能靠岸。舊設汛兵十名，…兵力既單，又去把總汛地四十五里。…以南嵌外委帶兵三十名移駐香山港，督同本汛兵十名，總理吳從濚領鄉勇一百名防守。[11]

同治十年陳培桂《淡水廳志》續記：「香山澳，在隙仔溪南，距城西十里，離深水外洋五里。口門闊二十餘丈，深一丈二尺。潮漲至鹽水港而止，退即旱溪。三、五百石之船，乘潮可入，為南北大路。設香山塘，廳設口書一、澳甲一。」[12]、「竹塹港小口，離深水放洋十餘里，淺而多汕口，門闊二十餘丈，深八尺，潮漲至口內半里許而止。一、二百石之船乘潮可

---

[10] 同註 9，頁 53~55。

[11] 陳培桂《淡水廳志》（台銀文叢第 172 種，民國 52 年 8 月），卷十五〈附錄一文徵上〉，頁 403~404。

[12] 同註 11 前引書，頁 183。

入。……道光七年創石城港南北二線，泊舟候潮與福清海壇對峙。」[13]

　　光緒二十年陳朝龍《新竹縣采訪冊》卷一〈山川〉又記：「香山，在縣西十里。…山下有香山塘莊、民居五十餘戶。又有頂寮街、民居六十餘戶；下寮街，民居八十餘戶；皆為南北往來官路之街。」

　　但是隨著泥沙漸漸淤積自然環境也日見改變，光緒年間《新竹縣采訪冊》有關香山港的描述：

> 香山港：在縣西十二里。於海中浮一沙汕，自北而南長八、九里。汕內為澳，舟可繫碇。其水無源，趁海潮出沒。潮來時，巨浪滔天，長隄沒水，港深二、三丈；潮退則一望沙灘，浩浩無際，汕橫灘上，船臥地中。每商舶進口，必循南之鹹水港而入。[14]

---

[13]　陳朝龍著，林文龍點校之《合校足本新竹縣采訪冊》（台灣省文獻委員會，民國88年1月），頁25。

[14]　陳朝龍，《新竹縣采訪冊》，台灣文獻叢刊第145種，頁43。

　　清光緒十一年（1885）台灣建省，巡撫劉銘傳奏准「量丈田畝，清查賦稅」，自光緒十二年（1886）4 月至光緒十八年（1892）5 月完成，並編制有各縣廳土地清丈「簡明總括圖冊」，今《淡新鳳三縣簡明總括圖冊》詳載新竹縣香山堡圖[15]，（圖8）圖中最西為頂寮庄其南側即為香山港口，其地理位置約與今之鹽水港溪相同，可知。昔年香山港為廣義的泛稱，又一證明。

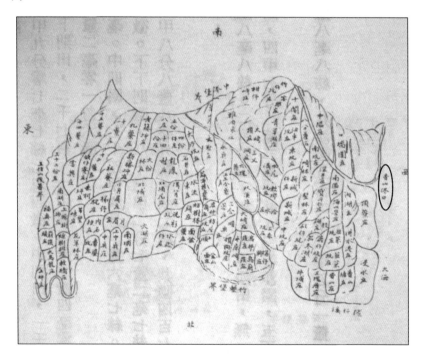

圖 8 香山堡圖《淡新鳳三縣簡明總括圖冊》P32

[15]　不著撰人《淡新鳳三縣簡明總括圖冊》(台銀文叢第 197 種，民國 53 年 4 月)，頁 32。

　　至日據初期鄭鵬雲《新竹縣志初稿》卷一〈封域志‧沙汕港汊〉，僅記「香山港沙汕」五字，可見一片泥灘淤積，不復成港。」同書〈建置志‧街市〉略記「香山街，在縣西南十里」。同時期之《新竹縣制度考》記〈新竹縣治下街莊路站〉的海邊官站，其中「新竹到香山街十里，街莊民居約有數百家。」[16]

　　綜上所引諸書，可知清代香山港主要泊地正是今頂、下寮一帶海岸，此港口一直是竹塹港（又名船頭港）之替代港、輔助港，只有在竹塹港淤積不便出入時，才將部分航運機能轉到香山港來，因此香山港之貿易、街肆繁榮深受竹塹港之影響與牽制。但總的說來，道光以後為香山港的興盛期，不僅設有軍隊（香山塘）駐守管理，復設有口書、澳甲管理船隻進出登記，更是郊商、鄉民雲集買賣之所。但是道光年間初興之時，「居民寥寥」，其前民居之少更可以想見，直到同光年間達到鼎盛，也達到一飽和期，居民近二百家。

　　香山港既是商港之一，自是帆檣林立，郊商雲集之處，陳朝龍前引書記：

> 商船輳集，以竹塹堡之舊港為最盛，香山港次，竹南堡
> 之中港、竹北堡之紅毛港、蚵殼港則惟垵邊船時泊三、
> 兩，海船少至也。…香山港所泊之船，多自惠安縣北路

---

[16] 不著撰人《新竹縣制度考》（台銀文叢第101種，民國50年3月），頁10。

之蕭厝、沙格等鄉而來，其餘亦有一二福州、廈門、晉江、興化、澎湖等處之船，以時至止，然不常有也。[17]

而道光年後，新竹丘陵地區日漸開拓，金廣福拓墾地區朝向竹塹等內山大隘地區，山林特產具經濟價值者如樟腦、木材、苧麻、茶葉，遂成為竹塹新興出口商品，上述沿海港口正因臨近東南山林，物產日增，地理又近，其港口重要性更為增加。

陳書續記其輸出商貿情形：「出口之貨，以米、糖、苧為大宗，木料次之，靛、通草、薯榔、藤又次之。近時土產，如樟腦、茶葉較前為盛，然皆運往淡水轉販，不由本港出口。其由本港出口各貨，銷售各埠者，米者福州……，糖則溫州……苧則福州……木料則廣東，凡港路可通，爭相貿易，所售之值，或易他貨而還。入口之貨，以棉花、白布、紫花布、苧布、麵粉、麵線、杉木、紙料為大宗；呢、嗶吱、豆油、煤油、煙絲、瓷器及各色食物次之；綢緞、紗羅、牛油、黃臘、白臘及各色雜貨又次之。藥材雖兼資南北，然多自艋舺、大稻埕轉販而來，其自運者少矣。」[18]

此外從地圖上看香山港海岸線的演變，可以找尋到過去歷史發展軌跡。而目前以明治三十七年（1904）出版的《台灣堡圖》最為完整，日人以當時最新技術繪製，其精確度較高。再

---

[17]　同註 13 前引書，頁 363~365。

[18]　同註 13 前引書，頁 363~365。

參考近年如民國六十七年林務局航照圖，（圖9）如頂寮溪至海山罟段，此時期村落尚離海岸線不遠，海岸線正逐步拓為道路而改變，此圖僅說明官道沿線變遷過程之變化之一例。今將民國八十六年聯勤總部測量署發行之地圖，套上台灣堡圖，（圖10）即可發現海岸線的變遷：

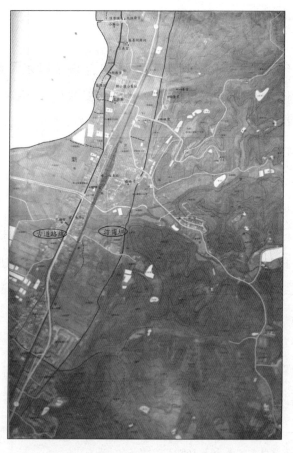

圖9 頂寮溪至海山罟段航照圖　資料來源：民國67年林務局航測圖局部

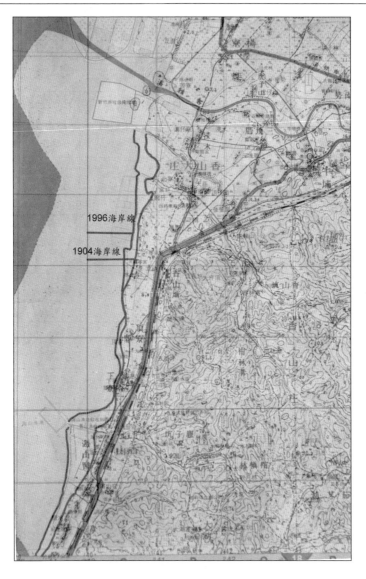

圖 10 香山塘至鹽水港海岸線變遷圖　資料來源：聯勤測量署（民國 86 年）套上
　　《台灣堡圖》明治 37 年（1904）

　　至於香山港澳的變遷，可見今人陳立台所作表格，其詳如下：

表 1 清代香山港澳口功能變遷表[19]

資料年代	1834 年(道光 14 年)	1840 年(道光 20 年)	1862 年(同治元年)	1871 年(同治 10 年)	1878 年(光緒 4 年)	1894 年(光緒 20 年)	1954 年(民國 43 年)
口門寬闊	20 餘丈	港東礁寬 60 丈	20 餘丈		最闊		
港深	1 丈 2 尺	2 丈餘	1 丈 2 尺		最深	2、3 丈	2 丈餘變成沙灘
漲潮	鹽水港		鹽水港		可至官道	長堤沒水	巨浪入港
退潮	旱溪		旱溪			一望沙灘	一望沙灘
載重	3、5 百石		3、5 百石		5、6 百石		50 石
海關管理人員	口書 1 澳甲 1	口書 1 澳甲 1	口書 1 澳甲 1	口書 1 澳甲 1	口書 1 澳甲 1	口書 1 澳甲 1	
軍營	香山塘兵 10 名	香山塘兵 10 名	香山塘兵 10 名	香山塘兵 10 名	香山塘兵 10 名	香山塘兵 10 名	

[19] 黃運喜等，《新竹市香山港口寺廟群調查研究》，民國 97 年 8 月，頁 153~154。
　　編者原註：香山塘同治 8 年裁存兵 5 名，光緒 2 年改為兵 3 名

航道	以洪水港出入為主，按邊船從鹽水港出入	從洪水港或鹽水港出入	從洪水港或鹽水港出入	從洪水港或鹽水港出入	口門最闊，漲潮至大路，應為最佳狀況	潮來時，港深二、三丈，退潮時由鹽水港出入	汕內為港澳，出入須趁海潮
港口設備	遙立戇燈						
出入時機	漲潮時，小舟帶引	漲潮時	漲潮時	漲潮時	漲潮時	漲潮時，洪水港而入；退潮時，鹽水港而入	浪靜泊洪水港，浪巨泊鹽水港
暫泊原因	遭風	遭風	遭風	遭風			
泊地	岸邊，近官道	港內	港內或澳外洋面	港內	港內	港澳內	鹽水港溪口與客雅溪口之間
船型	大船或按邊船	內地商船	3~5百石商船入內，7~8百石商船停泊外洋面	內地商船	5~6百石商船入內	商船	小舟

二、朝山里官道路線試探

（一）竹塹地區官道路線

　　交通是兩地之間的人貨移動，這兩點之間的聯結就是交通路線，從交通路線的痕跡可以看出交通受地理山川因素的影響，也可看出人貨的移動方向，即人員之所入及貨物之所出的路徑。而官道即是如此，並且是最公開最重要的交通動脈。要了解竹塹香山地區朝山里的官道文化內涵，如政治、經濟、宗教信仰、社會生活等等，必先從了解竹塹地區的交通路線切入。

　　在漢人來台開發前，「番社」內必然有道路往來於獵場、田園與住家之間。「番社」與「番社」之間就不一定有路相連，因為彼此沒有交易或從屬的關係存在，在荷據以前，台灣「番社」或彼此有往來，但基本上是彼此獨立的，直到荷蘭征服之後，才要求這些平埔族每年集會一次，以宣示效忠。既然要各社集會，自然就會有連接各番社間的道路出現。統治初期這種道路應是局部性的，不銜接的，到 1636 年底時，荷蘭人控制台灣 57 個原住民部落，但到 1650 年時，則已控制 270 社以上，幾乎已控制全台。依此推論：荷蘭人必需經由水陸道路交通的聯繫以達到其有效控制的手段，而台灣也因此而有了第一條南北動向交通線，成為日後的縱貫類型道路，這種歷史因素才能解釋為什麼台灣縱貫路線上正好連接各平埔族番社，而不是走

兩地最近的直線[20]。

　　台灣地理是被短促的幾條大河切割成破碎不統整的經濟人文區塊，所以如果沒有道路連接，根本無法成為一個統一的台灣島。這可從早期台灣的原住民平埔族之間並沒有什麼普遍「往來」，而且台灣並沒有組成「國家」或部落聯盟之類的組織存在可作為佐證[21]。

　　河川在清朝統治上，具有很大的阻絕作用。更進一步說，因為當時的橋樑建設嚴重不足，而且台灣的河川短急，水量在榮枯期差異相當大，河川不但不能帶來交通運輸上的便利，反而造成交通往返上的不便，「溪流廣漠，每逢大水，阻遏不前，或浹旬不渡」，[22]當然也會造成統治上困擾，所以清代台灣府縣轄域大多以河川為界，這樣就可以減少縣府境內渡河的頻率，也就能減少生命財產的損失與麻煩。

　　台灣雖於康熙二十三年（1684）正式納入清帝版圖，但清朝統治區僅止於大肚溪岸。大肚溪以北仍是平埔番社之地，少有漢人蹤跡，「其時崩山、後壟、中港、竹塹、南嵌各港商賈舟楫未通，雖入職方無異化外」[23]。直至康熙五十年（1711）

---

[20] 改寫自黃智偉，《省道台一線的故事》，台北市：貓頭鷹出版社，2002，頁35。

[21] 施添福，《台灣的人口移動和雙元性服務部門》，南投：台灣省文獻會，1999，頁27。

[22] 連橫，《台灣通史》下冊，台北：黎明文化，2001，頁628。

[23] 周鍾瑄、陳夢林，《諸羅縣志》，方叢7號，台北市：成文出版社，頁354。

陳璸北上淡水搜捕海盜鄭盡心後，清廷有感於北部治安的需要，所以才調佳里興分防千總於淡水，並增設大甲溪至淡水八里坌七塘的軍事防禦站。這七個塘是大甲塘、貓盂塘、吞霄塘、後壠塘、中港塘、竹塹塘、南嵌塘[24]。塘與塘之間有巡哨、配渡、糧運、訊息聯絡等的公務需要，因此形成竹塹區的第一條道路—「官道」。（見圖 11）康熙五十五年（1716）「竹塹形勢圖」中竹塹港與竹塹社間即為塘汛所在，塘汛與塘汛間明顯看到有虛線之連結，此即為官道路線，可看出從中港汛往北，基本上均沿海岸行走為主。

圖 11 竹塹形勢圖　資料來源：陳夢林，《諸羅縣志》，山川總圖

官道就是文武官員為了辦公或巡視而往來所走的道路。雍正九年（1731）正式成立淡水廳，同時成立竹塹巡檢及八里坌巡檢，巡檢是縣以下最小的文官，秩從九品，通常設於州縣關要之地，其主要任務是：巡防地方，稽查奸宄、查拏匪行，緝捕盜賊、賭博、盤查船隻出入，救護船難或辦理捕巡司獄等職務[25]。巡檢既有這些職務，因此巡檢所在地就是一個重要的辦公場所，等於是縣府的分支機構，所以往來於塘汛、巡檢、廳署之的官員或民眾，自然會想方設法開闢出一條「官道」來。

所以在乾隆十五年（1750），因風災而使八里坌巡檢移駐新莊後，「官道」很自然的就跟著改變，乾隆三十年（1755）以後，竹塹到淡水間的官道就改變而走「內港道」[26]。

我們今日依照清代《乾隆台灣輿圖》之記載，可將大甲至南崁這段官道路復原，這段道路過竹塹城後是走鳳山崎大路：蓬山汛（大甲）、渡大安溪和雙寮溪、宛裡社、宛裡溪、吞霄溪、吞霄塘、虎頭山、白沙墩塘、崎頂、打馬八溪（今西湖溪）、烏眉嶺、後壠溪、後壠社、中港溪、中港社、老衢崎、鹽水港溪、香山塘、南勢、竹塹城[27]。其中過鹽水港溪至香山塘這一

---

[25] 同註 23 前引書，頁 29。

[26] 按康熙末年，由竹塹北上除了原有的舊官道以外，增闢兩條新路，其中一條由鳳山崎（新竹縣湖口鄉鳳山村）經大湖口（新竹縣湖口鄉）、三湖（楊梅鎮三湖里）、至霄裡社，再沿大科崁溪西岸，經海山（鶯歌、山仔腳、樹林）抵達新庄，這條稱為「內港道」。詳見黃智偉，〈統治之道—清代台灣的縱貫線〉，台大歷史研究所碩士論文，1999，頁 150。

[27] 同註 26，頁 152-156。

段，即是昔日朝山地區的官道路段。

　　而清代總兵有巡閱營伍之責，台灣總兵初為一年南巡，一年北巡，稱為「分巡」，乾隆末年則改為一年總巡南北一次，巡閱時間大抵在十月以後，封印以前，其原因有二：①其時歲末宵小易生，藉巡視營伍之便，鎮清郡邑，得消亂萌；②歲末時農功閒隙，道路供給，夫差較便。巡閱路線，同治末年所留下來之《台灣兵備手抄》，記錄了翔實的巡閱里程及宿尖路站，北路自郡城（台南）小北門起，至噶瑪蘭營止，計程 699 華里，其間路線，因文長，茲僅記有關朝山官道一段，以供參考：（前略）十里至老衢崎，十里至香山塘（兵十名），十里至北路右營（係竹塹城，駐游擊一員，千總一員，外委一員，額外一員，兵二百八十八名），計程三十里，住宿；十里至鳳山崎，十里至大湖口，十里至崩陂。（下略）[28]

　　再根據民國四十年代初，新竹市紅毛港耆宿的回憶，當時南路是由挹爽門入新竹城內，北路則由拱辰門出城，為南北通行的幹線，其中又有「大小官路」之別，大官路：竹塹—鳳山崎（現在鐵路東邊，昔有飯店）—番仔湖（湖口鄉鳳凰村）—波羅紋（即婆老粉）—頂北勢—四湖尾—楊梅水尾（昔有老飯店）—台北。小官路（指新竹與紅毛港間官路）紅毛港—新莊子—鳳山崎—新莊子渡—麻園—金門厝（天罡溝渡）—竹巷—

[28]　詳見不著撰人《台灣兵備手抄》（台銀文叢第 222 種，民國 55 年 2 月），〈台灣北路汛塘尖宿里站〉，頁 15~18。及卓克華〈淡蘭古道與金字碑之研究〉，《台北文獻》直字 109 期，頁 69~128。

滴雅—水田—新竹，循紅毛港北上之官路為：波羅紋—中崙—新莊子—紅毛港—埔頂北端—後湖—蚵殼港（在桃園縣）—笨仔港—石觀音[29]。

另一耆宿（竹北市人）之回憶則有詳略之出入，對清代的大官路指為：新竹城北門—水田街—水田尾（沿途有石坊四）—滴雅（由石坊轉過）—竹巷—舊社廟仔—紅瓦厝仔—金門厝渡（今之頭前溪）—新社渡（有義渡碑，俗稱五里牌）—新社—旗桿厝—番仔陂—鳳山崎渡—鳳山崎—台北。小官路：新竹城北門—崙仔隘門仔腳—頂罟下曾宅前—樹林頭境主公前—樹林頭曾宅（曾瑞堯宅）前—苦苓腳林宅（林鵬霄宅）西邊—新莊仔渡—天罡溝渡—下新莊仔—灰窯仔溝—白地粉—鳳山溪渡—貓兒錠—崁頭厝—東勢—李尚崎（在鳳鼻山）—紅毛港坑仔口[30]。

值得吾人注意者，耆宿回憶提到「飯店」地名頗多：「新社村內枋橋之南，清代有飯店埔（設有飯店，供官路行旅者餐宿），埔南為滴仔河，埔北為飯店窩（亦滴仔河之分流，免費渡人，其義渡碑俗稱五里牌，豎於枋橋路左。）此次本會實地訪查，知已被鄉人拆去鋪作石橋。」[31]

---

[29]　黃奇烈，〈紅毛鄉文獻採訪錄〉，《新竹文獻會通訊》第陸號，民國 42 年 9 月 20 日，頁 3。

[30]　黃奇烈，〈竹北文獻採訪錄〉，《新竹文獻會通訊》第捌號，民國 42 年 11 月 20 日，頁 5~6。

[31]　同註 30 前引文，頁 6。

　　第三位則是湖口鄉耆宿之回憶：「最初竹塹淡水間之官路，乃自竹塹港起經過紅毛港，桃園地方之笨仔港、石觀音、白沙墩、草漯、大崙、埔頂圳、占頭、南崁，通至淡水八里坌。至雍正年間，改通大眉崎、波羅紋、三湖入中壢方面。後再改從鳳山崎丘阜，經過寶斗屋、望高樓、半路店，至大湖口、四角亭、崩陂下等地，經楊梅壢至達中壢、桃園地方，越龜崙嶺連接艋舺。康熙以來繼續至嘉慶年代就有遞舖制，沿官路通行。」[32]有趣的是湖口鄉亦有「飯店」設置，如「昔時交通不便，該莊乃為西北行旅必經之地，官路通入莊內。有一老媼開設飯店於路左，媼年已逾八十有餘，善修飾，面上常抹白粉，座店款客，行人戲謂『婆、老、粉』相呼，莊亦以是得名。」[33]可知在清代新竹一地官路多設有「飯店」，一方面反應其時人車往來頻繁，交通繁忙，才有人在路旁普設「飯店」以服務人群，賺取利潤，二則，久之形成地名，為鄉人所共知。

　　以上敘述率多往北之官路，幸香山耆老之回憶是往南之官路：老衢崎（苗栗縣轄）—口公館—鹽水港渡—灰窯（又名草厝仔）—尾漿寮—海山罟溝—海山罟庄—洴水港庄－洴水港渡—下寮庄—頂寮庄—草漯—香山塘（庄後大坪頂山，有塘兵駐紮營盤）—飯店（往昔行人旅客稍憩用膳之處）—舖仔（文書遞舖站）—大庄—三姓公溪—振湖陂—三塊厝—五欉榕—車

---

[32] 黃奇烈，〈湖口鄉文獻採訪錄〉，《新竹文獻會通訊》第拾號，民國43年1月20日，頁6。

[33] 同註32，頁8~9。

路溝—牛埔庄—頂牛埔—隆恩橋（通稱欄杆橋）—埔薑圍—隙仔溪（客雅溪）—外寮—玄天上帝廟—磚仔路—土城告成門及西門（挹爽門）[34]此一官路，即昔日竹塹城的南下官道，其中鹽水港渡至香山塘段即所是朝山官道。

另外根據《新竹縣志》的記載，從竹塹城出西門往南官路，詳細經過地方如下：西門（挹爽門—土城告成門—磚仔路—玄天上帝廟—外寮—隙仔溪（客雅溪）—埔薑圍—隆恩橋（通稱欄杆橋）—頂牛埔—牛埔庄—車路溝—五欉榕—三塊厝—振湖陂—三姓公溪—大庄—舖仔（文書遞舖站）—飯店—香山塘—草漯—頂寮庄—下寮庄—洪水港渡—海山罟庄—海山罟溝—尾榮寮—灰窯（又名草厝仔）—鹽水港渡—口公館—老衢崎。（挹爽門至此約二十里）[35]。兩相對照文章先後次序，顯然《縣志》之記錄是從上述耆老口述引用而來，亦不過一往南，一往北敘述方向不同而已。同理，《縣志》之修纂者採用此段回憶與傳述，正可反應是其時大多數老一輩人之所認同與共同記憶。

另一證明即陳朝龍《新竹縣采訪冊》，卷三〈竹塹堡橋梁〉載有：「西門外橋：在縣城西門外濠溝，為南北往來孔道，縣城適隙子、牛埔各莊之所，長一丈七尺，寬一丈；西門土城外橋：在西門土城外濠溝，為南北往來孔道，縣城適隙子、牛埔

各莊之所，長二丈九尺，寬三尺；隆恩牛埔橋：在縣西三里牛埔莊，為南北往來孔道，縣城適香山之所，長二丈四尺，寬九尺；五株松橋：在縣西五里，土名五株松，為南北往來孔道，牛埔適香山各莊之所，長三丈三尺五寸，寬三尺」[36]。

此段敘述自西門出城往南所經之村莊，對照今昔地名及所在，出城至香山塘官道路線明確多了。埔薑圍在今牛埔路、經國路交叉口西北側，頂埔國小對面之眷村，今已改建。隆恩牛埔橋在牛埔路上香山國小東側與牛埔路394巷口。車路溝應為油車溝之意即142巷側之圳溝，也是五株松橋所在。五欉榕（應是五株松）位在牛埔南路與浸水街口附近。振湖陂即客雅南圳，又名樹仔腳圳。此路段較為可疑處即舖仔及飯店兩地點位在何處？從大庄出來往南接香山塘間設置此兩個功能性的據點。在香山有關「飯店」一名，鄉耆回憶：「香山塘，塘即昔時海防營汛也，在香山塘莊北。昔時有塘兵數人住在莊中香山飯店附近，凡南北貨物，牛隻過此，須繳一定錢文，作塘兵之雜費。該飯店邊之榕樹一株，今尚存在，鄉老言之歷歷。」[37]此一「香山飯店」在今何處呢？據〈香山鄉今昔地名及戶數人口對照表〉，昔香山塘莊，今美山村內小地名有「香山塘、飯店、草漯」等，可知「飯店」似乎在香山塘與草漯（今作納）之間，但同號通訊中之「寺廟」中卻又記：一善堂所在地是「美

---

[36] 同註13前引書，頁112、114。

[37] 黃奇烈，〈香山鄉文獻採訪錄〉，《新竹文獻會通訊》第壹肆號，民國43年5月31日，頁13。

山村飯店」，不過後來「遷同村火車站鐵路東方山麓重建」[38]
也即是說舊址的一善堂位在飯店附近，而舊址的一善堂又在今
香山天后宮的後方，與前述在香山塘與草漯之間，有些距離的
差異，此段敘述應有記憶錯誤之嫌，據多方文獻參酌美山村飯
店似乎位置應在香山塘。而飯店位置在香山塘南北，又有不
同。依耆老之回憶官路南下經飯店再進入香山塘，此說即飯店
在香山塘莊北。但前述「有塘兵數人住在莊中香山飯店附近」，
似乎又說明飯店不在塘汛附近。在《乾隆台灣輿圖》上，有「店」
位於香山塘南緣，也符合香山塘、飯店、草漯之記載，即飯店
位香山塘南緣較接近事實，並符合輿圖記載，此部分與耆老記
憶略有不同。

此段南北古官道，在清代時當然應有「舖遞」之存在。修
於道光初年鄭用錫《淡水廳志稿》在 15 座舖遞中，僅記載：
「竹塹城舖，在本廳治，距楊梅壢三十五里。」[39]到了同治年
間，陳培桂《淡水廳志》所記舖遞已增多，其中與本次研究之
官道有關者，除「竹塹舖，北距南嵌七十五里，舖兵三名」，
並且還在文末強調「淡屬無驛遞，原設舖遞自大甲至雞籠一十
一處。經裁汰改設，後添三處，共計十四處，舖司七名，舖兵
四十九名」。[40]

---

[38]　同註 34，頁 15，19。

[39]　鄭用錫原著，林文龍點校《淡水廳志稿》（台灣省文獻委員會）台灣省文獻
　　　委員會，民國 87 年 3 月，頁 72。

[40]　陳培桂《淡水廳志》（台銀文叢第 172 種，民國 52 年 8 月），頁 56~57。

至陳朝龍《新竹縣采訪冊》又有異動，載有「竹塹舖：在縣城內為正站，南距苗栗縣後壠舖四十里，北距本縣竹北堡大湖口舖二十二里，舖司一名（營中派撥頭目一名，專司約束，又名站目，餘站同），舖兵七名。……光緒十四年奉札改定新章，名為郵政專責，各營派撥兵丁遞送，留竹北堡大湖口舖，撤竹南堡中港腰站。每站各派頭目一名，專司約束，舖兵丁名數隨地派撥多少不同，今因之。」[41]

可見此條朝山段官道並未設驛遞，提供馬匹等交通工具，及住宿打尖之用，只是舖遞，純粹傳遞官方文書之用，或許這就是新竹耆老稱之為「鋪仔」之由來。

此段從竹塹城出西門往南官路至香山塘則為朝山古道路線之始，以今昔對照，自三姓公溪經大庄，來到香山塘經三真宮旁側，香山塘一段即今日鐵路東側的中華路 323 巷，再抵南緣飯店；通往草納再往頂寮，此段從地理位置來看，似乎要走東西向，若非必要，此段等於繞遠路，應不屬平常性行走之官道。草納、頂寮間應有另一通行道路，惜今已難尋覓。頂寮庄—下寮庄—洫水港渡段，大約即是今日朝山里這一段官道，當然詳細位置與今日縱貫省道公路不一樣。大約是穿過今日聚落內，頂寮沿中華路五段 420 巷，沿途有土地公廟、大相爺宮、頂寮溪。再經過香山天后宮前的路線，與今日中華路五段 420 巷、648 巷之道路幾乎重疊，出下寮通過縱貫線抵香山火車站

---

[41] 同註 13 前引書，頁 104~105。

或稍南之蔡厝即為洪水港渡。再經海山罟庄—海山罟溝—尾槳寮—灰窯（又名草厝仔）—鹽水港渡，此段古道路線即沿著長興街一帶。今人韋煙灶在〈新竹沿海地區域發展的地理環境基礎〉曾研究出1900年前後（清末）海岸線，此一條海岸線其實就是接近古官道，與本調查報告所比對之古地圖，及田野訪談與古文獻的解讀誤差不大，且韋文更加詳確精細：

　　這條海岸線大致相當於現今之：南寮舊漁港（以上南寮里）－代天府西側聚落邊緣（以上海濱里）－海濱路東側約400公尺處水圳旁－港北橋（以上港北里）－三姓媽廟（一）延平路二段－延平路二段1451巷（為一河口灣）－順天宮前（為一河口灣）－海埔路73巷－延平路二段1241巷32弄－十一靈公廟－姓媽公廟（以上港南里）－楊寮海防營入口－罟寮三姓公廟－香雅橋（以上虎山里）－浸水北街（浸水里）－宮口街（大庄里）－中華路五段208巷底沙丘－中華路五段320巷底福寧宮－中華路五段420巷及東側20米處沙丘（以上美山里）－香山天后宮廟前（非目前所見舊海堤朝山里）－長興街（海山里）－長興宮（以上鹽水里）－內湖路－鹽港溪橋（以上內湖里）－濱海公路東側林宅前－濱海公路（以上南港里）等地標的連線。[42]

---

[42] 詳見韋煙灶〈新竹沿海地區域發展的地理環境基礎〉，《竹塹文獻雜誌》第36期，2006年9月號，頁15~16。

這一條清末的古海岸線的東側，應該有許多地段與清代新竹地區沿海的古官道路線是重覆的，甚至重疊的。只不過韋氏認為「若將新竹沿海以水流屍立祠供奉的有應公廟連接起來，其位置是十分接近1900年的海岸線」[43]，若將地標的有應公廟等陰廟，擴大到清代的沿海諸廟（按，其前提必須該廟未遷建移動過），以這些老廟為地標連接起來，相信與清代古官道相差不遠，透過「老廟」點之連接，無異為追尋古道路線又多了一新的思考模式。（圖12）

圖12、明治三十七年台灣堡圖上呈現之官道路徑，香山塘至鹽水港段（以古廟串連）

---

[43]　同註42前引文。

　　總之，清代新竹的古官路，自會與遞送文書之舖遞息息相關，更可以利用未遷建過的古廟串連起來。其間南路無大變化，而北路則隨著水田日闢，村落日多，人群日集，而有所變動。如北路先是從竹塹出北門，改向水田街，涉舊社渡，通大眉崎、波羅汶至中壢方面，後改由鳳山崎，越丘阜、沿寶斗屋、望高樓、半路店至大湖口。再經楊梅壢、中壢、桃仔園，與龜崙嶺，直達艋舺。

　　當年路況若依「磚仔路」之舊地名，鋪有磚仔，路況似乎不差，其實不然，正因只有少數道路鋪磚，特殊少見，才會突顯形成地名，吾人可從諸多「造橋碑」、「修路碑」內文，得知實情，如「水漲則溢岸汪洋，水低則濡泥黏滑，既有厲揭之虞，復有顛危之厄，行人至此，幾嘆迷津；遊子於斯，難禁裹足」、「（道路）因被山水沖壞，險阻崎嶇，且道路狹窄，行旅維艱」[44]，就可以想見昔年道路真實情況。

　　茲再根據十九世紀外國人的觀察，很客觀地把當時的道路狀況描述如下：

> 島內交通的可憐狀況是它的商務和實業發展的重大阻礙……1874 年以來中國當道懂得了把島內重要地點連貫起來的必要而開始了交通道路的建築，……那些道路夠不上稱作「道」（routes）而只能說是「路」

---

[44] 同註 13 前引書，如「五福橋碑」（頁 298~299）、「老衢崎修路碑」（頁 300）等等。

（chemins）……在下雨的季節，這類道路變成了水溝或河流，因為附近的田地把水流注在那裡面。為著走過這些道路，步行者須把下半身沒入水中。在竹塹和淡水之間，路面較佳，可惜這路不是到處都是那樣。[45]

　　而根據上文描述，新竹附近的道路品質還是比較好的，或許和當地活絡的商業活動有關，但是一出郊外路況就很難保證。幸好地方總會有一批熱心的仁人善士集資捐錢，造橋鋪道，普設義渡，方便行人。較特殊的是清代新竹地方設有明善堂，從事各種義舉，其中一項居然是：「湳仔庄大路，並暨西門外香山一帶之街衢，如有崩圮，及時修理完固，以便行人。」[46]一方面反映官府之用心與細心，一方面也突顯當年官路，常遭水患而崩圮，三方面也說明此條官路之人車往來熱絡，所以需加以特別關注，要及時修理，以方便行人。

（二）清朝山官道的旅行文化

　　由於雪山山脈、加裡山山脈在竹塹區之東側，鄰接是苗栗丘陵地，使本區從海岸愈往東愈高。由於山脈走向，使本區東西交通受阻，道路只能走南北方向。而南北交通又受丘陵山脈壓迫只能延著丘陵與海岸間的狹小平原上前進。尤其是中港溪

---

[45] 英鮑爾赫特（C.Imbault-Huart）著，黎烈文譯，1885，《台灣島之歷史與地誌》，台灣研究叢刊56種，台北：台銀，1958，頁90。

[46] 同註13前引書，頁247~249。

至竹塹城這一段，可說山海交逼而形成的一段狹窄走廊：中港
－老衢崎－香山－南勢－竹塹。實在也沒別條路可選擇，其他
海線一帶從大甲到白沙屯也是如此，只能沿海岸線而行。因此
竹塹區的交通，早期官道從大甲到南崁都是沿海岸北上。又因
平原不足，農業腹地狹小也造成地方發展的瓶頸。

朝山里是個小地方，少有文獻記載，因此清代整個香山地
區的官道使用情形，我們也很難在史料中發現，畢竟此地是個
郊區邊陲地帶，即使曾經是竹塹城的輔助港與替代港，此種外
港的角色。不免也僅有水路運輸的記載，對於陸運官道交通使
用狀況，則不見於史冊之中。

在康熙年間，台灣沒有旅店生存空間，旅人可能在田寮、
工寮、寺廟、會館休息，甚至在樹蔭下、路邊打地鋪睡覺。但
隨著經濟的發展，出外的人增加了，在官路上的旅店自然出
現。翻開「乾隆台灣輿圖」在竹塹附近可以看到「店」字應是
指一般商店。另出現「飯店」，則是可以提供餐飲的店，但不
是包吃包住的飯店。如果要住宿只能在官道上的宿站，如中
壢、竹塹城、後壠、大甲而這些宿站是不供應食物的，稱為「自
爨店」，也就是旅客必需自備食物煮食。

因此可推測到乾隆末期，新竹區應已出現旅館住宿服務。
不過一直到十九世紀末，旅店中的吃住情況還是非常糟。直到
日據初期這種情形並無改變，「是以台人旅行，大抵宿知友之

家，或購薪米而自炊，甚則有攜寢具、食器而行者」[47]。

　　清末大陸沿海「各村皆有小逆旅，宿一宵，費錢十餘文，惟多塵垢且黑暗耳」[48]台灣亦是如此。馬偕（George.Leslie.Mackay）在《台灣遙寄》中描述他從淡水到中部的大社、埔里社一路旅程所見所聞。他在同治十一年（1872）三月從打狗搭船到淡水，在淡水下船後，一行三人很容易就顧了二位挑夫，從渡船頭搭小船到八里後再步行，到傍晚走到中壢，然後找一家最好的旅館住下來。由此可以想像當時中壢應該有多家旅店可以挑選。

　　同書續記旅店面臨大街，用土埆蓋成的小平房。他們住的房間又狹又小，除了睡床外已無立錐之地。房間裡沒燭台或桌椅，床上無床單，而用草蓆代替，每條草蓆都因幾年來苦力吸食鴉片而骯髒不堪。房間無窗子，牆壁污穢發霉。草髓燈的燃料是花生油。令人發昏的鴉片烟味，豬臭以及發自整個屋子的奇臭。馬偕還以為是旅客們所發出的「性烈的藥劑」。在另一房間有一桌二椅一長橋，跳蚤到處都是，在地上有雞鴨逛來逛去，呼朋引伴在覓食，且有豬群在屋裡屋外邊跑邊叫[49]。像這樣的旅店算是高級的旅館，可以想像其他的旅館是多麼的不堪居住。

　　在旅店並沒有餐廳或飯攤，而這家旅館的院子裡卻有「大土竈」供旅客烹煮食品，這就是前文提過的自爨店，淡新地區

---

[47]　佐倉孫三，《台風雜記》，頁20。

[48]　徐珂，《清稗類鈔》46冊舟車類，頁58。

[49]　喬治馬偕（G.L.Mackay）著，林耀南譯，《臺灣遙寄》，頁22。

全幾乎都是這種旅店，在《淡新檔案》中，記載「自釁店、散夫店、車戶」一年要繳銀一元給挑夫首以補賠累，但沒提及其他旅店。[50]

旅館通常設在市街上，通常是給一般平民及苦力住的，所以旅店的環境相當惡劣，反應當時低下階層居住情形，房間沒有窗戶，牆壁發霉，到處有動物與人雜處，房間內的惡臭，甚至還讓「母豬帶一群小豬佔據了床下，作為牠們的巢居」[51]也就是人豬同房一起睡，這樣的衛生條件是很差的，不過當時台灣旅店的環境幾乎都是如此。

因為與豬同住又不注重衛生，難怪住了一夜之後馬偕的同伴李奇先生就患上了瘧疾重病，必須搭轎子才能繼續趕路。奇怪的是馬偕在回程時又住進這家旅店，3月13日，馬偕離開竹塹後，應會在後壠過夜，那裏才有「宿店」。但馬偕一行人卻投宿在「白沙屯」（在後壠與通霄之間），所以可能住宿條件又更差。同年4月3日回程時馬偕一行人仍然投宿在白沙屯。

當晚「有一隻豬在那裡整夜嘷叫，跳蚤也很多。因為有許多苦力比我們早到那裡，所以我只好睡在好像豬舍的地方。」[52]這麼誇張的住宿衛生環境馬偕也只是輕描淡寫的說：「在這裡我們仍然免不了豬的騷擾」。

同治十一年（1872）三月十二日馬偕在竹塹過夜時，只說

---

[50] 《淡新檔案選錄行政編初集》第一冊，頁41、45、46。
[51] 同註49前引書，頁23。
[52] 同註49前引書，頁32-35。

「我們住在極污穢的地方，房子又小又髒、味道不好」[53]。十月廿四日，馬偕第二次又回到竹塹投宿，他描述的很詳細。他在日記上記載這家客棧裡面非常髒，房間內潮濕陰暗。外面是豬舍及非常臭的臭水池。睡在木板上，用石頭代替枕頭。濕漉漉的衣褲沒得替換，渾身不舒服。房間裡因為沒窗子，所以屋內一片渾暗，什麼也看不見，站也站不直，因為屋頂不及五呎！

稍後有人拿燈來，不照還好，照了會嚇死人。因為房間裡到處是蜘蛛、垃圾及轎夫丟棄的破草鞋！

馬偕繼續寫道：「隔壁又有火煙湧進來，屋裡臭且污穢得很，幾乎令人嘔吐，此外又有出外旅行的人們及苦力們住在隔壁的房裡，他們在那兒互罵、嚷叫，喝酒又抽鴉片，不久整個屋裡都是鴉片味。他們囂叫，互罵不停，又賭博，直到深夜才停止。」[54]

這是清末竹塹城旅店的一般情形，問題是馬偕每次都住這一家，或許是馬偕已經習慣了，再換也不見得比較好。不過竹塹是淡水廳內的首善之城，其住宿條件尚且如此惡劣，就不用提竹塹地區其他的旅店了。

同治十三年（1874）日人樺山資紀（日據後首任台灣總督）暗中來台搜集情報，從台南走陸路到淡水，在多次投宿旅店的經驗後，他的結論是提醒在台灣外出旅行者必備：

---

[53]　同前註，頁32。

[54]　同註49前引書，頁59~60。

1. 乾糧：例如麵包、醃肉、酒。因為旅店通常不供應飯食。
2. 短銃：因為沿路多盜匪，可以防身。
3. 火柴及蠟燭：因為旅店內很暗，就算白天也要點燭火。
4. 零錢：以支付渡船費用。[55]

可見當時出門在外的不方便與不安全。日據初期台旅行的日本人佐倉孫三，也受不了台灣的旅館，他說：「台島無旅館。非無旅館，無足宿者也。」因為台灣人旅行大都住在朋友家，如果要住旅館，就必需自備薪火糧食，而且是自己煮。旅館內也不供應棉被、碗筷，這都要自己帶，不只台灣如此，大陸也是如此，他舉李鴻章為例，李鴻章到日本議和時，就帶了大批的寢具及食器，讓日本人覺得好笑[56]，可見不供應寢具是中國人的習慣。

除上述較為空泛敘述清代竹塹交通、住宿外，幸其時林占梅留下若干詩作，能較具體描述香山此條官道之路況及週遭景色、交通工具，如：

〈過鹹水港〉：「寒威能刺骨、愁緒欲焚心。海嶠風剛勁、山陬雨浸淫、草粘沙磧遠、樹冒瘴煙深、日日征鞍上、無聊只苦吟。」；

〈官渡港暮望即景〉：「幽闃沙原裡，漁家結屋棲。潮平橋腳短，汐退港喉低。牡蠣粘船腹，旋螺貼蟹臍。一村風景勝，

---

[55] 轉引自黃智偉，《省道台一線的故事》，頁 104。
[56] 同註 47 前引書，頁 20。

綠柳護長堤。」、「危樓看峻險，曲港勢迴旋。日晦雲蒸雨，波搖水動天。峭崖墳似卦，斷棧屋如懸。身膽凌競怯，跟蹌度嶺巔。」、「蕩槳喧童稚，漁家樂趣生。帆疏如網漏，船小類瓢輕。岩樹蘇秋雨，溪霞熨晚晴。行吟歸故緩，落日扣柴荊。」；

〈香山暮歸〉：「暮色黯沙灣，匆匆策騎還。風腥知近海，日暗欲啣山。倦鳥投林急，浮鷗拍浪閒。自憐疏散慣，辛苦事行間。」；

〈阻雨香山港市樓漫興〉：「黑雲翻雨倒天瓢，獨上層樓感寂寥。遠樹蒼蒼沙岸闊，孤帆隱隱海門遙。射潮雨勢錢王弩，入市風聲伍子簫。熱血一腔何處灑，酒杯在手劍橫腰。」；

〈鹽水港歸港〉：「嶺下多沙磧，彎環出水濱。山雲堆臃腫，海日散輪困，潮勢狂吞艇，風威猛撲人，輿窗時半啟，放眼盡埃塵。」；

〈登香山港市樓晚歸〉：「樓外蒼茫日欲傾，眼光惝恍耳交鳴。滄溟雲暗垂鵬翼，林樾風狂起虎聲。動地波濤攻斷岸，漫天沙土障遙城。匆匆僕馬歸來晚，疊塊時消酒一甕」；

〈香山海堤晚歸〉：「沙鷗翔集渚蘭芬，千尺長隄傍水濆。來往帆乘潮汐掛人，高低田賴陌阡分。波平落日徐沈海，風定孤煙直入雲。繚繞歸途天漸晚，鏗鯨百八已遙聞。」；

〈大雨颺夜宿官道小樓〉：「危樓搖電入雲高，六月寒生范叔袍。雨陣射窗同勁弩，風威撼屋肖狂濤。乾坤若磨隨旋轉，草木皆兵聽怒號。徹夜驚魂憑酒壓，詩成耳熱興猶豪。」；

〈月夜泊官道〉：「秋深沆瀣天，遙望空水連。犬吠嶺頭

月，舟衝波上煙。朝雞客驚起，村火人未眠。岩下足幽趣，清鐘搖枕囷。」；

〈南征八詠〉之一〈師出香山途中作〉：「吹簑（笛）平明按隊行，旌旗映日向南征。斬蛟膽氣豪看劍，汗馬功名壯請纓。社勇練成弓箭手，軍心奮起鼓鼙聲。釜魚穴蟻終誅滅，何事潢池敢弄兵。」；

〈雨後醉歸香山道中憩野人家〉：「午後酕醄斟數觥，軋軋籃輿道路平。懵騰坐睡身斜橫，滋味無如黑醋清。何來草籟相交并，振雨風泉倏解酲。夢魂未定心猶驚，大呼輿窗四面撐。……綠笠枝頭風乍輕，青草岸邊蛙亂鳴，繞徑群花簇英英，平川碎石雜庚庚。莊家小憩敲柴荊，主人後圃方經營。……劇談向晚爇長檠，謝別出門自登程。此際塵念絕不萌，隔溪又聽蒲牢聲。」

綜合上引諸詩，可以知曉道同年間林占梅出入香山古道，交通工具有馬匹、轎輿、輕舟，還有僕人在旁伺候，此為富貴官宦人家之享受，一般中下階層的販夫走卒，無此幸福，恐怕只能步行足走，稍好者或有牛車代步。[57]

---

[57]　以上詩作詳見施懿琳主編《全台詩》第七冊，（國立台灣文學館，2008 年 4 月 1 版），〈林占梅〉茲為省篇幅，不一一分註，集中於此合註，分見第七冊頁 138、145、174、187、212、222、240、252、322、23。第八冊，頁 48、50、87、109、233、319。

三、小結

　　新竹香山港在過去史料上記載，雖然一般說來是泛指客雅溪口至鹽水港等沿海船泊停靠地的泛稱；然而較明確之主要的泊地，正是頂、下寮一地的海岸。所以現今一般人所稱之香山港，大約北起頂寮、下寮而接洪水港南至鹽水港間，此地為台灣海峽與香山丘陵，山海夾峙之窄小海岸平原，由古至今都是台灣南北重要的交通孔道，汛塘官道必經之處；直到今日台 1 號省道縱貫公路仍從聚落外環繞通過。

　　如前文所敘述，根據《新竹縣志》的記載，從竹塹城出西門往南官路，詳細經過聚落村莊如下：西門（挹爽門—土城告成門—磚仔路—玄天上帝廟—外寮—隙仔溪（客雅溪）—埔薑園—隆恩橋（通稱欄杆橋）—頂牛埔—牛埔庄—車路溝—五欉榕—三塊厝—振湖陂—三姓公溪—大庄—舖仔（文書遞舖站）—飯店—香山塘—草漯—頂寮庄—下寮庄—洪水港渡—海山罟庄—海山罟溝—尾漿寮—灰窯（又名草厝仔）—鹽水港渡—口公館—老衢崎（挹爽門至此約二十里）[58]。

　　其中頂寮庄是重要的一個據點，此段官道所包含之頂寮庄—下寮庄段，即是今日朝山里這一段官道，大約是穿過今日聚落內，經過香山天后宮前的路線，與今日中華路五段 420 巷之道路幾乎重疊。而除了頂寮庄朝山里聚落內，這一段官道因為香山港的中衰，造成聚落的經濟產業衰退，居民因財力因

---

[58] 同註 41，頁 2808。

素，少有改建，舊有建築物被凍結在聚落之中；日後台1號省道縱貫公路，改由聚落外區域環繞通過，所以，舊官道的格局規模，大約保持原樣沒被道路拓寬破壞。

然而上文所提之其他地區，則因為併入新竹市區，經過不斷改建，形貌大為改變，官道或為縱貫公路所合併或切斷，早已破壞當初的格局。但朝山里因為產業衰敗、變遷，居民無力改建翻修屋宇，意外保留成為歷史遺跡。若能，配合聚落內許多家族古宅解說，或可以闡釋說明昔日的竹塹地區官道文化，豐富其內涵作為觀光旅遊休閒之用。

例如香山港北側之船泊地，在頂寮聚落西側之土地公廟附近之海堤處，在昔日這是重要的停靠碼頭，可以立牌說明與下寮之香山天后宮相互輝映之歷史，見證昔日香山港的繁榮，進而補充說明塹郊金長和歷史，讓遊客與民眾去體會，全盛時期此地舟車輻湊，商貿鼎盛之盛況，由頂寮到下寮船舶連綿不斷，聚落內是行郊林立的貨物聚集地和貿易中心。

除此之外，因為此地聚落傳統格局保持完整，主要也是因為省道縱貫公路改從聚落外環繞通過，沒有破壞到昔日舊聚落的空間格局，如同「標本」一般保存至今。

另而在頂寮聚落南緣頂寮溪畔，位於頂、下寮兩聚落之間，有一大相爺宮（大眾廟），同時頂寮下寮間「萬善同歸」、「三義公宮」陰祠內，同祀土地公與五穀先帝的地點，都在聚落外圍昔日官道旁，這樣的文化景觀說明傳統漢人對聚落空間的經營觀念：將神聖潔淨的神明廟宇安排在聚落核心或重要活

動區域；將陰魂不淨代表死亡、陰暗、幽微的事物排除在聚落外側。但是仍然是安排在主要動線附近，因為事生事死皆為人間大事，神鬼祭祀是村莊眾人的大事，當然要在主要動線附近，方便大家集合參與。

而貫穿這一聚落：「神─人─鬼」三階的流動、「天─人─地」三才的動線，正是昔日的官道，這週遭種種的事物遺跡，如同散在官道的蒙塵寶石珍珠，而官道正像一條線若加以整理串聯組織成一連串的文化景點，處處加以詮釋說明聚落發展歷史，配合附近海濱紅樹林、溼地生態，使朝山里成為一個有豐富自然生態與歷史文化景觀的雙料觀光休閒地區，在新竹市的文化休閒產業上，將散發出耀眼的光芒。

前清淡水總稅務司官邸之歷史研究──海關史的一個側面考察

一、開埠通商與設關

　　清代海關有二：一為常關，一為洋關，前者稱舊海關，後者又稱新海關。常關乃就本國船隻裝載貨物征收關稅，亦即是國內貿易的稅關，其稅目有出口正稅、進口正稅、復進口半稅、一六平餘、耗銀、新增例款、例款平餘、罰款等。[1]臺灣在未設行省前，係福建之一府，屬閩海關管轄，初無常關之設，僅由海防同知管理，只在廈門設關征稅。廈關之設，凡外洋渡臺，南北商船出入，到關請驗，凡外來洋船，由委員親臨封倉，按貨課稅；商船則遣人丈量淺深，計算多

[1] 詳見鄭孝胥：《福建通紀》（臺北：大通書局，民國57年11月），卷十一〈賦稅志‧雜稅〉，頁732。

寡，分別征餉。[2]貨物課稅，除米粟、書籍免稅外，餘皆照例征收，計分衣類、食類、用類等三大類，下又細分若干，項目瑣碎苛細，茲不贅引。[3]

臺灣洋關之設，源於咸豐八年（1858）的天津條約被迫開放為通商口岸，而中法的天津條約除了臺灣府城一口之外，又增加了淡水一口。翌年，中美條約互換後，美國公使華若翰（John E. Ward）就要求潮州、臺灣先行開市貿易，幾經折衝，清廷同意初步擇定滬尾作為通商口岸，擬在附近設立海關，並派福建候補道區天民馳赴該地處理。適在此時美國南北戰爭爆發，遲遲無法派出駐臺領事，臺灣開港之事只得暫時擱置。

第二次英法聯軍之後，咸豐十年（1860）又簽訂北京條約，第二年英國首任駐臺副領事郇和（Robert Swinhoe）抵達臺灣，同年底，郇和移往臺灣北部淡水。同治元年（1862），淡水口設關的籌備工作就緒，於六月廿二日（新曆 7 月 18 日），在滬尾設洋關正式開市。爾後以多收洋藥稅款為由，增設口岸，同治二年八月十九日（1863 年 10 月 1 日）雞籠口開港設關。打狗（今高雄市）於翌年新曆五月六日開辦，安平分關則遲至同治四年（1865 年 1 月 1 日）開設，屬打狗關管轄，但名義上均以淡水為本關，總理全臺關務，其他三港

---

[2]　周凱：《廈門志》（臺銀文叢第九十五種），卷七〈關賦略・稅口〉，頁197。
[3]　周凱前引書，〈關稅科則〉，頁202~224。

所設者為分關。至此臺灣南北四個口岸全部開放，設關工作告一段落。[4]

二、淡水海關的建立

臺灣海關之設，始於天津條約，許開臺灣通商，至同治四年（1865），一共開放了四個口岸（兩正口、兩外口），設置四個海關，在名義上滬尾和雞籠兩關合稱淡水關，打狗和安平合稱臺灣關。其中滬尾設關，頗有一番曲折經過可談：

如上所述，美國公使華若翰最先爭取到，讓美國人來臺通商權利，為了設關征稅問題，地方大吏閩浙總督慶端、福州將軍東純、與福建巡撫瑞璸，會同商議，認為應先在滬尾附要隘設立海關，遴委幹練大員赴郡（指台南府），會同臺灣鎮、道、府再行妥商，等美國領事抵臺，便可會同妥議。他們推薦了福建候補道區天民專駐辦理。

區天民抵臺後，並未立即關辦海關，一則沒有關防，二則沒有經費，三則遭遇戴潮春之亂，傳聞將由海路侵襲滬尾之說，一再延滯。等英國副領事郇和抵達府城時，區天民自認無權向洋船征稅，委請郇和暫時代征，直到海關正式成立為止，但為郇和婉拒。區天民至此，不得不請示福州將軍，

---

[4] 本小段主要據葉振輝：《清季臺灣開埠之研究》（臺北：標準書局，民國 74 年 5 月，初版），第四章〈臺灣開埠的實現（三）〉，頁 158~161，改寫而成。

到底是另派海關員來臺主持，並將關稅擴及打狗和滬尾，或頒給他關防，以便辦事？可是等到郇和遷到淡水將近一年，區天民仍未成立淡水海關，也即是說區天民抵臺籌辦兩年之久，臺灣第一個海關，始於滬尾成立。遲設的原因，據葉振輝的推論，可能與梡稅徵收有關。因為海關成立後，所有洋船只須按條約規定，繳交洋稅、洋藥稅、船鈔、子口半稅、與土貨復進口半稅，免去梡稅一項，使得官吏減少陋規的外快收入。[5]James W. Davidson 在《臺灣之過去與現在》一書中，也有類似地說法：「當權官吏對由外人監督開辦海關關務，極表反對；蓋因他們過去，可隨意以各種形式的榨取，均將從此喪失。船捐為榨取之一種通常形態，過去常向帆船及外國船隻徵收；然他們發現，在海關開辦後，外國船隻係免繳船捐；此點當大出他們所望。他們損失船捐，計每艘四十元，因此就竭力採取報復，以一切可能的方法，妨礙對外貿易。」[6]不過，賴永祥認為：蓋因當時臺灣的政治重心仍在南部，而夷夏之防仍深，地方官吏以為開放北部的淡水為通商口岸，可減少中西官吏之接觸往來。[7]換句話說，其心態仍有拒外之意識，能拖延多久就多久。

---

[5]　葉振輝前引書，頁 158。

[6]　James W. Davidson 著，蔡啟恒譯：《臺灣之過去與現在》（臺銀研叢第一〇七種，民國 61 年），第十四章〈臺灣對外貿易之開放〉，頁 135。

[7]　賴永祥：〈淡水開港與設關始末〉，《臺灣風物》，第二十六卷第三期（民國 65 年 9 月），頁 4。

　　另一方面，同治元年（1862）福州關稅務司法人美里登
（De Meritens）曾建議臺灣增開子口，並謂臺灣海關如果以
洋人作稅務司管理，則關稅可望由每年四、五萬兩，增至三
十萬兩，暗示了華人官吏貪墨的陋規。[8]經署理上海通商大
臣李鴻章贊同，會同總理衙門，咨請閩浙總督左宗棠、福州
將軍耆齡辦理。決定改子口為外口，於各口設關，並請設副
稅務司一名，專管四口稅務。稅銀由淡水、臺灣兩關造報，
解交閩海關國庫。因此滬尾開關時，首任副稅務司為英人侯
威爾（John William Howell），繼任者為美人施堅吉（W. S.
Schenk）。並以滬尾水師守備舊署作為稅關新址。關於滬尾水
師守備署沿革，陳培桂《淡水廳志》有記：「滬尾水師守備署，
在滬尾街。嘉慶十三年，移興化協左營守備駐此，賃民屋居。
道光十年，郭揚聲捐建，是為舊署。二十三年，李朝祥以舊
署為千、把總公所，別建新署，左右各設兵房；離舊署僅數
武地。」[9]並且續記海關公署的成立：「滬尾海關公署，即滬
尾水師守備舊署。咸豐十一年，道員區天民開設海關，改為
公署。」[10]

---

[8] 　詳見（一）文慶等纂：《同治朝籌辦夷務始末》，卷二十（臺北：國風出版社，
　　　民國 62 年），頁 1。（二）《籌辦夷務始末選輯》（臺銀文叢第二〇三種），頁
　　　279~282。

[9] 　陳培桂：《淡水廳志》（臺銀文叢第一七二種），卷三，志二〈建置志〉，頁
　　　53。

[10] 　同前註。

三、淡水海關的編制

　　同治元年（1862 年 7 月 18 日）以水師守備舊營房為場所而開關征稅時，區天民以海關監督身分主持關務，到年底時因英籍船長率洛文（Sullivan）的樟腦交易糾紛，英駐淡水署理副領事柏卓枝（Braune）欲區天民登上英艦談判，區天民畏懼，連夜走避福州，直到次年才返回滬尾，繼續主持關務。[11]後閩撫徐宗幹為安撫英人，改派區天民負責北臺軍務防剿戴潮春之亂，奏委道員馬樞輝接辦，但因戴潮春之亂，馬氏未到，另委淡水同知恩煜接辦。恩煜請設關渡驗卡，稽查洋商，進出巡邏仍用關船。[12]總之，淡水開埠設關之初，全由中國人管理，但到了同治二年八月十九日（1863 年 10 月 1 日）後就不一樣了。

　　前言福州海關稅務司美里登建議臺灣增設口岸，並以外國人任稅務司管理。因此侯威爾出任滬尾關署副稅務司。「八月十九日，雞籠開禁，洋人派副稅務司專駐滬尾、雞籠二口，會同關員稽征。」[13]這是洋人管理臺灣海關的開始。這裡，不免產生一個問題，華人海關監督與洋人副稅務司其職掌如何？誰大誰小？誰聽誰的？

　　同治三年（1864 年 8 月），總理衙門公布「通商各口募

---

[11] 事件經過詳見葉振輝前引書，頁 211、215、248。

[12] 陳培桂前引書，卷四，志三〈賦役志・關權〉，頁 109~110。

[13] 同前註。

用外國人幫辦稅務章程」，其中有所規定：[14]

> 通商各口辦理收稅事宜，如有不妥，均係各關監督之責成。是以凡有公事，自應歸監督作主。如此則稅務司所辦之事，即監督手下之事。惟稅務司係總稅務司所派之人，非監督（之）屬員可比，然不得因非其所屬，遇事招搖攬權，以致監督難專其責。

關於這一規定有三點須作補充說明：

其一，新關建立之後，雖有由清廷所派任的海關監督，但他們除了僅能繼續管理原來的常關事務外，對於洋關事務只能將洋人稅務司按日送來的稅款收入，報表轉解關庫、戶部，除此之外，少有他事。因此，名義上是以海關監督為主，外籍稅務司次之的管理體制，實際上是稅務司完全掌握了洋關的行政與關稅大權。[15]我們可以從侯威爾出任滬尾關副稅務司的最初五個月，該關的中國監督三易其人（按指區天民、恩煜、馬樞輝），可以想見其中的蹊蹺，英國副領事郇和說是因病而更動頻仍，孰能信之？[16]

其二，所謂各關監督，大半是由道臺兼任，所以稱為「關

---

[14] 席裕福纂：《皇朝政典類纂》（臺北：成文出版社，民國 58 年），卷一〇二，征權二十，頁 3233~3238。

[15] 林仁川：《福建對外貿易與海關史》（廈門：鷺江出版社，1991 年 4 月），頁 190。

[16] 葉振輝前引書，頁 162。

道監督」，名義上臺灣關應由臺灣兵備道擔任，但因臺南、臺北相距頗遠，難以兼領，所以滬尾關不由臺灣道任監督，多由福州將軍委派，如第一、二任的區天民與馬樞輝都擁有道臺官銜，而接著的馮慶良、劉青藜只有知府、佐領官銜，或稱為「通商委員」，也因此「關道每年屆數年，量予更換委員，由關道遴派，均不拘文武官職」，造成以後「監督」、「關員」、「委員」、「通商委員」等等頭銜的混淆。

其三，（副）稅務司並不是海關監督，他只是負責監督手下而已，他對幫辦、通事、扦子手頭目（或稱總巡）不得任意撤職，僅能暫停薪水，不令赴關辦事，一面申報總稅務司示遵，但對於扦子手，則可立刻撤職。對於華籍職員，除書辦撤職須知照海關監督外，其他人員均可立刻撤職。不過革退之事，十分慎重，少見其濫權胡為。[17]

那麼稅務司手下有那些關員？淡水海編制實際情形又是如何呢？

依據新關職務，屬於徵稅部門，可分為洋人、華人兩系統，洋人系統又分為內班、外班、海班。內班設有：稅務司、副稅務司、超等幫辦、頭等幫辦、二等幫辦、三等幫辦、四等幫辦（以上又分前、後班）供事、雜項、醫員。外班有：超等總巡、頭等總巡、二等總巡、三等總巡、頭等驗貨、二等驗貨、三等驗貨、頭等扵字手、二等扵字手、三等扵字手、

---

[17] 葉振輝前引書，頁164。

巡役、雜項。海班：管駕官、管駕副、二副、三副、管輪正、副、二副、砲手首領、巡艇弁。華屬內班有：超等供事、供事（分一、二、三、四等，試用與另用）、文案、書辦、雜項。華屬外班有：驗貨、秤貨等、水手、巡役、跟班、聽差、轎夫、更夫、門役等，匠役、雜差等。華屬海班有：水手、火夫、艙役。[18]

當然，滬尾關初設，人員不必如許之多，侯威爾任職副稅務司期間，手下洋員不過四人，總巡一人和扞子手一人駐滬尾，另扞子手二人駐雞籠。到光緒元年（1875），稅務司手下共有洋員九人。[19]而華屬關員，同治十年（1871）左右，陳培桂《淡水廳志》則有詳確記載：[20]

> 滬尾海關正口，同治元年設。雞籠外口，開禁。關渡卡，二年設。兩口每年徵稅約銀六萬兩，無定額。支給薪水工食；稅務司，每月銀一千五百兩；關道一員，每月銀三十六兩（另通商銀七十二兩，由臺灣府庫釐金款項提撥）；滬尾隨員一員，每月銀二十兩；雞籠委員一員，每月銀二十兩；關渡委員一員，每月銀十四兩；書吏二名，每月銀十六兩；幫書十名，每名月

---

[18] 詳見陳霞飛編：《中國海關密檔──赫德、金登幹函電匯編》（北京：中華書局，1990 年 6 月），第一卷，頁 706~708。

[19] 同註 17，如 1886 年人員如下：海關副稅務司 John William Howell，海關總巡 George F. Hume，鈐字手 Charles Powell 與 Richards Goodrdge。

[20] 同註 12。

銀或十兩或八兩；役哨三十餘名，每名月銀或四兩或
三兩。應存賸銀按季解繳閩海關。

　　嗣後，隨貿易之興盛與關務之繁忙，人事有所變動，此
處不擬細述，僅引錄《臺灣省通志》光緒年間的〈清季淡水
海關洋員題名摘錄〉，另附〈清末海關稅務司人名表〉作為簡
介：[21]

---

[21]　王世慶：《臺灣省通志》，卷三〈政事志‧外事篇〉（南投：臺灣省文獻會，
　　　民國 60 年 6 月），頁 53~54。

表1　清季淡水海關洋員題名摘錄

職位	光緒元年 1875年8月	光緒二年 1876年8月	光緒三年 1877年8月	光緒五年 1879年8月	光緒六年 1880年7月底	光緒八年 1882年5月底	光緒十八年 1892年7月
稅務司 Commissioner	好博遜(英) Herbert E. Hobson	好博遜(英) Herbert E. Hobson	德益(挪威) I. M. Daae	李華達(英) W. T. Lay	李華達(英) W. T. Lay	好博遜(英) Herbert E. Hobson	馬士(美) Hosea B.Morse
頭等幫辦 1st Assistant				馬羅瑪(英) J. L. Blackmore	※費世(英) H. J. Fisher	※費世(英) H. J. Fisher	柏寧敦(英) C. A. Pennington
二等幫辦 2nd Assistant	※李輝華(法) L. Lefebvre	※李輝華(法) L. Lefebvre	※李輝華(法) L. Lefebvre				
三等幫辦 3rd Assistant	殷思立(英) A. Ainslie	殷思立(英) A. Ainslie	殷思立(英) A. Ainslie				
四等幫辦 4th Assistant			德維世(英) C. W. Davies	德維世(英) C. W. Davies	鄺曼(英) C. Le. Bas Rickman	師多克(英) R. Stokes	克樂思(英) C. A. Cross
幫辦(未分等) Assistant				※甘美倫(比) J. J. Keymeulen			
供事 Clerk							涂理博(德) F. W. E. Dulberg
總巡 Tide Surveyor	維魯(英) H. Vierow	維魯(英) H. Vierow	維魯(英) H. Vierow	●士乜(英) E. J. Smith	布廉恩(英) E. V. Brenan	布廉恩(英) E. V. Brenan	▲司第芬(英) E. Stevens
二等驗貨 Examiner							俾厘(美) O. E. Bailey
三等驗貨 Assistant Examiner	吳德利(荷) J. Wortel	吳德利(荷) J. Wortel	吳德利(荷) J. Wortel	保澄士(英) P. Baudains	巴得勝(瑞典) J. W. Patersson	哈爾靈(英) W. G. Harling	威廉臣(英) T. Williamson
頭等鈐字手 1st Class Tidewaiter	保澄士(英) P. Baudains	保澄士(英) P. Baudains	保澄士(英) P. Baudains	巴得勝(瑞典) J. W. Patersson		麻雛德(英) R. Macgregor	模德(英) W. Boad
二等鈐字手 2nd Class Tidewaiter	巫奈(英) E. Molley 羅近(英) J. H. Logan	巫奈(英) E. Molley 羅近(英) J. H. Logann	羅近(英) J. H. Logan	頗樂代(英) J. E. Borrowdale	克勞弐(英) W. E. Clodd	威斐禮(英) H. T. Wavell	余窩沙(德) G. A. Schnarzer

職稱							
三等鈐字手 3rd Class Tidewaiter			耿納非（英）P. Canniffy	威斐禮（英）H. T. Wavell C. P. 林博格（丹麥）C. Lynborg	威斐禮（英）H. T. Wavell C. P. 林博格（丹麥）C. Lynborg	葛樂蒙（英）G. Claremont 費禮士（英）G. J. Freeth	襴庇安（英）G. Nepean 客羅彌（英）W. Cloney
醫師 Surgeon	凌爾（英）B. S. Ringer	凌爾（英）B. S. Ringer	凌爾（英）B. S. Ringer	凌爾（英）B. S. Ringer		周漢森（德）C. H. Johansen	禮德（英）A. Rennin
技師 Engineer	瞿德（英）D. Tyzack	瞿德（英）D. Tyzack	瞿德（英）D. Tyzack	瞿德（英）D. Tyzack	瞿德（英）D. Tyzack		

備註：※駐雞籠　　●署　理　　▲休假中

表 2　清末臺灣海關稅務司人名表

年代	海關別	稅務司姓名	職稱
一八六六	打狗	惠達（Francis W. White）	＊稅
一八六六	淡水	Woods.Schenck	＊代
一八六六	打狗	費世（Henry James Fisher）	代
一八六七	臺灣府、打狗	惠達	稅
一八六七	淡水、雞籠	葛顯禮（H. Kopsch）	＊署
一八七四	淡水	好博遜（H. E. Hobson）	稅
一八七四	打狗	愛爾格（Henry Edgar）	署
一八七五	淡水	好博遜	稅
一八七五	打狗	H. O. Brown	稅
一八七六	淡水	好博遜	稅
一八七六	打狗	T. F. Hughes	署
一八七七	打狗	好博遜	稅
一八七八	淡水	李華達（W.T.Lay）	稅
一八七八	打狗	好博遜	稅
一八七九	淡水	李華達	稅
一八七九	打狗	馬根（F. A. Morgan）	代
一八八〇	淡水	李華達	稅

一八八〇	打狗	勞偲（W. B. Russell）	代
一八八一	淡水	韓威禮（William Hancock）	代
一八八一	打狗	那威魯（A. Novion）	稅
一八八二	淡水	費世	代
一八八二	打狗	那威魯	稅
一八八三	淡水	費世	代
一八八三	打狗	司登得（G. C. Stent）	代
一八八四	淡水	法來格（E. Farago）	稅
一八八四	打狗	墨賢禮（H. F. Merrill）	代
一八八五	淡水	法來格	稅
一八八五	打狗	格類（E. Fitzagerald Creage）	稅
一八八五	淡水	法來格	稅
一八八六	打狗	馬吉（Jas. Mackey）	署
一八八七	淡水	湛瑪斯（J. L. Chalmers）	代
一八八七	打狗	吳得祿（F. E. Woodruff）	稅
一八八八	淡水	湛瑪斯	代
一八八九	淡水	葛顯禮	稅
一八八九	打狗	白萊喜（Jas. R. Brazier）	署
一八九〇	淡水	夏德（F. Hirth）	署
一八九〇	打狗	白萊喜	署
一八九一	淡水	夏德	署
一八九一	臺南	孟國美（P. H. S. Montgomery）	署
一八九二	淡水	馬士（H. B. Morse）	署
一八九二	臺南	愛格爾	稅
一八九三	淡水	馬士	署
一八九三	臺南	司必立（W. F. Spinney）	署
一八九四	淡水	馬士	署

一八九四	臺南	司必立	署
一八九五	淡水	馬士	署
一八九五	臺南	司必立	署

註(1)＊稅＝稅務司；署＝署理稅務司；代＝代理稅務司。
　　(2)本表轉引自林滿紅：〈清末海關歷年資料的史料價值〉，《臺灣史與臺灣史料》（臺北：吳三連基金會，1995 年），頁 364~366。
資料來源：各關稅務司之名取自各關歷年統計或報告，其中文譯名則取自 *Chinese Maritime Customs Pubications,* 1860-1948, Service Files, No. 1, Service List, Vol. 144.

四、前清淡水總稅務司官邸的創建與變遷

（一）清領時期

淡水海關既設，海關公署遂成為中國官宦進出滬尾暫時休憩招待之所，如光緒十八年（1892）蔣師轍來臺襄試修志，留有日記，三月廿日「夕抵滬尾，繡昏（按即黃昏）亡所見」，廿一日本擬搭小輪舟至臺北，但「舟人以南陔與余皆攜有江海關免稅單，須稅司驗畢乃可行，是日直夷人禮拜，不理事。」於是只得「午餐後買小舟登岸，榕陰如幄，流泉出蹊術間，頗饒幽致。小市居岡麓，肆廛櫛比，海腥羅列，狀多詭異。略一涉歷，復登輪舶，憑闌側顧，山勢邐迤，如屏如幛，艸𦶜蒙密，不見山骨。海關及軍壘，隱露其顛，疑入畫境。」廿二日商得稅務司允不復驗，與眾人「請逕入署，遂同行」，搭舟至臺北。廿三日再與其他人會合，返回滬尾，「管司馬約

過海關公廨小憩」，再轉乘飛捷輪赴臺南。[22]日記為記實之作，對當時滬尾、大稻埕、臺北城內北門、西門一帶皆有所描述紀錄，惜未見前清淡水總稅務司關署與官邸之描述。

淡水關署既有洋人副稅務司與若干洋人關員，早期或可讓他們賃民屋居住，但終非長久之計，他們不便也不願與華人混居，遂有官邸宿舍興建之舉，此即淡水前清淡水總稅務司官邸之由來，但前清淡水總稅務司官邸為何建在埔頂？並且創建於何時呢？

前清淡水總稅司官邸建於何時？志書文獻，均無確切的記載，有之，為今人周明德先生在〈刻有菊花御紋章的懷故事〉一文中曾夾帶提及：「從淡水文化國小經淡水初中到淡水紅毛城一帶，在清季是一片荒野，且部分為墓地，土稱『埔頂』。大約同治九年（1870 年）淡水海關在埔頂建三棟洋房，充作洋職員之宿舍。每棟洋房有約二公尺寬的走廊環繞，走廊柱子間上部呈半圓弧，院子廣闊，彷彿西班牙或墨西哥的貴族住宅。其中二棟位於淡水文化國小對面，因歷久失修，於二次大戰後不久便毀滅。現只保存位於淡水初中對面那一棟。清季，當地住民稱此三棟為『埔頂三塊厝』。日本殖民臺灣時，發現這三棟非清國官產，而是總稅務司赫德（Robert Hart）的私產，不能隨便接收。同年八月才由日方以相當價

---

[22] 蔣師轍：《臺游日記》（臺銀文叢第六種），頁 12~13。

格收購,充為海關財產。」[23]

周氏雖非專業史家,但為文一向嚴謹,惜並未交待出處?抑或是其個人之考證?也並未說明。此說若不誤,則前清淡水總稅務司應該是在好博遜(Herbert E. Hobson)擔任淡水關稅務司(1869～1876)任內所建。那麼前清淡水總稅務司又為何建在埔頂一帶呢?

咸豐十年(1860),臺灣開港,許安平、淡水兩港對外貿易,英、法、美、德等國相繼而來,派領事、劃租界、設洋行、建棧房。輪船出入,雲集兩港,往來貿易,極為頻繁。以淡水為例:英國駐臺副領事郇和於咸豐十一年(1861年12月)將領事館遷至滬尾;同治元年(1862)英商顛地洋行(Dent & Co.)及怡和洋行(Jardine Matheson & Co.)同在淡水設立分行。同治三年(1864)英人陶德(John Dodd)也在滬尾設寶順洋行(Dodd & Co.);同治四年(1865)德人美利士(James Milish)又繼在滬尾設美利士洋行(Milish & Co.),同年美商費爾・哈士迪斯(Field Hastus)分在滬尾、雞籠設費爾・哈士迪斯洋行(Field Hastus & Co.)。[24]嗣後才慢慢轉向大稻埕開設洋行,其間變化茲簡要列表如后說明:[25]

---

[23] 周明德:〈刻有菊花御紋章的懷錶故事〉,《海天雜文》(臺北縣板橋:臺北縣立文化中心,民國83年6月),頁332。

[24] 詳見王世慶:《臺灣省通志》,卷三〈政事志・外事篇〉,「清季在臺設立主要洋行一覽表」,頁60~62。

[25] 本表出自張志源:《殖民與去殖民文本的文化想像—重讀淡水埔頂之地景》

表 3　滬尾、大稻埕洋行使用機能變遷表

建物名稱	興建年代	初期使用機能	變遷過程	建物使用情形
怡和洋行（Jardine. Matheson & Co.）（淡水）（大稻埕）	一八六〇	最初以船上為辦公室	1.一八六五年在淡水改變經營方式，由美利士、寶順代理。 2.一八六七～一八六八年在安平設立。 3.一八七二年在大稻埕設立。 4.日據時仍存。	已毀大稻埕怡和洋行在七〇年代改建成大樓
1.顛地洋行（Dent & Co.）（淡水） 2.顛地洋行（Dent & Co.）（艋舺）	1.一八六〇 2.一八六二	1.在船上為辦公室（英） 2.租屋（英）	1.一八六七年倒閉 2.引起建屋風波，一八六七年倒閉	皆已毀
1.美利士洋行（Milish & Co.）（淡水） 2.美利士洋行（Milish & Co.）（艋舺） 3.美利士洋行（James Milish & Co.或譯瓊斯・米利其洋行）（大稻埕）	1.一八六五 2.一八六五 3.？ （一八九五之前）	1.洋行（德—漢堡） 2.洋行（德） 3.洋行（德）	1.營業期間為一八六五～一八七〇年，後為寶順洋行取代 2.一八七〇年倒閉 3.日據初結束營業	皆已毀
費爾哈士迪洋行（Field Hastus	1.一八六五 2.？（一八九五	1.洋行（美） 2.洋行（美）	1.日據初仍存在 2.日據時仍存	已毀

（臺北：淡江大學建築研究所碩士論文，民國 88 年 7 月），頁 108~110。此處僅略為修正。

臺灣古道與交通研究——從古蹟發現歷史卷之二

&Co.）（淡水） 費爾哈士迪洋行 （Field Hastus &Co.（或譯惠利洋行）（大稻埕）	之前）			
1.寶順洋行 （Dodd&Co.） （淡水） 2.寶順洋行 （Dodd&Co.） （大稻埕）	1.一八六九 2.一八六九	1.洋行（英） 2.洋行（英）	1-1:.代理甸德洋行收購樟腦，在艋舺設茶站，一八六九年遷至大稻埕 1-2:日據時整修為紅磚洋樓，為迺生洋行經理的宿舍，專營石油生意，油庫稱為「臭油棧」 1-3:戰後歸亞細亞石油公司管理，後租給美孚‧德士古公司使用，「番仔樓」則一直租給英國領事館副事做為宿舍，最後一位住在裡面的外交官為澳洲大使，後來輾轉租給本地人及外國人使用 1-4:為現存臺灣關港後清代洋行倉庫 2.日據初被消滅	1.九〇年代毀於大火 2.已毀
水陸洋行 （Brown& Co.）（大稻埕）	一八六九	洋行（英）	日據初被消滅	已毀

和記洋行 （Boyd&Co.） （淡水）	一八七二	洋行（英）	日據初被消滅	已毀
德記洋行 （Tait&Co.） （大稻埕）（淡水）	一八七二	洋行（英）	1.一八六七年 T. C. Massion 設於安平、打狗，一八七二年遷至大稻埕 2.今仍存	大稻埕德記洋行七〇年代拆毀，重建大樓
1.公泰洋行 （Buttler&Co.）（淡水） 2.公泰洋行 （Buttler&Co.）（大稻埕）	1.一八九五之前 2.一八九五之前	1.洋行（英） 2.洋行（英）	1.日據初被消滅 2.日據初被消滅	皆已毀
1.（道格拉斯）德忌利洋行 （Douglas Lapraik&Co.）（淡水） 2.德忌利洋行 （Lapraik&Co.）（大稻埕）	1.一八九五之前 2.一八九五之前	1.洋行（英） 2.洋行（英）	1.一九〇五年由日本三達洋行所取代 2.日據初被消滅	皆已毀
嘉士洋行 （Cass&Co.） （大稻埕）	？ （一八九五之前）	洋行（英）	日據初被消滅	已毀
怡記洋行 （Elles&Co.） （大稻埕）	一八七二 （一八九五之前）	洋行（英）	1.同治六、七年在安平、打狗貿易，十一年改設在大稻埕 2.日據時仍存	已毀
劉達·布羅格爾曼洋行 （Reuter Brockelman&Co.）（大稻埕）	？ （一八九五之前）	洋行（德）	日據初被消滅	已毀

瑞記洋行（Malcampo & Co.）（大稻埕）	？（一八九五之前）	洋行（西）	日據初被消滅	已毀
新華利洋行（The Aanglo American Derect Teu Trading & Co.）（大稻埕）	？（一八九五之前）	洋行（美）	日據初被消滅	已毀
義時洋行（Oliver Carter Macy nc&CO.）（大稻埕）	？（一八九五之前）	洋行（美）	日據初被消滅	已毀

資料原出處：張志源：〈殖民與去殖民文本的文化想像〉，頁 108~110。
又，本表得黃富三教授大力指正修改過，已非原貌，謹致謝忱！

　　當時洋行在滬尾分布位置主要在新店口至油車口間，在鼻仔頭的只有寶順洋行（位置約今氣象聯隊所在），很明顯地在滬尾街兩端，就華人眼光而言兩處是市街邊緣，是落後不繁華熱鬧之區。就洋人而言，因與華人生活習俗不同，有文化差異，且不願住在髒亂市街，為避免與滬尾市街混雜、及行政上的干預、貿易交通的便利，於是在淡水市區外埔頂設立「居留地租界」。據柯設偕《淡水教會史》記載，此地區有漢人的金門館、廣興隆、烽火館、淡水海關、守備衙門、銅山館，以及漢人買辦陳阿順擁有的碼頭，同時因滬尾街南側在新店口仍是一片沙地，故德忌利洋行、德記洋行有專屬碼頭上下貨物，甚至當時外商還特別建造油車口至公館間的道

路。[26]總之，以紅毛城與城下滬尾海關為中心，洋商在附近租借官地與民地，或建屋居住，或建行棧存貨辦公，以後馬偕傳教士會在此區建禮拜堂、醫院、學堂等等，皆是在相同的背景與原因下。

不過，這裡又產生一新問題？淡水海關首任洋副稅務司侯威爾是在同治二年（1863 年 10 月）蒞任，初時在滬尾手下洋員連他共有三人，他們三住在何處？又何以拖至七年之後的同治九年（1870）才興建宿舍給洋關員居住？

按，淡水開港後，初時英國駐臺副領事郇和在咸豐十一年（1861）年底抵達淡水，是向怡和洋行借用鴉片裝卸船「冒險號」上辦公一年。繼任的布老雲（George C. P. Braune）一直到同治五年（1866），卻是租用淡水民宅，結果卸任休假時，以二十六歲英年病逝。後繼者格瑞高雷（William Gregory）認定布老雲是因五年來都住在「豢養家畜般的小屋」裡才染瘧疾而逝。適同治六年（1867）英國與清廷訂立「紅毛城永久租約」，翌年才將領事館辦事處搬遷到紅毛城內，並且大事整修紅毛城，當時居住在紅毛城內的英人約有十人，除了代理領事格瑞高雷外，尚有海關助理官員數人，及洋行商人。[27]而格瑞高雷也在紅毛城左側空地上興建住屋。此洋樓圖樣，由當時英國領事上海建築事務所出圖，建材少部分來自

---

[26]　張志源前引文，頁 108。

[27]　李乾朗：《淡水紅毛城》（臺北：雄獅美術出版社，民國 77 年 12 月），頁 22。

英國，主要來自廈門，匠師聘自臺灣本地，於同治十三年
（1874）時，由當時工兵技佐馬歇爾（F. Marshal）督建，於
光緒十三年（1887）正式完工，耗時十四年，花費二千五百
英磅。後來因漏水、潮濕不適本地氣候，在光緒十六年（1890）
時花費一千五百英磅，加蓋二樓，更換木質板等大事增修；
明治三十二年（光緒二十五年，1899）並增建東西兩側迴廊，
改進衛生設施等，[28]此棟建築即今紅毛城傍的領事館官邸。

　　另外一個事例是：同治元年（1862）顛地洋行在滬尾建
造房屋時，需要調駐一艘砲艇鎮壓附近居民，才得以順利興
建。同年顛地洋行的代理連勃（Rainbow）某回遭受苦力攻
擊，躲在屋宅中。事後由英領事率五十名武裝水手，到滬尾
街為首的騷動者住宅，擬以逮捕而不果，直到清朝官員將騷
動者逮捕制裁，才告一段落。[29]

　　據以上二事例研判，我們可推想而知：淡水開港初期中
外糾紛如此，居民排外如此，試問如何可能為僅有三人的洋
關員興建洋式豪宅，經費何在？樣式何在？匠師何在？建材
何在？何況所在地又是在軍事要地上，更有所不便。因此初
期洋關員或可能住在海關署內，或附近賃民宅而居，同治七
年（1868）才遷居紅毛城，直到日後海關總稅務司公署官邸
建好，才又搬遷。

---

[28] 滬尾文史工作室：《淡水人文旅遊手冊》（臺北：滬尾文史工作室，民國 82
　　 年）〈領事官邸〉，頁 31。

[29] James W. Davidson 前引之《臺灣之過去與現在》，頁 134。

　　新建好的三座海關官邸，其形制為一層樓的西班牙式白堊迴廊建築，即建築有獨立屋身，在屋身周圍有迴廊，以紅磚為主要結構體，建築物表面施以白灰、斜屋頂、高臺基，底部開氣窗。[30]當時居民因此稱此地為「埔頂三塊厝」，亦可想像其壯觀與醒目，近年淡水居民則因其白灰特色俗稱「小白宮」。

　　此三座建築設計者、施工者是誰？花費多少？甚至興工何時？完工何時、均已不詳，誠屬莫大遺憾，此處就周明德之說法而暫論定為同治九年（1870），不過其興工建築年代倒可以上到同治五年（1866，詳情見下節）。有關三座建物，當時幸好有人留下一二記錄，可供描述。寶順洋行之英商陶德曾撰寫一篇〈中法戰爭中在北臺被封鎖的一居民日記〉（Journal of Blockaded Resident in North Formosa During the Franco-Chinese War 1884-1885），刊於《香港日報》（Hong Kong Daily Press Office），今人周明德參酌其他史籍與實地勘察，加以增補，寫成〈秋天裡的戰爭〉，內文中有提及海關官邸者如下：[31]

　　　　過白砲臺有一海關燈塔和漁村，稱「油車口」。油車口至滬尾這段道路是由外商投資建造的。沿著此

---

[30]　米復國：《1860～1890 淡水、大稻埕及艋舺殖民建築之研究》（臺北：淡江大學建築研究所，民國 86 年 12 月），頁 114。

[31]　周明德：〈秋天裡的戰爭〉，《海天雜文》，頁 90~91。

路不到八百公尺就到淡水洋海關衙門。其後面山坡上聳立一座十七世紀西荷時代所建的紅毛城（英國租借為領事館），其側邊最近新建一棟領事的公館。過了淡水洋海關，經過若干棟泥土磚造的簡陋「土角厝」與榕樹林，就抵達指定為「滬尾集中營」的英商 Lapraik（德忌利）公司。集中營後面的丘上，即紅毛城的東邊，有牛津理學堂、女學堂（今淡江中學女子部）、二棟英人傳教師住宅、三棟淡水洋海關宿舍。羅列此丘上的每一棟房屋均高懸英國國旗。英砲艦 Cockchafer 號碇泊於附近，亦高懸英國國旗。

過了集中營就抵英商 Tait（德記）公司（今憲兵隊附近），高懸德國國旗。海關與孫提督衙門在其對面（今臺北縣警察局淡水分局）。再過即「滬尾馬偕醫館」，高懸英國國旗。接著就是滬尾街。街尾有一瀕河小丘，稱「鼻仔頭」（洋人亦稱同音 Piatow），英商「寶順洋行」Dodd & Co.座落在此丘上，亦高懸英國國旗，距紅毛城一點八公里。

在淡水傳教的加拿大傳教士馬偕（Rev. George L. Mackay）在光緒二十一年（1895）出版的《臺灣遙寄》（From Far Foumosa）第廿九章中，對淡水街和港口頗有詳細的描

寫，其中關於海關官邸的，如下引：[32]

我們的船徐行駛，經過幾座低矮的白色建築物之前——那是中國海關及其歐洲官員住宅。山在這裏突然高升至二百呎，上面有一座被風雨吹黑了的高大堅固的紅建築物，那是荷蘭人的古城塞，現在是英國領事館，高掛著大英帝國的國旗。稍低一點，有英國領事的漂亮的公館及其美麗的花園。在我們對面的山頂上，從海上就可以望見兩座優雅精巧的紅建築物，其式樣與在中國的其他通商港埠所見的都不同，有林蔭路環繞著，那就是加拿大長老會的佈道團所設立的 Oxford College（牛津書院）及女學校。與它們相近處，有兩座宣教師所住的白屋，幾乎為樹木所隱蔽，都是平房，有別墅式的瓦屋頂及白色的牆壁，叫做 bungalow（有涼臺的平屋）。再遠些，還有兩座同樣的平屋——其中一座，在後面一點，是海關的秘書所住的；另一座和佈道團的房屋並列，是中國海關的稅務司所住的。從那裏起，有一片漢人的墓地傾斜地下來到一個谿谷為止；谿谷中有一條小溪流著，瀉入前面的河中。淡水鎮就在那裏開始，背山面河地伸展著。

---

[32] G. L. Mackay 著，周學普譯：《臺灣六記》（臺銀研叢第六十九種），第二十九章〈淡水素描〉，頁 118。

　　馬偕之文極其可貴地描述在光緒二十一年（1895）時三座官邸只剩二座，靠近馬偕、華雅各故居的為稅務司所住，以次的第二座是秘書（或稱書記）所住，那麼明顯地第三座應是更低階層的關員所住。第三座建築毀於何時呢？坊間一般書籍或說毀於日據時期，或說毀於二次大戰末期，皆不確，事實上是毀於中法戰爭時。《法軍侵華檔》中收有光緒十年八月十五日（1884年10月3日）淡水新關稅務司法來格（Faradgo）的報告提及：[33]

　　（十月初一）法船砲聲，至下午二點鐘乃止。嗣後踰多時分，復一繼一之發砲，直至晚九點鐘砲聲方息。中國人之死傷者，約五十人。居本口岸之外國人，幸無一人受傷；惟住居之屋宇，受害匪輕。我住之室，有炸砲中之一段物，由房屋穿入；服役人之室，打進完全炸彈一具，炸裂燬滅物件不堪。公所中亦受毀傷；鈐字手、查驗外班人等之住室院，亦遭砲彈擊壞。今日，法國兵船每踰十五分頃，仍發砲一次。余等在此守候不妥，因向砲臺擊來之砲彈過高，每一俱由余等頭上飛過。

　　新曆十月廿二日又報告初八那天情形：[34]

---

[33]　《法軍侵臺檔》（臺銀文叢第一九二種），第二冊，頁215~216。
[34]　同前註，頁219~220。

是次開砲擊口岸時，乃我防不及防之二次不幸也。我由吉司迪君家向領事官署行去，路見炸彈紛紛向街墜落，頭上炸彈壓聲響。遇同事人等在紅色砲臺時，有炸彈由足下穿過，深入於牢牆中；及彈炸開，震動勢甚大，使我與同事人等無一不實跌地面。我之右臂似曾受物擊，幸我未嘗受傷；同人等均未被傷。第一切住室，經彈擊毀，較初次尤烈也。

總之，淡水之戰，洋人雖無傷亡，但所居之屋宇，受害不輕，六幢受損，大都是跳彈破片擊中屋頂造成的。稅務司公館的臥室，有穿屋而入的砲彈片，另一發砲彈打中官舍的花園門口留下痕跡；[35]僕役臥室炸裂，毀滅物件不堪，還有未爆彈一發。洋稅關也受損；鈐字手、查驗外班人等的宿舍，也遭艦砲擊壞。海關職員則大多住在小艇上，以策安全。[36]洋人避難的德忌利洋行，也被擊中；緊鄰領事公館的草地上，掉落一發大型未爆彈；巡捕住的屋宇遭擊中；領事館的艇庫被炸開一個大洞，圍牆內的草地上，還撿到一發砲彈。滬尾街的居民，幾乎逃避一空，還是有六人死在被擊毀的屋內。[37]

---

[35] 同註6引書，頁164。

[36] 同前註，頁166。

[37] 葉振輝：〈西仔反淡水之役——一八八四〉，發表於淡江大學歷史系1998年12月12~13日主辦的淡水學學術研討會論文報告，頁18~19。

　　而開戰前當時辦理臺北通商兼滬尾總口海關稅務委員協領兜欽，與浙江補用知府、臺北通商委員李彤恩，曾委請法來格疏通開導各洋商同意封塞滬尾港口，又請羈縻引港洋人 Bently 不與法人勾引。雞籠洋關四等幫辦鮑郎樂設法保護洋關門前堆積煤炭十餘萬擔，絲毫未失，回滬尾後，又同法來格贊助防務、相度地勢、安設砲位。[38]事後劉銘傳上奏咨請獎勵，獲頒三等寶星勳章。[39]而且戰爭中受到破壞、搶劫的北臺諸教會、教堂，事後由滬尾海關協領兜欽於海關徵收洋稅下照數提出洋銀一萬元，交給李彤恩轉交馬偕傳教士查收而銷案。[40]另附帶一提地是，此時淡水海關（含雞籠關）任職的洋關員如下：E. Farrdgo / C. S.Taylor / W. Brennan / W. G. Harling / R. Mc Gregor / H. T. Montell / J. G. Freeth。另外 G. H. Himmell 和 Messrs Brownlow 與 Grant 等三人，先是任職雞籠後調回滬尾。[41]

　　不僅如此，海關官員除了實質介入中法戰爭外，乙未割臺之役也被迫不得不介入，如臺灣民主國成立後，「新政府命令海關的代理稅務司馬士（H. B. Morse）也要在海上改懸虎旗。他卻答稱，他為大清帝國收稅，而不是為臺灣民主國收稅，所以不能改換國旗。新政府並未強迫他服從，而通知他

---

[38] 《法軍侵臺檔》，第四冊，分見頁 514、522~523。
[39] 同前註，頁 524~525。
[40] 同前註，頁 551、553。
[41] 同註 6 引書，頁 160。

說，新收的關稅必須交給新政府，且將派華人以代替海關中外國官員」。[42]另外，六月初阿瑟號（Arthur）汽船企圖載運民主國官吏與餉銀離去，被岸上中國官吏開槍砲擊騷擾警告，當時「兩位外國人，即 Waters 及中國海關的迺丁劫兒氏（Nightingale）很勇敢地在深夜裡到大砲臺去交涉；海關的代理稅務司馬士（Morse）籌集了五萬元，在早晨四時交給中國兵，拆卸了新式大砲的四個尾栓。」[43]時淡水海關關員有：代理稅務司馬士（H. B. Morse）、協理 I. D. de la Touche 及 Larsen / Dülbery / Müller / Nightingale / Sheridan / Heinrich / Schneider / Schwarzer / Cantwell 等十一人。[44]

　　至於洋關員平日與滬尾地區的英國領事、洋商、外僑、傳教士往來頻繁，更不在話下，如馬偕傳教士曾在日記中記載「次日（指同治十二年，1873 年 11 月 24 日）海關長 Mr. Hobson 也到五股禮拜堂來。我們及海關長 Mr. Hobson 一同又出門旅行到新港、獅潭底，看見生番的祭典。」一八八二年五月二十一日「今晚八點三十分，英國領事胡拉特先生主持神學校（Oxford College）落成典禮，海關長 Mr. Hobson、領事夫人、福建丸船長 Abboth、李高功、Dr. Johansen 等人都來參加。」一八八九年三月九日「今天是臺灣北部設教十七年紀念日，晚上在大學裡舉行紀念禮拜，英國領事、海關

---

[42]　同註 6 引書，頁 200。
[43]　同前註，頁 215。
[44]　同前註，頁 215。

長（法國人）、賣聖經的安先生、勒尼醫師，及其他美、英二國僑民都來參加。」[45]等皆是例證。

　　尤其臺灣改設行省後，原由福州將軍監督的臺灣南北二海關，移歸臺灣巡撫接管，巡撫衙門設在臺北城，滬尾關距離近，二者關係尤為密切。到了光緒十八年（1892）春，美人馬士（Hosea B. Morse）繼任淡水關稅務司，時新任臺灣巡撫邵友濂前此兼任江南海關道時，馬士一度也在江南海關（即上海關）任職，舊誼老友，彼此更加親近。邵友濂遂就煤炭、金礦、石油等礦務事宜，時向馬士諮商，或請代為物色礦師，馬士之獻議與整頓，雖未必全部接受，但顯然相當影響了當時的省政、財政與礦務。到了割臺之際，官紳士庶企圖請求列強的介入，協助保護臺灣。馬士一面向臺灣巡撫唐景崧解說當年英國代管塞浦路斯（Cyprus）政權，協助對抗俄國侵略；以及埃及實行獨立，立即將境土轉向歐人押借款項往事。同時又提出警告，說明歐洲各為避免引起嚴重糾紛，不會願意到臺灣來與日人打仗，意在遏斷臺灣官紳向歐洲各國求助的意念。[46]這些事例充分反映了滬尾海關洋關員將它的觸角伸向在地的政治、經濟、軍事和文化等各領域，留下深淺不

---

[45] 馬偕著，陳宏文譯：《馬偕博士日記》（臺南：人光出版社，1996 年 7 月），分見頁 86、123、156。

[46] 詳見黃嘉謨：《美國與臺灣》（臺北：中研院近史所，民國 55 年 2 月初版），第九章第四節〈馬士與臺灣礦務〉，頁 369~407、422。

同的印記與紀錄。[47]

（二）日據時期

甲午戰敗，簽約割臺。光緒二十一年（1895）五月十二日，唐景崧乃微服至滬尾，藏匿英商德忌利洋行行棧。十三日，日軍駐基隆。十四日，唐景崧得淡水滬尾稅務司美人馬士之助，乘德輪鴉打號（Arthur）避走廈門。十六日，日軍入臺北城。十七日，日軍急入滬尾，晚宿關渡門。十八日，日軍奪取滬尾、基隆稅務，並派兵偵察八里坌，遣艦三艘，清掃淡水港水雷。[48]至此，滬尾及其海關落入日人之手。

然而淡水海關在接收過程中卻爆發「永代借地權」的問題，牽涉到清、英、日三方之間微妙的外交互動的複雜關係，也即是說此一事件的處理，牽涉到日本政府可否自然占領的問題，與牽涉到日本政府對在臺外國人的管理問題。雖然日軍已占領淡水、基隆海關，但是除了部分海關附屬官有物，多半的海關附屬不動產都是英人總稅務司赫德私有財產，並持有淡水、臺北及基隆海關所屬共九區的土地所有權狀九份。當時淡水海關稅務司馬士以赫德代理人身分，與日本在

---

[47] 戴一峰：《近代中國海關與中國財政》（福建：廈門大學出版社，1993 年 4 月），頁 1。

[48] 詳見李汝和等：《臺灣省通志》，卷首下〈大事記〉（南投：臺灣省文獻會，民國 57 年 6 月），頁 107。

海關產權歸屬、移交等問題，幾經交涉談判，最後日本政府採取強硬態度，認為海關附屬土地、建物無法被認定為私有物，也無法認定為赫德個人所有，因此自然有權領受之。[49]在這事件處理交涉過程，與淡水海關官邸有關者，是總督府方面歸納出三個結論，其中之一為「海關總稅務司是清國官吏之一員，該官吏所購入或租借的土地，皆以建設海關官衙為目的，而諸建物則是清國政府歲入徵收關稅之官廳、以及執行公務官吏之官舍。與建物相關的建築與修繕經費，應該是由清國政府提撥給清國海關總稅務司使用。」[50]這一方面反映了傳統官場的公私混淆不清陋習連洋人也沾染上，一方面也說明淡水海關官邸的建築與修繕經費是由清廷提撥的。

此一事件雙方（指島村久書記官與淡水稅務司馬士）往來信函、公文、及土地所有權狀，幸「臺灣總督府檔案」《公文類纂》中有收錄，其中頗有可供淡水總稅務官邸史蹟研究者，例如馬士在六月十日致函島村久，提出淡水海關官有物及財產估價表，有「淡水稅關建物：四、五八〇元六十錢，該外勤官舍及寢室：八、七一六元八十九錢，監視官舍及寢室：四、四〇〇元，鴉片保稅倉庫：二、六三八元五十公，稅關埠頭船員官舍及檢查場船埠等：一、五〇〇元，稅關長

---

[49] 此事件始末經過，詳見林呈蓉：〈殖民地臺灣的「條約改正」—1895 年淡水海關接收過程中的「永代借地權」問題〉，發表於 1998 年 12 月 12~13 日，淡江大學歷史學系舉辦的淡水學術研討會。

[50] 林呈蓉前引文，頁 6。

官舍寢室及庭園：八、五七七元八十九錢，副官官舍及寢室：
七、七三四元九十一錢，休養運動場：四七〇元（小計三八、
六一八元八十錢），稅關長官舍之家具器物：約二、〇〇〇元，
臺北官舍及副官官舍之家具器物：約一、〇〇〇元，稅關用
小艇及權衡：一、〇〇〇元（小計四、五〇〇元）」及「淡水
稅關用燈臺：五、三四五元二十三錢，淡水基隆之航標：一、
八九七元」；島村久將之簡化為下列項目「(1)淡水稅關用建築
物、土地、鴉片保稅倉庫檢查場、小艇碼頭、外勤人員官舍
及監視人員官舍，(2)淡水稅關後面鄰接之土地，(3)淡水低燈
塔鄰接之燈塔管理人員用地及建築物，(4)淡水稅關長官舍，
(5)淡水稅關書記之官舍及其南側空地」等，[51]此文件顯然可
以證實前文考證埔頂官邸只剩兩棟，一為稅關長官邸，一為
副官（書記）官舍，而且在中法戰爭被燬的第三棟官舍，可
能被闢建為「休養運動場」（即書記官舍南側空地）。較令人
注目者，稅關長官邸估價不過八千多元，而家具器物竟估價
二千元，可推知其裝潢配備之豪華，譽之「豪宅」恐不為過。

在六月二十三日馬士致函中提及經費運用與建物、土地
所有權屬問題，「赫德承辦徵收海關稅之費用，並不仰仗國
庫，而預先領有一定津貼，以支應一切費用。即如淡水每月
有三千兩之津貼，用以支付薪津及官廳一切費用，如有剩餘，

[51] 洪淵木譯：《臺灣總督府檔案》，中譯本第九輯（南投：臺灣省文獻會，民國
85 年 9 月），頁 414~415。

仍歸其所有，惟如不足，政府亦不予補助」。「赫德氏以此津貼，由自己或代理人作最佳最省之收稅費用，即支付薪津、臨時費用、建築廳舍及維修等。各開放港稅關官吏之任免，均由赫氏自行處理，稅關用建築物之買賣租借亦自行決定，均以該津貼範圍內自行處理。……是故赫德氏平生管理諸財產，不論任何名義，均不外由該項稅關每年津貼之剩餘經費累積為資本，加以運用者。……因此通常之費用由經常基金支應，臨時之費用只得由預先準備之諸財產應付而已」。「淡水……諸財產之購置或租用，均以赫德氏之津貼支應，自應屬其所有。……淡水財產之地券及租用地券則不用羅伯特赫德爵士之名，而均用淡水稅關長之名義登記，……及小官（指馬士）所有山上別墅亦以淡水稅關長之名登記，此乃於一八九二年由當時稅關長好博遜氏承購，其境界石刻有『稅關長』字樣。稅關書記之官舍與墓地間之土地亦屬好博遜氏之私有地，而境界石同樣保存『稅關長』之名。……然而地券均經確實寄給羅伯特赫德爵士……。」[52]

六月廿四日馬士再將所管理諸財產有關之地券及地券抄本，列舉送請島村久參閱，其中淡水稅關有：(1)同治八年（1869）永久租用淡水稅關用河畔建築物，(2)光緒十七年（1891）永久租用稅關後面連接之土地，(3)同治五年（1866）購買稅關長官舍，(4)光緒元年（1875）永久租用稅關長官舍

---

[52] 同前註前引書，頁 424~426。

鄰接之第十八號土地，(5)光緒元年購買書記用官舍及其南接土地，(6)光緒廿年（1894）購買燈塔管理員官舍。六月三十日島村久再彙整呈請臺灣總督樺山資紀察核，與淡水海關有關者有：(1)淡水稅關後方地面境界決定書（英文，1891 年 9 月）；(2)淡水稅關後方土地之地券（漢文，1891 年 9 月）；(3)淡水稅關西側之土地，由好博遜代理人馬士出售與總稅務司赫德之委任證明（英文，1892 年），及由好博遜代理人馬士給赫德之讓售證書，但為好博遜原證書之背書（英文，1893 年 11 月）；(4)稅關長住宅土地由吳氏售與稅關長之出售證書（漢文），土地計東西二十丈餘，南北十九丈餘，價格九〇〇元（1866 年）；(5)為租蓋關署用地之永久租借證書（漢文），每年地租十兩向駐滬通商衙門繳納（1869 年）；(6)滬尾（淡水）山邊土地由吳氏出售與淡水稅關長好博遜之證書（漢文），價格二八九元，東西二十一丈餘，南北五十八丈餘（1875 年 3 月）；(7)滬尾關公署用地由郭氏交付出售證書（漢文），價格三十三元，東西六丈餘，南北九丈餘（1894 年 5 月）。[53]

　　從上引文書中，可知淡水海關土地與建物是分批陸續購置建築，其中與本調查報告有關者為同治五年（1866）三月十日吳春書、吳惶業兄弟委託中人陳崑生所出售今官邸之土地，茲將全文引錄如下（文中錯別字逐予改正）：「立賣山場，字人吳春書、惶業兄弟二人。承祖父遺下滬尾山砲臺埔山場

一所，東至西貳拾肆丈，係捌拾步；北至南壹拾玖丈半，係陸拾陸步；四至明白。今因要需，託中賣與洋稅新海關起造關署，三面言議，約議定價洋銀玖百元。至該山場係春書、惶業二人兄弟份下，與別房叔侄兄弟無干。至山場內並無墳墓骨骸等件，倘有墳墓骨骸，春書、惶業等自當起清。嗣後若有來歷不明，春書、惶業等，甘坐罪，與買主無干。今當洋稅新海關臺前，即日收足洋銀玖百元，當即將山場交代明白，仍其執掌起造，不得異言反悔，恐口無憑，立賣山場字壹紙為據。代書祝鴻翔／中人陳崑生／同治伍年參月初十日，立賣山場字人吳春書、惶業」，另契券右上角有簽注「此件係存關，自行畫押，前送淡水廳蓋印，原件轉送總稅務司察核存案，合併簽明。」到了光緒元年（1875）四月，吳氏兄弟又將附近土地賣售，文如下：「立賣山場字吳順、春書、惶業兄弟三人，承祖父遺下滬尾山砲臺埔山場一所，東自石界起，至西石界止，寬貳拾參丈：南至稅務司公館後門起，至北領事地界止，長伍拾捌丈陸尺，四至明白。今因要需，託中賣與洋稅新關起蓋，三面言議，約定價銀二百捌拾玖元陸角。該山場係順、春書、惶業兄弟三人份下，與別房叔侄兄弟無干。至山場內並無墳墓骨骸等件，如有墳墓骨骸，順、春書、惶業等自當起清。嗣後倘有來歷不明，順、春書、惶業等情甘坐罪，與買主無干。今當新關收足洋銀貳佰捌拾玖元陸角，即日將山場交代明白，聽其如何起蓋，不得異言反悔，恐口無憑，立賣山場字壹紙為據。中人陳合榮／光緒元

年肆月念七日／立賣山場字人吳順、春書、惶業」。

另一件字契內容是「立永遠租約字吳順、春書、惶業兄弟三人，承祖父遺下滬尾山砲臺埔山場壹所，東自稅務司公館起，至西牧師地界止，南邊拾參丈貳尺，北邊貳拾貳丈參尺；南自稅務司公館前門起，至北稅務司公館後門止，四至明白，今因要需，託中永遠租與稅務司好大老爺，三面言議，約定價銀參百柒元伍角。該山場係順、春書、惶業兄弟三人份下，與別房叔侄兄弟無干。至山場內並無墳墓骨骸等件，如有墳墓骨骸，順、春書、惶業等自當起清。嗣後倘有來歷不明，順、春書、惶業等情甘坐罪，與租主無干，今當好大老爺臺前收洋銀參百柒元伍角，即日將山場交代明白，與其掌業，不得異言反悔，恐口無憑，立永遠租約字壹紙為據。中人陳合榮／光緒元年肆月念七日／立永遠租約字人吳順、春書、惶業」。

可知今淡水海關官邸所在土地是於同治五年三月十日（1866 年 4 月 24 日）向吳春書等兄弟購買，準備起蓋「公館」。而這一年（1866）在海關史上有極重要之意義，因為英法聯軍之役而簽署天津條約與北京條約中的賠款，是在這一年才還清的，「因此，1866 年一還清債務，清攻府就認定外籍稅務司制度十分有用，不能廢除。從此之後，海關的財政活動範圍擴大了，其主要職能仍然是征收和報告海關的稅收，1860～1866 年清償賠款的實踐提供了以關稅作為清政府

債款擔保，以海關作為可靠的財務代理人的途徑。」[54]所以

---

[54] Stanley F. Wright 著，陸琢成等譯，《赫德與中國海關》(*Hart and the Chinese Customs*)（福建廈門大學出版社，1993 年 12 月，初版），頁 2。

按：關於洋人宿舍初時未建，個人看法認為主因是經費拮据之原因，尚有二旁證，光緒元年（1875）11 月，總理衙門上奏朝廷：「本年八月間，據總稅務司赫德申稱：同治二年間奉到臣衙門劄文，各關經費每年以七十萬二百兩為度；嗣後稍加，因領至七十四萬八千二百兩。惟當同治元年時，各關徵收稅餉，合計不過六百六十三萬；至十三年，則增至一千一百四十九萬。稅餉日見增加，則各口所需之人不能不逐漸加增。統核各關經費，所出之數已逾經費所入之數，入不敷出……。臣等查從前總稅務司李泰國請給各關經費，臣等以關口之大小、稅務之繁簡擬定經費之寡，計給各海關每年經費七十萬二百兩；於同治二年五月間附片陳明，奉旨允准在案……。六年三月間，復據該總稅務司申稱山海、東海、臺灣、淡水四關應月增經費二千五百兩，藉以巡緝偷漏各等因：均因臣衙門先後具奏，奉旨允准各在案……。惟現在稅餉已逾千萬，該稅務司遽請添至一百二十萬兩之多。臣等公同商酌，於舊有經費七十四萬八千二百兩外，增添三十五萬兩；並與議定：嗣後約以七十萬兩為收稅一千萬兩之經費，將來關稅非過一千五百萬兩，不得再為請益。所有議加之經費三十五萬兩並前有之七十四萬八千二百兩，統共各關經費每年一百零九萬八千二百兩，自本年十二月五日第六十二結起，查照發給。如蒙允准，當由臣衙門分別咨劄戶部、南北洋大暨總稅務司、各關監督遵照辦理。」得旨：「如所議行」（見《光緒朝東華續錄選輯》，第一冊，臺銀文叢第二七七種，頁 5~6）到了光緒四年（1878）11 月，福州將軍，閩浙總督何璟也曾上奏朝廷：「福建省設立閩海關監督，始於康熙二十三年……。其初，或由巡撫兼管、或由監督專管，本無一定。乾隆元年，歸福建總督管理；三年，總督兼轄閩、浙，始以關務改歸將軍。七年，由督、撫臣題徵稅口岸共十九處；歷今百餘年，未嘗輕議更改，権稅亦從無貽誤……。閩關正額盈餘，每年應徵銀十八萬五千兩；同治四、五年間，歲只徵銀七、八萬餘兩。迨前任將軍英桂、文煜歷加整頓，逐漸旺徵；遞年以來，已徵至十四、五萬兩。近年，三聯票暢行。光緒二、三兩年迭遭水患，常稅稍形減色。然常稅雖減，洋稅日增；現在全年四結，福、廈兩口徵銀二百四、五十萬兩，滬尾、打狗兩口約徵銀三、四十萬……。其通關支銷一切經費，除稅務司薪俸各款外，

我們有理由相信淡水海關洋人宿舍之所以遲至同治五年（1866）才開始準備興建，主因是扼於經費拮据，而且當時任用外籍稅務司，清廷心態頗有「試用」、「試辦」與「不放心」之味道，加上中外洋民之互視彼此為「異類」之氛圍，當然不會撥經費為其興建宿舍之道理。不僅如此，同治五年三月十日（1866 年 4 月 24 日）買下土地後，開始興建第一棟海關官邸，極有可能只是提供稅關長居住，因此到了同治七年（1868）時，其他助理官員尚需住在紅毛城內。同治八年（1869）才取得官有地正式興建洋式淡水海關官署，然後到光緒元年四月廿七日（1875 年 5 月 31 日）才又向吳氏兄弟購買附近土地，興建其他兩棟宿舍，因此周明德氏建於同治九年（1870）之說有待修正。

如上述光緒二十一年五月十七日（1895 年 6 月 9 日），時樺山總督派遣負責開設滬尾街行政廳的步兵大佐福島安正，率領憲兵、翻譯官等六十餘名，搭乘「八重山」軍艦於九日（新曆）自基隆出發，與近衛師團先後抵達滬尾街，進入舊稅關並開設滬尾街行政廳。[55]六月十七日為臺灣總督舉

每年僅支銀一萬三、四千兩，實較他關尤為撙節。」（同前引書，頁 34）據上引兩條資料知道：閩海關扣除稅務司薪俸外，在光緒初年時，福州、廈門、滬尾、打狗四口每年合計支銀一萬三、四千兩，平均每口約四千兩，可見經費之撙節與拮据。

[55] 日本參謀本部編，許佩賢譯：《明治二十七、八年日清戰史》（遠流出版改名《攻臺戰紀》）（臺北：遠流出版公司，1995 年 12 月，初版），頁 136~137。

行始政紀念,是日重新開設淡水稅關及郵局。[56]從此淡水落於日人統治,五十年來的行政變遷如下:明治二十八年(1895年,光緒 21 年)六月初置臺北縣滬尾支廳;明治二十九年(1896)三月廢軍政,設置台北縣淡水支廳,十月設芝蘭三堡辦務署;明治三十年(1897)五月,廢支廳設臺北縣滬尾辦務署;明治三十四年(1901)十一月,改設臺北滬尾支廳;明治四十二年(1909)十二月,又改成臺北廳淡水支廳;大正元年(1912),改滬尾街為淡水街;大正九年(1920)十月,改設臺北州淡水郡淡水街。直到光復後改設臺北縣淡水鎮,民國九十九年(2010)十月底又改為新北市淡水區迄今。其中明治三十八年(1905)七月十二日,座落在東興段的滬尾支廳署舉行落成式時,由臺北廳長、滬尾支廳長等各級長官致詞,其中有稅務官的觀禮,會後有地方民間戲劇的慶祝活動。[57]

　　日人統治淡水期間,以官方力量積極介入地方,先後設立了若干機構,如淡水郡役所、淡水街役場、稅關淡水支署、港務部出張所、法院出張所、淡水郵便局、臺北電信局淡水無線電受信所、淡水燈臺、血清製造所、淡水停車場、警察派出所、水上警察署等。在交通方面,興築淡水線鐵道線,外圍開闢新道路,對內則拓寬道路,在鼻頭角建立水上機場

---

[56] 淡水郡役所:《淡水郡管內要覽》(臺北,昭和五年,1930 年),頁 14~15。
[57] 詳見周守真:《日據時期淡水之空間變遷》(臺北:淡江大學建築研究所碩士論文,民國 78 年 6 月),頁 32。

等。其他如水道工事的整備、防疫措施的實施等皆是，而洋行——歇業，代表歐美政經勢力的退出等等，更是明顯的例子。[58]淡水稅關附近地區空間地景也出現了變化，增設了稅關新宿舍、臺灣銀行淡水辦事處、大阪商船會社、血清製造所等。臺灣銀行淡水辦事處是在明治三十二年（1899）十月二日成立，設於淡水稅關旁邊，以便利海關作業。明治三十八年（1905）以稅關旁第一號倉庫修築成辦事處，以稅關圖書閱覽室作為施工事務所。[59]

而日據時期的淡水海關也有很大變遷，海關官邸成了賓館用途。按，日據之初，海關暫沿清制，明治二十八年（1895）六月，先在淡水、基隆、安平、打狗四港設廳。次年三月，公布海關官制，暫依清制設淡水、基隆、安平、臺南、打狗五海關，以淡水海關長兼司基隆海關，以安平海關長兼司臺南、打狗二海關。後廢止臺南海關，以基隆、高雄二關為分關，仍歸淡水、安平二關所轄。明治三十四年（1901），以淡水海關長兼攝安平海關。明治四十二年（1909年，宣統元年）五月，廢安平海關，改為分關，為淡水海關所轄。淡水海關設於淡水港口，又於臺北大稻埕設立海關辦事處。及至大正五年（民國5年，1916）十月，以大稻埕辦事處為本關，淡水港口為分關，大正十年（1921）七月，本關移基隆，仍以

---

[58] 周守真前引文，頁 35~36。

[59] 周守真前引文，頁 47。

淡水為分關。[60]也即是說,在大正五年(1916)淡水海關日漸沒落,大正十年(1921)成為基隆海關的分署,此年可視為淡水海關風光歲月的結束。

當時海關關員組成了一個「五十會俱樂部」,明治三十三年(1900)五月七日,由稅關長中村純九郎發起,於五月十日舉行成立式,故稱為「五十會」,成員僅限淡水稅關員,在會員公務餘暇相互歡樂,及開達個人智識為目的。內設俱樂部、攻修部,其中俱樂部設遊戲室與食堂,攻修部設置政法及語言科。遊戲室提供書籍閱覽、棋類活動與草地網球,後再增加撞球臺。食堂的營業採用契約制。俱樂部也承辦游泳比賽,場所在稅關西止波場。政法科則安排師資與課程,甚至在明治四十年(1907)進一步組成淡水日曜學校,以星期日為上課時間,在五十會俱樂部舉行,學生來源以稅關員子弟與在地學生為主。[61]

淡水稅關因有較大場地,稅關員的新進與送別均在五十會俱樂部舉行,並經常舉行游泳賽及漕河龍艇賽,在淡水風靡一時,成為居民主要運動項目。另外,通常新年祝賀與名片交換式、關稅長的新年宴會、天皇誕辰的天長節慶祝會,都使用稅關第二檢查場,此外在淡水地區也以稅關長為最高長官,諸多活動都會由他出面主持或參加。

[60] 黃玉齋:《臺灣省通志》,卷三〈政事志‧財政篇〉(南投:臺灣省文獻會,民國59年6月),頁408。

[61] 周守真前引文,頁50~53。

不過，由於淡水另有其他相同性質俱樂部，如明治卅三年（1900）官民在元吉街組成「淡水俱樂部」，後又在新店段租屋擴大規模，於明治三十八年（1905）十月十日舉行成立式，共有會員五十餘人。還有以大阪商船會社為首，依勢里輪船會社為次，組成「聯合俱樂部」，因在淡水一地日本官商居民有限，造成會員分散參加，每個俱樂部會員數量不多，以致維持困難。明治四十一年（1908），三個俱樂部意圖合作，有建築淡水公會堂的計畫。明治四十二年（1909），五十會解散了十年的關員娛樂中心，全數移交給淡水俱樂部。於是乎，新的「淡水俱樂部」在明治四十二年（1909）四月成立，在幹部組成上仍是以日本人為主。明治四十二年（1909）四月廿六日，淡水公會堂完工，五月九日舉行開堂式。[62]

總之，整個淡水海關在日據時期給人感覺是作為官方儀式中心、俱樂部活動中心，呈現遊樂空間的地景。而海關官邸據聞也成了賓館，提供關員與俱樂部會員休息、聯誼、打球、進食的功能。這期間也留下一段膾炙人口的風流韻事：明治二十九年（1896），日本殖民統治臺灣滿一週年，曾舉行「臺灣始政週年紀念典禮」，並遠從日本邀請伊藤博文參加盛宴。其後，伊藤博文於六月廿日從臺北抵滬尾住一夜，次日離開，搭乘輪船前往廈門做親睦訪問。當伊藤一行十來名抵達滬尾後，即住宿於埔頂三塊厝，當晚招集淡水藝妲陪酒，

---

[62] 同前註。

助興取樂。席間賦詩一首抒懷，酒後至迴廊納涼，悠然欣賞初夏淡水河夜景。散會時，伊藤高興之餘，將一有御紋章的銀質懷錶賞給一名藝姐，留下一段佳話。[63]

至於官邸修繕的情形，據米復國推論：「海關稅務司公署官邸平面為長方形，根據舊照片的紀錄，屋頂並無氣窗及煙囪，但內部有一座壁爐，有可能是後期修建屋頂時改變其形式。」「海關總稅務司公署宿舍內部、屋頂有大幅整修過，後側廚房據推論應為日據時期所加。」[64]至日據晚期，戰爭期間經戰火摧殘，日漸荒廢，當時還被附近淡水中學學生稱為「化物屋敷」，意即鬼屋。[65]可見其荒涼殘廢，是以戰後迅即被拆除，只留下如今的一幢官邸。

（三）光復以來

光復之後，國民政府即就南北分別劃分關區，設置臺南關與臺北關，臺南關在高雄港，臺北關則在基隆港。民國三十四年（1945）財政部臺北關（今基隆關稅局），自日本基隆港務局接收淡水真理街之海關關員宿舍。其中部分房舍作為關務署堆放自大陸撤退來臺的檔卷倉庫。後因紅毛城開放供

---

[63] 周明德前引書，〈刻有菊花御紋的懷錶故事〉，頁 331~334。

[64] 米復國前引書，頁 87~117。

[65] 同註 28 前引書，頁 23。

民眾參觀，倉庫移撥紅毛城管理，並闢建為停車場。[66]

　　至於原清代海關官邸成為當時總稅務司長李度的官舍，當時李度每天準時七點自官邸乘車出門，前往臺北市今鄭州路海關總稅務司署上班，由於每天準時七點出門，為淡水人視為報時之依據，成為一段佳話。官邸既為署長所居，則必然有一番整修，惜其情已不詳。而此後或許淡水離臺北有段距離，李度之後的繼任署長並未有人搬到此官邸住。另外，在民國三十九年（1950），曾任淡水支關主任的王家儉先生曾監工埋設界石於官邸四周，[67]則今人熟知的四周界石並非原物也非清代所埋設之處，地點已有所搬遷，此四塊界石也在近年挖出移至海關博物館供展覽。

　　民國五十七年（1968），官邸曾受葛樂禮颱風摧損，屋頂徹底翻修，至民國五十九年（1970）完工。民國七十四年（1985），依財政部指示，大幅整修，加高圍牆，破壞了原尺二磚砌成的清代圍牆外貌。這期間另有一段趣聞，時錢純任財政部長，某次股票下跌，證券投資人包圍財政部及部長公館抗議，錢部長未能安眠，幕僚一度建議夜宿淡水海關官邸以躲避紛擾，幸風波迅即平息而未果，官邸遂少了一段軼聞。

　　民國八十四年（1995）九月二十五日，淡水鎮公所依照文資法，提報上級將淡水真理街海關總稅務司官邸列為古

---

[66] 詳見葉倫會：〈淡水小白宮〉，《臺灣日報》，1997 年 11 月 25 日。又，本資料乃葉倫會先生提供，在寫作期間，得其賜教與諮詢之處甚多，謹致謝忱！
[67] 同前註。

蹟,並取名「小白宮」。關稅總局得知,加快腳步奉報審計部核准提前報廢,計劃拆除改建為新員工宿舍,遂引發淡水居民、團體、學者、專家與其他各界關心人士的注意,民國八十五年(1996)發起「小白宮搶救行動」,透過立法委員王拓、盧修一、蘇貞昌等人拜會遊說財政部與內政部長,並在立法院舉行公聽會,在如此積極行動下,終獲內政部回應,民國八十六年(1997)二月二十五日公告將官邸列為三級古蹟迄今。

五、小結

咸豐十年(1860),臺灣開港,許安平、淡水兩港對外通商,後再增加雞籠、打狗兩口岸。於是英、法、美、德等國相繼而來,派領事、劃租界、設洋行、建棧房。因應此番新局面,區天民以海關監督身分來臺籌設新關,同治元年(1862)七月十八日,以滬尾水師守備舊營房為公署,開關征稅。

淡水開埠設關之初,全由中國人主掌管理,但到同治二年(1863)十月雖然名義上是以海關監督為主,外籍稅務司為輔的管理體制,實質上是稅務司掌控了洋關的行政與稅務大權,所幸少見他們濫權胡作非為,雙方相處尚稱良好。滬尾關初設,關員不多,侯威爾(J.W.Howell)連同手下洋員,不過三人,加上經費拮据,因此初期尚未考慮到為他們興建

宿舍，此時或有可能住在關署之內，或附近民宅賃屋而居。
同治五年（1866）在好博遜（H. E. Hobson）任內向吳春書、
吳惶業等兄弟購買了砲臺埔土地，開始興建宿舍，可能一開
始只建好第一棟宿舍供其本人居住使用。直到同治六年
（1867），英國與清廷訂定紅毛城永久租約，翌年將領事館辦
事處遷移到紅毛城內，並大事整修，以供辦公、居住，此時
期海關其他洋關員暫居紅毛城內。

　　隨著關務繁雜，日常海關事務，如防止走私、檢查船貨、
鑑定貨物、估價徵稅、匯報關稅、編製貿易報告等等業務，
需要人手越多，洋關員日趨增加，也有十來人之多，於是好
博遜（H. E. Hobson）又向吳氏兄弟添購附近土地，在光緒元
年（1875）買下土地興建其他兩棟宿舍，一棟為稅務司所在，
一棟為秘書（書記）所居，另一棟為較下級眾洋關員所屬。
第一棟（今之小白宮）為同治五年（1866）開始興建，餘兩
棟為光緒元年（1875）後才建。三棟建築為西班牙白堊迴廊
式建築，表現出休閒地、舒適地景觀、第二個家的生活情趣，
洋人俗稱小別莊（bungalow）。然而好景不常，不過十四年的
風光歲月，在光緒十年（1884）的中法戰爭滬尾之戰中，十
月一日，鈴字手、查驗外班人所住的室院被擊毀；稅務司公
館臥室砲彈穿屋而入，僕役臥室炸毀，另有一發砲彈打中花
園門，事後當然會有修繕，但其情不詳，官邸也剩下兩棟。
被毀之屋，後來可能闢建為休憩健身的運動場。

　　甲午戰敗，清廷割讓臺澎，日軍接收淡水海關時，卻爆

發「永久借地權」問題。當時清廷滬尾海關末代稅務司馬士（H. B. Morse）聲稱海關附屬諸多不動產都是英人總稅務司赫德私有，與日本政府交涉談判海關產權歸屬與移交問題，最後日本政府採取強硬態度，毅然領受接收。並於明治二十八年（1895）六月十七日重新開設淡水稅關。

日據時期的淡水海關，因淡水港的沒落被基隆港取而代之，關稅漸少，關務悠閒，稅關遂成為官方儀式中心，年節慶典舉辦所在。淡水關稅也組織了「五十會俱樂部」，提供休閒設施與勵進課程，兩棟官邸一度被當作賓館使用，伊藤博文也在此休憩宴飲，贈錶藝妲，留下一段風流韻事。而理所當然，官邸既然作為賓館使用，必然有所修繕裝潢，惜其情形也是不詳。

大戰末期兩棟官邸日漸荒廢，還被附近淡水中學學生視為鬼屋，也因此第二棟建築在光復後不久即予拆除。剩餘一棟被國民政府財政部臺北關接收，供當時總稅務司署長李度所住，於理也應當有所整修，而李度每天規律地早晨七點出門，到臺北辦公，也被淡水人視為「報時」佳話。嗣後歷任署長，或因離臺北遠，而未曾居住，空廢時日，期間曾分別在民國五十七年（1968）、民國七十四年（1985）兩次大幅整修，加高圍牆，頗失原貌。民國八十五年（1996）一度報廢，準備拆除改建新樓，幸地方人士、學者專家全力搶救，經內政部於民國八十六年（1997）二月二十五日公告列為第三級古蹟，幸得保存至今。

臺北郵局的歷史研究

一、清代臺灣的郵政

　　中國郵驛沿革起源久遠，歷代官方之通信體系，有傳、遽、亭、置、郵、驛、站、鋪等等名目，不過，兩千年來的通信體系，皆係供王命馳驅，傳達官書之用，而民間則未見完備明確的通信組織，直到明清兩代、才見民營的通信機構，俗稱「民信局」或「批信局」。新式郵政，則源自清道光廿二年（1842）香港割讓於英國，英人在港設置郵政，華人稱之為「書信館」或簡稱「信館」[1]。

　　置郵傳令，由來既久，至清代，沿襲明制，以傳遞公文書為限，尤以軍書為主，故向為兵部專管。期間又分驛遞、鋪遞、前者用馬匹，後者用步役。臺灣因不產馬，故不置驛

---

[1]　王孟〈華洋書信館考〉《郵政資料》，六集（郵政博物館編印，民國 61 年 3 月），頁 147。

遞，而設鋪遞，配以若干鋪兵。

清康熙廿二年（1683），清朝領有臺灣，駐臺兵馬便仿大陸舊制，創辦鋪遞，傳遞軍書。首先在臺灣、鳳山、諸羅三縣設置，其後每增設縣治，即次第設置，每鋪派鋪司一人及鋪兵數人。鋪司管理收發文書及登記循環簿，鋪兵擔任跑遞，鳴鈴疾走。平常每日上、下午各發班一次，有急件時，不問晝夜風雨，兼程發遞。時凡遞送公文，以一晝夜合為一百刻，每三刻行一鋪，故至今臺人謂十里為一鋪，此外又在沿海綠營防兵駐紮地區，設立傳遞軍營文書[2]。

清同治十三年（1874），沈葆楨改鋪遞為站書館，每縣設一總站，站之下有腰站、尖站、宿站等，鋪司改名站書，鋪兵為跑兵，作為交接文書，及跑兵食宿休歇之所。不過，光緒初葉以後各省設置文報局，原為出國使臣寄送文報而設，但組織簡陋，沿用驛站舊例，既無與外國郵政往來，又乏收費制度，且無縝密計畫，故自開辦以迄結束，僅為時三十八年，在郵史上只能視為從舊驛轉移到新郵期間之過渡性質措施而已。因而在大陸各口岸廣設文報局，臺灣也在清光緒三年（1877）前後，在臺南、臺北、基隆、鹿港等地，陸續設有文報局（所），利用輪船遞運，與大陸各口岸互通文報，然而臺灣境內仍行站書管制[3]。

---

[2]　詳見李汝和《臺灣省通志》第四冊（臺灣省文獻會，民國58年6月），第七章一節，頁309~312。

[3]　參見：(1)王孟〈清代之臺灣郵站〉,《郵政資料》二集（郵政博物館編印，民

　　清光緒十四年（1888）臺灣巡撫劉銘傳參照外國郵政辦法，創設郵政總局於臺北府，直轄於巡撫，以代兵房管理。該局於二月初十成立，任候補道張維卿為總辦，定臺灣郵政局章程，改站書館為郵站，由營汛派兵丁負責傳遞，以書識司站務。時臺北、臺南各設總站一處，沿線每隔九十里設正站，正站之間分設腰站幹線之外，有通郵之處另設旁站。每正站設站書一名，站目一名，跑兵八名，腰站及旁站設站目、跑兵四名，文報繁多之處則酌量增添一、二名、所有站目、兵丁均由綠營撥派選用[4]。至於省外文件仍照文報局舊章辦理，此為鋪遞文報局及新式郵政的混合制度。

　　不過，臺北、臺南之總站，即就原有之文報局改稱，而且對大陸往來，仍稱文報局，因此臺灣郵政也有稱之為「特別文報局」的。總站是一完整機構，出售郵票、收寄郵件，封發並投遞郵件。自臺北總站向南，經中壢、新竹、彰化、嘉義、臺南，鳳山到恆春，計九百里，稱為南路。自臺北總站向北，經基隆、頂雙溪至宜蘭，計二百七十里，稱為北路。其他如：臺北至淡水、宜蘭至蘇澳、彰化至南投等等，則是支路。臺灣與大陸各地往來郵件，均由總站收發寄遞。

　　總之，劉氏所創辦郵政有如下之特點：

　　1.與鋪遞制不同處，在於傳遞公文之外，兼收寄私人信

國 57 年 3 月），頁 31~39。(2)晏星《中華郵政發展史》（臺灣商務印書館，民國 83 年 10 月），頁 224~227。

[4]　同註 1 與註 2。

件。凡商民人等，可就郵政照章購票附遞信件，遇有誤失，逢站查究，照價賠償。

2.創行郵票。郵票分兩種，一為官用，稱「郵票」，免費貼用，無票者不予傳遞。一為民用，稱為「商票」，在各正站出售，售價視信件之輕重，與途程之遠近而異。

3.創辦年代，距其後大清郵政官局之開辦，尚早八、九年，開中國新式郵政先聲，可謂捷足先登。可惜劉氏種種新政，至清光緒廿一年（1895），甲午戰敗，臺澎割據予日，便告結束，前後僅實行六年。

二、日據時期臺北的郵政與臺北郵局的創建

甲午戰敗，劉氏辛苦經營之郵政事業，也隨之淪亡。日人據臺，為因應軍事及日僑所需，次第成立野戰郵便局，初隸屬臺灣總督府民政局郵便部，嗣因臺民抵抗激烈，日人不得不採行軍事統治，郵便部遂由民政局改隸陸軍局。迄明治廿九年（光緒 22 年，1896）三月，野戰郵便局幾遍佈全臺各主要城市，北起基隆，南至恆春，且及蘇澳，其始末，茲列表如下，以簡化文字敍述：[5]

---

[5] 本表據：(1)〈再談日據在臺早期野戰郵便局始末〉，《彰郵會訊》3 卷 4 期（彰化縣郵學會，民國 77 年 10 月）頁 2~6。(2)王榮成《臺北市志》卷六〈經濟志〉「郵電篇」（臺北市文獻委員會，民國 77 年 6 月）頁 60~61。二表合併改寫而成。

表 1　日據初期臺灣各地野戰郵便局總表

名　稱	地點	開設日期	設局負責人	開辦匯兌	開辦儲金	備　註
混第一野戰郵便局	媽宮	1895/3/27	秋山啟之	4/11	5/21	7/20 結束
基隆野戰郵便局	基隆	1895/6/9	秋山啟之			7/9 改組為第一野戰郵便局
第一野戰郵便局	基隆	1895/7/9		7/9	7/9	1896/4/20 改設二等郵便電信局
第二野戰郵便局	臺北	1895/7/9		7/9	7/9	1896/4/1 改設一等郵便電信局
第三野戰郵便局	新竹	1895/7/19	今井鐵太郎	9/10	9/10	1896/4/20 改設二等郵便電信局
第四野戰郵便局	後龍	1895/8/18	伊藤重英			1896/4/20 改設二等郵便電信局
第五野戰郵便局	大甲	1895/9/1	高橋龍之助			1896/4/20 改設二等郵便電信局
第六野戰郵便局	彰化	1895/9/1	秋山啟之			1896/4/20 改設二等郵便電信局
第七野戰郵便局	北斗	1895/10/12	轉豐輔其			1896/4/20 改設二等郵便電信局
第八野戰郵便局	嘉義	1895/10/12	伊藤重英	11/8	11/8	1896/4/20 改設二等郵便電信局
第九野戰郵便局	茅港尾	1895/11/6	柴田不差太郎			原稱第 11 局，11/23 改稱第九局。12/1 移駐曾文溪
第十野戰郵便局	臺南	1895/10/24	伊藤重英	11/8	11/8	1896/4/1 改設一等郵便電信局
第十一野戰郵便局	阿公店	1895/11/23	山本良祐			1896/4/20 改設二等郵便電信局
第十二野戰郵便局	鳳山	1895/11/8	豐原清	11/15	11/18	1896/4/20 改設二等郵便電信局
第十三野戰郵便局	打狗	1895/10/24	豐原清	11/6	11/6	11/23 改稱第 13 局 1896/4/20 改設二等郵便局

第十四野戰郵便局	恆春	1895/12/1	中野真太郎	1896/2/26	1896/2/26	1896/4/20 改設二等郵便電信局
第十五野戰郵便局	宜蘭	1895/11/20	小野秀太郎	11/20	12/7	1896/4/20 改設二等郵便電信局
第十六野戰郵便局	澎湖	1895/11/25	神原元亮	11/25	11/29	1896/4/20 改設二等郵便電信局
第十七野戰郵便局	淡水	1896/1/1	高橋龍之助			1896/4/20 改設二等郵便電信局
第十八野戰郵便局	雲林	1896/1/1	雨宮靜			1896/4/20 改設二等郵便電信局
第十九野戰郵便局	臺中	1896/3/21	山中善七	3/21	3/21	1896/4/1 改設一等郵便電信局
第二十野戰郵便局	蘇澳	1896/3/21				1896/4/20 改設二等郵便電信局
野戰郵便繼替所	安溪寮	1895/11/28				

　　明治廿九年（1896）三月，結束軍政，實施民政，同時公佈臺灣總督府郵便及電信局官制，郵便事務移交民政局通信課接管，除在臺北、臺中、臺南各設一等局外，基隆、宜蘭……等地設二等局，另於大稻埕設臺北支局、安平設臺南支局，共計二十八局。同年九月，以府令第三十四號規定，在次要地區酌設郵件受取所。翌年五月，修訂官制，一等局與二等局，視業務繁簡而定。明治卅一年，創設三等郵便局，並廢除兩支局。明治卅四年（1901），通信課改為通信局，後再改為遞信局。明治卅七年（1904）二月取消大局管小局制度。

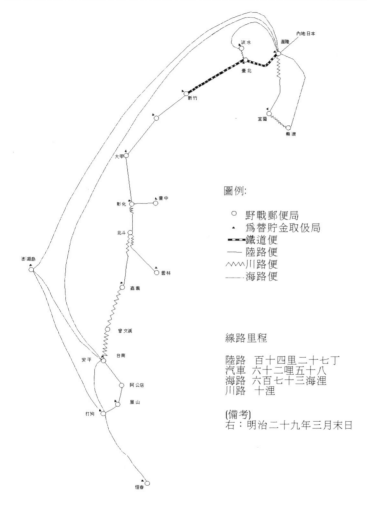

圖1　臺灣野戰郵便線路圖
資料來源：曹潛《中華郵政史臺灣篇》

　　明治四十年（1907），日本內務大臣原敬提出「臺灣總
督府郵便局官制」之議，終於四月卅日以第一六一號敕令公
佈臺灣總督府郵便局官制，又修正官制，改原郵便電信局為

郵便局，郵便電信支局為郵便支局，郵便電信出張所為郵便出張所。除辦理函件包裹收寄、郵政儲金、郵政匯兌等一般郵務外，仍兼辦電信、電話等業務。

至大正二年（1913）八月，乃擴展辦理簡易生命保險業務（即今之人壽保險），惟未見普及。另一方面，迄昭和十六年（1941）二月，原一、二等郵局改稱普通郵局，原三等郵局改稱特定郵局。短短五十年，「管理」、「法治」、「名稱」，一改再改，變遷更迭，不勝困擾。昭和十七年（1942）起，日政府深陷戰爭，耗用巨大戰費，乃在戰時金融政策下，極力吸收民間游資，實行強迫儲蓄，加強郵政儲金，簡易生命保險及郵便年金等等，以充實戰爭資金，業務遂見畸形發達[6]。

簡言之，從清光緒廿一年（明治廿八年，1895年）七月九日起，日人設立第二野戰郵便局，翌年四月一日改設臺北一等郵便電信局，明治四十年（1907）統一改名為郵便局，昭和五年（1930）改為臺北郵便局止，轄有普通郵便局出張所四處（東門町，臺北廳內，飛機場內，及總督府內），市區

[6] 以上參考：(1)周憲文《臺灣經濟史》〈臺灣開明書店，民國69年5月〉，第六篇十二章〈通訊事業〉，頁860~866。(2)王榮成前引書，頁61~69。(3)李汝和《臺灣省通志》卷四〈經濟志・交通篇〉，頁312~314。(4)黃健二《臺北市發展史》三冊〈臺北市文獻會，民國72年2月〉，十八章八節，頁935~938。(5)曹潛《中華郵政史臺灣篇》〈交通部郵政總局篇印，民國70年8月〉四章頁147~195。等諸書改寫而成。

內則有特定郵便局十一局，地點如下：榮町（現今中正區內），
新起町（今龍山區內）、入船町（今龍山區內）、八甲町（今
龍山區內）、兒玉町（今古亭區內），川端町（今古亭區內）、
昭和町（今古亭區內）、北門町（今中正區北門里）、御成町
（今中山區內）、永樂町（今延平區內）、下奎城町（今建成
區北部）[7]。

　　而終戰前之主管人員有：臺北郵便局事務官大寺春彥，
臺北總督府出張所森茂，臺北局東門町出張所里啟明，臺北
局驛內出張所渡邊廣雄，其他諸町郵便局長名單如下：[8]

表2　臺北各町郵便局局長名單

---

[7]　以上諸郵便局詳確地址，曹潛《中華郵政史臺灣篇》〈頁554~555〉列有光
　　復初期地址與原開發年代日期，茲轉引如下表，以供參酌對照。

原名	開設日期	地址
臺北郵便局東門町出張所	1920、12、10	信義路二段一六三號
臺北新起町特定郵便局	1902、4、10	漢中街一七三號
臺北入船町特定郵便局	1904、8、8	西園路一段六十四號
臺北八甲町特定郵便局	1910、4、16	廣州街六十七號
臺北兒玉町特定郵便局	1903、8、1	南昌街一段一〇八號
臺北川端町特定郵便局	1937、12、12	廈門街七十六號
臺北昭和町特定郵便局	1932、3、1	和平東路一段一五二號
臺北北門町特定郵便局	1914、9、1	中正西路一段一號
臺北御成町特定郵便局	1923、3、25	中山北路一段一四二號
臺北永樂町特定郵便局	1919、9、1	迪化街一段三十八號
臺北下奎府町特定郵便局	1926、12、21	南京西路一〇五號

[8]　曹潛前引書，頁329。

臺北川端町郵便局	特定郵便局長	長谷川正慶
臺北入船町郵便局	特定郵便局長	板元信吉
臺北新起町郵便局	特定郵便局長	領謙也
臺北榮町郵便局	特定郵便局長	三好正雄
臺北永樂町郵便局	特定郵便局長	塚原松市
臺北兒玉町郵便局	特定郵便局長	平井靜夫
臺北八甲町郵便局	特定郵便局長	小泉一信
臺北北門町郵便局	特定郵便局長	白尾八百二
臺北御成町郵便局	特定郵便局長	中道正二
臺北下奎町郵便局	特定郵便局長	阿部紀
臺北昭和町郵便局	特定郵便局長	山地傳造

　　總之，從明治廿九年（1896）推展通信事業，以迄大正八年（1919），臺北州廳轄內各地或樞要之地，已無不置郵局或辦事處、收送信處，除原住民所居山地外，郵信的便利，雖在山間僻壤，大致也都在二天以內便可送達。尤其自明治卅五年（1902）五月，臺灣鐵路縱貫線竣工後，隨著鐵路、公路、水路的開通，臺北郵務日益發達繁忙，當時其業務除掌理郵政、儲金、匯兌外，兼掌電信、電話等業務，而管轄區域，包括今大臺北地區（1897 年時轄區含新竹縣，1902年一度包括彰化以北十一廳）[9]，直到日據末期才不含基隆、宜蘭兩地，可知位在大稻埕之「郵政總局」（即前之臺北支局）原建物空間絕對不敷使用，勢必擇地重新擴建。

---

[9]　曹潛前引書，頁 180~181。

　　根據記載，日軍入臺北城時，最初是利用臺灣人之房屋辦理郵政業務，所在位置是當時之北門街（京町通，今博愛路）榮町二丁目（今衡陽路）附近。而臺北郵便局之前身是明治卅一年（1898）設置於北門內側京町（即今博愛路上包裹大樓位置）的日式兩層樓平房建築[10]。大正二年（1913）二月，此日式平房建築發生火災全毀，事後為維持郵務正常作業，即於同址興築木造之臨時廳舍辦理業務。乃至昭和三年（1928）才由栗山俊一設計興建新郵局，並於昭和五年（1930）六月，臺北郵便局與電信局新築三層大廈落成，歷時二年，佔地四千坪，建築面積一千二百三十四坪，工程費六十二萬九千餘日元，為當時臺灣最大的郵局。

　　由於正值現代建築萌芽時期，因此栗山俊一便採用折衷式樣，他在這座三層樓建築上，使用經過簡化後的西洋歷史式樣建築語彙，裝飾簡單，線條簡潔。由於建物面對寬廣的北門圓環，因此正面寬度延展與兩翼差不多，入口處並設置拱廊玄關，該拱廊已於民國五十年代拆除。形式方面處理較具特色的是：立面有山頭裝飾，正面牆外有四對融合埃及棕櫚葉形科林斯式古典柱頭，整個形式雖仍不脫歷史式樣建築色彩，但已具備現代建築的簡潔精神。在構造方面，採用 H 型鋼骨樑柱及 R.C 樓板，大廳留出兩層樓高度，精細的天花

---

[10]　《臺灣建築會誌》第二輯第四號〈臺北郵便局の落成に當り其の過去を省みて〉栗山俊一，頁 21

板充滿線腳，呈現高貴莊重的感覺。另外外牆多用貼面磚及洗石子技巧，其褐色面磚當時稱為一丁掛、二丁掛，為三〇年代臺灣公共建築所喜用，具有防空保護色之作用[11]。此郵便局建好之後經常為附近居民進出使用，被在臺日人暱稱為「京町的郵局」[12]。

到了日據末期，由於戰爭期間，遭受盟機轟炸的關係，郵政業務事實上已告停頓，僅保有原來各處而已。根據 1945年（民國 34 年、昭和廿年）11 月遞信部調查資料，臺灣地區郵政機關，因戰爭期間遭受空襲損毀，辦理修復及維持業務情形，包括遞信部本部在內共計五十一處，其中臺北市郵政機構損毀情形如下：

（一）遞信部：中破，屋頂中彈三枚，已暫為簡略修復使用。

（二）總督府出張所：大破，停業。

（三）臺北驛內出張所：大破，停業。

（四）帝大病院出張所：小破，停業。

（五）臺北榮町郵便局：輕微，停業。

---

[11] 參見：(1)李乾朗《臺北建築》〈臺北市建築師公會民國 74 年 3 月〉，頁 92。(2)李乾朗《臺北市古蹟簡介》〈臺北市政府民政局，民國 87 年 11 月增訂版〉，頁 38~40。(3)莊展鵬《臺北古城之旅》〈遠流出版社，民國 81 年 3 月〉，頁 46~47。

[12] 同註 10。

（六）臺北御成町郵便局：中破，尚未修復，停業[13]。

名冊中無臺北郵便局，想必逃過浩劫，亦云幸矣！

三、光復以來臺北郵局的變遷

光復後，臺灣省行政長官公署派交通處長嚴家淦，組織成立臺灣郵電管理委員會，接管前臺灣總督府交通局遞信部所掌管之全省郵電機構。接收之初，因人員缺乏，一切暫仍維持現狀，並無多大改變，原有各單位日籍人員主管，仍繼續徵用留任，以維護郵電事業運作，臺灣區郵電事業也暫時成為省營事業之一。嗣後中央以郵電為國營事業，歷來屬隸交通部，臺灣省不宜有例外，終於決定改由交通部來接管，並遷就狀況，郵電合辦，乃組織臺灣郵電管理局，民國 35年 5 月 5 日該局正式於臺北市成立，接辦郵電業務，原郵電管理委員會為期半年，功成身退。又同時將轄內各郵便局改稱郵電局，仍辦理郵務及電信業務。郵電合併三載，終因各有業務，難期合流，乃於民國 38 年（1949）4 月 1 日實行分辦，於臺北市長沙街成立郵政管理局，並將轄內郵電管理局改組為郵局與電信局，或電信局營業處，從此郵局乃專辦函件、包裹之收遞、郵政儲金、郵政匯兌、郵政壽險及代理業務等一般郵務，以迄於今。

---

[13] 曹潛前引書，頁 343~345。

臺灣古道與交通研究──從古蹟發現歷史卷之二

　　臺灣光復初期，時臺北郵便局轄有十一郵便局，四出張所，除榮町局撤銷外，其他十局改為臺北支局，四出張所保留東門町改組為臺北第一支局外，其他三所撤銷。後陸續增設三支局，到民國 40 年底（1951）共有郵政管理局一處（設於長沙街），一等郵局一處（設於博愛路）、三等支局一處（設於松山）、十五處支局，郵亭一處，城市代辦所三處。另民國 38 年 4 月 1 日郵電分辦，原第八支局改稱「臺北一等郵局」，既是今之「臺北郵局」。民國 45 年（1956）呈奉交通部於八月核准成立，10 月 16 日起改制為臺北一等特級郵局，增設課室，擴充組織，民國 49 年（1960）3 月 1 日在提升為特等局，原設各課改制為「科」。以後隨著北市人口不斷增加與市區發展，至民國 56 年底（1967）有支局三十三局、一等郵局二局、特等郵局一、管理局一。民國 67 年（1978）增設一等郵局一局，減少二等郵局一局，迄至民國 68 年（1978）支局總共一〇三局。

　　由於郵政業務快速增長，臺灣郵政局所，逐年不斷增設，大幅擴展，至民國 60 年 1 月，臺灣區已轄有臺北、臺中、高雄三處以郵務長為主管之特等郵局，為因應業務發展及加強管理經營之需要，自民國 69 年（1980）9 月 1 日起，臺灣郵區劃分為北、中、南三區，臺灣北區郵政管理局於是年成立，隸屬交通部郵政總局，轄區包括臺北市、基隆市、臺北縣、桃園縣、金門、馬祖等地。自民國 71 年（1982）7 月 1 日起，宜蘭、花蓮地區各局亦劃入管轄。故民國 69 年成立的

北區管理局，除直接辦理臺北本地郵政營運外，並負責執行管理局之監督與管理，業務繁重，責任重大，已非昔年臺北郵局可相提並論。

時序演變至民國九十年代，郵政業務受到經濟快速發展、科技日新月異、產品結構及社會結構丕變等問題影響，為提昇競爭力及服務效能，參酌美、英、法、德、瑞典、瑞士等國家郵政機構的組織，並確定國營及合營等改制原則後，遂於民國 92 年（2003）1 月 1 日將郵政改制為國營事業中華郵政公司，並依據修正通過之郵政法，經營包括遞送郵件、郵政儲金、郵政匯兌、郵政簡易人壽保險、集郵及其相關商品、郵政資產營運等業務，另並提供電子認證、電子金流、郵政物流、郵政資訊流、相關業者策略聯盟等服務，邁向電子商務的新時代，期許能成為多元化的全方位服務窗口之企業體，亦是我臺民之福。

至於在公司制度方面，則分別採取下列數項措施：

1.「董事長」責任制，董事長須全權負起公司之經營責任，總經理兼任董事，其人選由董事長提請董事會派任。

2.人事制度採「雙軌制」，郵政改制公司後，中華郵政股份有限公司設置條例明定，現有員工仍然受現有人事法令規章規範，但新進人員適用新的人事制度，不再具有公務員身分。

3.實施「責任中心制度」：郵政公司轄下各等郵局（責任中心局）係行政、管理（督導）單位，負責執行總公司政

策，為具有獨立性、完整性之業務經營團隊。各等郵局（責任中心局）及各支局職稱，局長改稱為「經理」，副局長改稱為「副理」。

四、小結

中國傳統郵驛制度，有傳、遽、亭、置、郵、驛、站、鋪等名目，其傳達體系不外乎傳送官書公文之用，由政府沿路置驛站備馬，傳遞送達至目的。置郵傳令，淵源既久，沿襲至清代之臺灣，亦大體因襲宋、元、明之舊制。清康熙廿二年（1682），臺灣收入清朝版圖，先是在臺灣、鳳山、諸羅三縣，設有鋪遞各所，各鋪遞置有鋪司一人以為監督，下有鋪兵供差使，遞送公文。雍正元年（1722）於彰化縣、淡水廳等地增設，開臺北郵遞之先聲。雍正九年（1730），廳治移設新竹，淡水廳轄下設有鋪遞十一所，北達雞籠，南接彰化，嘉慶十二年（1807）更通達宜蘭。至嘉慶廿年（1815），裁汰改設，始明確在臺北市域內的艋舺，錫口設鋪遞，各設鋪司一人，鋪兵四人，由淡水廳支給伙食。

迄同治十三年（1874），沈葆楨以鋪遞舊制不克勝任緊急軍務，乃改鋪遞為站書館，分置正站、腰站、尖站、宿站、每站設置站書一人，跑兵三人，當時本市僅設艋舺宿站，錫口腰站，專責遞送，性質與原鋪遞並無大異。另一方面，海運開通之後，交通頻繁，社會大眾對郵政需求益趨迫切，明

清時代民營的「民信局」、「批信局」、亦不符時代需求。光緒四年（1878）起，遂有海關兼辦郵政設施，除專運公文之外，且附帶收寄公家信件，是為中國現代郵政之開始。及光緒十四年（1888），劉銘傳在臺北創辦郵遞新政，以原有兵營所轄的站書管制為基礎，參酌國內海關郵政設施，訂定臺灣郵政章程。設郵政總局於臺北市大稻埕建昌街，任候補道張維卿為總辦，下置分局，並分設各地的正站、腰站、傍站，辦理投遞郵件事物。同時發行郵票，收寄私人信件，開臺灣新式郵政的濫觴，亦是全中國之先聲。

　　甲午戰敗，清廷割臺，日人遂得據臺。據臺之初，因應軍事與日僑之需，乃次第成立野戰郵便局，幾經更迭，臺灣總督府交通局遞信部成為全臺灣郵電最高管理機構。嗣後展開經營，業務興榮，承包郵政、匯兌、儲金、人壽等諸項事物，本市之郵政，因此頓形大增，設在大稻埕的郵政總局建物空間也因此不敷使用，勢必予以擴建。

　　原創設於明治卅一年（1898）的北門野戰郵便局（為在今臺灣北區郵政管理局之包裹大樓處），為二層樓日式建築物，適發生火災焚毀，留下一片曠地，面對寬廣的北門圓環，遂於同址從新擴建。由栗山俊一設計，於昭和三年（1928）始建，迄昭和五年（1930）六月歷時二年，臺北郵便局與電信局三層大樓落成，佔地四千坪，建築面積一千二百三十四坪，工程費用六十二萬九千餘日元，為當時臺灣最大的郵局。

　　由於正值現代建築萌芽時期，設計者栗山俊一採用折衷

式樣，入口處設置拱廊玄關，立面有山頭裝飾，牆外有科林斯式古典柱頭，細部上存在經過簡化後之古典語彙。外牆則用貼面褐色磚及洗石子技巧。在構造方面，採用 H 型鋼樑柱及鋼筋混凝土樓板，大廳留出二層樓高度空間，天花板與線腳精細典雅，呈現華貴莊重的感覺。成為當時附近居民最頻繁進出的場所，被在臺的日人暱稱為京町的郵局。

日據末期，盟機空襲轟炸，臺北市多處建物被炸毀。幸賴天佑，臺北郵便局逃過一劫，並無毀壞，卻不料入口的半圓拱廊，反而在光復後民國五十年代被拆除，甚為遺憾！

光復初期，先是成立臺灣郵電管理委員會接管全臺郵電機構，繼成立臺灣郵電管理局，不久又在民國 38 年（1949）郵電分開，於臺北市長沙街成立郵政管理局，並將市區內郵電局分開改組為郵局與電信局，從此郵局乃專辦函件、包裹的收遞、儲金匯兌、壽險及相關代理業務，直迄於今。

再者，光復初，時臺北郵便局轄有十一郵便局，四出張所至民國 38 年 4 月 1 日郵電分辦，原第八支局改名「臺北一等郵局」，既今之「臺北郵局」，民國 45 年 10 月改制為「臺北一等特級郵局」，民國 49 年 3 月升為「特等局」，局內各「課」也改制為「科」。

由於郵務快速增長，原有編制不符所需，遂再提升擴編，自民國 69 年 9 月，臺灣郵區劃分為北、中、南三區，臺灣北區郵政管理局於 9 月 1 日正式成立，隸屬交通部郵政總局，轄區包括臺北市、基隆市、臺北縣、桃園縣、金門、馬

祖等地，嗣後又增加宜蘭、花蓮等地。

臺灣北區郵政管理局除直接辦理臺北地區郵政營運外，並負責執行臉局之監督與管理。局內組織編制設有局長一人，副局長三人，主任視察員一人，下設人事、會計、營業等等十二個科室，及四個視察分段，另設有郵件處理中心、郵件投遞中心、航空郵件處理中心等三個專業處理機構、堪稱責任重大，業務繁忙，已非昔年其前身北門野戰郵便局可相提並論，而其營運服務，公眾廣為稱便。

至民國 92 年 1 月 1 日，郵政因實際業務需求改制為國營中華郵政公司，郵政改制後，新成立的郵政公司將郵政總局、儲匯局整併為總公司，現存二十七個處室簡併為十四個處室，另置總經理室。同時為精簡人力，提高行政效率，將臺灣北、中、南區郵政管理局予以裁撤，組織由四級制改為三級制。公司化後將實施責任中心制度，以一縣（市）設一責任中心局為原則，共成立二十三個責任中心局，負責執行總公司政策。

阿里山森林鐵路北門驛的歷史

一、阿里山森林鐵路北門驛的歷史背景

（一）阿里山林鐵建路的緣起

　　臺灣鐵路創設於清光緒十三年（1887），是時在巡撫劉銘傳大力籌辦之下，於該年六月在臺北大稻埕開工，興建臺北──基隆線，於光緒十七年竣工通車，全長二八‧六公里，是為臺灣鐵路之始。臺北基隆段開工之翌年，續開築臺北南行至新竹之路線，於光緒十九年（1893）通車，長七八‧一公里。迨甲午之戰，清廷失利，簽約割臺，日本初佔基隆，即由工兵隊修理基隆、新竹間路線；另一方面，又趕築新竹迄中港線，以達成軍事南侵與統治之張本。是後陸續興建縱貫鐵路，於明治四十一年（1908）完成自新竹南下經苗栗、臺中（山線），直迄於臺南、高雄之幹線工程。淡水線，則於

明治卅六年（1903）六月開工，次年八月通車；屏東線，自明治四十年四月起，陸續興工，迄大正十二年（1923）十月，全線完成；明治四十四年八月大日本製糖會社之北港線（嘉義－北港）也已開始營業。臺東線於明治四十二年開工，至大正六年全線通車。阿里山線，則於明治四十三年（1910）開始建築，至大正元年（1912）十二月完成到二萬平（地名），大正三年四月延至阿里山線。宜蘭線，於大正六年開工，至大正十三年竣工。總之，至昭和十九年（1944）隸屬總督府交通局經營者有八條線路：

①縱貫線②宜蘭縣③平溪線④淡水線⑤臺中線⑥臺東線⑦集集線⑧屏東縣，複線有：①基隆—竹南間②基隆—八堵間③臺南—高雄間；另殖產局營林所所經營管理之山林鐵道有三路線：①阿里山線②太平山線③八仙山線。（見圖一）此三條山林鐵道乃針對阿里山林場、八仙山林場、太平山林場等臺灣三大林場開發運輸而來，即為了開發森林業務，便利木材運輸而敷設鐵路。

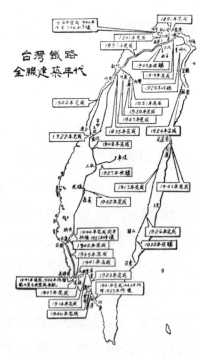

圖一　臺灣鐵路全線建築年代摘自《臺灣之交通》

[1]

臺灣位在約北緯二十一度與二十五度，東經一二〇度與一二二度之間，北迴歸線剛巧經過島嶼中央，中央山脈成為全島之脊樑，縱貫南北，山巒起伏，逾三千公尺高峰有五十餘座，其中以玉山（新高山）為最高，海拔三九五〇公尺。此種複雜地形，以及含跨熱、暖、溫、寒四帶不同之氣候，使得臺灣孕育保存多種寒、熱帶植物。（圖二）森林繁茂遍佈，其中的阿里山更擁有豐富的五木：扁柏、紅檜、亞杉、松栂、與優良闊葉樹，在林業上是天然寶庫。清光緒十二年（1886），雖曾有伐木局之設，但究竟有無實際伐木業務之經營，頗值懷疑。日本據臺之初，

---

[1]　參見(1)壽俊仁《臺灣鐵路百週年紀念》（臺灣鐵路管理局，民國 76 年 6 月），第一章第一節〈臺灣鐵路簡介〉，頁 1~13；〈臺灣鐵路大事年譜〉，頁 338~343。(2)李汝和《臺灣省通志》卷四〈經濟志交通篇〉（臺灣省文獻會，民國 58 年 6 月），第三章鐵路〈沿革〉，頁 94~105。

對於森林行政，首自林野土地及林產物的處分著手，明治廿八年（1895）起首訂「官有林野取締規則」，嗣後陸續頒佈規則，作為森林土地管理，及放租放領之依據。造林業務則始於明治卅三年（1900），以樟樹可以製腦，首重樟樹造林，一般樹木造林，略晚二年之後。有關森林之各項調查，以林野面積及產權為中心，始於明治四十二年（1909）至大正三年（1914）止，共查完山林地九十七萬餘公頃。繼調查之後，進而整理，至大正十四年（1925）告一段落。關於林木面積、樹種、材積之調查，謂之森林調查，始於大正五年，至昭和五年（1930），共查畢一百多萬公頃。森林治水之調查亦隨即進行，至大正十四年乃將治水調查合併於森林計畫事業調查，就全島林地劃分區域，何者為保安林，何者為限制伐採地，何者為禁止開墾地，規定各區域之伐木與造林數量及輪次，編成整個經營方案，謂之施業案，其目的在求植伐平衡，作最大限度之生產，永保森林資源之延續。[2]

（二）阿里山森林之發現

　　日據時期之公營伐木始於阿里山，阿里山位於嘉義縣境，在嘉義市之東約六十公里，山嶽重疊起伏，全區南北長

---

[2] 詳見(1)李汝和《臺灣省通志》卷四〈經濟志林業篇〉（臺灣省文獻會，民國59 年 6 月），第一章概說〈施政之演進〉頁 17~19。(2)周憲文《臺灣經濟史》（臺灣開明書店，民國 69 年 5 月初版），第六篇第八章〈林業〉，頁 724~739。

二十公里，闊八公里，面積三萬餘公頃，其中可採伐面積有一萬餘公頃，在一千七百公尺以上為紅檜與其他之混合林，在二千一百公尺以上則為紅檜與扁柏之純林。該山森林之發現與開發，頗有一段曲折傳奇：

　　明治廿九年（1896）十一月十三日，時林圯埔撫墾署長齋藤音作，率領東京帝大助教授本多靜六、臺灣總督府民政局技手月岡貞太郎、大阪朝日新聞記者矢野俊彥、憲兵曹長丹羽正作等人先至東埔社，一行二十七名組成探險隊一探玉山。同月十九日整隊出發，登峰途中，隊員多數罹病或離隊，最後征服最高峰者只有齋藤署長，他攜帶儀器測定玉山海拔為一四○七六尺，比日本富士山還高，立刻將訊息報告予當時乃木總督。翌年三月六日，總督府依其呈報，針對阿里山森林概況作一番研究考量後，研擬開發方案。齋藤署長同月十三日往訪嘉義、臺南兩地首長，協議就近召集知母勝社山地住民二十九人，及達邦社十名青壯男子，集中訓練，指導有關森林的作業程序教育。同年六月廿八日，參謀本部派遣測量隊員來臺進行全島地理測量，並將結果送給參謀總長。六月廿八日在大本營的御前會議上，稟奏日皇，隨即下令命名為「新高山」，拓殖務省遂在七月六日告示，這是日據時期「玉山」被命名為「新高山」的由來。

　　另一方面，同年十二月一日，齊藤音作將阿里山大森林開發計畫呈送政府，為了更深入了解森林狀況及新高山西邊山麓民情，齊藤氏再度組織隊伍，沿清水溪上流的全仔社進

入石鼓盤社，再經獵獵柴社到知母勝社等山地村探訪民情。在森林調查十七日後，由知母勝社翻山越嶺到和社，十八日沿著陳有蘭溪支流，經大塔山麓到東埔社，入深山林內，發現扁柏、紅檜、亞杉、松栂等不見天日的混生密林。廿二日，經阿漏社、達邦社、沙米居社、勃仔社至大埔溪，蕃薯寮撫墾署，翌年（明治卅一年）一月五日回到嘉義辦務署。這次探查發現新高山西方山麓擁有廣大原始針葉叢林，呈報上級，嗣後也派了數批專家上山復勘，如明治卅二年派臺南縣技手小池三九郎探勘，提出阿里山大檜林之報告，評估結果頗具開發價值，但因木材搬運困難，經多方考量後，擬定開拓阿里山森林鐵道的計畫。[3]

二、阿里山森林鐵路的興建

（一）藤田組民營階段

明治卅三年（1900）三月二日，首次調派鐵道部技手飯田豐二等專家組隊勘查路線，擬敷設鐵道搬運木材，報告書中也提到搬運困難情形。次年五月，大倉土木組派竹林榮三

---

[3] 本段分別據：(1)張新裕《阿里山森林鐵路縱橫談——阿里山森林鐵路生涯五十年》（高皇出版社，1997 年 5 月初版），第一章，頁 12~41。(2)周楨《臺灣之伐木事業》（臺灣研究叢刊第五十八種，臺灣銀行經濟研究室，民國 47年 6 月），第二章〈阿里山林場〉，頁 51~53，參酌合併改寫而成，以下同。

郎調查，擬利用曾文溪水流，以木材管流法運出，但調查結
果發現不行，放棄此舉。明治卅五年三月，林業家土倉龍次
郎計畫自萬歲山附近，經十字路越鬼子嶺，敷設公田庄至觸
口庄約八里餘之木馬道，從觸口庄接輕便軌道，向嘉義搬出，
但未得總督府之認可。明治卅六年二月八日總督府特命林學
博士河合鈰太郎負責阿里山森林的林相調查和開發，與森林
鐵道路線的測量事宜，河合氏提出實況報告，力主開發，並
採用森林鐵道運材。民政長官後藤新平遂決定阿里山森林開
發之大政方針，一面令殖產局小笠原富二郎負森林調查之
責，一面令鐵道部技手岩田五郎、福山道雄預測鐵道路線。
翌年三月十日，首先委任鐵道部技手川津秀五郎氏率隊探測
樟腦寮、獨立山……等處後下山，其中最難施工者是獨立山
路段，初以倒吞式「之」字形，繞往公田線或清水溪邊相仔
宅，後來想出以螺旋方式，自樟腦寮迴旋三次登獨立山，可
縮短路程，並節省經費，五月完成測量工作。同年擬定經營
大要：(1)根據現有蓄積，分八十年採運，(2)年伐量合計十五
萬尺締（即五萬立方公尺），(3)木材搬運線，自十字路至嘉義
建築森林鐵道，(4)伐採跡地，每年人造杉林、扁柏林等，平
均以八十年為輪伐期，(5)作業種類選用喬林皆伐作業，(6)沿
森林鐵道之適當地點，設置製材工廠，以便搬出原木之製材。
依此計畫需投入二百七十萬日元之固定資本，每年三十萬日
元之營業費，可得九十餘萬日元之純益。同年十月三日，在
民政長官後藤新平、拓殖產局長、鐵道部技師長谷川、河合

鉇太郎、嘉義廳長岡田等人組成近百名大隊伍，實查森林鐵道之計畫，並視察阿里山森林之實況。大隊從嘉義出發，三天後攀登阿里山萬歲山頂，同時命名沿途的兒玉山、後藤岩、祝山、長谷川溪、河合溪等地名作為紀念。不過此一經營預算於年末送到帝國議會審議時，正逢日俄戰爭，財政不裕緊縮，而被內閣否決中止開發。直到明治卅九年（1906）二月五日，阿里山森林開發案經議會重新協議，通過後委託民營，與大阪合名會社藤田組（Fuzida Department）交涉，委由該會社負責開發。

藤田組完成簽約手續後，仍是由鐵道部長谷川技師長、河合博士負責指導，立即籌備設置嘉義施工所，同年五月一日成立，由該組副社長藤田平太郎兼理所長，並聘農商務省後藤房治擔任林業課長，總督府菅野忠五郎為鐵道課長，立石義雄為經理課長。遂著手嘉義至竹頭崎間鐵道工事，乃組織嘉義──阿里山間鐵道路線實測隊，並向日本宮城、福島地方招募伐木工人；在木曾、秋田地區招募樹木調查員，從事開發作業。五月七日鐵路實測隊首先進行嘉義→竹頭崎段工作，由測量主任川津秀五郎負責，廿六日，竹頭崎→樟腦寮段由進藤熊之助負責測量。明治卅九年（1906）七月九日，鐵道第一工區嘉義→竹頭崎段工程，由吉田組負責施工，按預定日期在十一月底順利竣工，路基填實後，在翌年一月下

旬鋪設鐵軌。[4]嗣後施工情況，茲以大事年表方式，簡略列記如后：

明治三十九年（1906）七月二十一日：藤田組川津秀五郎再度測量樟腦寮、梨園段。

明治三十九年十一月一日：第二工區竹頭崎→樟腦寮段鐵道工程，由吉田組及大倉組聯合負責，至翌年十二月二十日完成。

明治三十九年十一月二十日：進藤熊之助再度實測難度極高之獨立山段，認為可依照原測計畫，以右迴二旋，左迴一旋登頂方式定案。此段作業於翌年二月二十二日完成。

明治四十年（1907）一月二十八日：藤田組新見喜一擔任十字路→阿里山段實測，作業中發現十字路南方山巒層疊險峻，第一岔道至阿里山段，因前面大塔山阻擋，且因地域狹隘，無法採取迴旋式爬登法，所以研擬以「Z」字型倒退再前進方式克服，此即後來阿里山鐵道有名的「阿里山碰壁」行進方式。四月十日完成至阿里山飯包服的路段，其間並發現一塊約二萬坪廣闊平地，取名「二萬平」，在此暫設終點停車場。

---

[4] 同註 3。

明治四十年二月十五日：第三工區獨立山段由大倉組負責施工，於十月二十五日完竣。此段之奇在於路程高低差二百二十七公尺，盤旋進行中可俯瞰同一地點樟腦寮村落四次，為舉世之惟一。

明治四十年三月五日：第四工區獨立山△梨園寮段工程，由鹿島組負責施工，於十月八日完成。

明治四十年四月二十日：藤田組完成鐵道路線實測及森林樹木調查作業，經計算鐵道施設工程費，與總督府調查概算，差距過大，藤田組認為投入過多金錢，難以預期收益，將會危及繼續經營基礎，乃在十一月送呈經營計畫，未獲總督府同意，於翌年一月十四日提出再調查要求，不料總督府突然批覆下令中止經營。同年二月十一日藤田組在阿里山舉行解散儀式，除留下山關才治、佐藤啟治、恩藏村之助等三人處理善後外，其餘人員均下山，結束藤田組民營階段。

（二）日本官方接手階段

明治四十年（1907）三月廿六日，佐久間總督率同鐵道部技師新元鹿之助、殖產局技師賀田直治等巡視中部山地，由嘉義出發，沿鐵道視察藤田組施工成果，及森林實況。四月三日，宮尾殖產局長來此巡視，深覺半途中止經營頗為可惜，遂向民政局長大島重提官營計畫案，大島命鐵道部、殖

產局、財務局等單位協商，向藤田組收買鐵道建設、森林施業一切費用事宜。九月四日，大島率領宮尾土木局長、鐵道部技師稻垣、河合博士等，詳細視察現場實況，深具官營開發信心，遂又在議會提出有關阿里山森林開發案，翌年二月卻因調查不充分而未獲通過。同年五月六日派內務省臺灣課長、農商務省山林局左藤鋠五郎、河合博士等人再上阿里山重新勘查。

明治四十三年（1910）二月十二日，復提出修正預算案，削減一百萬日元，通過創業費三百七十萬日元（內含鐵道建設費二百六十五萬日元，事務費一百零五萬日元），補償藤田組一百二十萬日元，分兩年償付。四月十六日以敕令第一〇六號公佈阿里山作業所官制；五月嘉義辦事處開辦，籌劃鐵道建造及林業設備。期間施工情況如下：

明治四十三年（1910）六月六日：樟腦寮派出所主任技手進藤熊之助負責竹頭崎至梨園寮；交力坪派出所主任技手川津秀五郎負責梨園寮至奮起湖路線改測工作。

同年六月十日：第二工區竹頭崎至樟腦寮間路線測量調查結束，並由大倉組負責施工，七月一日動工，十一月廿日完工。

同年六月二十八日：第三工區樟腦寮至紅南坑間的獨立山道坑挖掘工程，由大倉組負責，於翌年四月廿日竣工，五月六日鋪設鐵軌。

同年七月八日：第四工區紅南坑至梨園寮工程由大倉組

負責開工，翌年二月十日完成。

同年七月十日：第五工區梨園寮至風吹碾工程由大倉組負責施工，隔年五月廿一日完竣。

同年七月廿八日：第六工區風吹碾至奮起湖工程由鹿島組負責施工，翌年四月九日完成，隨即鋪設鐵軌。

同年七月卅日：由鐵道部出借美製六輪聯結機關車一輛，重十三噸半，在嘉義至竹頭崎間運輸建築材料。

同年十月一日：設置阿里山警察官吏駐在所，公佈北門、灣橋、鹿麻產、竹頭崎各停車場之貨客運營業開始受理。

同年十月三日：第七工區奮起湖至哆囉嘽間隧道工程由鹿島組負責開工，隔年十二月廿日竣工。

同年十一月三日：內田民政長官來此視察，並向美國會社代理店枡瀨商會購入十八噸蒸汽機關車二輛，組立完成，開始在嘉義——竹頭崎間試行運轉。

明治四十四年（1911）二月十七日：竹頭崎至樟腦寮間行駛建築列車。

同年五月十日：購入美國萊碼會社（LIMA）製造，積載量九噸，全長二十呎，轉架式運材車十輛，經試運轉結果，發現零件不良，不堪使用。同月開始伐木。

同年六月十二日：技師小山三郎重測十字路至阿里山工程地段，結果決定變更路線，減少隧道二座，縮短橋樑約一千四百呎。

同年八月十日：第九工區十字路至平遮那間工程，由大

倉組承包施工，於翌年十一月廿八日竣工，同時鋪設鐵軌。

　　大正元年（1912）八月八日：第十工區平遮那至二萬平工程由鹿島組承包施工，期間因遇暴風雨，工程被迫中止，待十一月初恢復施工，於十二月十二日完成至二萬平終點停車場。

　　大正元年（1912）十二月完成嘉義至二萬平之間幹線，開始通車，同年五月間已開始伐木，翌年起開始運出木材，一面繼續修築林內支線，到大正三年（1914）四月延長到阿里山各支線如到達塔山、眠月、水山、哆哆咖等延長分支線，至各伐木集材作業地；另在嘉義設立製材廠，將運出之原木製成用材出售。鐵路之運輸，除自運木材外，到大正七年（1918）十二月，因應沿線居民之需要，才在運材列車後方加掛客車廂，稱為「便乘列車」，附帶辦理沿線客貨運輸。此後該場之伐木業務日益開展，至昭和十七年（1942）九月，廢公營之制，移讓官商合辦的臺灣拓殖株式會社經營，改稱為臺灣拓殖會社林業部嘉義出張所，直迄臺灣光復。[5]

（三）阿里山林鐵的利弊檢討

　　阿里山森林鐵道，歷經艱難，終於在大正元年（1912）年底自嘉義至二萬平開通，到大正三年（1914）四月延至阿

---

[5]　同註 3。

里山，自嘉義至阿里山之鐵道，沿線長達七十一點九公里，軌距七百六十二公厘，最急斜度 1/16，最小曲線半徑三十公尺；橋樑一百一十四座，最長者九十四公尺，總長二點八公里；隧道五十五座，最長者七百六十七點九公尺，總長九點五公里半；獨立山之迴旋線（Spiral line）三轉約五公里，從海拔五百五十六公尺至七百八十三公尺，即上升二百餘公尺；平遮那站以上之「之」形線路（Switch back way）計有三處，種種設計費盡匠心，路線之美之曲之折之奇，更是舉世聞名。其中嘉義至竹崎間為平地線，竹崎站以上為山線，因曲半徑之小，與斜度之急，不得不使用特製蒸汽機關車（十八噸及二十八噸），和制動機貨車，每輛平均裝載九立方公尺之木材，可連結貨車八輛以上。茲將阿里山鐵道幹線各站距離、海拔高度、及各支線軌道里程簡示於下：[6]

表一：阿里山鐵道幹線各站里程表

站名	海拔高（公尺）	區間距離（公里）	累計里程（公里）	最急坡度
嘉義	30	0	0	0
北門	31	1.6	1.6	1/50
灣橋	56	5.8	7.4	1/60
鹿麻產	82	3.4	10.8	1/50
新竹崎	116	2.6	13.4	1/50
竹崎	127	0.8	14.2	1/20
木履寮	323	4.6	18.8	1/20
樟腦寮	536	4.3	23.1	1/20

---

[6]　周楨前引文，頁 55~56。

臺灣古道與交通研究——從古蹟發現歷史卷之二

獨立山	741	4.1	27.2	1/20
梨園寮	905	3.6	30.8	1/20
交力坪	997	3.8	34.6	1/20
水社寮	1185	5.7	40.3	1/20
奮起湖	1405	5.1	45.4	1/20
哆囉嘕	1517	5.3	50.7	1/40
十字路	1534	4.4	55.1	1/20
平遮那	1720	5.4	60.5	1/20
第一分道	1827	2.2	62.7	1/20
二萬平	1999	3.9	66.6	1/16
神木	2150	2.6	69.2	1/16
阿里山	2274	2.7	71.9	1/60
自忠	2305	8.0	79.9	1/60
玉山口	2332	2.7	82.6	

資料來源：周楨《臺灣之伐木事業》，P.55~56

表二：阿里山本支線軌道里程表

線名	起迄點	公里數	軌重(公斤)	隧道數	橋樑數	所用機車
阿里山本線	嘉義~阿里山	71.900	15~22	55	114	28噸蒸汽機關車（運木材兼客車）
水山線	阿里山~玉山口	10.720	15	4	31	18噸蒸汽機關車
水山支線	自忠~岡山	7.500	8	—	65	4-1/2噸汽油機關車
哆哆咖線	玉山口~哆哆咖	10.500	15	2	41	18噸蒸汽機關車
塔山後線	塔山6750.塔山8332	0.860	15	—	2	18噸蒸汽機關車
塔山線	塔山~塔山	1.582	8	—	4	手推臺車
塔山線	阿里山~塔山	6.750	15	1	26	18噸蒸汽機關車
東埔線	玉山口~東埔	0.710	8	—	4	手推臺車

大龍溪線	塔山~大龍溪	2.432	9	—	—	18 噸蒸汽機關車
合　　計		112.954	108~115	62	387	

資料來源：周楨《臺灣之伐木事業》，頁 55~56。

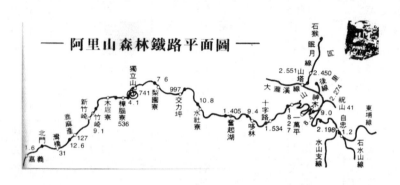

而學者檢討阿里山林鐵之利弊，有如下看法，優點：(1)運材量大，年平均原材八千零五十立方公尺，製材一千八百八十立方公尺，(2)途中木材之轉換省略，減少木材之損傷，(3)長大材亦可運出，(4)運材時間縮短，且能有彈性應變，(5)運材以外，對於旅客貨物輸送之利用可能性大。缺點：(1)貨車機關車之重量相當大，上山空車之費用大，(2)煤炭輸送上山不方便，(3)蒸汽火車常為森林火災原因之一，(4)設計、維持、運轉等均須專門技術員工。[7]不僅如此，因日據時期，當時並無伏地索道之運材計畫與設備，鐵路坡度急峻，曲線半徑減至最小限度，以致行車困難，耗費特多。不過鐵路運材為所有陸地運材法中運材量最大者，因此選用森林鐵路運

---

[7]　同註 6。

材，必須為大面積森林，而且蓄積量要豐富，單位面積之立木材積應多、年伐量與年產量要大，如是，採用森林鐵路運材，才符合經濟，而阿里山林場面積高達三萬多公頃，樹木蓄積量有六百多萬立方公尺，可供八十年採伐，年產量有三至四萬立方公尺，每日運材量有一百至二百立方公尺，並且第一段運材距離即有七十餘公里，產期既長，距離又遠，又能搬運長大沈重木材，所以阿里山林鐵之建造確是適當的。[8]至於到大正七年（1918）十二月下旬起應沿線居民與登山者需要兼營客運普通列車，在昭和十三年（1938）間計乘客人員一萬九千六百人，車費收入七萬日元，貨物之輸送年約六萬日元，合計其他收入，年約十三至十四萬日元，[9]乘客車費收入占年收入近一半，不可謂不無小補。

三、其他森林鐵路興建概況

除上述阿里山林鐵外，另殖產局所負責之林鐵尚有太平山線（羅東、土場間）、八仙山線（土牛、佳保臺間），茲簡介如下：[10]

---

[8]　劉樹幟《臺灣之木材採運》（臺灣研究叢刊第九十四種，臺灣銀行經濟研究室，民國56年10月出版），〈臺灣之木材運輸〉，頁112。

[9]　周楨前引文，頁56~57。

[10]　詳見⑴張奮前《臺灣省通志》卷四經濟志〈交通篇〉（臺灣省文獻會，民國58年6月出版），第三章「鐵路」，頁105、169、170。⑵周憲文《臺灣經濟史》（臺灣開明書店，民國69年5月），第六編第十一章運輸事業，頁844。

　　太平山線：自羅東貯木場至太平山麓之土場，大正十年（1921），臺灣電氣興業株式會社為運輸器材，鋪設土場至天送埤間約二十公里鐵道，繼收歸公有。臺南製糖會社所有之天送埤、歪仔歪間約十五公里鐵道，由總督府租用，歪仔歪至羅東貯木場約二公里鐵道，則由羅東居民建築捐獻。總之，大正十三年（1924）全線通車，約長三七點三公里。本線乃為開發太平山林場之用，昭和元年（1927）後，亦兼營客運。太平山林場位在宜蘭濁水溪上游兩側，面積約六萬公頃，立木蓄積約一千三百多萬立方公尺，大正三年開始調查，翌年著手伐木，自一九一五年至一九四三年（大正四年～昭和十八年），共伐面積四千六百九十五公頃，立木一百八十七萬餘立方公尺。

　　八仙林線：自大甲溪上游之土牛至佳保臺，長約四五點四公里，於大正十年開工，次年完成通車，本線乃為運輸木材及所謂「理番」之用，自昭和六年起，也兼營客運業務。八仙山林場，主要位在臺中縣屬，介於北港溪與大甲溪之間，面積約一萬六千公頃，立木蓄積約二八○餘萬立方公尺，大正三年始由阿里山作業所著手調查，翌年設八仙山出張所，主持採伐，至一九四三年，共伐面積三四二五公頃，立木一一八萬餘立方公尺。

光復以後，臺省林務局領屬玉山、大甲、蘭陽、木瓜四林區，為開發森林業務，便利木材運輸，均各鋪設鐵路，茲簡介於后：[11]

玉山林區林鐵：從明治四十三年計畫施工，至大正元年完成嘉義至阿里山路段，後續由阿里山延長至新高口。嗣因配合伐木事業之需要，至民國四十一年（1952）漸次增築自忠到星岡、新高口至哆哆咖、阿里山至塔山、塔山至眠月、塔山至大龍溪等支線。

蘭陽林區林鐵：於大正十年開始建築，至十三年全線通車。昭和九年（1935）續建築土場至鳩澤路段，而分段延長有蘭臺、白系、茂興、三星、獨立山等支線，習慣合稱太平山線。大戰末年（昭和二十年，1935）為配合林業需要，在大元山建築翠峰、晴峰等線，合稱大元山線。

大甲林區林鐵：日據時期先後完成豐原至土牛、土牛至久良栖路段，嗣又續建佳保臺線、中平線、八仙山線、馬崙線、十丈溪線等等。臺灣光復後，為求運材統一，民國三十五年四月，將土牛至豐原一段鐵路，劃歸八仙山林場管理。其後終續遭到颱風、洪水

侵襲沖毀基路，因修復費用過鉅，豐原至久良栖一段於民國五十年全線拆除，久良栖以上仍維持至今。

木瓜林區林鐵：太昌平地線原係花蓮糖廠所建，民國三十六年林務局出資買下，民國四十四年續築，另民國四十一年底開始興建太魯閣線。哈崙線至民國四十七年撥歸林務局經營，於四十七年六月增建哈崙一、二號，及四號索道中間及上部線鐵路，以上各線除太昌平地線外，餘均屬山地鐵路，不對外營業。

四、阿里山森林鐵路北門驛的歷史沿革

（一）光復以來的變化

阿里山森林鐵路在日據時期，是為開發阿里山森林木材資源而鋪造，原來路線僅從嘉義至二萬平，後因森林開發之需要，延長對阿里山及各支線。因木材之砍伐生產與販賣，帶動了整個阿里山地區沿線的開發與建設，而產材以嘉義為集散地，更是促進了嘉義地區商業蓬勃發達。而阿里山林鐵除自運木材外，附帶辦理沿線客運運輸，當時上山須開行九小時，過竹崎，機關車頭在後向上推，以後在木履寮加水，水塔係用木板造成。中途站為奮起湖，上、下行車在此午餐，此地亦為山地產物集散地；十字路站為山地吳鳳鄉交通要口，至二萬平機關車頭調向前行。總之，阿里山林鐵從設計、

測量到施工，備極艱辛，盤旋於千山萬壑之中，蜿轉於巉岩峭壁之上，成為舉世聞名之高山登山鐵路。

　　光復初期，據林產管理局報告當時運輸工具有：蒸汽機關車頭十二臺，汽油機車頭二臺，客車十二臺，貨車一八六臺，運材車一六二臺。旅客之往來、貨物交通，均較前略增，有如下表：[12]

表三：光復初期客貨運輸實績表

年度	客運人數	貨運			備考
		托運噸數	自運噸數	合計	
1946	252,410	53,488	12,980	66,468	客運托運收費標準與臺灣鐵路局規定數同
1947	409,198	53,106	21,952	75,058	
1948	447,271	47,779	22,451	70,230	
1949	367,083	39,256	24,527	63,784	
1950	232,792	43,440	21,665	65,105	
1951	172,144	54,449	17,989	72,438	記帳轉付客運不在內
1952	128,131	49,605	20,785	70,390	記帳轉付客運不在內
1953	150,002	40,173	33,803	73,975	記帳轉付客運不在內
1954	141,511	43,979	21,374	65,352	記帳轉付客運不在內
1955	128,372	56,618	21,329	77,946	記帳轉付客運不在內
1956	149,745	21,789	58,757	80,546	記帳轉付客運達 103,947 人

資料來源：周楨前引書，頁 57

---

[12] 同註 9。

　　當時營運情形是：阿里山線嘉義至阿里山為營業線，阿里山（舊站）至新高口是不定期營業線，另有哆哆加、塔山、大龍溪等線是阿里山林場專用線不對外營業。而嘉義——竹崎間混合列車有下行（嘉義→竹崎）三列，上行（竹崎→嘉義）四列，嘉義至阿里山之下行列車 51 班次雙日上山，阿里山至嘉義之上行列車 52 班次單日下山。

　　民國四十一年（1952）林產管理局阿里山林場，因應市場，在三月十五日—四月十六日的櫻花季節加開季節性臨時列車，增開遊覽快車，每逢單日由嘉義開往阿里山的上山下行列車 107 班次，每逢雙日由阿里山開回嘉義的下山上行列車 108 班次，上山停靠嘉義→北門→竹崎→木履寮→樟腦寮→獨立山→交力坪→奮起湖→哆囉嗎→平遮那→二萬平→阿里山等十二站，下山僅停阿里山→神木→二萬平→奮起湖→獨立山→竹崎→北門→嘉義等八站。

　　民國四十五年元月一日起，應嘉義縣議員許進興、縣立中學竹崎分部學生家長聯名陳情，為便利學生上下課，在嘉義竹崎間增開列車一次往返，因此嘉義竹崎間每日是混合列車三次往返。民國四十九年十一月廿五日改訂的阿里山線列車時刻表中，出現了嘉義至阿里山間，增加了 57、58 班次一往返的不定期客運列車，雖然是不定期的，卻也是正式純客運列車的起始，這表示了阿里山林鐵的營運方向正在轉變，

朝向客運為主。[13]

另一方面阿里山林場從大正元年（1912）開始砍伐以來，至光復之初（1945），三十四年來共伐木面積九七七一公頃，伐木材積共計三四六九七三〇立方公尺，生產材積共計一四七一九一九立方公尺，老林砍伐殆盡，而人工林年齡尚幼，面積也不大，因此政府接收之初，面對所剩無幾的原木外，只得盡量整理日據時期所遺棄之殘材短尺，與人工林間之伐砍，資源減少，以致不敷成本，每年虧損不少。當時林產管理局及土木學者曾提出一些改良方法，擇其要者有：(1)改建塔山索道，(2)阿里山站以上路線擬以臺車運材，(3)加強阿里山幹線之交通車輛，(4)徹底改建公路。[14]但情勢所逼，難挽大局，民國五十二年（1963）停止自營，改為林班標售民營企業，收縮人員，轉以觀光事業為主，改善鐵路營運，遂步實施阿里山鐵路柴油化。因此民國五十一年三月十五日改訂的玉山林區管理處森林鐵路列車運行表中，列車行駛有：對號快車、混合列車、運材列車、不定期運材列車、不定期甘蔗運輸列車，也即是嘉義、阿里山間增駛柴油對號快車每日一往返。

---

[13] 本節參考：（1）楊鵬飛《臺灣區鐵道古今站名辭典》（作者發行，民國 88 年 8 月），頁 224~227，（2）洪致文《阿里山森林鐵路紀行》（時報文化出版公司，1997 年 6 月五刷），第四章〈阿里山林鐵時刻表之旅〉，頁 152~171 改寫成。

[14] 周楨前引文，頁 57~58。

　　嗣後為顧及行車安全，沿線隧道、橋樑，原以木材建造支架，均逐步改為預力混凝土，及水泥漿砌駁坎路基護坡等，加強保固。為應日漸增多之登山觀光客，民國五十二年三月二十日起，使用購自日本車輛株式會社的新柴油車二輛，命名為中興號對號快車，當日上山，翌日下山。同年四月二十一日起，中興號對號特快車與柴油對號快車，每日下行與上行各對開一次。十月一日，混合列車51、52班次改為每日行駛，一改過去的雙日上山、單日下山，而一般團體旅客人數眾多，不得不搭乘此一老式火車，別增情趣，也說明旅客的大量增加。五十六年進口新柴油車三輛，又向臺鐵臺北機廠訂製柴油客車托運二輛。同年元月1日起阿里山線全面改訂列車時刻，又增加嘉義——阿里山間中興號每日二往返，嘉義——竹崎間混合列車增加為每日五往返，但柴油對號車改駛嘉義——奮起湖一往返。

　　民國六十二年元月一日起，阿里山線最優級光復號柴油特快車開始行駛，停靠站為：嘉義→北門→竹崎→交力坪→奮起湖→神木（上行車不停）→阿里山，與中興號完全相同。六十三年十月廿六日，列車時刻表中，嘉義——竹崎間混合列車改為早上二次，傍晚二次，顯示平地的林鐵運輸量在減少。六十六年元月一日起，嘉義——竹崎間混合列車消失，嘉義——阿里山間光復號減少二班次，顯示業務開始走下坡，但總的說來，民國六十年代是阿里山線旅客最盛的黃金歲月。

　　但民國七十一年（1982）九月三十日，阿里山公路通車

後，因其行車時間與票價，均較鐵路來得便捷價廉，對阿里山林鐵是一重大打擊，乘客大幅流失，林鐵因應措施，除縮短列車行駛時間、提高服務品質、購進空調豪華客車廂，因此十一月十六日起，阿里山線列車，光復號恢復四次兩往返，中興號對號快車改稱中興直達對號快車，車次不變，停車站中途僅停北門、奮起湖，302 班次加停水社寮，306 班次加停交力坪。七十二年七月八日起，新增阿里山號冷氣對號快車，取代原來光復號。另，為吸引觀光客，在民國七十三年五月動工，至翌年十月完工之祝山線也在七十五年元月正式通車，再度興起觀賞日出熱潮。七十五年元月六日起，中興直達對號快車僅存兩班次，並改以阿里山舊站為終點。另外也出現了阿里山號 999 對號夜快車，強調只要 999 元，一票到底，就可以在一天之內觀光阿里山，包括往回阿里山、至祝山眠月兩支線，及三餐、入遊樂區等費用。火車於週日〇時一分從北門站開出，中途停交力坪、奮起湖，早上四時抵阿里山，正好可以趕往祝山看日出，之後遊賞阿里山森林遊樂區，吃完中飯，於十四時五十五分下山，由阿里山開回，中途停奮起湖、交力坪、北門，十八時八分到達嘉義。這套火車觀光旅遊專案叫好不叫座，終於在七十七年九月十日取消。同年十一月一日起，列車時刻表改訂，仍維持原阿里山號對號快車，取消歷史悠久之混合列車，另以中興號（不對號）代替，每站皆停。時刻表中尚有不定期對號 211、215 班次，及不定期平快 131、132 班次，竟然比中興號停車站還

要少,已模糊列車等級了。七十九年元月十五日起又改訂,列車等級僅存阿里山號對號快車,每日五次上山,六次下山,各站皆停,每逢週末、週日與連續假日,加開一次上行,回程未變不加開。另有北門─阿里山間不定期對號快車兩班次備用,中途僅停奮起湖。近年來為方便招攬旅客,更加彈性變通,改採彈性小站停車辦法,即是旅客可以在未派站員的小站臨時停車上、下,加班車則小站固定不停,恢復清代臺灣鐵路營運招呼站形式,此種做法是否恰當,猶待旅客評估反應,但整的看來,阿里山林鐵已不復昔年風光了。[15]

(二)北門驛的建築形制格局

一、建築格局

阿里山鐵路北門驛之興建,係為開發阿里山森林之林業而闢建。大正元年十二月北門驛通往二萬平之鐵道共四十一哩開通,大正二年(1913),正式實際營運。說明北門驛之站體工程此時已完成。

北門驛位海拔三十一公尺,為阿里山森林鐵道第二站,居嘉義站(1.6公里)與竹崎站(12.6公里)間,擔負車頭調車與修護廠之功能。新站位舊站北側,為民國六十二年十月新建之混凝土二樓建築,不屬於古蹟部份,故不擬納入研究

---

[15] 同註 13。

範圍。

　　阿里山森林鐵路屬產業道路，主要以運送木材為主，非營業使用，沿線車站站房僅數坪大小，北門驛站房建築雖不似縱貫線上之大車站建築規模，但比較起縱貫線上之鄉村地方之站房，仍有相當規模。站房建築係因人、貨運輸之集散點，早期北門驛主要以木材集散運輸為主，及至林業開發禁止，光復後以成為阿里山觀光鐵道運輸改為營業之客運鐵路為主，近年則因阿里山公路之闢建而日漸沒落。這期間，北門驛因容量不足而另闢新站，也因此保留了舊站站房的完整。

　　北門驛為木構造建築，平面為長方形格局，入口門略為突出，作為入口引進之象徵。面寬二十二公尺，進深十一公尺。在機能上，長方形格局為站房建築之基本型式，係因應鐵路運行之運輸動線模式。

二、空間組織

　　一般站房為配合人、貨運送過程，提供人或貨物停留裝卸之轉運等活動，而將站房空間依其機能區分如下：

　　(1)公共空間：包括等候室、廣場、玄關、廁所、月台等。

　　(2)事務空間：辦公室、站長室、售票口、行李托運處、信號室、檢票口、倉庫等。

　　(3)運轉補給空間：油燈庫、電池室、茶水間、值班室、貨物庫等。

　　(4)居住空間：職員宿舍、官舍、廁所、廚房、浴室等，

這些機能空間，常因站房機能規模、性質及環境不同而有所不同。北門驛係地方小站其內部空間大多合併簡化，民國六十二年完成之新站則配合觀光機能，在空間上增設較多空間。

現存北門驛之建築空間可分公共、事務及運輸補給空間，其中公共空間有：等候室、廣場、門廊、月台、檢票口。事務空間有辦公室、售票口、行李托運處、信號室，運轉補給空間有倉庫、值班室、茶水間。

三、機能配置

北門驛屬小型車站之型態，在站房空間大多合併簡化，動線安排上自聯外道路進入戶外廣場，火車站外貌即完全呈現。候車室以凸出之「車寄」（雨披）連接站前廣場，作為視覺焦點，這種過渡空間可由周圍建築群明確界定，站房建築的形式在立面之強調，可作為入口之意象。

北門驛站房內部候車室與事務室以一牆區隔，靠近入口側並設一售票窗口，行李托運窗口則靠近月台側。事務室則另置小空間作為值班室。月台緊臨站房，遮棚則跨月台一半而已，沒有全面覆蓋。站房西面則另設一倉庫兼茶水間。東面為廁所（今已拆除）。

此種小型車站之空間機能配置，在台灣縱貫線上仍保留許多類似作法。而小型車站之機能配置也幾乎相類似，此種模式無疑是頗合乎當時載運量之運作模式。

（三）北門驛的歷史沿革

　　明治四十三年（1910）十月一日嘉義竹頭崎間（平地線）開始營業，大正元年（1912）十二月竹頭崎二萬平間（山地線）通車，大正二年（1913）二月二萬平以下路線繼續完成。此線在光復前由臺灣拓殖株式會社經營，光復後改屬林產管理局阿里山林場鐵道。阿里山鐵道正式起點站為嘉義站，旅客月臺位於臺鐵嘉義站第一月臺北端之側，售票剪票收票均委託臺鐵嘉義站代辦。次站為榮町（今稱北興街，非正式停車之站名），昭和八年（1933）五月二十一日榮町開始營業，為嘉義竹崎間通勤列車停車站，十九年（1944）四月一日起停止營業。臺鐵嘉義站阿里山林場專用側線即在原榮町行車正線之側，原是阿里山線原木輸往各地的出口。

　　第三站即北門驛（今稱北門車站，為重點車站，有派人管理），明治四十三年十月一日開始營業。北門站雖是阿里山線一個大站，毗鄰嘉義林區管理處，但是阿里山線的起站並不是北門站，而是在嘉義站，已如前述。北門站新站房於民國六十二年十月落成，舊站房留在原地，民國八十七年四月三十日公告指定為嘉義市市定古蹟，同年五月十六日凌晨遭回祿損毀，隨後整建完成，造型如舊。

　　日據時期鐵道部各站都有一冊《驛勢要覽》，有關該站之所在、氣候、地勢、設備、設站經過、人員編制、歷任驛長姓名、任職期間、腹地經濟、業務成長、建設事項等等，

皆有詳實記載。《驛勢要覽》率由驛長（站長）親筆撰寫，妥善保管，列入移交，惜光復後，因種種原因而遺失或損毀，北門驛即是一例。即如從昭和十六年（民國 30 年，1941 年）十月十四日起，受雇於阿里山鐵路奮起湖車站，至民國八十年（1991）八月一日屆齡退休，服務貢獻阿里山林鐵達半世紀，而有「永遠的站長」美譽的張新裕先生，服務期間在民國四十八年六月四日調升委任二級貨物司事轉至北門車站（時站長為江江天），後調至關仔嶺工作站，迨至五十一年元月二十日以站務員名稱又調回來經辦總務業務，後調走再度擔任車長、副站長職務，至七十一年三月三日又調回北門車站（站長為劉通喜），七十四年十一月二十九日調升代站長，暫留北門車站協助站務，與北門車站有如許深厚淵源，於退休後撰寫《阿里山森林鐵路縱橫談》，整本書中涉及、提及北門車站者實在少之又少，實有無奈之嘆。然而雖是片言隻語，仍然彌覺珍貴。

總之，北門車站於明治四十三年（1910）十月一日開始營業，昭和八年（1933）五月二十一日，嘉義與北門間的榮町、北門與灣橋間盧厝等開業，成為嘉義——竹崎間通勤路段，方便民眾上下的客運小站。光復後，民國四十年代阿里山林鐵與臺糖鐵道聯運，排定製糖期才行駛的不定期甘蔗運輸列車，共有四班，均以北門——竹崎為起迄站，中途停車站為盧厝。民國五十年代，旅客列車大量加開，不論嘉義——竹崎間的短途通勤列車，即使嘉義——阿里山上下行的中興號特

快車與柴油對號快車均會停靠北門站，而且北門──竹崎間也增駛兩次運材車。此一時期，當時阿里山鐵路沿途村落交通，或日常必需品、運下山之原木、山產物均在本站裝卸處理，手續繁雜、業務忙碌為其寫照。民國六十年代乃阿里山林鐵營運的黃金時代，當時標準停靠站為為嘉義、北門、竹崎、交力坪、奮起湖，及阿里山。而六十二年十月北門新站落成啟用，舊站成調度維修與卸貨休憩、存放工具之所在。民國七十年代為阿里山林鐵漸走下坡時代，當時中興號改名「中興直達對號」，上山車行，從嘉義出發，只停北門、奮起湖，便直奔阿里山。七十三年元月更推出 999 阿里山號夜快車，每逢周日凌晨零時一分直接從北門站開出。七十五年元月廿四日在北門站與來訪日本大井川鐵道訪問團舉行兩鐵路結盟儀式。進入八十年代，北門車站好不熱鬧，先是民國八十一年郵政總局為慶祝阿里山林鐵八十大壽，於十一月五日發行火車紀念郵票，首日封於北門站舉辦，邀請當時交通部次長馬鎮方蒞臨開幕剪綵，並在現場設立臨時郵局，發售首日封及火車郵票，為郵迷加蓋紀念郵戳服務。八十二年八月廿三日北門修理工廠發生火災，成一片殘破廢墟。也大約就在此年開始，嘉義地方人士竟然有人建議拆除阿里山林鐵嘉義至竹崎一段，以利地方發展，一時喧囂，各方意見競起。八十七年四月三十日經嘉義市政府公告指定為市定古蹟得以保存，同年五月十六日凌晨遭回祿損毀，幸整修後式樣如舊，但牆面米黃色彩引起爭議，專家學者認為宜恢復墨綠色為

妥。八十八年為配合嘉義文化節活動，二月廿七日──三月七日由嘉義市立文化中心推廣組與嘉義林管處等辦「森林鐵道傳奇活動」，重點集中在舊北門車站，反應良好，佳評如潮，且應民眾要求保留北門今昔主題牆、時光之廊展示，而夜間點燈照耀舊北門車站，浪漫淡黃色彩，溫暖人心，現已成為情人約會，居民散步的好所在。北門舊站不僅見證阿里山林鐵近百年興衰歲月，也正脫胎換骨，迎向新世紀的來臨，再現風華，成為嘉義市的一景。

新埤鄉建功庄東柵門建置考

一、前言

　　民國八十二年年初，承中國工商專科學校閻亞寧教授之託，負責屏東縣新埤鄉建功庄東柵門之調查研究計畫中之歷史部份，數年以來與閻教授合作愉快，不敢推辭，遂允撰文。之後，開始搜集文獻資料，如《鳳山縣志》、《重修鳳山縣志》、《鳳山縣采訪冊》、《屏東縣志》、《六堆客家鄉土誌》等等，逐一瀏覽檢閱，竟無一直接相關之記載，原先構思之「建功村由來」、「東柵門沿革」等最重要子題，也無法成文。

　　嗣後，兩度南下田野調查，雖得若干資料，但亦無能敷衍成文，僅能條列一、二，真有束手無策之嘆。無奈，只好拉大架構，牽扯成文，先就（一）「客家人在臺灣南部之墾殖」作一背景說明，再及於（二）「新埤鄉之開拓沿革」，其中建功村之由來，幾經採訪，僅知由朱建功其人開拓，朱某後於

康熙末年返回原鄉。今建功村朱姓人家，並非其後裔，筆者
並至朱家採訪詢問，經檢視朱家神龕牌位。確證非其後裔，
餘則不詳。

　　新埤鄉為客家六堆之左堆，柵門又與防禦有關，亦與交
通出入之管制有關，因此第三節就六堆的形成作一說明，並
及於其後柵門出現之歷史背景。第四節轉入主題，原應探討
東柵門之沿革史事，但資料實在太少，不得已只好集中焦點，
全力探討東柵門建置之年代。最後總以結語，並略探討此次
田野調查所發現之「安五營」習俗，以較抽象之神明及空間
厭勝物的防禦體系，彌補本文之不足，但因此非本古蹟調查
報告之主體所在，附在結語，以「餘論」稱之。

　　由於文獻、口碑資料俱皆貧乏，本文整個架構畸輕畸
重，自所難免，其中疏漏舛誤當必不少，私心企盼專家學者，
地方耆宿有以教之補之，則幸甚！幸甚！

二、客家人在臺灣南部的墾殖

　　臺灣的客家人，主要分佈在北部的桃園、新竹、苗栗、
臺中四縣，和南部的屏東、高雄二境內，並散居於東部的臺
東、花蓮縣內，是全臺灣僅次於河洛人的民系。

　　客家人來臺灣墾殖的年代，各家說法不一。一為伊能嘉
矩氏所提出的康熙二十五、六年（1686～87）之說；二為陳
運棟氏所提出的明鄭明代移民說。三為今人石萬壽氏則不以

為然，認為客家人的來臺，應始於施琅卒後。因為施琅「終將軍施琅之世，嚴禁粵中惠潮之民，不許渡臺，蓋惡惠潮之地素為海盜淵藪，而積習未忘也。」[1]因此，在康熙三十五年（1696）施琅去逝前，客家人由於朝廷及施琅的種種刁難與限制，除少數偷渡來臺者外，能聚居成庄者，可以說是幾乎沒有。此後，繼任水師提督，不像施琅，對惠潮的客家人並無惡感，於是「漸弛其禁，惠潮民乃得越渡」[2]，客家人遂得以大量移民來臺，其中最著者，南部以「六堆」為代表。

康熙中葉，移民渡臺大抵均是閩南人，其後惠潮粵人才逐漸東移，康熙末葉擔任巡臺御史的黃叔璥在〈番俗六考〉記載：[3]

> 羅漢內門，外門田，皆大傑巔社地也。康熙四十二年，臺、諸（羅縣）民人招汀州屬縣民墾治。自後往來漸眾，耕種採樵，每被土番鏢殺，或放火燒死，割去頭顱，官弁詰捕。

汀州人即閩西客家人。黃叔璥又記載：「南路淡水卅三莊皆粵民墾耕」[4]，「此南路淡水諸莊」，即指今日高屏一帶。陳文達在《臺灣縣志》更詳確記錄：「北路自諸羅山以上，南

---

[1] 黃叔璥，《臺海使槎錄》（臺銀文叢第 4 種），卷四〈赤嵌筆談〉，頁 92。
[2] 同上註。
[3] 黃叔璥，前引書，卷五〈番俗六考〉之「北路諸羅番四」，頁 112。
[4] 同註 1，頁 93。

路自淡水溪以下，類皆潮人聚集以耕，」[5]並且「……然其志在力田謀生，……往年渡禁稍寬，皆于歲終賣穀還粵，置產贍家，春初又復來臺，歲以為常。」[6]可見閩西汀州客民和粵東潮州、惠州、嘉應州客民對臺灣開拓之初的貢獻極大，也突顯了客家人勤勞節儉，歲以為常的美德。

是時，臺灣南部，尤其是今臺南市附近，早為漳泉人所墾殖，客家人除了在府城東郊，建立後壁厝（今仁德鄉後壁村）客家聚落，種菜維生外；或混居於漳泉人的庄社中，為漳泉人的傭工佃丁，或開墾草萊，聚類而居。[7]不過，在康熙年間所修諸志書中，對客子、客莊的習性，多有微詞指責，或許正為這些原因，加上府城附近已開墾殆盡，客家人在漳泉人排擠下，轉而拓墾下淡水溪以東草埔蠻荒地區，而官府也鼓勵他們前往開墾，因為「荊棘日闢，番患自清，是莫如聽民開墾矣！」[8]

下淡水溪以東，約略今屏東縣全部及高雄縣美濃、杉林等鄉鎮，為志書所稱「傀儡番」及平埔番遊耕漁獵地區。傀儡番即今排灣、魯凱族，分佈於荖濃溪以北的美濃等高雄縣

---

[5]　陳文達，《臺灣縣志》（臺銀文叢第 103 種），〈輿地志〉「雜俗」，頁 57。

[6]　藍鼎元，《平臺紀略》（臺銀文叢第 14 種），附錄〈粵中風聞臺灣事論〉，頁 63。

[7]　石萬壽，〈乾隆以前臺灣南部客家人的墾殖〉，《臺灣文獻》，第 37 卷 4 期，民國 75 年 12 月出版，頁 71。

[8]　藍鼎元，前引書，附錄〈與吳觀察論治臺灣事宜書〉，頁 56。

境，及屏東東側山地，一向以凶悍著稱，令人聞名喪膽。平
埔番分佈於今屏東縣，南起枋寮，北至里港的平原地帶，有
八社：(1)搭樓（今里港鄉搭樓村）、(2)武洛（或作武鹿、或
名大澤機，在今里港鄉茄苳村武洛庄）、(3)阿猴（今屏東市
區）、(4)上淡水（一名大木連，在今萬丹鄉社皮村）、(5)下
淡水（一名麻里麻崙，在今萬丹鄉番社村）、(6)力力（今崁
頂鄉力社村）、(7)放綯（今林邊鄉水利村）、(8)茄藤（今佳
冬鄉佳冬村）等八社，號稱鳳山八社，[9]其中以武洛社番最
為驚悍。

在客家人入墾下淡水以東地區之前，漳泉人早已來此開
墾，建立萬丹、新園、東港等村落，於是鳳山縣所轄坊里，
也由原有的七里、二保、六莊、一鎮、十二社，再增以東港
溪為界的港東、港西二里，及觀音山一庄，並設立下淡水巡
檢司衙門於港東里的東港，以統轄管理這片新開墾地區。所
以康熙卅五、卅六年，客家人南下墾殖時，下淡水溪以西的
地區，已頗有開發，增墾不易，並無發展的餘地。反之，溪
東又是鳳山八社的土地，尚不是客家人所能單獨支應開拓，
只好暫依附在漳泉人之下，在萬丹街東北六里的河川地，建
立濫濫庄於今萬丹鄉四維村。濫濫庄位在麟洛河下游，每當
河水暴發氾濫，努力墾成田地即遭侵蝕沖毀，威脅甚鉅，因
此得名。如此六、七年後，濫濫庄一則無法容納不斷來臺的

---

[9] 石萬壽，前引文，頁72。

客家人，再則又受到河水氾濫沖毀之威脅，不得不向鳳山八
社的叢林地區開墾，一直到康熙末年朱一貴之役時，不過短
短二十年，已拓成大庄十三、小庄六十四，濫濫庄也成為六
堆發祥之地。

康熙四十年代後，客家人所墾殖路線，可以分為中、南、
北三線：[10]

（一）中線由濫濫庄向東方的東港溪流域開拓（即今竹
田、萬巒、內埔三鄉），在東港溪支流內埔溪岸附近，總共建
立了十八庄：糶糴庄、新街庄、頓物庄、和尚林庄、崙上庄、
履豐庄、二崙庄、頓物潭庄、美崙庄、頭崙庄、南勢庄、溝
背庄、頂頭屋，楊屋角、竹頭角、老北勢、和順林、四座屋
等十八庄，為下淡水溪以東客家墾殖的中心地區，也是以後
六堆組織中的中堆地區。在中堆各庄開闢同時，另有溫、張、
林、鍾等姓，繼續溯東港溪而上，沿東港溪東方各支流兩岸
拓殖，以萬巒庄（今萬巒鄉萬巒村）為中心，建立了：高崗、
頭溝水、二溝水、鹿寮、三溝水、硫磺崎、四溝水、五溝水、
大林、得勝、成德等共十二庄，為客庄中最接近傀儡番的村
落，亦為六堆中的先鋒堆。此外，林、賴、李、馮、鍾、利、
黃、曾等姓，在今內埔鄉建立下樹山庄（今和興村）與內埔
庄（今內埔村），以其為中心，又在內埔以南地區，建立羅經
園、忠心崙、茄苳樹下、竹山溝等四庄；以北地區建有老東

---

[10] 石萬壽，前引文，頁72~74。

勢、泥埤子、上樹山、新東勢、東片新、景興、旱仔角、番仔埔、檳榔林等九庄，合計十五庄，為後堆地區。以上竹田、萬巒、內埔三鄉地區，共有大小四十五庄，為南部地區，客家人最集中，也是勢力最大之區。

（二）北線為今麟洛、長治、里港等鄉地區，開發較晚，方式也不同於中線地區各庄，率多集資向平埔族社購買土地，再回粵東原籍，召募壯丁來臺墾殖。例如康熙四十五年，鎮平縣人徐俊良與柯、翁二姓合資，先向阿猴社番購買今麟洛鄉麟頂、麟蹄、麟趾三村土地，再回原鄉，召募邱、黃、林、劉、李、郭、徐、張、彭等姓人士來此，建草寮，闢草萊，成麟洛一庄，以後發展成設有四大柵門的刺竹城。嗣後用類似方式開拓的庄社，尚有新圍庄、新庄仔、老田尾庄、上竹架庄、下竹架庄、田心庄、徑仔庄等。今長治鄉建有香楊樹上庄、火燒庄（後易名長興庄），及田寮、三座屋、下厝、崙上、煙燉腳、竹葉林、新圍等庄於牛稠溪的兩岸。在麟洛溪上游兩岸則建有：老潭頭、新潭頭、溪埔等庄，成為以後六堆組織中的前堆地區。此外，嘉應州人林、邱、鍾、曾等氏，溯武洛溪而上，到達隘寮溪南岸，向武洛社承租溪邊土地開墾，成為北線各庄中最孤立的一庄，以及六堆中右堆二十七庄最早形成的一庄，也成為朱一貴之役以後，客家人向今高樹、美濃等地開拓的基地。

三、新埤鄉的開拓沿革

南線為今新埤、佳冬鄉境的客家村落。

今新埤鄉位於屏東縣中部偏西，屏東平原之南，北連萬
巒鄉、潮州鎮，西接林邊鄉、南州鄉及崁頂鄉，東與來義鄉
為界，南鄰力力溪與枋寮鄉、佳冬鄉相近。本鄉東臨中央山
脈，故地勢高低不等，東南方有林邊溪、力力溪、內社溪等
三溪，河床地佔全鄉面積三分之一以上，每逢秋季，洪水易
為氾濫，乾季則水源不足，耕地多成不毛，幸萬隆堤防完成，
始得耕種。其北為高燥地區，僅西方有小部份良田。

新埤鄉舊名「新埤頭」（或作新陂頭），其得名蓋客家移
民至此拓墾，為灌溉為田園之需，乃在該地築有埤潭，此地
位在新建埤潭之上方，故名新陂頭。本鄉清代屬鳳山縣領，
置有六堆總理辦理行政事務，與佳冬鄉同為六堆中之左堆。
至日據時期，改隸臺南縣，後奖合併茄苳腳區，餉潭區，成
立新埤頭區，歸阿猴廳的東港支廳管轄，旋又改設新埤庄役
場。民國 34 年（1945）臺灣光復後，改稱為鄉，歸屬高雄縣，
卅九年冬行政區域調整，劃歸屏東縣，直到今日。目前該鄉
轄有新埤、建功、打鐵、南岸、餉潭、箕湖、萬隆等七村，
面積五九‧○一○二平方公里，人口總數不過一萬多人。[11]

新埤、佳冬兩鄉先人亦由濫濫庄，沿河到此開墾。康熙

---

[11] 洪進鋒，《臺灣鄉鎮之旅》（益群書店，民國 78 年 6 月出版），〈屏東縣新埤
鄉〉，頁 279。

四十年後，客家人越東港溪，到達溪州溪流域，其先到南州
鄉之南埔庄與閩南人混居。如此數年，人數漸多，於是蕭、
林、羅、賴、張、鍾、朱、黃等姓，乃沿當時「北岸河」而
上，至今新埤鄉南岸村開基，為南線客家人墾殖之始。由南
岸庄開始擴張，出現打鐵庄（以設有打鐵寮，製造農具而得
名，由鎮平縣林、黃等氏所開拓）、建功庄（朱建功其人所開
拓）、新埤頭庄（梅縣張、鍾、曾等姓所開）、昌隆庄（先開
東埔，後鎮平人戴昌隆率眾渡林邊溪，建庄於溪南）。昌隆庄
為今佳冬鄉境客家村落之開始，於是各姓客人，陸續建立茄
冬腳（即茄藤社地，今佳冬、六根村）、石公徑（今作石光見，
在石光、玉光村）、半徑仔（今萬建村）、葫蘆尾、下埔頭（今
賴家村）等庄，是為以後六堆中之左堆地區。北岸河在當時
是內社溪的下游，流量頗大，常鬧水災，當時墾民乃在南岸
上游種樹護岸，以防患洪水。其後河流轉道南邊成為砂崙河，
不久又沖蝕出今天的新埤河。原北岸河、砂崙河河床浮覆為
旱地，增加墾殖面積。嗣後，新埤河又為內社河所奪，經常
洪水氾濫，居民苦之，才又遷到新埤附近。[12]

　　前已述及，六堆客家人原聚居萬丹鄉濫濫庄，沿麟洛河
捕魚捉鱉，發現此溪兩岸尚未有人開發居住。由此，上游的
麟洛、長治、現屬里港鄉的武洛，下游再轉溯五魁寮河的內

---

[12] 鍾壬壽，《六堆客家鄉土誌》（常青出版社，民國 62 年 9 月初版），第三篇「六
　　堆開拓史」，頁 74。

埔、竹田、萬巒，乃至再下游的新埤、佳冬等地，始被探勘踏查，經過數年試墾開拓，結果良好，才再分別派人回去原鄉招募鄉民，前來拓殖定居。佳冬、新埤地區，因位置較遠，其發展較慢，但自蕭、林、羅、戴、賴、張、鍾、黃等幾家豪族發祥之後，也能後來居上。

綜合上述，短短二、三十年，客家人由濫濫庄尋北、中、南三線開拓發展出十三大庄，六十四小庄，幅員之大，可見墾殖成果的輝煌。其所以能如此順利，個人以為：

（一）推力：當時濫濫庄因人口日益增加，村邊麟洛河洪水暴發時，努力墾成田地盡付諸流水，威脅甚鉅。而附近土地又早為閩南人居住開墾，無法擴墾，只得往上溯溪。

（二）拉力：六堆地區除佳冬臨海外，其他各庄離海較遠，既無港灣可資利用於交通，以發展工商，復無礦產資源，且地勢較高，又是密林，又少遭山洪沖刷，因此滿地叢林，巨木密集，蛇蠍橫行，漢人甚少入殖開墾。即使是番胞足跡亦罕發現，例如竹田、萬巒、內埔之間的五魁寮河，因河床狹小，兩岸較高，原住民也不從此線出入，不是「番仔路」，更遑論來此農耕漁獵。因此這一地區幾乎全是地勢高，河床低的高臺地，不利土地拓殖及水田化，只能當作旱田或看天田耕種，所以可說是未曾開發的處女地，留待後來的客家人開拓了。而且六堆客家人住的原鄉地區，山多地狹，他們對於如何開闢水田，增進農產，費過心力，成就也不小。因為有此經驗，所以渡海來臺之後，對於土地的開墾，農田的水

利，並不陌生，客家俗諺「開埤作圳，人人有份」，從這諺語
便可窺知客家人的重視開埤作圳。起初是利用已成的水溝，
堵水引入農地，因此地勢較低又近河的地區，如長治鄉，里
港鄉的武洛村，新北勢，乃至佳冬、新埤各地，則將附近河
水，於上游作「攔河埤」引到低地，墾為水田，頗為便利。
至於如竹田、萬巒等地勢較高地區較為困難，幸而林捷昌、
林贊昌兄弟，發明了以就地取材的竹、草、砂石等材料，在
大河中間興築大壩，使河水漲高及岸，再開圳引水灌田的方
法，始有萬巒埤、頓物埤，乃至其他各地之「堵壩式埤頭」
出現，方便灌溉，貢獻匪鮮。[13]

在客家人向鳳山八社地區開拓時，閩南漳泉人也一樣往
此地區拓墾，墾荒成果不輸給客家人。北沿下淡水溪而上，
開墾下淡水溪及支流牛埔、武洛、隘寮等三溪流域。（約今屏
東市、九如鄉、鹽埔鄉、里港鄉全部，及今長治鄉、內埔鄉
部份）。中沿東港溪、隘寮溪而上，建立今竹田鄉、崁頂鄉、
潮州鎮、萬巒鄉等鄉境內諸村庄。南沿海岸線南下，建今東
港鎮、南洲鄉、林邊鄉、枋寮鄉等全境，及新埤、佳冬二鄉
部份。到康熙末，已形成新園、萬丹兩個新市街。[14]

雍正年間，漳泉人、客家人，甚至鳳山八社平埔番民都
向沿山埔地開墾，遂和排灣，魯凱族發生衝突，其中又以客

[13] 鍾壬壽，前引書，第八篇「六堆繁榮的原動力」，頁 271~273。
[14] 石萬壽，前引文，頁 74~75。

家人和排灣族的衝突，情況最為嚴重。於是閩浙總督高其倬為防止番客再生糾紛，下令臺灣府縣文武諸官，會同徹底查清番民之界，隨其地勢，立碣刻字，樹立石碑，不許漢人越界耕種及抽籐弔鹿。但客家人仍不顧危險，干冒禁令，一再侵入傀儡番區，開水灌田，大事墾殖。察其原因，乃此時粵東沿江地方，疊遭水災，頗多貧民移往廣西、四川二省，也有渡海至臺灣謀生者，而惠潮二府民眾遷移更多。在此移民潮下，使擁有十三大庄、六十四小庄的南部客庄，實在無法容納不斷而來的原鄉移民，遂使客庄發生變化。譬如，粵東原籍鄉民攜貲來臺，收購已墾成土地；也有原墾民將之出售，衣錦榮歸者，朱建功氏頗有可能就在此時出售墾地，回歸鄉里。另外，新埤朱、張、鍾、曾等姓，合資一千三百銀元，向漳泉人購買砂崙河南岸土地，建立千三庄（意即花費了一千三百銀元購得此地，位於今新埤鄉新埤新興路）。

開墾初期，土地廣袤，在番社荒埔中能見到漢人已屬不易，何況又在在需要壯丁的勞動力，因此在新墾區形成各籍移民雜處局面，陳夢林在《諸羅縣志》提及：[15]

> 失路之夫，不知何許人，纔一借寓，同姓則為弟姪，
> 異姓則為中表、為妻族，如至親者然，此種草地最多。
> 亦有利其強力，輒招來家，作息與共。

---

[15] 陳夢林，《諸羅縣志》（臺銀文叢第 55 種），卷八〈風俗志〉，頁 84~89。

又記：

> 土著既鮮，流寓者無慕功強近之親，同鄉井如骨肉。
> 凡流寓，客莊最多，漳、泉次之，興化、福州又次之。
> 初闢時，風最近古，先各主其本郡，後至之人不必齎
> 糧也。厥後乃有緣事波累，或欠而反噬，以德為怨，
> 於是有閉門相拒者。

這說明了初期開墾時，在在因需要勞動人口，閩粵籍貫
之不同並不構成彼此拒斥排擠現象，閩粵雜居形成「共利」
局面，諸羅縣如此，鳳山縣何嘗不是如此。但，等到開墾到
某一階段，人口飽和，便會產生土地資源不足，和分配不均
的種種問題，利害衝突之下，地緣、血緣關係固然是一種凝
聚力，也成了一種拒斥力，彼此的衝突矛盾，終於激起了分
類械鬥，康熙六十年（1721）朱一貴之役是一個重大的導火
線，此閩粵分類之所由始也。（詳見下段）

當然，最大的改變，還是甘冒犯禁，大膽向內墾殖沿山
埔地，如新埤鄉各姓客民，向東方開拓餉潭、冀箕湖兩庄（即
今餉潭、箕湖兩村，按，據鄉耆告知，據說當年有一位從唐
山來的地理師路過此地，認為該地是塊靈地，附近的山是「鳳
尾」，鳳頭則在臺中縣內深山，當他欲探求正穴時，突然埤潭
中噴出丈許高的水柱，歷久不停，聲音且十分響高，故名「餉
潭」，姑錄此說於此，以供參考）。在全力大事開拓殖墾之下，
必然與漳泉人、平埔族和傀儡番的衝突糾紛更多，於是防禦

措施更加嚴密。所以「自朱逆叛亂以至今，仇日以結，怨日以深，治時閩欺粵，亂時粵侮閩，率以為常，冤冤相報無已時。」，因此客家聚落，「粵大莊多種刺竹數重，培植茂盛，嚴禁剪伐，極其牢密，凡鳥鎗、竹箭無所施。外復深溝高壘，莊有隘門二，豎木為之，又用吊橋，有警即輥起固守，欲出鬥則平置，歸仍輥起，其完固甲於時之郡城矣！」，又「且粵莊既多，儲糧聚眾，以竹為城，以圳為池，磐石之安，孰逾於此。」[16]儼然像一封建保壘，防衛不可謂不夠堅固。然而有些地區，在漳泉人、平埔族、傀儡番等競爭之侵逼下，終究守不住，不但侷促客家人的拓墾範圍，甚至喪失若干庄社。如佳冬鄉的石公徑庄原為客家大庄，卻被漳泉人滲入，使客家人逐漸退出。又如新埤鄉新開發的餉潭、糞箕湖二庄（尤其糞箕湖附近的社寮本來全住客家人），也在漳泉人和平埔族社的合作下，被迫退出，（另外原因是內社河沖奪新埤河後，常有洪水氾濫，不利居住，客家人才遷至新埤附近），餉潭、

---

[16] 不著撰人，《臺灣采訪冊》（臺銀文叢第55種），〈紀事〉之三「閩粵分類」，頁34~35。按，客家人此種防禦的建築，恐怕是模仿官方城池建築，藍鼎元〈與吳觀察論治臺灣事宜書〉中曾建議「臺地未有城池，緩急無以自固。磚石圍築，費重事繁，錢糧無從出辦。惟有種植蒯竹為城。……如力有未及，植木柵暫蔽內外，立可守禦。若有餘力，更於竹林留夾三五丈，另植蒯桐一週，廣尺密布，又當一重木城。外挖一濠限之。濠外採山蘇木子撒種。當春發生，枝堅蒯密，又當一層保障。……臺竹之性與內地不同，內地竹無根不活，臺竹一株可截三段植之。……蒯桐一樹，可斫作百十株，插地皆活，尤易易者。惟敵樓土牆，頗費人力。由此擴充，以漸致之可耳。」（頁53）。

冀箕湖兩庄一變為幾乎全是平埔族部落。[17]

　　總之，新埤鄉大體在乾隆以前已大體開拓就緒，嗣後史志無錄，不詳，僅知隸屬鳳山縣港東里，轄有新陂頭、建功庄、沙崙庄、打鐵庄、南岸庄、餉潭庄、獅頭庄、冀箕湖庄。日據時期歸阿猴廳東港支廳管轄（1901），又改制為高雄州潮州郡新埤庄（1920）。光復後一度仍屬高雄縣，三十年劃歸屏東縣，直到今日。

四、六堆的形成與東柵門出現的時代背景

　　康熙六十年，在臺灣南部下淡水溪以東的粵人村落所組成之「六堆」鄉團組織，是臺灣史上第一次大規模的分類事件，但這次分類非因械鬥事件而起，而是源於對付朱一貴民變而組成的自衛團體。民變之首倡者為漳州人朱一貴，這一以朱一貴為首的起事集團，是以羅漢門一帶漳泉人為主，他們擁朱一貴為明朝後裔，起而舉事，襲擊官兵，各里莊紛紛響應，其勢甚為猖獗，但是此次民變，是臺灣入清以來，規模最大，成功最速，失敗也最快的一次：四月舉事，五月攻占府城，六月清軍渡臺，攻克鹿耳門、府城，閏六月，朱一貴被擒，餘黨次第平定，戰役結束。而失敗的主因，則是由於朱一貴集團內部之不合作所致。

---

[17] 同註 12。

當時下淡水溪以東有粵籍客家人，其中一派為粵東潮陽，揭陽、饒平等縣人，在杜君英的領導下響應朱一貴起事，朱一貴之所以能勝攻占府城，杜君英一派功勞功不可沒。不料以後「粵黨以入府無所獲。且亂自粵莊始，而一貴非粵產，因有異謀，（翁）飛虎等大殺之，赤崁樓下血流盈渠。杜君英乃遁往北路，嘯聚割據，戕殺閩人，南路粵民賴君奏等亦糾粵莊豎旗，賊黨遂成水火。」[18]

杜君英被逐出府城，造成閩粵械鬥的開始。是時部份客家人隨杜君英北走虎尾溪外，大部份遁回下淡水客莊，與原客莊眾民共抗漳州人的進逼，於是糾合十三大庄、六十四小庄，合鎮平、程鄉、平遠、永定、武平、大埔、上杭各縣之人，共一萬多人，會師萬丹社，推李直三大統領，侯觀德為副大統領，豎清朝之旗，部署隊伍，「遂分設七營，排列淡水河岸，連營固守。每營設立統領二人。先鋒營則劉庚甫為統領，帶一千二百餘人，駐守阿猴地方。中營則賴以槐、梁元章為統領，帶一千三百餘人，駐守萬丹地方。左營則侯欲達、涂定恩為統領，帶一千五百餘人，駐守小赤山（今萬丹鄉香社村）地方。右營則陳展裕、鍾貴和為統領，帶三千二百餘人，駐守新園地方。前營則古蘭伯、邱若沾為統領，帶一千六百餘人，駐守搭樓地方。巡查營則艾鳳禮、朱元位為統領，

---

[18] 王必昌，《重修臺灣縣志》（臺銀文叢第 113 種），卷十五〈雜記〉，「附兵燹」，頁 556。

帶一千七百餘人，駐守巴六河（今九如鄉大丘村）地方。又以八社官倉，貯穀一十六萬餘石，國課重大，遣劉懷道、（賴君奏、何廷）等，又帶領鄉社番民，固守倉廒。各義民糾眾拒河嚴守一月有餘，不容賊夥一人南渡淡水。」[19]

　　亂平後，清廷大事獎賞，將為首起義諸民，授以武職，賞銀、米、綵緞不一，旌其里曰「懷忠里」，諭建亭曰「忠義亭」，優恩蠲，免差徭，立碑縣門，永為定例。並於同年秋天，撥公帑為粵莊義民建忠義亭於港西里西勢莊，凡有公事，都會議於此亭，遂使此亭成為南部客家各庄社的連絡中心。而所謂「六堆」，即是此時根據戰鬥部署組織而成的客家民團組織。按：「堆」之意，或云與「隊」字同音，或說與「塘」與「營」同為營汛之單位，六堆即六隊或六營，主要取其與官方正規部隊不同之稱呼。各堆公選總理、副總理，再推選全堆之大總理，大副總理。每堆又分六旗，各旗壯丁五〇名，平時各自散為農耕之民，有事則奉召從軍作戰。軍需糧食由莊民負擔，大租戶二份，佃人三份，小租戶五份。因而形成一獨立自主的民團組織。[20]

　　客莊民團的成立，固然得到官府的許可，也獲得免差徭役等等特權。在此次亂事中，攻佔了原為漳泉人村庄的西勢、

[19]　王瑛曾，《重修鳳山縣志》（臺銀文叢第 146 種），卷十二〈藝文志・奏疏〉「題義民效力議疏─閩浙總督，覺羅滿保」，頁 344。

[20]　臺南州共榮會編纂，《南部臺灣誌》（昭和九年九月發行，民國 74 年 3 月臺一版，成文出版社），第五章「六堆の組織及び沿革」，頁 22~25。

新北勢、竹圍子、八壽陂、四十分等隘寮溪庄社，使中線和北線的客家聚落建成一片，但也喪失了下淡水以東，客家墾殖的發祥地濫濫庄，只好將忠義亭建在新佔領的西勢庄中。

這一特殊的民團組織，以後在協助清廷平定吳福生之亂（雍正年間）、黃教之亂、林爽文之亂（乾隆年間）、海寇蔡牽之亂（嘉慶年間）、張丙之亂（道光年間），甚至割臺抗日運動，均發揮不小力量，而清廷也大加鼓勵，儼然成為南臺武力最強的民間團練。不過「能為功首，亦為罪魁」，此後客家人多恃寵而驕，倚恃護符，庇惡掩非，結黨尚爭，武斷鄉曲，凌辱閩人之事時有所聞，導致閩粵民莊屢生械鬥。械鬥之下，不分良莠，焚搶擄殺，以致在惡性循環之下，冤冤相報，不得不在平日就需有種種防禦措施，鞏固保護自我。

所以六堆民團組織固然對內驅除宵小，以維治安，對外防禦攻伐，以求自保外，因怕外亂襲擊，大家集居一村，「在臺地者，閩人與粵人適均，而閩多散處，粵恆萃居，其勢常不敵也。」[21]。為著自衛，結成大大小小一百多個村落，各村庄周圍俱種刺竹為圍，大庄則建造土牆、濠溝及大柵門（後來改為更堅固的門樓及眺望臺），晚上關閉，天亮開門，村庄內各姓依例置有槍砲，貯存火藥，以防萬一。甚至設崗郊外，派人駐守以「守崗」，萬一有事，速報與鄉中長老、管事知曉，迅速調集壯丁民團防敵，久之其地又聚居成大庄的外圍，地

---

[21] 同註1。

方更加安全。水源來自他鄉邊境者，為防斷水，派人「把水」防守。禾稻成熟，為防盜割，也在夜間派人「看禾」，對擔任守崗把水、看禾之壯丁青年，予以豐富津貼，萬一不幸，並予以優裕補償，保障其家人。[22] 舉個例言：客家人當年向瀰濃（今高雄縣美濃）、大路關（今高樹鄉關福村）一帶拓墾，當墾殖地區逐漸擴及今美濃市街東方之畚箕湖一帶時，已侵入傀儡番境，為求生命的安全，不敢夜宿於新開墾地，只好將農具、耕牛放置於最西面之開庄伯公壇處。每日凌晨，由武洛渡溪北上，來此處取耕牛、農具耕種。黃昏時，將農具等放回原處，渡溪南返。如此數載，殖墾有成，遂在牛埔之東，沿瀰濃溪而上，在溪北畔，逐次建造房舍，結聚成庄，成為今美濃鎮內最早出現的瀰濃庄。以後逐漸發展出街市，最後又在村庄四周築柵架砲建置年代以鞏固保衛。[23]

　　除此之外，「水」對於聚落，不僅關係村莊內之灌溉、飲水之功能，在防禦方面，河流、溝渠亦具有阻隔外力侵略的作用。因此透過「六堆」之民團組織、集居一村、建立溝渠、安置柵門等等防禦措施，形成客家聚落重重防禦體系，以保護自我，此為新埔鄉建功村東柵門興築之歷史背景。

---

[22] 鍾壬壽，前引書，頁275。

[23] 石萬壽，前引文，頁80~81。

五、建功庄之開拓暨東柵門之建置

　　建功庄位於臺灣南部屏東平原上，其地形東邊靠高山地帶，西邊面臨高屏溪，土地大部分高低不平。建功庄所屬之新埤鄉，東西寬 7.8 公里，南北長約 7.6 公里，東南方有林邊溪、力力溪、內社溪等，河床地佔全鄉面積三分之一以上；林邊溪發於中央山脈、大武山西麓，至新埤鄉匯集力力溪及冀箕湖和武丁潭，南下至林邊鄉與佳冬鄉交界處出海，為東港地區與潮州地區之自然分界線。由於地勢的高低不平，且有河流經過，造成許多地形的變化，建功庄聚落受到這些地理、氣候的影響，再加上客家同胞拓殖時期防禦的需求，發展出獨特聚落型態，茲分別就移民的特性、自然環境及防禦需求說明於下：[24]

　　原籍廣東的客家墾民來臺之前，先在原鄉成立類似現今之祭祀公業的開墾組織，然後由族人來臺灣買田，再廉價租給派下的子孫來耕種，達到互相扶持的目的，這樣使得地主和佃農之間，除有租佃的契約關係，還有同宗的血緣情誼，這對於聚落的人口結構型態和內部共識的凝聚力有很大的影響。六堆的宗族組織，由於墾民來臺開墾之後，覺得人手不足，再請在大陸的親友一起來墾拓，然後在此定居、繁衍後

---

[24] 見《屏東縣新埤鄉建功庄東柵門之調查研究與修護計畫》（中國工商專科學校，民國 83 年 6 月出版），第二章第一節「建功庄聚落之成因及影響」，頁 23~26。

代，所以建功庄內有幾個較具規模的宗族組織，像賴、張、鍾、李等姓，由這些看來，宗族組織對於聚落，可團結族人的向心力，也擔任族中事務紛爭的仲裁者。

地形對於聚落型態的影響，最主要就是建築物的配置與分佈，另一方面，墾民來臺墾拓，在此定居繁衍數代後，人口逐漸增加，於是建立了祖堂，以祭祀祖先，或者有些經由分家，各房在祖厝附近建宅，形成了以祖堂為中心的大小姓氏族群，產生多核心聚落的面貌，所以這些對於建築的類型、配置與增建有很大的影響。

建功庄聚落屬於集村，其佈局是以合院住宅為單位所組成，每個單位各有自己的庭院，不完全面臨同一條街道，由於聚落不大，居民有限，多在聚落外圍環植刺竹，形狀近似兩側延伸。這種現象在六堆其他地區，亦頗為常見。

建功庄原有東西兩座柵門，西邊防林邊鄉來的平埔族，東邊防來義鄉的河洛人及高山族，由於西邊容易和新埤鄉的其他村民聯絡調度，因此西柵門的設置也比較簡易，只是一個普通的小門，相對地，東柵門便比較高大堅固。

現存新埤鄉建功庄的東柵門建築年代，一般坊間的古蹟書籍介紹均是記載建於光緒八年（1882），經實際訪問該村村長陳得順先生，證實此說，以其小時候曾見到柵門對聯中明確提及，並謂此柵門於民國五十八年（1969）因颱風吹倒其旁刺竹，傾倒撞毀屋頂；民國六十五年被卡車撞毀柵門，殘存今貌。此外，該村僅有東、西二柵門（西柵門今已不存）。

兩旁建有短短二道土牆,東柵門外原有吊橋,南北二方向並無柵門,僅栽植刺竹圍繞。村落外有一清澈水溝環繞,再其外則是一片林投樹,尤其是靠南邊方向。口碑採訪所得僅有如此,疏漏簡略,頗覺遺憾。另外,於村中三山國王廟前廣場,詢問幾位鄉耆有關柵門與三山國廟事情,更不曉然。[25]一問三不知,尤覺痛心,然與附近客家聚落所存柵門古蹟資料對照,及該鄉開拓史實參詳,光緒八年興建之說似嫌太晚了,個人倒有些意見可以充申述。

　　建功村之開拓始於康雍年間朱建功其人,有關朱建功個人資料,文獻尟缺,竟無一記載。經訪問陳村長及鄉耆,僅含糊略謂:拓墾之後與附近人士為圳道灌溉起爭執,遂賣掉土地,返回原鄉,今建功朱姓人士,非其後裔……等等。資料簡略如此,又無較明確年代,實令人束手無策。然以新埤鄉開拓史實推論,照常情推測,乾隆年間應已有簡陋之柵門,至遲應在嘉慶年間已有。

---

[25] 即使詢問三山國王廟負責人,亦不知曉,對於該廟之早年沿革也不知道,廟中「建功三山國王宮沿革事略記要」亦是語焉不詳,茲抄錄於后以供參考:「本宮始以竹造為廟,供民參拜。事隔多年,破舊生霉,迫於民國十四年改建(按即大正十四年,西元一九二五年),以木桁石灰牆建築,於民國拾陸年竣工。完成以後約歷五十餘年未飾修,簡陋不堪,乃於民國六十九年間成立籌建委員會,籌備重建,幸賴本村及外鄉村善男信女樂善襄助,以集腋成裘,眾志成城,終於民國七十年元月開工。共耗資陸佰伍拾萬元,經三年於民國七十二年十一月二十四日落成,以美侖美奐完成現代化,壯觀雄偉之廟宇,以供後人瞻仰膜拜,以博一祭耳。中華民國七十二年歲次癸亥年國十一月廿四日農十月二十日。」

　　何以說至遲嘉慶年間已有呢？按左堆之佳冬鄉與新埤鄉於六堆中開拓較晚，且均是同時期開墾，而佳冬鄉佳冬村尚存東、西、北三柵門，其中西柵門保存較完整，此門以紅磚、白灰、和少許木材混合建成，屋頂有燕尾飾，門兩側尚有一小段卵石土牆。西門門額有彩繪浮雕，中央寫有模拓乾隆御筆之「褒忠」兩字，外側有兩個銃眼、內牆內有一凹入的小天公塔。而建功村之東柵門在還未撞毀之前，幾乎形制、構材均與佳冬村之兩柵門完全相同，應是同一時期或同派匠師所建。佳冬村之北柵門，現只剩兩側內牆，屋頂已蕩然無存，左側門牆，嵌有古碑三方，其中二方是嘉慶廿五年（1820）的「港東里建立褒忠碑」，另一方模糊難以辨認。幸《臺灣南部碑文集成》收錄有此三碑，甲碑敘建立褒忠亭於「嘉慶十六年，鳩集數莊，踴躍捐資，腋□公費，一舉庶可……」[26]，乙碑，丙碑為捐輸名單，其中有「新埤頭題銀十三員」，乙碑末題款年代為：「嘉慶二十五年（缺）月吉日，六根莊董理修立」。據此三碑可考知：嘉慶廿五年及其前之數年，臺灣南部並無民變或械鬥之內亂，則此褒忠碑之建立，若非祭祀昔年民變內亂，戰禍下之犧牲者，則應就是與該柵門同時建立之紀念碑，換言之，此柵門至遲建於嘉慶十六年始建，於嘉慶廿五年重修，但原始柵門之初建年代應更早於嘉慶十六年。

---

[26]　黃典權編，《臺灣南部碑文集成》（臺銀文叢第 218 種），〈港東里建立褒忠碑〉，頁 216~219。

位於佳冬市場旁的東柵門，已經全部倒塌，但原址仍立有三方古碑，最古者為道光三十年（1850），最近者光緒十六年（1890），惜字跡被油煙薰黑模糊，難以辨識，幸《臺灣南部碑文集成》亦收錄有此三方古碑。甲、乙兩碑是題於「道光三十年庚戌歲孟冬之月吉旦重立」之「重修敬聖亭碑記」（按原碑缺題），甲碑碑文摘錄如下：[27]

> 「竊維安不忘危，治不忘亂，古人所以固封守、設重門，此物此志也。予等住居六根，承先繼後百有餘年，雖處於平治之秋，而不忘乎防患之道。昔年父老急公向義，皇上以忠見褒。因思國恩深重，津斂祀典，以誌不忘。前見門樓，年湮日遠，牆壁傾頹，棟樑朽壞。想前人既倡美於前，後人當傳盛於後。是以爰集同人，邀諸父老，合議捐資相濟，共成美舉。幸諸君踴躍樂從，急公向義，不日成之。行見門牆鞏固，直等秦關之二百；屋宇嵯峨，幾疑漢塞之三千。俾有基勿壞，與地久天長而垂之永遠也夫。是為序。」

乙碑碑末樂捐名單中有「新埤頭莊義渡祀典捐銀四十元」、「下埔頭莊賴春榮甞捐銀十五元……」、「千三莊福德祀捐銀四元」、「南岸莊林庚捐銀二元等等」，可知新埤鄉民之熱烈捐納，而且此柵門「固封守、設重門，此物此志也，予等

住居六根，承先繼後百有餘年……」，道光三十年上推百年，約是乾隆十五年，則此柵門建置年代上限可推知為乾隆初葉，於道光三十年因「年湮日遠，牆壁傾頹，棟樑朽壞」而重建。丙碑為光緒十六年之「重新敬聖亭碑記」，碑文摘錄於后：[28]

> 「……茲我莊敬聖亭者，溯厥當初，係秋樓蕭先生倡首營建者也。……迨歷年久遠，亭宇錯落，勢將傾倒，非繕修之所得已者。爰集紳者，酌議仍傚前形，徹底更新，增大陞高，以崇氣象，烈爐隆祀，以肅觀瞻。……」

碑末捐輸名單中有「下埔頭賴煥章、新埔頭張義興，以上各捐銀四元」等等，也可確定每次佳冬村柵門之興修重建，均有新埔鄉民之參與捐獻，兩鄉之密切關連可想得知了。

基於以上與佳冬柵門之比較與考證，謂建功村東柵門早建於乾隆初葉，至遲建於嘉慶廿五年，應不致於太過離譜。至於光緒八年之說，不是陳村長記憶有誤，便是此年曾重建以禦亂自衛，蓋此時期正是開山撫番之時，漢番關係極其緊張，常有衝突。清廷採用雙管齊下之剿撫策略，一方面以武力征番，開山通道；一方面廣設番社學堂，期以教化教馴，

---

[28] 同上註前引書，頁 366~367。

因此曾在新埤鄉的冀箕湖社及向潭社置番社義學二所。[29]

六、結語與餘論

康熙四十年（1701）後，客家人大量移民來台，入墾南部下淡水溪以東地區。當時溪東是鳳山八社平埔族及傀儡番排灣族、魯凱族遊耕漁獵地區，面對強悍先住民的威脅下，一開始只好暫時依附在漳泉人之下，在萬丹街東北六里的河川地，建立了濫濫庄（今萬丹鄉四維村），成為南部客家人的發祥地。濫濫庄位居麟洛河下游，河水常常氾濫淹沒辛苦墾成的田土，加上人口不斷增多，不得不向鳳山八社的叢林地區發展，展開了一段可歌可泣的開拓事業。也不過短短二十年，在康熙末年，已開拓建立十三大庄、六十四小庄，主要分佈於下淡水溪、東港溪、林邊溪三大流域，即今武洛、長治、麟洛、內埔、竹田、萬巒、新埤及佳冬等地區。其後藉著朱一貴事件，超越親族血緣關係，以地緣同鄉關係，聯合組成自衛武力，遂促成以後「六堆」客籍團練組織的建立。所謂六堆，從自衛上言，即為六隊；從自治上言，則為六區。其地域，即今屏東縣竹田鄉、內埔鄉、萬巒鄉、麟洛鄉、長治鄉、高樹鄉、新埤鄉、佳冬鄉，及高雄縣美濃鎮、杉林鄉、

---

[29] 有關此一時期之開山撫番及設置番社社學詳情，請參考拙文〈石頭營聖蹟亭與南部古道之歷史研究〉，（收入本書）。

六龜鄉之部分，純為客家庄，較少外族群雜居，故三百年來「六堆」成了南部客家同鄉的稱呼，並以西勢忠義祠為精神上的團結中心。

六堆中較晚開拓的是左堆中的新埤鄉與佳冬鄉。當年住在濫濫庄的客家人，沿著麟洛河下游到潮州附近，再溯五魁寮溪，發現了今竹田、萬巒、內埔三鄉叢林，移民入墾。在麟洛河上游（當時河床在今麟洛鄉北邊）則發現了麟洛、長治兩鄉林地。再往上至隘寮溪，而發現了高樹鄉大路關（今關福村）及里港鄉武洛村。最遠的是由五魁寮溪下游轉溯北岸河（今已湮滅），而發現新埤、佳冬兩地區。在康雍年間，開拓建立了打鐵庄、建功庄、新埤頭庄、昌隆庄、茄苳腳庄、石公徑庄、半徑仔庄、下埔頭庄、南岸庄、葫蘆尾庄等。乾隆年間又增建了千三庄、餉潭庄、糞箕湖庄等，不過，最後在漳泉人與平埔族力力社合力侵逼下，終於退出，返回新埤附近，兩庄一變為平埔族部落，並於光緒初葉設有番社社學二所。

乾隆以後，由於下溪水溪地區（今高屏地區）土地已大致開拓完成，人口趨於飽和，然而粵東地區卻又因連年水災，逼使惠潮二府客家人外移者更多，在此情況下，不得不更向山地深入拓墾；加上六堆客家人因連連平亂有功，倚恃護符，結黨尚爭，武斷鄉曲之下，不僅導致閩客關係的緊張，也新增客番關係的衝突。所以此時期多在村庄四周築柵架砲，種刺竹環衛，外圍壕溝，以竹為城，以圳為池，深溝高壘，磐

石固安。

新埤鄉建功村的二道柵門即是在此時代背景下興築的，很有可能是在乾隆初葉即已出現，至遲也在嘉慶廿五年左右（1820）興建。當時只有東西二道柵門，南北方則植刺竹防衛，外有圳溝，再外又有林投樹叢防護。白天設有壯丁二人，晚上則有青年四～八人負責把水、看禾、守崗等工作（陳得順村長語）。同光年間，清廷對臺政策轉趨積極，在沈葆楨首倡之下，積極開山撫番，以致漢番緊張關係達到最高點，在此情況下，建功村柵門於光緒八年（1882）修築成今貌。此門以紅磚、白灰、和木材混合建成，屋頂為燕尾裝飾，門額中央有模拓乾隆皇帝御筆的「褒忠」兩字，其旁有銃眼兩個，外側有彩繪浮雕。門兩側尚有一段卵石城牆，充份突顯了客家柵門特色。可惜光復之後，先是民國五十八年（1969）因颱風吹倒刺竹，刺竹又倒損柵門屋頂；繼於民國六十五年（1976）又被卡車穿過柵門，撞毀門額，如今僅殘存門框輪廓，其左側城牆也被某一些民宅充作外壁圍牆，頗感無奈。

本省客家地區的柵門，在河洛人地區稱之隘門。其設置地點亦不同，漳泉人多設在某城鎮中的某區或某街，其類型多屬「巷道隘門」，一旦有事，只要街道交接處的隘門關閉，便可自守。而高屏地區之客家村庄散置在閩南、先住民村庄之中，防禦單位是以整個村落為主，故柵門設置在村落外圍，其類型屬於「境界隘門」，具有城門作用，建功村柵門即屬此類型，因此我們可以從柵門位置所在，來了解光緒年間建功

村聚落的位置與範圍。因此居高鳥瞰，我們可以發現東西柵門為建功村向外聯絡之出入口，也是主要防禦口，其成因皆與聚落之座落位置、生活型態有關，並和內部鄉族起居作息互相配合。要之，此一境界隘門的防禦體系主要構成元素是柵門與圍牆，並配合天然之溝渠、河流、叢林、樹林等等，整個建功村聚落住屋皆包圍在環形防禦圈內，形成一具有地形地物雙重防禦體系之類型的典範例子。

除了柵門此一客家安全防禦措施外，此次田野調查也採集到三首佳冬鄉與柵門有關之山歌，雖無關建功村，但至少與客家柵門有關，不妨迻錄於後參考：

「一出柵門半徑莊，打開圓門桂花香。桂花按香毛結子，阿妹按靚毛共莊。」

「食茶愛食肯碗茶，戀妹愛戀隔壁儕。三餐食飯看到妹，雖然毛菜也肯爬。」

「一出南柵青河河，手拿禾鐮刈青禾。人人講涯按搶早，毛穀毛米毛奈何。」

此外，也發現了建功村也有「安五營」的厭勝防禦措施（為自然之市中明防禦體系）。就在東柵門的右側城牆前，還有一小祠式的「東營溫元帥」，令人頗感興味，值得提出與柵門之人工防禦體系一併討論。

漢民族的宗族信仰根基於多民族的融合與悠久的歷史淵源，發展出不同於西方宗教的特色，人類學者稱之為「普

化宗教」（diffused religion），其特徵是教義、儀式，及組織
都與其他世俗的社會生活制度混而為一；與西方傳統具有獨
立宗教組織、教義、儀式的「制度化宗教」（institutional
religion），顯然有極大的差異。簡單地說，因為漢民族傳統
的宗教信仰是普及化的，呈現擴散的形式，所以宗教儀式與
信仰都擴散到日常生活的各個層面，包括祖先崇拜、神靈信
仰、歲時祭儀、生活禮俗、時間觀念、空間觀念、符咒法事，
與卜卦算命等等。[30]以臺灣民間信仰為例，崇祀的眾多神靈
可大別分為兩群：一是神格較高，較穩定的一群，如天神、
地祇及祖先；二是神格較低，較不穩定的一群，為厲鬼及物
魅。對於散遊四方而作祟於人的孤魂與厲鬼，從古以來，官
府與民眾採取兩種方法應付，一是防衛和驅逐手段，以求人
鬼之間的和平相處，而「安五營」即是屬於前者。而且在臺
灣民間信仰中，一個聚落有「風水煞」與「鬼煞」的威脅，
前者指因設置不宜所造成的風水沖煞，後者指散遊各處而隨
時可能作祟人間的鬼魂，所以需設有「厭勝物」以壓伏制勝
保平安。空間厭勝物的設置，一般有環衛型與制沖型兩種，
前者以四隅或五方的環衛型態鎮守聚落或屋宅；後者則面對
沖煞之方向以抵制邪煞入侵。守護聚落的厭勝物，一般有聚
落四方的土地公廟，與聚落中心的「公廟」合成五方廟宇，

---

[30] 詳見李亦園〈臺灣民間信仰發展的趨勢〉，載《民俗信仰與社會討論會論文集》
（臺中東海大學刊行），頁89~101。

為全聚落的守護象徵。另一種常見的聚落厭勝物為「安五營」，目前仍普見於臺澎各地，中營通常設在聚落公廟之前，東、南、西、北四營則各以其方位，安置在聚落出入口或四方要道的制高點互為犄角，以使邪魔惡煞不得出入其門，騷擾侵害該聚落人畜。[31]

基本上，五營有內營、外營之別。以神論：凡正神如關帝、媽祖、王爺等皆設有內外營；而厲鬼如萬善爺、大眾爺等，則只設內營。以廟論：私壇僅得安設內營，公廟設有內外營。以地論：鄉間廟宇多設有內外營，而市集廟宇受地形限制，少設外營。內營總兵馬有卅六萬，或說卅六營將，係神明的貼身侍從軍，負責神明及本部的安危，其造型大致有「五營旗」或「五營」頭。外營分佈庄頭四方，其營寨建築各地不一，有露天式的（插放竹竿）、小祠式的、寶塔式的。外營的設備與祀物也因地不同，莫衷一是，有單一奉祀，也有多樣齊配，一般言不外乎有：令旗、金牌、竹符、石碑、紙像、五營燈、壺碗烘爐等等。[32]建功村的東營則設有令旗、竹符、石碑神位、香爐等，是多樣式的。

不過，較令人詫異的是，印象中，「安五營」少見在客

---

[31] 詳見呂理政，《傳統信仰與現代社會》（稻鄉出版社，民國 81 年 12 月臺一版），第三章〈空間認知與宇宙意象——以臺灣的聚落、廟宇與宅厭勝物為例〉，頁 45~76。

[32] 黃文博，《臺灣信仰傳奇》（臺原出版社，民國 78 年 8 月初版），上篇〈軍馬百萬千——五營神兵的信仰情結〉，頁 39~51。

家聚落，泰半是漳泉人的閩南聚落。建功村「安五營」的創
設時間和原始動機，已難考證，經詢問陳村長，也只能含糊
回答「早在清代以前就有了」，但從其配置和功能來看，似乎
與「王爺」此一瘟神信仰有關，譬如佳冬鄉也有「安五營」，
在大小庄社各週邊設有五營來鎮魔壓邪，佳冬因是六堆中惟
一位居海邊，盛行瘟神信仰，自可想見，佳冬與新埤同屬左
堆，又幾乎是同一時期暨同一批移民開墾，彼此影響自是可
能。但是，進一步深層思考，這又代表了閩客信仰文化融合
交流的一面。因為從客籍移民的墾殖過程，及六堆團練組織
分佈領域的形式，我們可以了解其區域空間的結構與意義。
蓋高屏區域客族的領域空間係包夾在漳泉人及先住民的勢力
圈中，其領域空間，東邊因中央山脈的阻隔，故界限平直，
而西邊面臨漳泉人的競爭，互有勝負，故空間形狀呈現不規
則狀。於是乎，在和漳泉人的族群及平埔族、傀儡番族群的
生存威脅下，被迫自衛，建立領域空間以求生存，一則強烈
自我認同，形成一同籍同鄉之區域文化傳統，突顯閩客異化
以為自固自護；一則解構自我，在某些程度或層面以認同對
方作若干讓步，以為妥協，求取交融和諧，減少磨擦矛盾，
尤其位居六堆領域圈中之邊陲地帶的右堆——新埤、佳冬更
需如此。

　　新埤位處南邊近山區，已遠離竹田、內埔等中心地區，
加上屬漳泉人的南州鄉的阻隔，和中心區域交通連繫均不
便，所以不僅在語言上混雜了漳泉語系，（此次田野調查，與

村長及鄉耆交談均是用閩南語）生活習性上也逐漸融合，反應在民居上的特色是：各以山區盛產的岩石為建材，少用泥磚，在牆面上多有彩繪、石雕、陶塑等繁富的裝飾，已屬於閩南風味，大異於客家簡樸的白牆黑瓦之樸素風貌，[33]反映在民間信仰上，自然也出現了「安五營」之厭勝信仰。換句話說，在不同的政治、經濟、地理、社會等不同條件下，各堆也發展出其獨特的風貌，呈現了多樣生活環境，並非想像中一個「客家模子」所蓋印出來，一成不變。

總之，一般探討客家聚落，多半從民宅、柵門等建築去了解客家人的防衛措施，較少注意到神明及空間厭勝物的防禦體系，本節僅簡略探討了客家「安五營」的現況，或可從中了解到與漳泉相處，在信仰上交流融合的一面。

[33] 李允斐〈從六堆的開拓歷史談六堆民居風貌的演變〉,《客家雜誌》第三期（總號第 6 期）, 1990 年 3 月號, 頁 18~21。

全臺首座燈塔──西嶼燈塔的史蹟研究

一、小引

　　中國早期的燈塔，多擇於塔形的浮圖頂端置點油燈以照明航運，因此有稱浮圖或塔燈之謂。據載，中國已知最古老的燃燈石塔係位於山西省太原市童子寺之燃燈塔，初建於北齊天寶七年（556），塔身由石壘作，高四‧一二公尺（約一丈四尺），束腰須彌座，高度為塔高之半，塔內中空三面開門，塔頂無蓋以排燃燈之煙火。浙江杭州南部錢塘江邊月輪山上之六和塔（又稱六合塔），興建於北宋開寶三年（970），塔高九層，塔頂置燈以為夜航船隻的航標。其餘尚有海鹽資聖寺塔，「層層用四方燈點照，東海行舟者皆望此以為標的焉」，「浮土寺有塔，燃燈至燒不滅，江海道途之人，望以為號」等等。塔的形制作法以磚、石層層堆疊而成，塔內中空置梯而上，

形多六角或八角，多樓閣式，或密檐式塔的作法。如西嶼燈塔於乾隆年間興建時，即為石築高七級之浮圖，形八角重檐頂設照明。

此外，也有作為軍事觀察的「料敵塔」，如北宋定縣開元寺之磚塔，即因位於宋遼邊境可瞭望華北平原而具軍事觀察的功能。清初臺灣普設的望樓亦具相同的眺望用途，惟其作法略不同塔制。嘉慶元年（1796），由滬尾船戶港邊建造望高樓，每議點燈為船隻進出的指標，此為望樓燈塔具有導航之功能者。[1]

綜觀中國古代設燈塔並不必然位於海邊，其主要目的乃為或登高眺覽、或高點觀測、或行路地標、或航海標燈之用；歷經燃燈塔、燈樓、料敵塔、望高樓、浮圖等形式演進，而於十九世紀末才引進西式燈塔。在臺灣清代早期，仍採傳統的望高樓及浮圖作為航海標記，光緒元年（1875）改建的西嶼燈塔是全臺第一座近代西式燈塔，茲文之作，其目的在探此一全臺首座燈塔興修始末，以詳其究竟。

二、海難頻傳——西嶼燈塔設立的背景

臺灣與大陸之間，重洋阻隔，自古以來，閩臺交通全賴

---

[1] 本小引主要據北京科學出版社主編《中國古代建築技術史》第六章第五節〈高層磚結構—磚塔〉（博遠出版社；民國82年5月再版），頁322改寫而成。

水路，澎湖群島位在臺灣海峽的樞紐地帶，清中葉以前，臺灣對外交通，端賴臺、廈一線，船隻往來，必以澎湖為關津。澎湖除居閩臺間衝要地帶外，也是東洋航路上重要中途站。古來日本、福建人民欲往呂宋，澎湖是必經之路。新航路大開後，歐洲列強相繼東來貿易、殖民，南洋之外取安全的逐島航法，即沿中國南海岸北上，至南澳、廈門間，再改向東航行，橫渡澎湖之後，轉向東北方繞臺灣北行，因此臺灣海峽舟楫輻輳，澎湖成為東亞航線的重要據點。也因此澎湖附近洋面海難頻傳，吾師黃典權（衡五）教授曾就《明清史料戊編》第七本中有關閩海沈船事件加以統計，發現從雍正七年（1729）至道光十八年（1838）間，有八十六艘戰哨，及與公事有關之商船沈沒，歸納出二點結論：（一）從沈船的月令看來，每個月都有船隻遭風事件，而以陰曆六、七月兩月最多；（二）船隻沈沒的處所，大多數都在澎湖列島不遠的外洋，所以此處是海舶的危險地帶。[2]

　　清中葉後，我國因戰敗，被迫開放港口，洋船來華日多，於是洋船在澎湖海面失事，時有所聞。據楊麗祝、劉靜貞在〈清代澎湖海難事件之探討〉一文中統計，從康熙年間至光緒年間，在澎湖附近失事的外國船隻（含琉球等藩屬國）及本國購置的新式汽船有廿七件，佔所有失事案件的百分之廿

---

[2]　詳見黃衡五〈臺灣海峽沈船事件之紀錄〉，《臺南文化》第五卷第二期，（臺南市文獻委員會，民國 45 年 7 月出版）頁 78~85。

七弱。若以咸豐十年開港後計算,則高達百分之七十三弱,可知即使進步之外國新式汽船,也是失事頻頻。[3]

三、海難原因的探討

澎湖既然為閩臺、東亞航線要衝,往來船隻夥眾,海難頻傳的原因很多,本節姑略去人為因素,僅就其地理環境及自然因素探討,茲分從洋流、季風與地形三項分析探究之:

(一)洋流

自廈門達臺灣,航程約七百餘華里,清代素以澎湖為界,俗稱廈門至澎湖為「大洋」,澎湖至鹿耳門為「小洋」,所以由閩至臺號稱「重洋」,復以臺海潮流為南北方向;臺廈往來必須橫流而渡,故又號稱「橫洋」[4]。而澎湖附近洋面,向有「紅水」、「黑溝」、「八卦水」之險,流勢湍急,船隻每易失事。郁永河《裨海紀遊》云:

> 「二十一日……乘微風出大旦門……夜半渡紅水溝。二十二日,平旦渡黑水溝。臺灣海道,惟黑水溝

---

[3] 見楊麗祝、劉靜貞〈清代澎湖海難事件之探討〉,《澎湖開拓史學術研討會實錄》,頁 283~295 的「澎湖船難表」。此處有關統計分析,是筆者就該表資料再加以運用統計。

[4] 孫元衡《赤崁集》,臺銀文叢第十種,頁 5~6。

最險，自北流南，不知源出何所，海水正碧，溝水濁
黑如墨，勢又稍窊，故謂之溝。廣約百里，湍流迅駛，
時覺腥穢襲人。又有紅黑間道蛇及兩頭蛇，繞船游
泳，舟師以楮鏹投之，屏息惴惴，懼或順流而南，不
知所之耳。紅水溝不甚險，人頗泄視之，然二溝俱在
大洋中，風濤鼓盪，而與綠水終古不淆，理亦難明。」
[5]

謝金鑾《續修臺灣縣志》則載澎湖之東，尚有一黑水溝：
「黑水溝有二：其在澎湖之西者，廣可八十餘里，為澎廈分
界處，水黑如墨，名曰大洋。其在澎湖之東者，廣亦八十餘
里，則為臺澎分界處，名曰小洋。小洋水比大洋更黑，其深
無底。大洋風靜時，尚可寄椗；小洋則不可寄椗，其險過於
大洋。此前輩諸書紀載所未及辨也。」[6]

八卦水所在，據林豪《澎湖廳志》引周凱之言：「富陽
周皋曰：澎湖島嶼迴環，水勢獨高，四面皆低，湖水四流，
順逆各異，名八卦水。又云澎湖之北，不可行舟，漁人亦罕
至，謂之鐵板關，最稱險要。」[7]

按臺灣海峽水流有兩道系統：一為赤道暖流，又名黑

---

[5]　郁永河《裨海紀遊》卷上，臺銀文叢第四四種，頁5~6。
[6]　謝金鑾《續修臺灣縣志》，卷一〈地志・海道〉，臺銀文叢第一四〇種，頁30。
[7]　林豪《澎湖廳志》，卷一〈封域・島嶼附考〉，臺銀文叢第一六四種，頁35。

潮，經菲律賓群島東北海面北上，過巴士海峽西北注入臺灣海峽，另一為發源於我國渤海之寒流，沿東南海南下，至澎湖附近海域，兩流會合，造成一獨特潮汐景觀。漲潮時南方海面潮勢北上，北方海面潮水南進，退潮時依來路退返，其勢如萬馬奔騰，一瀉千里，洶湧澎湃，瞬息萬狀。所以於澎湖各島周環暗礁地區，則潮流急速，激盪迴施，水波四流，因有八卦之水之稱。[8]

（二）季風

古來方志常記載澎湖風信與內地他海不同，一年之中獨春夏風信稍平，而有風之日，十居五六，一交秋分，直至冬杪，則無日無風，匝月不息。北風盛發時，狂颺非常，沸海覆舟，往來船隻，屢有遭風擊破的可怕現象。[9]造成這種現象的原因，大體有二：

1.深受大陸高壓及東北信風左右。

2.澎湖位於東亞季風標準區域內，當冬季東北季風通過管狀地形的臺灣海峽時，位於管口的澎佳嶼，與位於管中的澎湖群島，因氣流方向與臺灣海峽軸向平行，造成風洞效應，

---

[8] 見《澎湖縣誌》．〈交通志〉第一章第一節。（澎湖縣文獻委員會，民國 61 年 8 月出版，頁 3。）

[9] 林豪前引書，卷一〈封域‧風潮〉，頁 36~37。

風速極強。[10]

　　澎湖年平均風速每秒六公尺二，但自十月起至翌年三月的東北季風時期，風速急驟增加，十二月平均風速竟達八公尺八，幾乎每日都在暴風中。澎湖全年暴風日數約一百三十八天，季風期中的暴風日即佔一百一十天，極端最大風速可達二十五公尺五，相當於中度颱風，船隻遇之，鮮有不翻覆者。[11]

　　澎湖全年東北風與北風肆虐長達六個月，造成澎湖群島風濤洶湧，船隻每易失事。此外，每年夏季的颱風也是船隻遇難的原因之一。從六月到十月，澎湖經常有颱颶，海舶遭逢，或遭風擊碎，或飄沒不知所終。茲舉一例明船舶遭颶的險狀。道光十五年（1835）十月，澎湖廩生蔡廷蘭晉省鄉試不售，自廈返臺順道經澎湖探視老母，途中遇颶，據事後在〈滄溟紀險〉中云：「初，舟人稱西北有黑雲數片，俄而東南四布，馳驟若奔馬，轉瞬間狂飆迅發，海水沸騰，舟傾側欲覆。……風烈甚，柁曳水下全膠固，十餘人擁推之不少動。乃下篷，棄所載貨物，冀船輕得走。天明，四顧迷茫，白浪如山，孤舟出沒波濤間。……移時，媽祖旗飄動，風轉東北，叫嘯怒號，訇哮澎湃，飛沫漫空，淋淋作雨下，濕人頂踵，毛骨生寒……忽然一聲巨浪，撼船頭如崩崖墜石，舟沒入水，

[10]　李紹章編修《澎湖縣志》上冊。（澎湖縣政府，民國49年出版，頁41。）

[11]　澎湖縣政府編印《澎湖》貳，民國70年出版，頁38。

半瞬始起，檻蓋木板皆浮，水傾盆瀉艙底矣！余淹仆……俯伏告天乞命，舟人悉嗷啕大慟……」。[12]

　　該舟四、五日後漂至安南（今越南）獲救。從該文之敘述，其經歷之險狀，正足以說明海舶遭遇颱颶，百不存一，俏有僥倖，漂流不知所之。

（三）地形

　　澎湖群島大小共有六十四島散佈於長約六十餘公里，東西寬約四十餘公里的海面，大小島嶼，岩礁羅布，富天然港灣，舟船若固，澳灣可泊。但水口礁線，犬牙交錯，隱伏水中，對出入船隻形成威脅，非熟諳沙線、礁石、深洋、急水者不敢輕進，洋船過此，每視為畏途。舉其險要者，東有東西吉諸嶼之險，南有八罩船路礁之險，西有吼門之險，北有吉貝嶼藏沙之險，林豪《澎湖廳志》記：「媽宮港居中控制，形勢包藏，為群島之主。……其西由西嶼稍北為吼門，波濤湍激兩旁。……師公礁近吼門，有石潛伏水底，舟不敢犯。……此西方之險也。其東則東西二吉最為險隘，中有鋤頭增門，水勢洄薄，流觸海底礁石，作旋螺形。舟行誤入其險，俏遇颶風，瞬息衝破；若無風可駛，勢必為流所牽，至東吉下，謂之入溜，能入而不能出矣。由臺入澎者，必過陰嶼，……陰嶼內有沈礁，防之宜謹。其南則虎井頭之上霤，海濱礁石

---

[12] 蔡廷蘭《海南雜著》，臺銀文叢第四二種，頁 2。

嶒嶙，怒濤相觸。極南為八罩之船路礁，亦名布袋嶼，水路僅容一舟，稍一差失，萬無全理。此皆東南之險也。其北則吉貝嶼之北礁，亦名北璇，藏沙一條，微分三片，……颶風一作，風沙相激，怒濤狂飛，鹹雨因而橫灑，倘誤入其中，百無一全者矣。又東北有中墩之雁晴嶼門，橫崎海口，港道甚狹，此皆北方之險也。」[13]

　　澎湖群島，港道紆迴，沙淺礁多，船隻每易在此遭風、觸礁，海難事件頻傳。而船艘寄泊諸嶼，尚要考慮南北風向。按所謂南北風者，指風信的方向。清季閩臺間交通以帆船為主，海洋泛舟，於大海中無櫓搖棹撥之道理，全藉一帆風順，船在大洋之中，不得順風，尺寸為艱，故舟行務上依風向，而「臺灣風信，自廈來臺，以西北風為順；自臺抵廈，以東南風為順」[14]，其中「臺灣船隻來澎湖，必得東風方可揚帆出鹿耳門；澎湖船隻往臺，必得西風纔可進港」。[15]是以順風時，於黎明出鹿耳門放洋，約午後可抵澎湖。而澎湖泊船之灣澳有南風、北風之別，泊舟之澳，負山面海，山在南者，可避南風；山在北者，可避北風。故南風宜泊水垵澳、大城嶼、安山仔、紅羅澳、赤崁澳、後灣澳、八罩、網垵澳等，北風宜泊網澳、內塹、外塹、蒔上、龍門港（即良文港）等

---

[13]　林豪前引書，卷一〈封域・形勢〉，頁13。

[14]　李元春《臺灣志略》，卷一〈地志〉，臺銀文業第一八種，頁23。

[15]　胡建偉《澎湖紀略》卷一〈天文紀風信〉，臺銀文叢第一〇九種，頁9。

澳。或駕避不及,或誤灣錯澳,則船艎必壞,是又一險。[16]

四、海難的善後處理

海難發生後,清廷如何善後?茲分從消極的救濟撫卹與積極的改善安全防護措施兩方面探討。

康熙廿三年(1684)八月,清廷由禮部行文藩屬國家,希望鄰國如遇中國遭風危難船隻,能給予適時援助,予以收養和解送。[17]反之,凡是洋船在中國遭風或觸礁漂到澎湖附近或臺灣近海洋面,予以救助撫卹,再轉送回國,以示懷柔遠人態度。例如雍正年間,有琉球難民在澎湖獲救,除安插館驛外,並日給米一升,鹽菜銀六釐,後附搭進貢船送歸琉球,且自登舟日始,給行糧一個月。[18]及至乾隆二年(1737),清高宗在處理琉球國船隻飄風事件時,親下旨諭,於遭風人船「加意撫卹,動用存公銀兩,賞給衣糧,修葺舟楫,並將貨物查還,還歸本國,以示朕懷柔遠人之至意,將此永著為例。」[19]自此,處置外國漂風遇難船民,乃有成規可依,但有關救助費用,因係地方官庫支給,視各地有所不同,有時

---

[16] 李元春前引文,頁 15~16。

[17] 《琉球歷代寶案》,第一集卷七,臺灣大學影印久米村天后宮傳抄本。

[18] 《琉球歷代寶案》,第二集卷十四。

[19] 《大清高宗純皇帝實錄》,卷五十二,乾隆二年閏九月庚午條。(華文出版社,臺北,民國 53 年出版。)

還有額外加賞。

清廷固然撫卹外國遭難船民，對於本國官兵因公差委，致遭難失事者，也有恩卹。康熙五十三年（1714）清聖祖特頒諭旨，令地方大吏，恩卹福建臺灣、廣東碣石在海洋遭風傷損官兵，並令嗣後通行。雍正六年（1728），清世宗下諭，進一步分別官弁、兵丁恩卹之別，凡遭風受困者，照軍功加恩；不幸身故者，照陣亡之例優卹。其後有若干修正，至乾隆九年（1744），定例「沿海弁兵因公差委，遭風溺水，幸獲生全者，官照軍功加一級，兵照軍功頭等傷例賞給。又定例：軍功頭等傷給銀三十兩。」[20]

清廷雖然對沿海遭難船隻人民，不分中外均有撫卹，但實際上，遭難船隻漂至臺澎，常遭該地居民撈搶遭風船物，視為生財之道。對於這種行為，乾隆五十三年（1788）為嚴加懲儆，以強盜例治罪，斬決梟示。[21]雖然如此，收效不大。如道光年間的興泉永兵備道周凱（字仲禮，學者稱藝皋先生，浙江富陽人），曾賦詩指責澎湖虎井、八罩一帶居民，乘危搶奪出事商船：「側聞瀕海民，見海舶失事，拯物不拯人，乘危搶奪肆，呼號瞑不援，轉因以為利」，甚至譏笑漁民不識貨，暴殄天物，其「客有言漁民撈拾賈舶貨物不知貴重者，感成二首」記：「不識珍奇古有之，焚琴煮鶴實堪悲。燕窩菜煮加

---

[20] 《臺案彙錄戊集》，第一冊，卷一，臺銀文叢第一七九種，頁1、4、15。
[21] 《清代外交史料》，嘉慶朝，第三冊，頁30~31，故宮博物院輯。

藍木，不熟如何食薯絲。洋印花綢為腳纏，嘉文草蓆當帆吹。
世間暴殄知多少，莫笑漁人事倒施」[22]鴉片戰爭之後，外國
洋船來華日多，若遭風難，一樣被沿海居民強加撈搶，因此
中外訂約，明訂必須加以救助保護，但因執行不力，迭招各
國抗議，屢屢形成國際糾紛，甚至戰爭。為此，清廷除一方
面加強海防外，同時也在光緒二年（1876）中福建巡撫丁日
昌奏准頒布救護遭風船隻章程五條：[23]

　　一、定地段以專責成也。查沿海島嶼星羅、犬牙交錯，
非明定界址，則必致彼此推諉，茲責成沿海廳縣，會同營汛，
定明所轄界限，每十里為一段，飭就近公正紳耆，保舉地甲
一人，甚島嶼則保舉耆老、頭目一名，列名冊報，以專責成。
凡遇中外船隻漂撞礁淺，遇一切危險，本船日則高掛白旂，
夜則接懸兩燈，以示求救。在地居民、漁戶人等，見有此等
旗燈、即時首報地甲頭目，一面飛報文武汛官，一面酌量夫
船數目，集派救助，其文武汛官聞報後，亦即督率兵役，親
往看驗救護，不得稍有違誤，其往來報信之人，一切費用，
均由失事船主給還。惟官役不得勒索使費。

　　一、明賞罰以免推諉也。查沿海文武汛官，如有救護船
貨至一萬兩以上，中外人等救至十名以上者，一經該管上司
查明、申報及領事照會關道有案，藩司立即註冊。記功三次

---

[22]　林豪前引書，卷十四〈藝文下〉，頁 498~499。
[23]　林豪前引書，卷五〈武備海防〉「附錄規條則」，頁 162~164。

以上者，文武汛官詳情酌記外獎，五功以上者，分別詳請題敘，以示優獎。地甲頭目亦分別上次勞績，隨時賞給頂戴匾額，以昭激勵。倘文武汛官，不肯認真辦理，照例參懲。地甲頭目若有救援不力，甚至有希冀分肥者，則分別輕重嚴究。至於望見船隻危險，首先報知地甲頭目及文武汛官者，以初報之人為首功，由失事船主給予花紅，大船多至三十兩，中船以十兩為度。

一、定章程以免混亂也。凡遇險船隻，其力尚可自存，船主並不願他人上船者，則救援之人，自不得混行上船。倘船主須人援救，或係應先救船，或係應先救貨，或係應先救人，均聽船主指揮，不得自行動手。救起之貨物應寄頓何處，亦由船主作主。其有擅行搬取、或私自藏匿者，經船主及地甲頭目指明，查有確據者，即行由官追究治罪。倘有人出首確鑿者，亦賞以應賞之款，誣捏者不准，並行反坐。

一、定酬勞以資鼓勵也。凡救起之貨，須候文武汛官驗報。如係外國之存貨，則並報明附近領事官，會同查核，將貨估價，按照出力多寡難易，抽撥充賞，多至三分之一，以賞救援之人。若有貨無人，則須稟明就近地方官及領事官，秉公將貨酌賞。倘無貨有人，則須將人救護，無論中國外國之人，均先行給以衣食，就近送交地方官、領事官，妥給船隻，分別資送回籍。倘係外國人，無領事可交者，即報明通商局，資給盤川，傳令自行回國。其小船出力救護，倘本人無力可以酬謝者，即就近秉報地方官，小船每救人一名，賞

給洋銀十元，就近由地方官先行核給，按月彙報通商局發還，虛捏者嚴究。至遇風濤洶湧，人力難施，或在大洋，為救援所不及者，均宜各安天命，不得任意株連。

一、廣曉諭以資勸戒也。凡海濱愚民，皆緣不知救船之有賞，不救船之有罰，是以坐視不救，或致乘機搶奪。此後所有沿海文武各官，均宜將以上之告示條規，分別札行各汛，嚴加告誡，並將告示條規，書寫木牌，遍處懸掛，使一切漁戶愚人，皆知遇險之船，救護為有功，不救護為有罪。庶人人有救船之念在其胸中，不敢視為無足重輕之舉矣！

同年七月，澎湖通判唐世永即依章程所訂，將奉到告示，照抄多張，按鄉實貼。並於每鄉內選舉地甲一人，各嶼保舉頭目一名，專司救護。然而「沿海鄉愚，撈搶遭風財物，習慣成性，視為故常。疊經出示嚴禁，三令五申，但積習已久，難免仍蹈故轍」[24]，因此在未能有效抑止下，光緒十一年（1885）在澎湖新設巡檢一員，駐於八罩網垵澳[25]，下配弓兵十八人，遇有遭風商船擱淺，鄉民搶劫者，即隨時救護彈壓。

就以上官方的撫卹辦法而言，尚稱優渥週到。至於一般民間船隻失事者，則恐無此幸運，有賴民間自行救濟。在澎

---

[24] 林豪前引書，卷五〈武備〉，頁82。

[25] 林豪前引書，卷六〈職官〉，頁88。按澎湖北端之吉貝島，南端之八罩島，其島民每於海難船舶漂來時，見海舶失事，拯物不拯人，乘危搶奪肆取，於海難船員呼號瞑視不援，故特於八罩網設巡檢彈壓救護。

湖，則多賴民間商會臺廈郊之救卹，如設棲流所，供失水難民棲宿，連橫《臺灣通史》記：

> 「澎湖棲流所：在媽宮。嘉慶二十四年，郊戶德茂號等捐款置屋，以為難民棲宿，稟官存案。」[26]

《澎湖廳志》則有進一步的說明：「媽宮街金興順，郊戶德茂號等，鳩資買過蔡天來店屋一間，為失水難民棲身之所，址在媽宮口左畔，……現經修理堅固，床灶齊備，門首大書『失水難民寓處』六字，逐年輪交大媽宮金興順頭家執掌。嘉慶二十四年，經於前廳陞寶任內稟官存案。」[27]

且於臺廈郊約章中明定「凡有失水難民無費，代為救助些費」，其恤助患難之美德有如此者。[28]而不幸在海中喪生的無主漂屍，則有義塚可供掩埋。澎湖義塚有七：一在媽宮澳東北，一在尖山鄉，一在林投垵，一在西嶼，一在瓦硐港埔，一在網垵澳，又一在北山後寮灣，凡海中漂屍，率拾葬於此。[29]

不過，事後的救護撫卹終究是消極性的作法，極作法則

---

[26] 連橫《臺灣通史》，卷二一〈鄉治志〉，頁 440。（臺灣省文獻委員會，民國65 年 5 月出版。）

[27] 林豪前引書，卷二〈規制・卹政〉，頁 76。

[28] 詳見卓克華〈清代澎湖臺廈郊考〉，《臺灣文獻》三七卷第二期，頁 23~29，民國 75 年 6 月出版。

[29] 同註 25 前引文，頁 46~47。

應是如何改進航海安全，減少海難的發生，其中西嶼燈塔的創設，不僅是一傑出高明的設想。更是全臺灣燈塔的濫觴。

五、西嶼燈塔的創設與修建

澎湖居臺、廈之間，四面環海，島嶼紛排，沙淺礁多，波濤洶湧，每年冬春，北風盛發，狂颶排空，險冠諸海。而西嶼一處，尤為衝要，凡臺廈往來船隻，皆以此嶼為標準，凡遇風信靡常，則官、商船舶莫不就西嶼以為依歸，往來澎湖，必從西嶼頭入，寄泊嶼內，或是媽宮，或是八罩，或是鎮海（今白沙嶼），所以設有文武汛口稽察船隻。然而每當宵昏冥晦之時，船隻急欲得西嶼而安息。不小心轉向別觸，屢致船隻損壞。蓋因四望茫然，一無標準，是以燈塔之設有其亟需，俾一望無際之餘，知所定向，以作迷津之指南。而燈塔之選擇設在西嶼，也有其地理之考慮，西嶼即今之漁翁島，橫在澎湖本島西方，距馬公最近處約四海浬。島形略如長靴，南部內垵、外垵似靴底，前後有山，海拔五二公尺，臺廈航船，均視此為指標。北端橫礁、合界頭似靴口，附近山墩標高三四公尺。全島地勢高峻，海岸岩石壁立，又有竹篙灣、大菓葉灣、牛心灣、內垵灣、外垵灣、緝馬灣、小池角灣、大池角灣等眾多優良港灣。而他島諸山，皆不甚高，故西嶼高阜突起平陸，目標顯著，於高阜建立燈塔，夜間一點明星，照耀遠近，足為海舶之標準。

　　考西嶼燈塔之置，始於西嶼義祠之建。乾隆三十年（1765）秋九月二十三日，颶風陡發，浪同山湧，擊碎通洋船隻，數不勝指，而灣泊於澎湖西嶼內外暫被難者，不下三十餘船，淹斃人口至一百二十餘人之多，是歷年少見的奇災異厄。翌年春，澎湖通判胡建偉，與左營遊擊林雲、右營遊擊戴福，捐俸創建，立祠以祀，俾孤魂得所依歸。[30]

　　迨乾隆四十二年（1777），日久傾圮頹廢，「廣不過仞丈，高不越尋常，殊不足以係遙瞻而遠矚」，臺灣知府蔣元樞，澎湖通判謝維祺捐俸倡修，就西嶼古塔基址擴建（今漁翁島西端、伐仔尾外坡林山頂），計周五丈，高七級（一級凡七尺），頂增四圍，鑲製玻璃，內點長明燈，塔上夜燃點燈火，「東照鷺門（即廈門），西光鯤島（即臺灣），南達銅山，東粵」，作為臺廈間船舶航行之目標，此為臺灣沿海導航標誌的嚆矢，也是唯一有詳確記載可證明臺灣首始設立的燈塔。此外並建供奉天后之塔廟及公館一所，為往來官商憩息之地。[31]

---

[30]　胡建偉前引書，卷十二〈藝文紀〉「創建西嶼義祠記」，頁 261。

[31]　林豪《澎湖廳志稿》，卷一四〈藝文錄〉所收蔣元樞「創建西嶼塔燈碑記」，頁 1130。三〇。（抄本，成文出版社，民國 72 年 2 月出版。）按蔣元樞「重修臺郡各建築圖說」，之「捐建澎湖西嶼浮圖圖說」（國立中央圖書館編印，據館藏清乾隆四十三年臺灣知府蔣元樞進呈彩繪紙本影印，民國 72 年 6 月初版），頁五七，則記為高五級，但此文為興建前所撰，故篇尾有「業已擇日興工剋期完竣」之語，可能是筆誤，且據該書頁 56 所圖繪之「新建西嶼浮圖」，顯見為七級（頂尖也算在內），文、圖彼此見牴牾矛盾，且遍查相關諸志書，均寫明為「七級」，無一提及「五級」，孤證不立，故筆者取「七級」之說，不採「五級」之說，茲將相關資料轉錄於後，以供高明指正：

（一）捐建澎湖西嶼浮圖圖說　　蔣元樞

查澎湖居臺廈之間，四面環海，島嶼紛排，波濤洶湧，地最危險，為往來臺廈船隻所必經，嶼一處尤為衝要，凡遇風信靡常，則官商船舶莫不就西嶼以為依息，然當宵昏冥晦之時，風濤震蕩，急欲得西嶼而安之，轉或別有所觸，屢致船隻損壞者，蓋因四望茫然，一無標準故也。元樞抵臺後，查悉情形急圖所以利行舟之法，當經札商澎湖廳，囑就西嶼古塔基址，廣其下座，計週五丈，用石築為浮圖，共高五級，級凡丈許，級頂設長明之燈，西照鷺門，東光鯤島，南達銅山東粵，俾一望無際之餘，知所定向。又于浮圖之前建天后宮，另設旁屋數椽，召募妥僧住持兼司燈火，使風雨晦明，永遠普照，所需工費，元樞倡捐，其餘不足之數，經來往商漁各船踴躍捐湊，業已擇日興工，剋期完竣，自此船隻往來收泊，知所憑準，所益實多矣。

（二）創建西嶼燈塔碑紀　　蔣元樞

澎湖居臺廈之間，而西嶼尤為衝要。蓋當風信靡常，則官商船舶莫不就西嶼以為依息也。然而宵昏冥晦之時，風濤震蕩，急欲得西嶼而安之，轉或別有所觸者。此無他，無以為之準也。余自奉命守臺以來，凡遇由澎至止者，鮮不以西嶼為斤斤，心用惻然。欲為樹之標準，俾往來收泊者利焉。卒以澎湖之未有同志也，弗果行。歲丁西介堂謝公，分駐澎湖，勤民恤商，賢聲四達。初至，即謀改置城隍神祠。知所利民則其所留意也。爰札而商之，囑於西嶼籌所以便往來者。今其復書，酌就嶼際古塔基地，廣其下座凡五丈、礐石為浮圖七級、級凡七尺惟樸固期永遠。其頂設長明之燈，東照鷺門，西光鯤島，南達銅山東粵，庶於一望無際之餘，知所定向，更闢地構宮，供天后之神，而並以居司燈火者，所計固甚周也。第其工程頗浩，為費匪輕。欲醵金澎湖，而土瘠民貧，力弗能舉。余復以興修郡邑，各工接踵多費，未免獨擎。因念鹿耳門口、歲集商船，不以數百計，而於澎湖之西嶼非其所止泊，即其所經行也。酌以每船勸捐番鏹二元，不費之力，以成不朽之惠。迺謀之海防鄒公，公亦欣然題捐，樂為之助。並念要工不容久待，而善果貴在速成。既與別駕謝公先捐清俸，一面鳩工構材，並諏吉。孟冬動土興建。而海防鄒公亦先約計歲內到口船數，預墊番鏹若干，一併賷赴工所，俾得如期舉事。然而是役也，所費之□，不止□□□，又在居斯土者，推濟人之隱，以宏利物之仁，則早一日藏工，則早一日造福，而拔苦海以登彼岸。不獨余與□介堂公之願，亦以為澎之人廣遺澤於無窮也。大清乾隆四十三年歲次戊戌清和月記。（碑

　　此役始於乾隆四十三年冬，落成於四十四年夏，督視工程為晉江監生楊慶餘，石工為蔣寶、梁長。建置經費之由來，除臺灣知府蔣元樞，澎湖通鄉謝維祺、臺灣海防同知鄔維肅等官宦捐俸首倡外，另傳諭臺灣郊行船戶及廈門郊行共同釀金湊捐，蓋因「念鹿耳門口，歲集商船，不下數百計，而於澎之西嶼，非其所止泊，即其所經行也，酌以每船勸捐番鎚二元」，而海防同知鄔維肅「亦先約計歲內到口船數，預墊番鎚若干」，方得鳩工構材，如期舉事。

　　建置好的西嶼燈塔，不方便交給當地居民職掌，於是囑咐城隍廟僧人分司其事，兼司燈火，每夜點燃，以利舟行。至於日常香燭燈油之費用，則由坐汛官兵、往來船隻抽捐，「建修西嶼塔院落成碑記」詳述：「西嶼為澎湖西口，向無公館，坐汛者賃住民房，月出租錢一千文。今既建有公館，上憲寅僚可以為守風停足之所，而坐汛者即將此項租錢，按月交給常住塔廟住持。公館租錢一十二千文，不敷所費，今就往來挽泊西嶼與進媽宮者，各行公議，每船捐錢一百文，其舢板船隻每船捐錢五十文，交給常住。」[32]

內闕四字）

[32]　林豪前引書，〈藝文錄〉，謝維祺「建修西嶼塔院落成碑記」頁 1133。茲將碑文轉錄於后，與前述「七級」、「五級」之說作一比較。

　　（三）建修西嶼燈塔落成碑記　謝維祺

　　臺灣補東南之缺，而澎湖為之樞。澎湖當臺廈之交，而西嶼為之障。廈居乾而臺在巽，自廈而東者，則左西嶼而轉以抵臺，自臺而西者，則右西嶼而轉以廈。官民商船之往來，稍遇飛廉之乖迕，群望西嶼以為依歸焉。予于丁酉

是知建置之費，日用之錢，率多臺、廈郊行船戶資助。而此次建置後之西嶼燈塔功效如何呢？乾嘉年間臺南詩人章甫曾有二詩予以詠物紀勝，其一為〈西嶼落霞〉詩云：「夕照銜山影漸無，丹霞斜渡入澎湖；相隨鶩鳥飛沙際，忽斷虹橋落海隅。五色文章天上降，九光錦繡水中鋪。晚來風送輕帆過，雲裡行舟古畫圖。」，又一詩〈西嶼燈〉描述：「黑夜東洋裡，紅燈西嶼頭；搖風圍塔定，照水共波流。一島浮光現，千航認影收；安瀾紀功德，長荷使君痲。」詩題下原註：「嶼在澎島，三十六嶼之一。琴川蔣太守造塔設燈，捐俸置資，俾舟人夜渡，認燈收澳，至今賴之」[33]。是可知在嘉慶年間的確發揮了作用。嗣因屢遭風災，年久廢弛，又復所任非人，缺乏照管，以致塔前廟宇傾圮，玻璃損壞，燈塔有名無實，

秋，茲澎之始。間嘗一陟西嶼之巔，則見故壘□成邱者，廣不過仞，高不越尋常，殊不足係遙瞻而遠矚。心擬捐資，建一浮圖於崇山，以作迷津之指南，兼以壯地方之形勢。顧填海雖本寸誠，而移山必須眾手。方當躊躇揣量之際。而郡伯公蔣公先得同然之心，札以底事來商，樂首捐清俸以為之倡。遂邀同治中鄒公，傳諭臺行船戶，復荷上憲寅僚，隨緣釀金，以成其美。厥工維浩，厥資綦繁。予既力捐番鏹三百元，又酌之廈門□□守張公，亦援臺例，同仁一視，以共集厥事。經始於戊戌孟冬，落成於己亥季夏。高廣適宜，為級者七。宮其前，奉天后之神。廠其頂，懸長明之燈。所有常住日用之資，與夫敬神香燭、燈油之費，則諗眾而出諸同欲焉。夫浮圖始西域教、余聞佛以濟人為德，則夫仗佛力而藉痲，拔渡苦海、誕登彼岸、不特往來官商之志，當亦斯人大共之福也已。大清乾隆四十四年歲次己亥秋七月吉旦撰。（碑內闕三字）（另按，以下「附捐資銜名」略）。

[33] 章甫《半崧集簡編》五言律「西嶼燈」（頁15），七言律「臺郡八景」之「西嶼落霞」（頁37）。臺銀文叢第二〇一種。

興廢不時。道光三年（1823）春，通判蔣鏞會同水師副將陳化成籌款重修廟宇，塔燈復興，商艘稱便，且延募該地有家室妥實之人住持，復司燈火，並議定每五年大修乙次。至於經費由來，「每年照舊西嶼寄椗商船，每船每次捐錢壹百文，尖艚船每次捐錢五十文，以資住持供給」。不料嗣後商船稀少，所有前議公館租錢十二千文，及媽宮商船漁船捐費俱無所出，不敷住持一歲之用。而且每月塔燈需油數十斤，全年需油百斤，亦無經費。為圖久遠，決定於附近買地，付耕收租，藉資補助；並預籌一筆款項，買油存貯，按月給住持領用，若有累積盈餘，作為日後修補塔宇、玻璃之用。於是交給總理鮑國珍，各董事課館錦豐、協利、瑞源、利成、和興、德茂、順吉等號出面，設簿勸捐，計得番銀四百四十元。於是得以在塔邊典買園地三處，交住持住守管耕；另胎當市店一所，契字簿及餘錢，交給媽祖宮董事十家輪管，收租生息，買備燈油，按月支付。並且所有每年出入數項，另列印簿二本，一存衙署，一發董事輪管備查。[34]

---

[34] 林豪前引書，〈藝文錄〉，蔣鏞「續修西嶼塔廟記」，頁1143。按此碑文諸方志收錄內容，與實際碑文有極大出入，茲據燈塔現存碑文改寫。（原碑文有些字跡漫漶磨滅，本文另參昭和三年十月出版之臺灣總督府交通局遞信部之「遞信志」「航路標識編」所收錄該碑文內容，頁5~9）。另，疑該碑應有兩座，才會有如此出入現象，一為「西嶼塔燈碑記」，一為「續修西嶼塔燈碑記」。茲將兩碑文併錄於後，以供參考：
（一）西嶼燈塔碑記
西嶼塔燈始於乾隆四十三年

前郡伯蔣公元樞暨前廳謝公維祺釀金建造，募僧住司燈火，為臺廈商艘往來
之標識，亦本地商漁船出入之依瞻。工程堅固，厥功甚鉅，舊碑刻內已詳言
之。嗣因屢遭風災，塔前廟宇傾圮，照管乏人，以致玻璃損，壞塔燈興廢不
時，有名無實。道光三年春，商請前陞協鎮現署水師提憲。

陳元成籌款，即就原基重修。廟宇中供天上聖母神位，募該地有家室妥實之
人住持，復司燈火，每年照舊西嶼寄椗商船每隻捐錢一百文，尖艚漁船每隻
捐錢五十文，以資住持供給。近來商船稀少，尚不敷用，擬於附近購地數坵，
付耕收租，藉資補助。每月需油數十斤，年共需油數百斤，自應預籌生息，
買油存貯，按月給住持領用，始有贏餘，積為日後修補塔宇之用，以圖久遠。
經各董事、課館錦豐、協利、瑞源、利成、和興、德茂、順吉、鮑國珍等設
簿勸捐。眾心踴躍，先後共集鏹四百四十元，交媽宮董事等輪年生息，妥為
經理，從此慧燈常明，安瀾穩渡，亦好善者之所樂為也。所有捐輸姓名勒諸
石碑以誌不朽云。

計開

臺郡三郊蘇萬利金永順、李勝興同捐佛銀乙百元、廈郊金長順佛銀六十元、
臺群綢緞郊同捐佛銀乙十六元、煙籤郊佛銀十二元、金薄郊同興號、聯合號、
其益號、利鴻號其祥號榮源號建昌號恆瑞號怡源號金振興同捐佛銀二十元、
杉郊鋪同捐佛銀十六元、報單館金益成金鹿豐金和榮金聯順同捐佛銀二十
元、浦南郊德馨號松茂號恆振號順興號文遠號益合號茂商號共捐佛銀十四
元、普泰號林登雲同捐佛銀八元、澎湖課館連金源捐佛銀乙十元、館戶瑞源
號各捐佛銀六元遠源號同發號利發號和興號豐隆號錦豐號各捐佛銀四元、源
順號崙成號瑞美號協利號隆美號合順號新順吉瑞豐號吉成號新榮美各捐佛
銀二元、恆利號合豐號源盛號德茂號隆美號振成號金茂昌振興號仁德號大合
號協成號協美號隆盛號新同順源成號保和號崑利號成發號漳美號恆德號允
吉號豐成號遠勝號同合號各捐佛銀乙元、大有號捐佛銀乙元、半瑞興號捐佛
銀乙元、廈門商船嚴順號得利金聚和林捷泰各捐佛銀六元、許進益金合成各
捐佛銀五元、金進吉黃發興金如意黃永茂金大興二全興金復勝金合順金成輝
新進成金進發金萬合陳積寶金三合鄭榮發王家瑞陳德春許義興許振金許順
發蔡隆興各捐佛銀乙元、漁船張合德金崇順金成義陳萬金方長春王福順郭順
興蔡長振金聯順金活源吳合源吳有才頻長良林發興吳合春蔡德源金恆發金
福春王錫金許大順金恆順蔡果洪突陳富許敬金春鄭辨各捐佛銀乙元。

　　此次捐銀，官宦、臺郡各郊行及澎湖舖戶、船戶等共捐
得佛銀元，利用這筆錢，於道光八年（一八二八）季冬重修
廟宇，塔高七級，並在該燈七層八角形花崗石塔內安裝樓梯，
上裝三尺高之三段玻璃製燈籠，東北面遮蔽起來，燈籠頂架
樑，其下吊一尺八寸的八號鉛絲，下端裝直徑約一尺的金屬
環，紮置鐵鍋，內盛花生油，以五分粗一尺長棉紗芯點火。

總共捐佛銀伍百元
福建澎湖水師協鎮府孫得發
候補州牧借補澎湖通守蔣鏞立
大清道光八年歲次戊子季冬月　　穀旦
董事課館　協利　利成　德茂
　　　　錦豐　瑞源　和興　順吉
勸捐總理　鮑國珍　同立

（二）續修西嶼塔廟記　　澎湖廳　蔣鏞（黃梅人）
西嶼塔燈始於乾隆四十三年，前郡伯蔣公元樞暨前廳謝維祺釀金建造，募僧
住司燈火，為臺、廈商艘往來之標準，亦本地商漁船出入之瞻依；工程堅固，
厥功甚鉅，舊碑刻內已詳言之。嗣因屢遭風災，塔前廟宇傾圮，照管乏人，
以致玻璃損壞，塔燈興廢不時，有名無實。道光三年春，鏞商請前陞協鎮、
現任水師提憲陳元戎籌款，即就原基重修廟宇，中供天上聖母神位；募該地
有家室妥實之人住持，復司燈火，每年照舊西嶼寄椗商船每船每次捐錢一百
文，尖艚船每次捐錢五十文，以資住持供給。近來商船稀少，所有前議公館
租錢十二千文及媽宮商船、漁船捐費價無所出，不敷住持一歲之用，且每月
塔燈需油數十觔，全年需油數百觔，亦無經費。各董事課館錦豐等設簿勸捐，
眾心踴躍，先後共集番鏹四百四十元，交媽祖宮董事十家輪流生息，妥為經
理；並於西嶼就近契買園地三處，付住持耕種收租，藉資補助。每歲買油存
貯，按月給住持領用；如有盈餘，積為將來修理塔廟及補購玻璃之用，以圖
久遠。從此慧燈常明，安瀾穩渡，亦好善者之所樂為也。
茲將樂輸姓名備泐諸石，以誌不朽。所有每年出入數項，另列印簿二本，一
存署、一發董事輪管備查。（按：以下「附捐資銀數及園地畝」略）

所需維持費用，除上述募集銀錢的生息外，仍維持入港船舶
徵收五十文、一百文以支應。

經此次長遠計劃安排，燈塔維持良好，並發揮應有效
用。例如烏竹芳（道光十年十月署任澎湖通鄰，十一年三月
卸事）有詩〈咏西嶼古塔〉紀：「雲遮西嶼勢崢嶸，塔影刺天
一點橫。大海回環奩鏡啟，孤峰峭立翠屏生。飛霞繞頂流光
赤，寶刹映空落照明。商賈往來占利涉，凌宵燈火指迷程。」
[35]又如道光十三年（1833），澎湖大饑，興泉永兵備道周凱，
奉檄至澎湖勘災散賑，曾賦詩紀「西嶼塔燈」：「撐空一塔夜
燈青，西嶼峰頭照杳冥。欲使賈帆歸淼淼，不同漁火散星星。
水中百怪驚光燄，島上三更認影形。幾費經營懷小謝，（原註：
澎湖廳謝維祺建。）莫教風雨任飄零。（原註：陳提督化成為
副將時，與通判蔣鏞重修。）」[36]不過，以花生油點燈，終
究不符時代所需；加以臺灣開埠以後，因通商條款中有「通
商各口分設浮椿、號船、塔表、望樓，由領事官與地方官會
同酌視建造」之約定，同治十年（1871），英國駐臺領事建議，
以澎湖乃天津、上海、福州各口洋船往來必經要津，屢有艍板
船擱淺破壞，擬在該嶼建兩高塔，上掛明燈，以為船隻指南，
經朝廷批准。[37]

---

[35] 蔣鏞《澎湖續編》卷下〈藝文紀〉，烏竹芳「咏西嶼古塔」，頁 117。（臺銀
　　文叢第一一五種）
[36] 林豪前引書，卷十五〈藝文下〉，周凱「西嶼燈塔」，頁 1275。
[37] 《臺灣省通誌》卷二〈外事篇〉第二章第四節，頁 82，臺灣省文獻委員會，

　　於是同治十二年（1873）八月，福州洋稅關吉稅司決定建造烏坵嶼、北椗，與西嶼三處燈樓。十三年二月，派委員陳錫會同文武官員到現場履勘，覆議拆卸原有西嶼塔廟，並於界外添建房屋，以資棲止。另就近買下許心等人土地，當即丈量新燈塔界址，以英尺為準，立定前後長貳百尺，左右寬壹百五十四尺。由監工人員韓達紳[38]在四周立閩海關界石。其餘界地，仍准許心等人耕種，立契卷以為存證。此次所籌建即現存指定為古蹟之西嶼燈塔。

　　光緒元年（1875）七月，旗後幫辦稅司紀點理，與洋人必司理，加里司由凌風關搭乘輪船，運載器俱到澎湖重建新式燈塔，塔身為圓形鐵造，距水面十五丈八尺（約五十公尺）裝四等旋轉透鏡燈，點用二芯煤油燈，燭光五百支燭，每三十秒連閃白光二次，可照十五海浬。另建有宿舍，派人駐守。林豪《澎湖廳志稿》詳記此役：「七月十一日動工，於舊塔之左，起造新塔，用長方鐵片鑲嵌成圍，層層加高。其舊塔及方屋毀拆，改建洋樓格式，十一月，臺灣稅務司照會，稱西嶼所建燈塔，已派人於此，十八日到地常住點燈，以利昏夜舟　行，希即保護照料。」[39]

民國 60 年出版。

[38]　韓達紳，即 DAVID HANDERSON，於 1869 年進中國海關，任工程師，1871 年升任總工程師，1898 年退休，前後任職廿九年。此據財政部，關稅總局工務組高樹奇組長提供之資料，謹此致謝。

[39]　林豪《澎湖廳志稿》卷七「西嶼燈塔」，頁 531~532。

　　光緒元年西嶼燈塔改建為西式燈塔，並進一步展開氣象觀測。我國氣象觀測，最初是光緒九年（1883）由香港氣象臺首任臺長杜貝克（Sir W. Doberck），計畫擴張氣象事業，分發氣象觀測儀器於沿海各海關及燈塔，進行觀測後，再逐月將紀錄報送香港，光緒十一年（1885），基隆、淡水、安平、高雄、四海關，及漁翁島（西嶼）南岬（今鵝鑾鼻）等地的燈塔內，附設有氣象觀測站，按時觀測，並逐月向香港氣象臺及上海法人經營的徐家滙氣象臺作氣象報告，如是十有餘年。當時觀測人員只是兼任，缺乏訓練，儀器簡陋，除鵝鑾鼻測站設有舊式自記風速儀器及康培爾日照計等較好儀器外，其餘各觀測站之設備均較差，故氣象觀測記錄之可靠性令人懷疑。不過，迄一八九五年之十年間，有關臺灣的氣象觀測記錄出現於香港氣象臺的刊物僅二、三件，其中漁翁島的資料最完整，亦可見燈塔管理人員之盡職。[40]

　　光緒廿一年（1895），甲午戰敗，臺灣割日，因烽火四起，一時氣象觀測全廢，觀測儀器泰半為之失散。俟平定後，只淡水、安平兩海關，及漁翁島燈塔保存了少數儀器與記錄而已，同年九月香港天文臺透過英國駐日大使，向日本政府要求，繼續過去之慣例，向香港天文臺供應氣象報告。是年十一月廿七日起，日人使用清廷留下的氣象儀器觀測後，經

---

[40] 劉昭民《日據時代臺灣氣象史》，收入氏著「臺灣先民看臺灣」，頁62~63，臺原出版社，1992年出版。

由海底電纜，由淡水海關每日向香港天文臺拍發兩次氣象報告，而澎湖漁翁島燈塔因無通信設備，乃照舊每月向香港天文臺發送氣象月表一次。翌年，臺灣總督府在臺北設立臺北測候所，是為臺灣全島之氣象中樞機關。同年，又於臺中、臺南、恆春、澎湖等四地設立測候所，每日作六次氣象觀測，臨時颱風警報、氣象觀測日報、年報外，並作地方性之天氣預報。[41]

因此，西嶼燈塔的修建，與氣象觀測仍延續下去，此後日人陸續在澎湖新建北島燈塔、東吉燈塔、查母嶼燈塔、浮塭燈塔、花嶼燈塔、七美燈塔。大正四年（民國 4 年，1915），西嶼燈塔改用電石氣閃光燈，每五秒閃白光一次（明三秒，暗二秒），光力約一千七百支燭光，屬第四等明暗白光燈，光照二十一海浬（約三十七公里），燈塔修改成現存白色圓形樣子，置有看守。昭和十三年（民國 27 年，1938），改用煤油白熱燈，光力達五萬二千支燭光，每隔二至八秒間二閃光。二次大戰時，一度遭到美機轟炸，輕微受損，光復後迅即修復。民國 55 年（1966），改裝四等旋轉透鏡電燈，光力增至八十萬支燭光，能見度長達二〇五海浬。民國 77 年增設電霧號霧笛二座。[42]

---

[41] 同前註。

[42] 《臺灣之燈塔》收「漁翁島燈塔」，頁 26。（財政部海關總稅務司署，民國78 年 10 月再版）

六、燈塔的管理

西式燈塔的建造，源自中英鴉片戰爭後，簽定南京條約開放五口通商，於通商條約第三十二款中記載「通商各口分設浮椿、號船、塔表、望樓，由領事官與地方官會同酌視建造」，以維護外籍船隻進出港道之安全考量。咸豐八年（1858）簽天津條約臺灣開埠，及至同治二年已有滬尾（淡水），雞籠（基隆）、臺灣府（安平、臺南）及打狗（高雄）等處。六年（1867）六月，駐滬英國副領事額勒格里陳情於雞籠海口設置塔表或浮椿等以為洋船出入指認，九月經水師參將會勘後議定於港口兩岸建置兩幢高四丈五尺（約十三‧五公尺）白塔及港內設備浮表或竹椿[43]。七年（1868），清海關總稅務司署設立海務科專責籌辦各港口岸之設燈業務。十年三月，英國領事以澎湖居天津、上海、福州各口洋船來往必經要津，擬於島上建高塔掛明燈為船隻指南。十二年八月，福州洋稅關吉稅司決定建造烏圻嶼、北椗及西嶼三處燈塔，十三年派員履勘，於光緒元年（1875）七月載運器俱到澎湖重建，十一月澎湖西嶼燈塔之新塔即已正式建成。

燈塔建立後，隨即面臨管理之問題。自清廷於同治初年成立海關總稅司，原以征權關稅為專職，嗣後英人赫德（Sir Robert Hart）以建設中國海江航行標誌、管理港口、指泊、引水及疏濬事宜自任，遂毅然請總理衙門核准施行。惟航行

---

[43] 唐贊袞《臺陽見聞錄》卷上〈洋務〉「白塔」，頁 41。（臺銀文叢第三○種）

標誌事務浩繁，非特設機關，不足以專事責成。遂於同治七年（1868）三月成立海務科，置稅務司一人主持該科事務，時職稱為「海務稅務司」，直隸於總稅務司，所有港口理船及航行設施等事宜，悉歸辦理。

海務稅科務司以下，設燈塔正副工程師各一人，港口工程師一人，首任燈塔正工程師正是韓德善君（或譯韓達紳，David M. Henderson）。當時中國海岸劃分為南、北、中三段。北在煙臺、中在上海、南設福州，每段各派巡工司一人，隸屬於海務科稅務司，巡工司之下設港務長，須秉承各口稅務司之命，監督各口燈塔管理工作，並辦理港口警察及引水事宜。

同治十年（1871），復將海務科稅務司一職裁撤，所掌職務，由各港稅務司與總工程師及各段巡工司分別擔任之。光緒七年（1881），海務科另立巡工股，負責管理燈塔及職員工作分配等事務。

海務科中外職員均有。光緒六年有洋籍職員六十九人，華籍職員二百六十八人，其中洋籍四十七人與華籍一百人則為燈塔管理員。光緒二十六年，洋籍職員增至九十六人，華籍亦達四百六十三人，其中燈塔管理，洋籍佔六十二人，華籍二百零七人。直迄民國二年（1913），洋籍職員增至一百四十三人，華籍二千一百零四人，其中洋籍四十一人，華籍六百二十三人，悉屬燈塔管理人員。此外尚有海關巡緝船艇駕

駛及水手等若干人員。[44]

　　光緒元年西嶼燈塔改建為西式燈塔，其管理如何？僅知臺灣稅務司「己派人於此，（十一月）十八日到地常住點燈，以利昏夜舟行」[45]，詳情如何已不可得知，不過倒有一旁涉之相關史料可供參考，光緒廿年，中日爆發甲午戰爭，日本派聯合艦司令官伊東祐亨率軍南下，攻打澎湖。廿一年二月正式點燃戰火，於進攻澎湖西嶼砲臺，時有一弁目閩人陳連陞，不願大砲落於日人之手，將存留砲位一一拆卸，予以掩埋，另把銃器彈藥等，紛紛投棄海中。關於此役詳末，陳衍總纂之《臺灣通紀》有詳細記載，文中有一段提及：「偕伺塔燈西人拆之，凡砲械之有關緊要者，悉毀埋之，偕西人至廈門，西人言於稅務司，稅務司又言於水師提督黃少春云」[46]，所謂「伺塔燈西人」即指西嶼燈塔之管理員，則該燈塔管理員應是洋籍職員，至少於光緒廿一年左右是派洋籍職員管理。

　　光緒廿一年（日明治廿八年，1895），臺灣割讓於日本後，為建設臺灣與日本之海底電線及航路標識，於同年六月，以敕令第九十號公布「臨時臺灣燈標建設部官制」，明定燈塔由陸軍部職掌。翌年三月卅一日，復以敕令第九十六號公布「臺灣總督府燈臺所官制」，臺灣燈塔轉移總督府掌管，嗣後

---

[44] 詳見中華民國財政部，海關總稅務司署，民國 21 年編印《中國沿海燈塔誌》第一章。

[45] 同註 39。

[46] 陳衍《臺灣通紀》卷四，頁 245。臺銀文叢第一二〇種。

於明治卅五年改隸通信局，昭和元年（民國十五年，1926 年）
復改屬交通部之遞信部管理。

　　光復初期，已建設完竣的燈塔有二十四座，惜多在二次
世界大戰遭盟軍飛機損毀，當時則由臺灣省行政長官公署交
通處航務管理局接收。俟民國卅五年（1946）5 月，沿襲清
制，移交給海關總稅務司署之海務處掌理。海務處成立於清
同治七年，當時名稱為「海務科」，隸屬總稅務司之下，全銜
為「海務科稅務司」，而以稅務司一人掌理，所掌有建設與管
理航路標識等事項。來臺後，改為現制海務處，設巡工司一
人，綜理處務。另設副巡工司二人，襄助巡工司處理處內一
切事務，下設四組，掌理組內業務，其組織如下：(1)海務組，
掌理各燈塔及船艇等事務；(2)工務組，負責各燈塔等項之維
修工作；(3)無線電監視組，負責與各燈塔之聯絡電訊工作；
(4)事務組，負責處內事務及各燈塔之補給工作。[47]

七、燈塔的現況

　　燈塔的設立，其位置之選擇，以鄰近海岸及重要航道為
佳，然臺灣沿岸地形起伏多變，燈塔的高度常配合地形及周
圍環境之變化而決定。而且臺灣早期燈塔多以磚石構造為
主，因受限於材料之特性，不宜建築過高，或因如此，設立

---

[47]　詳見中華民國財政部、海關總稅務司署，民國 78 年印行之《臺灣之燈塔》。

燈塔地點多為崖邊、山頂等地勢較高，視野較遼闊處，以提昇燈高，增遠光程範圍。

臺灣最早的石造燈塔為清乾隆四十四年（1779）所建造之西嶼古塔，其造型為中國傳統之浮屠形制，在八角形的平面上疊石為七層重檐。光緒元年（1875）重建為西式圓形之鑄鐵造塔，並正式改稱為「漁翁島燈塔」。（見附圖）

漁翁島燈塔位於澎湖離島西嶼鄉外垵高地上，自創建迄今已越二百年，由馬公市沿澎三號縣道經跨海大橋至西臺古堡後，再轉澎六號道路，行至末端，即見燈塔矗立於平野之中。塔區出入口前兩側土地，現為空軍雷達站基地，塔區出入皆由國軍崗哨進行檢查管制。其東側有一樓高約二十臺尺之雷達觀測站，及數棟駐防部隊之營區房舍，其外則為廣大遼闊之草原區。塔區西側及北側為陡峭之崖地，崖高距海平面標高約五十公尺。另於西側院牆外，立有一方西元 1880 年（光緒六年）之洋人墓碑，上刻名為 Nelly ODtiscoll，此碑之由來未見史料記載，想是當年燈塔洋籍管理員之女兒或太太，崖端附近並有廢棄之機槍堡二處，為昔年國軍部隊所建。

塔區周圍係以峩砧石所堆砌高約二臺尺之圍牆，牆面塗飾白色油漆，年代頗為久遠。入口造型簡單，僅為兩支牆柱及雙開之木柵門扇。塔區範圍現況為同治十一年間即已丈量之界址，塔區平面近似長方形，東西長約五十公尺，南北長約六十公尺，面積約〇‧三公頃。整個塔區平面配置現況，

除了燈塔外，在其北側建有房舍一棟及地下蓄水池，並派員駐守管理，其次為分佈在燈塔東南及西北側的四棟宿舍、電機室及倉庫等，其中當年廟宇位置、規模已無法得知，而且有關若干古碑及霧砲之正確位置也無法確定。

漁翁島燈塔的建築，自清光緒元年重建迄今一百多年，其間並無重大修繕，因此燈塔建築大致仍保持當年重建時的形貌。該燈塔底徑為寬七尺五寸之圓形平面，支立銑鐵板及砌磚以為牆身，塔內以螺旋鐵梯通至塔頂，塔頂外以玻璃帷幕遮蔽風雨，外緣設有平臺以供維修。由於使用性質單純，在空間安排上極為簡潔，地面層為入口及樓梯間，上層則為燈塔機具空間及戶外維修空間，整個塔狀為圓椎形建築。較引人注目的是入門處，在三角形的門楣上落有「DAVID M. HANDERSON 1874」的字樣。

位於塔北側的宿舍是於光緒元年燈塔重建時，同時興建完成，宿舍面積約八十平方公尺，建築造型近似仿西洋古典式之石造建築。外擴身由石材疊砌，以白色油漆粉刷塗飾。由於近海風大，房舍窗戶皆有二層處理，外層為外推式木製百葉窗扇，內層則為內開式玻璃窗扇，以達採光、防風及隔音效果。另，西側有一房舍作倉儲用，為避免室內潮濕而特別在四周臺基設有七處通氣口，並嵌有直櫺鑄鐵欄杆裝飾。

光緒元年在宿舍北側同時建造一座深約七尺之地下蓄水池，以提供用水，蓄水池上方有一花崗石蓋板，板上開設兩個汲水孔。近年亦於塔區大門入口右側增建一地下蓄水

池，目前塔區用水皆由此二處蓄水使用，不過，在清代水源或是承接雨水而來，現則已有自來水供需。塔區內還有大、中、小三尊霧砲，其間大、中兩尊霧砲為英國製前膛鑄鐵砲，小型砲則為德國製後膛山砲，為防鏽蝕，砲身皆塗有柏油，砲座下方為甬道，為昔年存放砲彈所在。該霧砲早已不使用，民國七十年遂設有二座霧笛，以取代霧砲之功能，當落霧能見度不及一百公尺時，即鳴放之，音量高達三百赫茲，與音可達三里，音率每三秒停二七秒為一週期。[48]

八、小結

本省居東西洋交通要衝，往昔船舶由廈赴安平，過澎湖，遙望荷人王城老榕樹為航程目標，漸近漸現。至清代巡道官署內，立有燈竿，高約三丈餘，每夜燃燈照遠以為目的。其後商務大盛，北至天津、牛莊，南至暹羅、呂宋，往來船隻，皆以澎湖為門戶。惟澎湖諸島錯立海中，島澳叢雜，潮流迅急，暗礁淺沙，處處險惡，加以每年冬春，季風盛發，波濤洶湧，於地形，於季風，於潮流均不利航海，澎湖近海自古便是海難屢生的有名險地。海難發生，事後清廷雖有種

---

[48] 有關該燈塔之現況，除筆者實地查勘外，另參考《澎湖西嶼燈塔之研究與修護計畫》第三章〈西嶼燈塔的建築現況〉，頁 36~50。（漢光建築師事務所，民國 81 年 10 月出版）按：該書之歷史撰稿部份為筆者所寫，本文即是據該文予以增補修訂而成。

種撫卹措設，終究不如事前防範來得積極，是以燈塔之設置有其必要。而燈塔之選擇設在西嶼（漁翁島），自有其地理之考慮。西嶼位在澎湖本島西方，島形略如長靴，全島地勢高峻，前後有山，反之，他島諸山，皆不甚高，故西嶼突起平陸，目標顯著，足為海舶之標準。

西嶼燈塔之置，始於乾隆卅一年（1766），澎湖通判胡建偉等人捐俸創建西嶼義祠。此後傾圯頹廢，乾隆四十三年（1778），由臺灣知府蔣元樞、澎湖通判謝維祺等人，聯同臺行船戶及廈門郊行共相醵金湊捐修建，就原基址擴建，於四十四年夏落成。計周五丈，高七級，頂層四周，鑲製玻璃，內置花生油長明燈，交由城隍廟僧人住持，兼司燈火，每夜點亮，以利舟行。至於日常香燭燈油之費，則由寄泊澎湖船舶徵收一百文或五十文。乾嘉年間果然發揮作用，臺邑詩人章甫曾有詩「西嶼燈」，予以詠歌之。嗣因屢遭風災，年久廢弛，照管乏人，以致塔前廟宇傾圯，玻璃損壞，燈塔有名無實。道光三年（1823），經由通判蔣鏞會同水師副將陳化成等人籌款重修。不料商船日漸稀少，徵收經費不敷一歲之用，為圖長遠，道光八年（1828），遂設簿勸捐，經郊行船戶踴躍輸捐，於塔邊典買園地，付住持耕種收租，藉資補助，另典當市店一所，收租生息，買備燈油，按月支付，而契字簿據，則交由天后宮諸董事輪管。並於該年季冬重修廟宇，塔內設樓梯，裝三尺高之三段玻璃製燈籠。

同治十年（1871），英國駐臺領事以澎湖乃天津、上海、

福州各口洋船往來要津，為策航海安全起見，照會我國在澎湖增建新式燈塔，經朝廷照准，於是同治十三年，福州海關派人履勘西嶼燈塔，決定拆掉重建。翌年即光緒元年（1875）七月十一日動工，十一月完成，新建成西式燈塔，塔身為圓形鐵造，裝四等旋轉透鏡燈，點用二芯煤燈，並建有宿舍，派有洋籍職員駐守。光緒十一年（1885）並在西嶼燈塔觀測氣象，將所得資料，逐月彙送香港氣象臺及上海徐家滙氣象臺，如是十餘年。

臺澎割日後，日人陸續在澎湖新建北島燈塔、東吉燈塔、查母嶼燈塔、浮塭燈塔、花嶼燈塔、七美燈塔。西嶼燈塔也在大正四年（1915）改用電石氣閃光燈，燈塔也修建成白色圓形模樣，日昭和十三年（1938）改用煤油白熱燈，光力達五萬二千支燭光。二次大戰時，遭受轟炸，略微受損，光復後隨即修復，並於民國55年（1966），改裝四等旋轉透鏡電燈，光力增至八十萬支燭光，可照二○五海浬長，民國70年增設電霧號霧笛二座直至今日。

漁翁島燈塔自創建迄今已越二百餘年，追溯其歷史不但是臺海中首座之燈塔建築，其存在亦說明澎湖海上交通的頻繁，以及擔負有貿易功能及導航功能的角色，自有其重要意義。就建築價值而言，原始創建的燈塔雖不復存在，但由文獻中仍可瞭解出清中葉前燈塔的形制與作法，而光緒年間之重建，亦象徵著在燈塔建築史上的新里程碑，因此，有鑑於漁翁島燈塔在歷史與建築上的重要價值。內政部於民國七十

六年4月17日公布，明定澎湖縣漁翁島燈塔為臺閩地區第二級古蹟，以示其重要意義。

西嶼燈塔塔身斷面圖

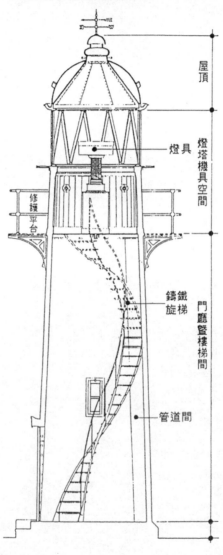

屋頂

燈具

燈塔機具空間

修護平台

鑄鐵旋梯

門廳暨樓梯間

管道間

台北市水源地唧筒室歷史研究

一、前言

　　臺北市位於本島北部臺北盆地中央，北、西、南三面有基隆河、淡水河、新店溪等河流環繞，水源豐富。地下含水層乃砂礫構成，三面又受河川水流之影響，水量向稱豐富。我先民早期來臺從事拓墾，久之聚集生息，形成市鎮或村莊，或灌溉或飲用，需水日甚，不免形成一大問題，其時一般民眾或掘取地下水，或引川澤池塘之水，以供飲用、生產之需，不免有不潔之虞，致疫癘橫生，傳染流行，死亡者甚多。是以劉銘傳任巡撫時，力行新政，廣事建設，立郵政、創電信、鋪鐵道，並注意及飲水衛生，據聞曾在光緒十三年（1887），聘日人七里恭三郎來臺，於臺北城內之石坊腳、北門街、西門街等地，指導鑽鑿深井三處，供公眾飲用，是為臺北市公

共給水之嚆矢。[1]

日人據臺後，時臺灣兵燹之下正流行瘧疾、鼠疫等傳染病，臺北地區的衛生狀況極為惡劣。鴉片之取締和都市衛生問題，遂成為日據初期，急待解決之課題。明治二十九年（光緒22年，1896）六月時任內務省衛生局長之後藤新平以衛生顧問的身分來臺，指導臺灣之衛生行政工作。結果實施取締鴉片、預防檢疫、設置醫院等政策，同時也提出改善都市衛生問題之重要施政，如整備上、下水道，與改正市區之實施等等。

由於日軍進攻臺灣之初，只考慮軍事之需要，僅隨軍帶來電信與鐵道技師，卻未有衛生工程技師，因此在台初期聘用外國技師協助衛生設施工程的設計工程。

同年八月，在後藤新平之推薦下，聘請內務省顧問英人巴爾頓氏（William K.Burton）來台，從事全臺衛生工程，及臺北自來水建設之調查工作，並派遣臺灣總督府技師濱野彌四郎協助。

二、巴爾頓（William K.Burton）生平與貢獻

巴爾頓於一八五六年五月出生於英國蘇格蘭的愛丁堡

---

[1] 見《日據前期台灣北部施政紀實》（以下簡稱《台北紀實》）〈衛生篇〉（台北市文獻委員會編印，民國七十五年十二月），第四章第二節第一項，頁131。

市，畢業於劍橋大學，並通過大英帝國公共衛生協會之資格
考試，成為終身會員。一八八一年，巴爾頓受聘為倫敦衛生
保護會之主任技師，並取得土木學會會員資格。一八八七年
（明治二十年），日本政府招聘他赴日講學，至一八九六年的
九年期間，巴爾頓任教於東京工科大學（今東京大學工學院
之前身）土木工程學系講師，講授衛生工程課程，擔任土木
學科二、三年級，以及造家學科二年級的「衛生工學」課程。
因教學認真，積極推動教學研究事務，巴爾頓被日人尊為傳
授日本衛生工學之始祖。講學外，巴爾頓並兼任內務省衛生
工程顧問，因此與當時任職內務省衛生局的後藤相識，關係
頗為親密。從一八八九年起，巴爾頓針對福岡市、大阪、岡
山、門司、仙台、名古屋、甲府、新潟、福井、與廣島等地
之上、下水道進行調查及設計。巴氏作風踏實，所調查之報
告與建議，極受重視。

　　當後藤新平赴臺視察之時，剛好巴爾頓任大學教職在兩
次續聘之後，於該年五月約滿而暫無職位。因此當時後藤推
薦巴爾頓擔任顧問，此或因欣賞他的才幹與負責熱忱，或可
能提攜照顧好友兼部屬之關係。而巴爾頓亦不負後藤所望，
日人據臺之初，巴爾頓鑒於臺灣地區衛生工程落後，及鴉片
之危害健康，乃趁兼任顧問之便，屢次向當時衛生局長之後
滕建議廢除鴉片公賣制度，並積極興建上、下水道工程。為
實現其理想，巴爾頓於任教九年之後，於一八九六年六月辭
卻大學教席。同年八月五日，正式受聘，親身來臺，並帶來

他的門生濱野彌四郎作為助手，協助他進行全臺衛生工程的
調查工作，獻身臺灣地區衛生工程之創建事業。[2]

　　時臺灣各地動亂未定，溪流上源不僅交通不便，且有「番
害」之險，使勘查工作備極艱辛危險。然巴爾頓排除萬難，
與濱野彌四郎隨即進行臺北和臺中的衛生調查工作，一個月
後向總督府民政局提出報告書。之後，於一八九六到一八九
七年之間，兩人又從事基隆水源地的探查選址，以及基隆上、
下水道的設計工作。一八九七年四月，他就台灣整體的衛生
狀況提出報告書，向總督府提出水道設施先後次序的意見，
內容如下：[3]

　　（一）、必須依照第一臺北，第二基隆、第三臺南、安
平、澎湖島、嘉義等的順序，盡速做好衛生工程。

　　（二）、臺北方面則應盡速選定水源，因為當地設置有

[2]　　關於巴爾頓（W・K・BURTON）之生平，是參考下列諸書，彙整而成：(1)
　　　《台灣水道誌》（台灣總督府民政部土木局，大正七年十一月發行），一〈序
　　　論〉，頁 2~3。(2)《台北自來水八十年紀念專輯》（以下簡稱《八十年專輯》）
　　　（台北市自來水八十年紀念專輯編纂委員會，民國八十一年十二月出版），
　　　頁 7~8。(3)《台北市志》卷六〈經濟志〉「公用事業篇」〉（台北市文獻委員
　　　會，民國五十七年九月印行；第二章第一項第一目；頁 3。(4) 黃俊銘〈台
　　　灣北部近代都市的水道設施〉抽印影印本（缺出版之期刊卷數與時地，此影
　　　印本乃台北自來水事業處工程隊設計科土建股長黃心怡先生提供，謹此致
　　　謝。）

[3]　　越澤明著，卞鳳奎譯〈台北的都市計劃──一八九五~一九四五年日據時期
　　　台灣的都市計劃〉，《台北文獻》直字一〇五期（台北市文獻委員會，民國八
　　　十二年九月出版），頁 126。另見黃俊銘前引文。

井水，故應優先著手下水道之工程。

（三）、因此，「第一應調查繪製臺北市街設計圖」，「勘定幅員、開設道路、同時附帶的施設下水道。」

同年，巴爾頓為了臺北市街下水道工程，前往新加坡視察當地的水道設施。同年七月出差到臺南作調查規劃。對於巴爾頓的意見，臺灣總督府接受了這項提案，認為在臺北同時進行下水道工程與道路擴建工程等兩項工程，允為上策，於是擬定設計大綱，著手興建。下水道取法英國治下之新加坡構造，採用開渠式合流式，本線為暗溝，分線作U字型渠式，完成了府後街、府前街、北門街之下水道，一掃往昔惡臭四溢之不衛生狀態，並於一八九九年公佈「臺灣下水道規則」及「施行細則」，統一處理汙水問題，這是最早臺北市區改正工程。要之，臺北的都市計畫最早是以改善都市衛生問題為目的而展開的。

一八九八年三月，後藤新平在兒玉源太郎總督任內下擔任民政長官。以後直到一九〇七年（明治四十年）轉任滿鐵首代總裁為止，在臺灣民政方面，充分發揮長才。後藤新平把上水道、鐵路、土地調查、築港、官舍建築，並列為五大建設，一併推展。在後藤新平與巴爾頓合作之下，臺灣上、下水道之建設，一日千里，厥功匪輕。縱觀巴爾頓的調查報告書，他在台灣所從事的水道工程調查設計的內容與貢獻，

主要可以歸納如下：[4]

（一）衛生情況調查報告。

（二）當地地形水流的探察。

（三）水源地的探察、水量、水質的試驗、水源地的選定。

（四）當地雨量、河川水位的測量統計。

（五）市街地與水源地地形圖的測量。

（六）上水、下水系統的計畫。

（七）水道路線、管道尺寸材料、唧水機械等水道工事的設計意見。

（八）水道事業的國外考察。

以地區論，於基隆、臺中、臺南、臺北等地貢獻鉅大，而臺灣自來水設施以一八九六年開始的淡水水道工事為全臺之首，巴爾頓也提供了若干重大意見。

臺灣傳統街道市屋，不僅狹隘，且無水溝之設施，平日任憑汙水、雨水在道路排溢，泥濘難行，污穢不堪，其不合衛生之處殊多。割臺之年，虐疾盛行，當時在淡水唯靠英商「拉布雷交士」（譯音）洋行所挖掘之井水食用，因給水不足，概用基隆、淡水間之運輸船搬運供給，備覺不便。當時淡水廳長大久保利武計畫，引大屯山麓雙峻頭及水梘頭各兩處之湧泉為水源，引水至淡水街，同年七月命總督府丹麥籍職員

---

[4] 黃俊銘前引文。

漢生（Emanuel Hansen）實地勘察設計，八月向總督提出裝設意見書，十一月同意。翌年二月，設立水道事務所，以總督府顧員牧野實為主任技師。七月將淡水支廳長管理之水道工事，移交臨時土木部直轄，九月實施工事，這期間經過六次變更設計，而巴爾頓經過調查，建議變更設計，全部改用鐵管，後再由技師小川喜太郎任主任技師，負責工事，於一八九九年（明治32年）三月竣工，成為全臺第一個完工的自來水工程，當時完成的淡水水道，給水區域函蓋淡水市街全部，東起龍山寺口街，西至油車口，計畫給水人口二萬人，水源之水並兼具灌溉之用。[5]

其他如基隆水道之調查設計，當時巴爾頓與濱野彌四郎認為欲從他處引水，翻山越嶺至基隆，事實上不可能，巴爾頓等二人乃在附近地區調查水源。適值改築鐵路，開始竹仔寮隧道工事，巴爾頓乃利用開鑿機會，再次實地調查基隆河水源。翌年四月，重新提出基隆水道工事調查報告，擬向越過竹仔寮向基隆上流暖暖附近之西勢街尋求水源，後來變更其設計，至一八九九年三月，方開始第一期工事。[6]又如台中地區，巴爾頓亦勘察各地水源，苦心選擇，先後提出報告書，主張從地下水探求水源，此外另又選擇四個河水水道，作為參考。[7]台南地區則倡說向地下水源求水源，以後屢試

---

[5] 　詳見《台灣水道誌》，四〈淡水（滬尾）水道〉頁 9~34。
[6] 　詳見《台灣水道誌》，五〈基隆水道〉，頁 35~39。
[7] 　詳見《台灣水道誌》，十二〈台中水道〉，頁 125~127。

行鑿井，但因地層由細砂與黏土而成，含多量有機物，水質不適合飲用，乃改變計畫，引用曾文溪之水，採急速過濾方法。[8]

在臺北方面，巴爾頓抵臺之後，即與濱野技師，積極參與臺北地區上、下水道之布置、設計，及水源勘察等工作。巴爾頓首先就臺北盆地之地下水源廣加調查，東至大安、松山、圓山；西至新莊、板橋；南至中和、永和及古亭；北至士林、北投、蘆洲。調查得知：臺北盆地地勢平坦，無高低起伏，地下水壓力面自東南朝西北，以一／一〇・〇〇〇之緩坡流動，含水層約在地表下四五～五五公尺，水量極為豐富。巴爾頓乃建議臺北地區之給水，初期宜利用地下水，惟地下水之開發將導至地下水位之洩降，及地下水源之枯竭現象，須立法防止其濫抽，並建議於地下水缺乏後再考慮地表水之供應。[9]

另一方面，巴爾頓預定以鑽井為臺北水道之第一期水源，但需未雨綢繆，預備將來第二期水道工事時之水源問題，乃於一八九八年勘查淡水水道水源之東北方，約四十三華里半之水梘頭庄湧泉。同年又視察淡水河支流，在新店溪上游附近，發現有適當之水源地地點（即今之水源路水源地）。並

---

[8] 　詳見《台灣水道誌》，十七〈台南水道〉，頁171。

[9] 　參見：(1)《台灣水道誌》，六〈台北水道〉，頁71~76。(2)《八十年專輯》，頁4~5，8~9。(3)《台北市水道誌》（台北市行役所，昭和七年十月發行），第一章第三節，頁8~11。

且為了確保水源的衛生，更潮流而上，探查該河川之水流，遂經小粗坑、屈尺、到達約今龜山第一發電所探勘。當時龜山一帶，尚有「凶番」橫行，巴爾頓不顧危險，冒險跋涉，其志可嘉，卻不幸染上惡性瘧疾與赤痢而病倒。嗣後，回到日本東京東大附屬醫院療養，不幸在一八九九年（明治 32年，光緒 25 年）病逝，享壽四十又四，日人厚葬於東京青山墓園。而且為悼念巴爾頓生前功績，後來在台北新店溪畔水源地公館淨水場內，建置一高約一公尺之半身銅像。卻不料在二次大戰時，在日人反英反美之情緒下，此一當年被尊稱為臺灣自來水事業之父的巴爾頓半身銅像，遂被拆毀，竟成為日軍「銅像徵召」的第一個犧牲者。[10]

　　總之，巴爾頓不僅是首任臺灣衛生工事之犧牲者，而後來日據時代臺北市自來水設施工程，大體是依據巴爾頓生前之規劃施工，今日吾人在享受現代化自來水設施之時，當飲水思源，緬懷感謝巴爾頓這位先驅——臺灣自來水之父。

三、興建前的調查、規劃與定案

　　如前所述，日人據臺之初，臺北最初並無具體的都市計

---

[10]　見（1）《八十年專輯》，頁 7。（2）《台北市志》（民國五十七年刊行），第二章第一項第一目，頁 3。（3）王詩琅〈台北市衛生建設計劃人巴爾敦〉，《日本殖民地體制下的台灣》（眾文圖書公司，民國六十九年十二月出版），頁 199。

劃，最多只有應急的衛生工程。到了一八九九年八月才有第一次市區改正計畫，然而實施地區卻只限於日人居住區之城內，內容包括城內舊有道路之改進與新設道路之擬定。一九○一年，續有第二次市區改正計畫之公告，實施地區主要為南門城外和東門附近一帶，改正計畫內容同前。很明顯地，這兩次改正計畫都只是局部性的地區道路、水溝之改善與新建計畫，且以日人為優先，考慮的是衛生改善問題。總之，衛生問題的考慮，是日人都市經營首先面臨且急需解決的重大問題。此所以在一八九六年，應聘為臺灣衛生顧問之日本內務省衛生局長後藤新平，與內閣總理大臣伊藤博文，海軍大臣西鄉從道，及新任臺灣總督桂太郎同時渡臺，努力勘究臺灣衛生狀態，即以普及全臺衛生設施為殖民地開發上重要問題。並於是年薦聘巴爾頓為衛生顧問，總督府令彼踏勘臺灣，且令其視察東洋各殖民地。

抵臺後，巴爾頓首先就臺北盆地之地下水源廣加調查，見盆地地勢平坦，無高低起伏，且地下水含量極為豐富，乃建議初期臺北地區給水宜利用地下水。此外，為防止地下水開發將導致地下水位洩降及地下水源之枯竭現象，也主張立法防止濫抽，並於地下水缺乏後再考慮地表水之供應。嗣後，並進一步在一八九八年著手進行臺北地表水源的調查工作，範圍主要集中於淡水和與新店溪上游。在數次深入新店溪上游屈尺、小粗坑、至龜山第一發電所的探險式踏勘後，據以研議出翔實縝密的自來水計畫。

巴爾頓等人研議之自來水計畫草案有三：[11]

第一案：以淡水自來水源東北相距三‧六公里數水梘頭之兩處湧泉為水源，不經處理直接引至圓山配水池後，配供台北市區。

第二案：以新店附近高地設淨水廠，將新店溪溪水處理後，藉重力自然流下引至公館觀音山配水池，配供市區。

第三案：在公館觀音山山腳設取水口，自新店溪引取原水，並在觀音山山麓設淨水場（從稱新店溪慢濾廠），處理後之淨水加壓抽送至觀音山上至配水池，藉重力自然下供應市區。

當時總督府依巴爾頓等二人所提出衛生工事設計之意見，決定首先在臺北市衛進行下水道工事為急務，併行擴大道路，逐年進行。但水道工事，需要巨額經費，一時籌措困難，加以台北市有鑽井噴水可用，不感覺用水之不便，因此水道工事為之遷延。按，先是臺北之鑽井調查，自一八九九年繼續進行至一九〇七年，而該鑽井地下水脈之區域，大約為東西七英里，南北七英里半之廣大水源，故臺北市外四週村落，亦年年試掘，精密調查其水量、水位、水質情形、地質狀態、地下水脈狀況等等。其試掘方法，每掘三公尺深度，

---

[11]　參見（1）《台灣水道誌》，頁83。（2）《台北市水道誌》，頁16~17。（3）山村光尊編《台北市政二十年史》（台北市役所，昭和十五年九月發行），第十四章〈上水道〉，頁640。（4）《八十年專輯》，頁9。（5）前引書《台北市志》，頁3。

即為調查其地質、將取水盤之砂石。一九〇二年（明治 35 年，光緒 28 年）一月，在大稻埕日新街派出所基地，裝置美國式「普林」機械以鑿井，插入口徑為六英吋之鐵管，得大量噴水。後來市內十餘處，皆採用此方法鑿井，市街供水頗受其利。[12]但誠如巴爾頓所預料，臺北地區人口不斷增加，至一九〇五年（明治 38 年）左右，市區鑿井數達一千餘口，地下水位驟降，水量逐漸不敷所需，為補救是項水源之不足，遂轉而考慮利用地表水。

臺北水道，在巴爾頓返回日本後，整個水道事業的組織也有了變化，固然主要的水道計畫，以及一些基本的調查工作，已經由他完成，但工程已進入實施計畫階段。一八九九年三月三十一日，衛生工程的調查與設計事務移轉土木課管理，濱野彌四郎也由衛生課兼任土木課技師[13]。同年四月十九日，台灣下水規則公布，下水道進入法令管理階段。

另一方面，臺北水道工程的先期測量工作也開始進行，一八九九年，城內自艋舺市街圖測量完成，新店溪水源地及上游河水的實測亦於此年年內著手，次年初，實測圖面繪製完成。同年，大稻埕市街圖測量也繪製完成。一九〇一年，

---

[12] 　參見（1）《台灣水道誌》，頁 78~79。（2）《台北市水道誌》，頁 10~11。（3）《八十年專輯》，頁 4~6。

[13] 　濱野弥四郎於巴爾頓死後，接續他的工作，在明治二十九年九月四日任民政局技師，敘高等官六等，至大正六年返回日本為止，二十二年之間，參與台灣全島的市區改正與水道事業，有極大貢獻。見黃俊銘前引文。

新店溪水源至台北市街管道幹線路的實測亦完成。[14]

　　一九○三年（明治 36 年）四月，為便於臺北市自來水工程之推動、實施，及財源之籌措，臺灣總督府特別成立「臺北市街給水調查委員會」，以從事調查研究。先由當時參事官長石塚英藏任委員長，石塚去職後，改由警視總長大島久滿次繼任。所有委員名單如次：[15]

表一《臺北市街給水調查委員名冊》

委員長	明治三十六年四月任命	臺灣總督府參事官長	石塚英藏
（同）	明治四十年四月任命	臺灣總督府警視總長	大島久滿次
委員	明治三十六年四月任命	臺灣總督府技師	長尾半平
（同）	（同）	（同）	高橋辰次郎
（同）	（同）	臺灣總督府事務官	加藤尚志
（同）	（同）	臺灣總督府技師	濱野彌四郎
（同）	（同）	（同）	十川嘉太郎
（同）	明治三十七年七月任命	（同）	岡田義行
（同）	明治三十九年六月任命	臺北廳長	佐藤友熊

---

[14]　參見（1）《台灣水道誌》，頁 81~83。（2）《台北市水道誌》，頁 15~17。
[15]　同前註。

　　按，關於衛生工事設計事項，最初雖由總督府衛生課辦理，後來則劃歸於土木課管轄。當臺北自來水道開始擬訂建設計畫時，總督府技師、參事官及臺北廳長等組織成立「台北市街給水調查委員會」，經多次實地踏勘，並研議已故巴爾頓之意見，獲得結論如下：第一案因導水距離過長，水量不足，且泉水一向用來灌溉，一旦改為自來水水源，影響農作，如專用於自來水，又必須予以補償，故不予採用。第二、三案實質上並無太大類別。第二案取水地點位於河川上游，水質較佳，惟送水管線較長，較第三案之經費將多出三十萬日元。第三案取水口上游有景美、新店、深坑、屈尺等鄉鎮之污染，水質較第二案略遜，惟因取水口位於彎道外側，河床形成深淵，水流沖激觀音山腳之岩盤後，形成自然擴大的沉澱池，自淨作用甚強，有助於自來水之處理。要之，在給水量、給水管距，及財務狀況等考量之下，認為第三案實施可能性較高，故選定第三案。[16]

　　同時，該委員會以一九〇五年臺北都市市區改正計畫委員會審定的發展計畫面積，為供水區域之建設目標，計為八‧二六平方公里（二百五十萬坪），計畫供水人口暫以十二萬人為目標，基本設備則是以十五萬人為目標，以備將來擴充之需。每人每日平均供水量，參照日本與臺灣淡水、基隆實際情形，定為八十四公升（三立方尺），短時間最大用水量一六

---

[16]　同前註。

八公升（六立方尺），第一期工程最大出水能量為一二‧五〇〇ＣＭＤ。

因此一八九八年（明治 31 年）第十三次會議，總督府曾提出臺北水道工事費二百五十萬日元之預算要求，但以財政困難而被刪除。至一九〇二年，要求全臺公路修理費及築港事業費時，該水道事業費雖再度提出而編入預算要求，然考慮通過之不易，最後撤回不提出。至次屆會議期間，正值日俄為中國東北爭執之緊張時期，及至一九〇四年（明治 37年）日俄開戰，停止一切建設，以致臺北水道工事，也不得不一再延遲。[17]

最後臺北市自來水設施乃於一九〇七年（明治 40 年）開工，大抵依據巴爾頓生前規劃施工，於一九〇九年（明治 42 年）完工。新完成之新店溪慢濾廠完成年代雖較淡水、基隆為遲，居第三位，但其後之成長發展，則為淡水及基隆望塵莫及，瞠乎其後。

四、興建過程──設計、施工及供水

一九〇三年成立之「臺北市衛給水調查委員會」，依據已故巴爾頓意見，選定「在公館觀音山腳設取水口，自新店溪引取原水，在觀音山麓設淨水場，處理後之淨水加壓抽送

---

[17]　參見（1）《台灣水道誌》，頁 74，（2）《台北市水道誌》，頁 12。

至觀音山上配水池，藉重力自然流下供應市區」方案，故先期計畫以十二萬人為標準，計畫引入新店溪之河水，預計由國庫支出工事費一百八十五萬日元興建。

但為慎重其事，自一九○六年十月至一九○九年十二月止，該委員會連續於每月之十日及二十五日，取新店溪上游及現在取水口處之水樣化驗兩次，水質符合公共給水慢濾設施原水標準，其統計如下表：[18]

表二　日據時期新店溪原水水質（單位：PPM）

項目		上游	取水口
濁度		無色澄明，颱風豪雨期間有短暫的高濁度	無色澄明，颱風豪雨期間有短暫的高濁度
臭味		無	無
酸鹼度		微呈弱鹼性	微呈弱鹼性
氯鹽	最高	五・三二	六・○四
	最低	二・四八	二・四九
	平均	三・九九	四・一三
硫酸鹽		微跡	微跡
硝酸鹽		微跡	微跡

---

[18]　參見（1）《八十年專輯》，頁 11。（2）《台北市誌》卷六〈經濟志〉「公用事業篇」（台北市文獻委員會，民國七十七年十二月刊行），第一章第一項，頁 3~4。

亞硝酸鹽		無	無
氨		無	無
總固體量	最高	九四‧○○	九八‧八○
	最低	四五‧六○	三二‧四○
	平均	六七‧四○	六三‧三○
過錳酸鉀消耗量	最高	二‧八四	三‧七九
	最低	○‧三二	○‧三二
	平均	○‧八七	○‧九三
硬度	最高	一‧三五	一‧五五
	最低	○‧四○	○‧五三
	平均	○‧九六	○‧九九
細菌殖數	最高	一‧二○○	五‧二九○
	最低	四○	五○
	平均	三一九	五七三

取樣日期一九○六年十月至一九○九年十二月（明治 39~42 年）

（一）設計及構造

　　至於水廠設計係採用唧筒式及壓力式之混和方式，由河水進口至唧筒井處，以壓力導水，濾過後之淨水則用唧筒抽揚至設於高處之淨水池，再使自然流水，而供輸臺北市區。水源在距臺北市中心約四公里之新店溪右岸觀音山下之公館街，以新店溪擁有廣達約六百平方公里之水源，水量充足無虞，至於水質雖其上流有景美、新店、深坑、屈尺等村鎮，

仍屬良好。進水口設於觀音山西方山麓之溪岸，淨水裝置設於山麓東北方之平地，淨水池亦設於同一山上。淨水方法以唧筒導河水至沉澱池，用不斷沉澱法使大部分之雜物沉澱，再導入濾過池，採用慢速細砂濾過法，使完全清靜。而向市區之輸水則用壓力方式，如此兼可使消防用水及噴水得到充分之水量及高度。

關於工程各部門之設計及其構造，下分（A）進水口與水源地；（B）沉澱池與濾過池；（C）揚水設備淨水池及砂洗設備；（D）送水系統、制水及給水設備四項分述如次：[19]

A 進水口及水源地

進水口位於觀音山山麓西方，因是利用新店溪流將岩石沖激而成之廣大深淵，故無溪岸崩毀，溪道變遷之患，且因係深淵，由於自然沉澱之作用，對於水質初步淨化頗具良好之作用，第一導水井設於距溪岸七公尺餘之地點，導水井與溪水之間，舖設二十吋鐵管兩條，井內設制水瓣以清掃導水路，及防洪水以及其他之障礙。溪水乾涸時預定最低水位在基點上三‧〇三公尺，鐵管埋於低水位下約一‧〇五公尺之處。由第一導水井至第一唧筒之導水路，延山麓屈曲，利用

---

[19]　參見（1）《台灣水道誌》，頁84~103。（2）《台北水道誌》，第二節，頁17~36。（3）《台北市政二十年史》，第十四章第二節，頁640~652。（4）《台北市都市建設史稿》（台北市工務局，民國四十三年五月出版），第三章第四節，頁172~183。（5）《台北市誌》（民國五七年版），頁3~11。

山岩，於土砂部分敷設鋼筋混凝土管，延長三〇七公尺餘，為便導水路之清掃，築有窨孔（Manhole）六所。第一唧筒井，長方形，混凝土造，中砌磚間隔，下如拱門，使兩邊流通，由唧筒室接置十二吋吸水鐵管四條，另設有制水瓣以供清掃等用。第二導水井築建於距第一唧筒井前方約一四‧四公尺處，其間舖二十吋鐵管二條以為連接。

B 沉澱池及過濾池

　　唧筒井之溪水以二十吋鐵管二條，分送至築於山腹，距水面基點約十四公尺處之分水井，再分以十四吋鐵管使自然流送至各沉澱池，另以六吋之溢流及排水管將餘水排出並供清掃之用。此外又設有以二十吋之預備支線鐵管一條，不經沉澱池直接可送水至濾過池之裝置。

　　沉澱池　沉澱池內徑五一‧五公尺，深四‧五公尺，圓形，鐵筋混凝土造，其側壁頂部〇‧三公尺，下部約一公尺，內每隔三吋內以四分之三吋鋼筋縱橫列置，漸至上部漸少，壁之側面另以四分之三吋鋼筋於每隔〇‧三公尺左右橫置，底部厚一吋，全部以四分之一鋼筋編〇‧五呎網狀列置其中。來自分水井之水分由設於沉澱池背面之二條十二吋鐵管進入側壁下部，出口在其相反之一面，由一十四吋浮動管（Flooting Pipe）之作用，經常使在水面下一呎之處送水至沉澱井，另設溢流管三條、排水管一條以供宣洩餘水，及作清掃作用，沉澱井直徑約四‧六公尺，深約二‧八公尺，側壁用磚砌，

底部有混凝土造圓形井孔三處，以十四吋鐵管溝通之，各設 Rall valve 以調節過濾池之送水量，第一期計劃人口以十二萬人為目標，兩處沉澱池建設之容量為一萬五千餘立方公尺，每人每日消費水量為八三公升，沉澱時間為一月半，即以夏季耗水每人每日平均增加五〇％而言，其沉澱時間亦尚有一日，此外為考慮人口增加達十五萬人時，另經保留增建一池之餘地。

濾過池　濾過池寬約三〇・三公尺，長約三十八公尺，深約三・〇公尺，長方形，混凝土造，底部厚約一呎，其間以四分之一吋鋼筋編作五寸網狀插列，池底中央設寬深各〇・四公尺之溝渠，坡度二百分之一，池底左右兩面向溝渠同作二百分之一坡度，以第一期計劃人口為十二萬人，故築建濾過池六所，經常使用五池，餘一池作輪流清掃用，此外並留有人口達十五萬時，需增建二池之餘地，過濾速度一日夜十呎，以耗水最多之夏季每人每日四立方尺計，對於十二萬人口亦可從容供應五十四萬立方尺之用水。濾過池之裝置如次：池底舖磚兩層，其下層每磚之間向中央溝渠留有孔隙，上層密接，其上舖中石子，厚〇・四五公尺，再上舖厚〇・九一公尺之砂，砂上水高約一公尺，向濾過池之送水一方，以四部為一組，他方以兩部為一組，由沉澱井以二十吋之鐵管送水，順次縮減為十四吋，十二吋，各過濾池入口用十二吋之鐘口管，經濾過之清水，集中於池底之中央溝渠，以十二吋之鐵管為出口，井內設十二吋之自動濾過速度調節管，

以其特種作用，送水至附有裝置調節過濾速度及流量之各附屬濾過井。濾過井深三・八四公尺，直徑約二・八公尺，圓形磚造，共有六個，各井底部混凝土造，井內舖設六吋排水管，井上建約六十平方公尺之房屋，以由濾過速度調節管流入之水，經二十吋之鐵管，送水至唧筒室之第二唧筒井，過濾池之各隅設溢流管，以清除池水中浮游物及排放餘水。

C 揚水設備淨水池及洗砂設備

　　水廠為將溪水揚運至淨水工場及淨水池，其所有唧筒之動力均利用電力，電力由位於新店溪上流「龜山」、「小粗坑」兩發電所供給，輸電線由昔古亭庄變壓所沿「景尾街道」之西側接至水源地附近再西折直入唧筒室。

　　揚水設備　第二唧筒井寬三・六公尺，長九・二七公尺，深四・四公尺，長方形，全部混凝土造，有磚砌隔壁二，其一底部作拱門形與鄰部相通，另一底部穿透直徑一公尺之空洞，插銅板於壁間以為實測唧筒揚水量之裝置。由過濾池引來之二十吋鐵管二條由井之一端置入，井內設制水瓣（Valve），接裝引至唧筒室之四根十二吋吸水鐵管。井上建寬約六・四公尺，長約一四・四公尺磚造房間，以隔斷塵埃及光線。

　　唧筒分「Intake pump」「Dirivery pump」「Priming pump」三種，「Intake pump」係供將第一唧筒井之溪水揚水至分水井後再送水至沉澱池用，其一座之送水能力為五十吋高，一

分鐘二百五十立方呎，附電動機「washington」牌普通形十吋 Single Stage Centrifugai 及 Turbin Pump 與電動機置同一基座，以車軸使相連接，電動機為三相式六十 Cycle 二百二十伏特，百二十安培之交流式，實有五十匹馬力，一分鐘回轉數六百八十次。

Dirvery Pump 將水自第二唧筒井揚送至觀音山上淨水池，其一臺能力，每分鐘能送水百三十吋高，二百五十立方呎，附電動機 Washington 型十吋橫置 Centrifugal 及 Turbin Pump 與電動機置同一基座，以車軸使用連接，電動機是三相式六十 Crcle ，二百二十伏特，二百三十七安培之交流式，實有一百匹馬力，每一分鐘回轉數六百八十次。

Priming Pump 是當上述各唧筒，開始運轉時，作戽水用者，其一座能力每一小時送水約五十呎高，一百三十三立方呎，附電動機 Washington 戽水器，直徑三吋又四分之三，衝程四吋，以膠帶與電動機連接，電動機為三相式六十 Cycle 二百二十伏特，五安培之交流式，二馬力，每分鐘迴轉一千七百次。

Intake Pump 及 Dirvery Pump 各設三部，每分鐘可供水五百六十立方呎，對於預定人口十五萬之供水，尚見充份，一部唧筒之送水量以二百五十立方呎計，則經常只須開動兩部，可以讓另一部作預備及輪流休息用，唧筒室為磚砌平房，兩端充技師室及事務室。

淨水池 淨水池設於觀音山頂，全長五五‧四四公尺，

寬三〇三‧三公尺，中間設隔壁分作兩部，各部之內長二七‧二七公尺，寬約二十六公尺，水深平均約四‧三一公尺，觀音山一帶地質為軟韌之岩石，故得垂直向下掘鑿，周壁外部垂直，內部以混凝土作十二分之一的坡度。壁頂厚度南北兩面約一公尺，東西兩面一‧二公尺，底部厚〇‧三公尺，上部屋蓋以混凝土製，每部各設導流壁五個，以使池內之水不斷流動。來自第二唧筒之十四吋二根送水管，接於設置於淨水池西南隅之淨水進口井。淨水井之構造，長三‧六四公尺，寬三‧〇三公尺，全部混凝土造，井上覆以寬約四公尺、長四‧六公尺之磚造房屋。進水井之淨水以二十吋之鐵管分送各池，由配水口以二十吋之鐵管送水，通過鄰接東北隅之瓣室井與市區送水主管連絡。瓣室井內裝設有各管附屬之制水瓣，二管聯絡制水瓣，各管附屬排氣瓣及北方淨水池排水管，制水瓣等。而南方淨水池內之排水管制水瓣「鍵」使突出屋上，置啟閉器（Head Stoke）以司制水瓣閉啟，兩池隔壁頂部厚約一‧二六公尺，其中央寬〇‧七六公尺，以供通路及監視用，通路之兩端出入口設「扉」及「阻壁」，兩池之聯絡以十四吋鐵管貫穿隔壁，管端附制水瓣，其鍵使突出屋上，於屋外設司閉啟之裝置。淨水池之貯水量以十五萬人口為目標，一人一日平均水量以三立方公尺計，可供約十小時之容水量，滿水面高出基點約四二‧四二公尺，較水源地之地基高出約三‧三公尺，較臺北市南門附近之地基，高約三五‧六公尺，較大稻埕中央地點高三七‧二公尺。

洗砂設備 洗砂場設於濾過池之西北隅，各槽大二‧四公尺，角深〇‧九公尺，側壁磚砌，底作混凝土兩槽，各槽更隔成長二‧四公尺，寬一‧二公尺之兩部，一部底下設四吋鐵管接於送水管以通淨水，由底部聯絡之二丁字管使噴水。槽底部上方七吋之處，置四分之一吋厚鐵，於每隔一平方吋開徑八分之一吋之小孔，其上堆置一呎左右砂土，以鐵製之叉攪拌使通水，約十五分鐘即可使之清淨，其另一部作污水之宣洩用，於放水時將流失之砂土停積，以作次回利用，洗砂場兩處一日可洗淨濾砂約一〇八立方公尺。

D 送水系統，制水及給水設備

　　初設自來水時之臺北，東西長約二公里，南北長約三‧七公里，而積約七‧五平方公里。供水幹線以二十吋鐵管二條由淨水池送出當時之「景尾街道」，沿道路東側北向臺北市區，途中越古亭區至南門分二線，一線通過一女中（今北女）北角，另一線由南門西折出植物園之大門道路，更北折至今法院大廈處，此二線稱「輸水幹線」。

　　市區送水系統 由淨水池沿幹線輸出之淨水，進入市區後由支線更分成小支線。在市區輸水系統中，其水管在八吋以上者主要有：由昔兒玉町派出所前東側接幹線主管之十二吋管之支線，供應信義路一段，杭州南路二段及羅斯福路南昌街一帶地區。在同支線之西側另有十吋之水管接於幹線主管以供應植物園及南門外西部一帶地區。在一女中邊之支

線，西折與法院大廈邊之幹線合，以十四吋水管向北延伸，
通過明石町至北門，穿鐵路而以十二吋管接延平北路，直往
北至媽祖宮附近，是為「大稻埕支線」。另由法院大廈邊之幹
線一支以十四吋管北進，至臺灣銀行向西分至西門圓環，更
由同所穿鐵路以十二吋管延伸至祖師廟前街附近（新起町三
丁目）。一支由法院大廈邊以八吋管西向越鐵路置祖師廟後街
（若竹町三丁目），以供水「西門及萬華」地區。而在西門平
交道及圓環處有由平交道西側之八吋分管線，沿中華路西側
北上直至鐵路管理局前西折後，再北折至迪化街一帶以供水
「大稻埕」之一部。

　　其它六吋以下之水管，廣佈全市區各地，數量甚多，不
容逐一詳記。當時全市輸水系統中所用之鐵管以其口徑言共
分為七種，即二十吋、十四吋、十二吋、十吋、八吋、六吋
及四吋者，由市區中心之周圍末端而漸縮小。鐵管之埋設雖
可分「城內」「艋舺」「大稻埕」「南門外」四地區，但仍各相
聯絡，蓋其施工計劃在防止不使局部供水之停滯，且如失火
需多量用水之時，得容易供應。全部鐵管敷設延長約七萬公
尺，而除由水源地至南門之幹線主管為鋼鐵管外，餘均為鑄
鐵管。

　　制水設備　制水設備有制水瓣、防火栓、排氣瓣及量水
器四種，制水瓣與水管同分由而十吋至四吋者七種，全市區
內分設大小共四百二十九個，裝置有調節水量，及供換管，
放水、停水時啟閉用之設備。消防栓係供火災時接水用，在

平時為防止其淨水腐敗，常使排水，可分成公共給水栓連接及未連接者兩種，公共給水栓連接著大部分設於「艋舺」、「大稻埕」等所謂舊市街，其數八十六，單獨者全市區各設有一百○九個。排水瓣分於供水幹線中之南門外即接近淨水池處各設二排。量水器係供市區消費量計算用，間可助發現漏水浪費情事，設於水源地內淨水池之次，裝於約十公尺四方磚建房屋內。

供水設備　給水設備分公共給水栓，共用給水栓及專用給水栓三種。公共給水栓設鑄鐵製柱塔通水，沿街道之四吋配水管分設，其自動水栓分供一般需要用及與一般給水栓同型者二種，初設有前者八十六處，後者一百○九處，其後隨自來水使用之普及至西元一九三二年（大正7年）其數激減，僅存前者十處，後者二十五處。共用給水栓係供數戶共用者，栓塔以木製式煤氣管製，水栓以銅製龍頭為之，專用給水栓供一戶專用，於屋內任何處所裝設龍頭使用。

（二）施工及供水

第一水源工程之施工，由臺灣總督府土木局主其事，施工之初，該局特成立臨時水道課，一九○七年（明治40年4月），決定直接由該局自行施工而著手各項準備，先將水源地工程用地中之民有地之徵用及墳墓之遷移事委託臺北廳召集業主辦理，經該廳力釋說明自來水工程之必要及其為公用事

業，故終獲業主之同意，乃收購附近之頂內埔庄山腹一帶以作交換地，而付業主遷移費使遷移，水源地之全部面積平地占四萬零五百五十八坪，山地三萬零三十八坪，合計七萬二千五百九十六坪，又因工程之實施，位於觀音山西方山腹之陸軍射擊場必須遷移，經數度交涉協議後，決定遷至三張犁，同年九月著手遷移，次年之一月遷竣。

　　輸水用之鐵管分鋼鐵管、鑄鐵管、異形管、分別指定採用外國公司之製品，鐵管第一批定於一九○八年（明治 41年）二月上旬運達，運達後隨即開始敷設，全部限於一九○九年（明治 42 年）十一月運達交清。然因施工當初，台灣甚少敷設鐵管及其有關工程經驗之技工，而在日本內地亦正因技工不足方感招募困難，不得已乃決定就本工程所需之技工全部在臺北訓練，而由日本國內招募模範技工八名來台從事訓練技工。至鐵工有日本人二十四名，本省人二名，其它作為學習生，故工程得以順利進行。

A 水源地各工程

　　一九○七年（明治 40 年）七月最後之詳細測量完成，嗣續將各部工程之地點選定，購入材料，架設臺車道，臨時倉庫，臨時事務所之建築各項準備完妥，即著手水源地各部工程之興建，同年八月開始掘鑿淨水池，九月開始掘鑿進水口之導水路，淨水池之掘鑿至一九○八年（明治四 41 年）三月完成。導水路之掘鑿深入地面下約七公尺左右，至地面下

約三・六公尺處，兩邊各五分之坡度，底幅四・五公尺，其下三・四公尺之掘鑿寬二・四公尺垂直向下，樹立撐板，以支撐兩側，頂上兩側各設一・〇五公尺之馬道（Berm），以臺車運混凝土，以起重機將管吊下舖設，底部之岩石處寬四・五公尺垂直向下。施工中，適值雨季，不僅數遭坍方，且於四號窨孔處逢砂礫層，出水甚多，工事限於困難，導水井、唧筒井全部於一九〇八年（明治41年）竣工。沉澱池工程於一九〇七年（明治40年）十一月著手掘鑿，其次年著手混凝土之施工，最初於側壁之一處開始，漸伸展至兩方，使與相反之一處相遇，側壁竣工後底乃施用混凝土，至一九〇九年（明治42年）一月完成。濾過池工程於一九〇八年（明治41年）四月始著手掘鑿，其一組四部部分，側壁全部用混凝土，厚〇・三公尺以至頂點，嗣完成隔壁，最後底部再施混凝土，全部於一九〇九年三月竣工。淨水池掘鑿工程後，另舖設延長一三五公尺餘、坡度四・五分之一纜車道路，使用電氣纜車機，將材料牽運至山上，使山上工程進行加速，底部全部施混凝土，側壁一部施混凝土厚〇・三公尺，嗣更著手二部之隔壁屋頂之工程，而於一九〇九年四月將水源地各部工程悉數完成。

B 鐵管試驗及敷設工事

　　向英國訂購之鐵管預計最早亦應在一九〇八年（明治41年）一月以後到達，故水源地各部工程之掘鑿雨水排洩用之

排水管有急待日本供應之必要，爰向大阪購入十二吋、十吋、八吋管二百支，於一九〇八年十二月著手舖設，鐵管試驗地設於三板橋練兵場西方，臨接鐵道之鐵路堆站內（今華山倉庫附近）設試驗二十吋、十二吋以下鐵管及鑄鐵管各口徑用之機器三部，鐵管之運搬沿基隆線設支線接臺北車站，以原貨車運至堆站，再由站內縱橫之台車軌道運至檢驗場。一九〇八年二月以後向外國訂購之鐵管，陸續運達，隨時檢驗，檢驗一完，隨時埋設。由水源地至南門之幹線及水源地內部各地聯絡水管舖設竣事後，市區之供水線分「城內」「艋舺」「大稻埕」等區同時並進，至一九〇九年三月除市區改正道路未完成之一部分外，其餘殆全部完成，以臺北市區之道路地質悉屬硬質黏土，填補工程，大費手腳。

C 試用唧筒及開始供水

唧筒室之建築，唧筒之裝置於一九〇八年（明治 41 年）十月竣工，先試用 Intake-Pump，成績圓滿，即供水至沉澱池及濾過池使滿，其次試用 Dirivery Pump，因電動機略含濕氣，致生故障，乃兼夜設法除去濕氣，再試而成績良好，乃使送水至淨水池使滿，再與輸水幹線通水，繼至市區輸水管，而除了於古亭區南方鋼鐵管接頭處發現少許漏水外，其餘均尚良好，乃放水各處，以使管內汙水排除。時臺灣鐵道縱貫線正舉行通車典禮，十月二十二日乃特於總督官邸，鐵路飯店，公園及西門市場等處，作盛大之噴水，以為通車典禮增

一光彩，然此時之通水，尚未經充分濾過，故至一九○九年三月止免費供水各處，俟市區鐵管大部埋設竣事及濾過裝置試驗圓滿，乃於同年三月公布「給水規則」，而於同年四月一日開始正式供水。

D 工作日及工程費

　　自一九○七年四月開工，至一九○九年六月竣工完成，共費時二十六個月，其中晴天二百三十八日，雨天九十日；陰天二百日，半晴半陰百五十九日，半雨半陰百八日，半晴半雨十六日，總計八百十一日，天氣尚屬較佳，在此八百餘日中主要勞動力有磚瓦工、木工、石工、泥工、鐵工、鉤挽工、搬伕、潛水伕、拖木工、雜工等、共使用日本人工十二萬三千四百七十餘工日，本省人工五十萬三千五百六十餘工日。主要材料之鋼鐵管，鑄鐵管及異形管總計用三萬八百六十六根，其它杉木圓材、杉板、杉角松板、磚、水泥、火山灰、砂礫、洗砂、濾砂、栗石、硬石、鋼鐵、鉛、蔴線等材料均經使用，工程費用之內容如次：

項目	費用	百分比
水源地工程費	六十一萬三千四百二日元	33%
鐵管及敷設費	九十八萬四千六百五十五日元	53%
地價	七萬五千三百七十一日元	4%
建築物	九萬九百四十九日元	5%
機械器具費	四萬三千七百九十四日元	2%

運費	五千四百八日元	0.3%
測量及監工費	六千七百九十日元	0.4%
雜費	二萬五千六百四十五日元	1%
合計	一百八十四萬九千九百八十四日元	

　　要之，整個工程費用，早在一八九八年，臺灣總督府曾提出總督費二百五十萬日元的台北自來水工程建設議案，未被採納。迨一九〇七年該案經台北市街給水委員會審定通過，經費始告確定，由臺灣總督府負責全部工程費用。而工程費用實際支出一百八十四萬九千九百八十四日元。

　　當工事實施進行中，即於總督府土木局內設臨時水道課，以掌理建設事務及技術工程諸事宜。至於台北自來水道建設完成後之事務執行管理，初隸屬於台灣總督府土木部工務課。一九一一年（明治44年）土木部廢止，設總督府作業所，由作業所水道課負責辦理，到一九一九年（大正8年）隨臺灣電力公司成立，又廢作業所，乃將水道事務劃歸臺北廳管轄，又移於臺北市公所接辦，遂在臺北市庶務課置水道股（係）管理。一九二六年（昭和元年），設土木水道課，及將一切工事、配水事務等，歸由同課水道股執行，而自來水費則由財務課徵收，直到台灣光復。[20]

---

[20]　參見：（1）《台北紀實》〈衛生篇〉〈附記二〉，頁137。（2）《八十年專輯》，頁28~29。

五、日據時期的擴建

以人口十二萬，每日最大供量十二萬立方尺為目標之臺北自來水工程完成不久，即因臺北都市急速發展，而至一九一四年（大正 3 年）人口已達十三萬三千餘人，用水量大增，而感到供水恐慌，乃不得不謀擴充，擴充工程於一九一六年始，至一九一九年三月完工，亙歷三年，主要是水源地擴充工程與市區供水線之延長[21]：

一、水源地擴充工程

一九一六年增建過濾池，過濾井及井上之建築物各二個，構造與當初設計者同，且就原留空地與既設者接連建築。

同年著手增設口徑十吋二段，送出橫置型之渦輪壓水唧筒（Turbin Pump）一座，揚水量每分二百五十立方公尺，全部揚程百四十呎，唧筒之供電，由水源地附近之水道町火力發電所，架接二千二百伏特之高壓三相三線之電線，長三千五百公尺，於一九一七年竣工。

另增建洗砂場，其基礎敷以〇‧〇五公尺之圓石，上施厚〇‧〇五公尺之混凝土，方約一八公尺，取十五公尺之間隔，左右建二個，每個中間隔以〇‧〇二公尺之隔壁，分別前後兩室，隔部較其周圍頂部略低，前室之前壁設汙水出口，

---

[21] 同註 19。

後室於高出底部〇‧三公尺處，置厚四分之一吋鐵板，其板每平方吋貫十六分之三吋小孔一個，由下送水，水由小孔噴上使積於板上污砂攪亂，而於洗滌後送入前室沉澱，污水由出口處排出，工程於一九一六年施工至一九一九年三月全部擴張工程完成。

二、市區供水線之延長

於水源地擴張工程施工同時，市區供水線亦斟酌實際需要進行延伸，其八吋管以上較重要路線有敕使街道線（今中山北路線），其水管由北門十字路右轉經今忠孝西路至臺北州廳（今監察院址），北折沿中山北路而至雙連。此線由雙連再西折入大稻埕。另此線由臺北州廳前向東分出一線，沿忠孝東路至今臺北科技大學（原台北工專）。而大稻埕方面則增設兩線，一線由今延平北路、長安西路口，延長安西路經昔臺北市政府前與「敕使街道線」接通，一線由延平北路延伸至路尾，至「艋舺」及東門（今信義路二段）方面均有增設，計增設延伸長度達約六千公尺。全部於一九一九年三月完工。

關於此次擴建工程經費之支出，其詳如下：

一九一六年度增建濾過池，洗砂場及其附屬鐵管鋪設工程費合計為三萬三千百三十六日元餘，唧筒裝置費一萬二千四百九十八日元餘，唧筒基礎裝設及附帶鐵管工程費八百三十日元，其他監工雜費等三百五十日元，總計四萬七千八百

十四餘日元（併庫存品三千五百十四餘日元計入）

　　一九一七年度高壓線工程費二千二百九十二日元。

　　一九一八年度之工程費有濾過池，濾過井及沉澱池之增補工程費三萬一千六百十五日元，建築物二千五百日元，鐵管及其鋪設費一萬五千九百三十日元，及監工雜費一千一百日元，旅費一百五十日元，合計五萬一千二百九十五日元，總計三年擴張工程費共為十萬一千四百零一日元餘。

　　但由於人口不斷增加，供水能力雖發揮至最大極限，亦仍感不足應付，至一九二四年，為緩和水荒，乃分兩方面著手，一方面就舊有設備加以修換改進，一方面仍進行水錶制度，用計量付費辦法，以減少用水之浪費。

　　關於修換改進設備，其中主要者有增設二百馬力之唧筒一部及水源地淨水池壓水（押揚）線鐵管等，俱於一九二四年二月完成，計歷時四月餘，前者耗資四萬二千餘日元，後者耗資二萬八千五百餘日元。

　　關於用戶裝設水錶制度之推行，不待用戶申請，全部由政府強制更換，其必須之水錶及材料等費，共三十七萬三千日元，一九二四年向銀行借款，分四年攤還，購入裝置之水錶計一萬七百四十四個，其中專用栓口徑一吋者七百十三個，四分之三吋者一千八百個，二分之一吋者九千五百個，共用栓口徑一吋者四十三個，四分之三吋者一千五百十二個，二分之一吋者九千一百八十九個。

　　經過第一次擴充之工程，以後又逐漸改良淨水池壓水線

鐵管之設置，及唧筒（幫浦）之改良或新設，使給水適應需求。再加上實施計量收費制度，新制度的實施使消費水費較原來按口計費，放任用水時情況改善，約節省 25% 用水，但時間一久，節約用水觀念又逐漸為人淡忘，致用水量再度升高，何況臺北市建設方興未艾，市區逐漸擴大，人口激增不已，用戶增加，是以缺水之威脅仍然存在，乃有於新店溪外另籌建一新水源地之議。

調查檢討之結果，以今大屯山方面之湧泉較為適合，有三大自然湧泉：第一水源位於竹子湖南方約一公里，七星山西麓標高五四一‧三公尺處，其水自溪壁湧出，隔溪谷面向大屯山南峰；第二水源量既不多，水質亦較差；第三水源位於北投紗帽山之南麓標高三〇三‧二六九公尺處，其水自溪流之中崖湧出。分析討論結果，第一、第三水源地質穩固，原水潔淨，不需使用淨水消毒即可應用，乃決定採用。兩水源湧水量，加上前新店溪河水合計，實可供三十二萬人之用水，且初以本市人口增加率 26% 算，足可夠用到一九六〇年。於是在一九二七年（昭和 2 年，民國 16 年）開始工程設計及各項準備工作，翌年五月正式開工，至一九三二年三月始告完成，歷時五年，其施工設施與經過，由於非本調查報告主旨所在，茲略而不談。從大屯山（今稱陽明山）第一、三水源完成後，維持十年之久，又因市區人口增加，夏季供水不足，乃於一九四三年（昭和 18 年，民國 32 年）六月新闢第四泉水水源，同年七月竣工。其他如士林、北投、內湖

均有增闢水源之舉，茲亦略而不談。[22]

六、光復後的變遷

　　自一八九六年日人在淡水籌辦台灣第一個自來水系統以來，到一九四五年約五十年期間，日人在台灣本島各大城鎮、港口、及日人集居地，設置自來水設施一一八個系統，總供水能力每日二三六‧六〇〇立方公尺，設計供水人口一百四十二萬人，供水普及率為 22%，可謂尚具規模。尤其台北市至一九四五年，其設備之供水能力，包括水源設施、輸水管線等，可供應三十二萬人口之用；同時水源分散台北市南北兩方，著眼於供水之確實可靠，其規劃設計之先進理念，令人佩服。

　　不幸第二次世界大戰末期，因太平洋戰爭之影響，人員器材俱缺，不僅自來水之發展受到阻礙，無力增設，且養護亦難以為繼，後又受盟機轟炸破壞，尤以管網系統，損壞至鉅，供水幾近癱瘓。光復後數年之間，以搶救恢復原有設施功能為主要工作。並於一九四六年（民國 35 年）在新店溪淨水場原設取水口上游四〇公尺處，新建取水抽水站一座，裝設一百匹馬力，揚程二十五公尺，抽水容量每分鐘一一‧四

[22]　詳見（1）《八十年專輯》，頁 17~28。（2）山村光尊篇《台北市政二十年史》，
　　　第十四章第四節〈第二次擴張工事〉，頁 659~686。

七立方公尺之透平式抽水機，埋設口徑五〇〇公厘鑄鐵導水管至分水井，穿越山嶺地段，開鑿三十二公尺長隧道作為管路，增加供水量一〇·〇〇〇 CMD。全部工程於五月開工，八月完成。一九四九年十月，再安裝同型抽水機一部，提高抽水能力，水量增加為二萬 CMD。[23]

　　其他如：（1）新店溪水源地濾過池濾砂更換工程；（2）水源地清除及防彈壁防彈層撤除工程；（3）水源地排水管改修工程（以上為民國 35 年事）；（4）水源地新機房送水鐵管復舊工程（以上為民國 36 年事）；（5）水源地新機房防水工程（以上為民國三十七年事）；（6）水源地新機房進水路新設工程，原進水路每遇下雨颱風不能進水，故新設口徑一五〇公分水泥管進水路（以上為民國 38 年事）；（7）水源地新機房增設建房屋工程；（8）水源地加設空襲偽裝工程（以上為民國 39 年事）。大體而言，均為復舊保養，或修理改善之小工程。[24]

　　一九五〇年後，政府爭取美援會之資助，開始為台灣各地方從事新建新興擴建工程，省府亦編列預算補助，一時大有進展，惟以大陸撤守，臺灣人口急遽增加，擴建成果為之抵銷，故供水普及率並無顯著提高。而台北市人口在一年之間，由三十七萬人增至四十八萬人，故給水之需要隨之迫切，

---

[23]　《八十年專輯》，頁 34。

[24]　前引《台北市志》（民國七十七年新修本）卷六〈經濟志〉「公用事業篇」，第二章第二項第一目，頁 59~61。

但因水源設備有限，供水困難，乃在一九五〇年擬訂擴充水源計劃。除洽借台糖公司萬華深水井兩口，加以修復作為臨時水源，提供萬華地區使用外；再就新店溪水源地內增設快濾水廠一座，於一九五二年二月底完工，是當時台灣地區最先興建較具規模之快濾水廠。[25]但由於市區人口仍在不停增加，為適應情勢，配合都市發展需要，遂於一九五三年（民國 42 年）擇定近郊士林雙溪開闢新水源，由工務局主辦，嗣由自來水廠接辦，於一九五六年（民國 45 年）修建完成，正式送水，翌年五月，再加改善，增加送水量。

一九五七年起籌辦大台北區第一期建設計劃，歷時七年，於一九六四年（民國 53 年）四月，完成台灣規模最大之蟾蜍山淨水廠，設計最大容量二〇〇・〇〇〇CMD，但此一大幅度增加之水量，仍無法滿足當食之用水需要，部分地區仍需依賴地下水供應。台北市於一九六七年七月一日改制為直轄市後，水廠續於一九六八年開始辦理第二期擴建工程，於一九七一年（民國 60 年）四月完成，再度增加二〇〇・〇〇〇CMD 之出水能量，但仍嫌不足。乃續於一九七二年十月辦理第三期擴建工程，一九七七年（民國 66 年）九月完工。由於估計僅能維持到一九七九年左右之正常供水，乃著手第四期擴建工程，興建大型水庫，即台北市民熟悉之翡翠水庫，全部工程已於一九九一年六月完成，出水能量已能充分供應

---

[25] 同註 23、24。

而且有餘。[26]

　　新店溪為台北市自來水建設唯一可利用之水源，但由於乾旱期溪流流量不足，需在適當地點築壩貯水。經勘查以粗坑電廠上游直潭村附近之峽谷最為適當，故計畫在該處建閘門控制浮式壩，是為今直潭壩。又直潭壩以下為方便溪水之引取，與電廠尾水之調節，必須設調節堰，嗣後選定設在青潭，新淨水廠設在新店溪淨水廠內，原水全部由青潭經導水隧道、涵渠至蟾蜍山淨水廠。因取水口上移至青潭堰，遂廢除原有近七十年歷史之公館取水口，並在原址改建日供水量四十八萬立方公尺的快濾淨水廠，故將西側沉澱池拆除，其餘沉澱池及慢濾池亦隨三期施工進度逐一拆除，而使新店溪慢濾設施成為歷史陳跡，於一九八七年（民國 76 年）功成身退。

　　一九九二年，今總統李登輝先生於巡視台北市自來水建設時，曾殷殷垂詢這棟唧筒（抽水機房）的老建築物，並指示應善加維護，內政部亦隨之將其列為國家三級古蹟。之後，這棟具有歷史意義的建築物經初步維修整理，於翌年九月二十七日第一次對外開放，供民眾參觀，成立「自來水博物館」，為台灣自來水歷史傳承作一現身說法，也為「飲水思源」一詞作一最有意義的註腳。

---

[26]　參見（1）《八十年專輯》，頁 89~125。（2）同 24 前引書《台北市志》，第三章，頁 220~275。

七、小結

臺北市自來水事業，早在劉銘傳撫臺時即已展開計畫，惟乙未割臺，事不果行。日人佔領之初，即委英人巴爾頓（William Kinninmond Burton）勘查水源，於一九○七年（明治40年），著手興工建造。當時採取巴爾頓計畫三草案之三：於臺北市西南觀音山山麓設淨水廠，吸引新店溪溪水至山頂淨水池，再送水至市區。一九○七年七月水源地全部測量設計工作完成，即陸續選購各項器材興工建造。計有：（1）淨水池（一九○七年八月著手開鑿，次年三月完工）（2）取入口導水路（一九○七年九月著手興工，適遇雨季，屢次崩毀，砂土淤塞，直到翌年八月，始與導水井及泵浦井等同時竣工）（3）沉澱池（一九○七年十一月興工，一九○九年一月完工）（4）過濾池（一九○八年四月著手開鑿一組四座，一九○九年三月全部完成）。

當水廠工程陸續興工之後，復於一九○八年鋪設配水管，至翌年次第完成。同年三月免費送水試驗，並公佈給水規則，同年四月一日正式開始給水。嗣後因北市人口增加，曾先後兩次擴充工程，並實施計量給水制，以舒解缺水危機。先是在一九一六年（大正5年）增築過濾池過濾井各一座，且改良唧筒用動力送電裝置以增加抽水能力，以上各項工程於一九一七年完工。同時期又自一九一六年增築二洗砂場鋪裝卵石，上鋪三合土床，並且在市區延長配水管工程，直至

一九三二年（昭和 7 年）始全部完工。另，全市量水器亦於一九二四年裝竣，次年修正給水條例，於同年四月一日正式實施，後逐漸改良淨水池押揚鐵管之設置，及泵浦之改良或新設，使供水適應需求。

第一次擴充工程完成，給水量大增，可供十五萬人口之用，但此後台北市區逐漸擴大，用戶增加，市區給水，又面臨新危機，消極方面，一九二五年實施計量給水制，以節約用水，暫緩缺水危機。惟從長期發展看，勢必要增闢第二水源，經調查結果，擇定大屯山方面二湧泉作為新水源。於一九二七年興工，一九三二年三月全部完工，費時五年有餘。其間利用由草山水源至圓山貯水池之水力落差，於三角浦裝設水力發電所，所有電力除部份用以送水外，大部份讓售給臺灣電力公司轉供附近一帶使用。不到十年又因給水人口續增，乃於一九四三年（昭和 16 年）六月，在草山水源增闢第四水源，同年七月完竣，用以補助市區供水。

總之，自一八九六年（昭和 29 年）在今淡水鎮籌辦第一個自來水系統後，至一九四四年（昭和 19 年）止，凡四十九年，日人在臺灣各大城鎮港口及日人集居地設置自來水設施計一一八座系統，總供水能力每日二十三萬六千六百立方公尺，設計供水人口一四二萬人，供水普及率為百分之二十二，四十九年間每年平均發展普及率為百分之〇‧四五，供水能力約每日四千八百立方公尺，可謂尚具規模，貢獻不小。惜在二次大戰末期，因戰火之破壞，不僅自來水發展受阻，

且人員器材俱缺，養護亦難以為繼，供水大為失常。

臺灣光復初年，政府先致力自來水設備之修復，以維持正常供水，至一九四九年（民國 38 年）才大體恢復戰前舊觀。一九五○年後，政府爭取美援會之資助，開始為各地方從事新建或擴建工程，省府亦編列預算補助。惟以國府自大陸撤退，臺灣一時人口大增，擴建成果為之抵消，雖經初期十餘年之努力，但供水普及率並無顯著提高。自六十年代起，開始實施自來水事業長期發展計畫，才有長足進步，在供水人口、出水能力、普及率等等均大幅提高，而臺北市也興建大型水庫，於一九九一年六月完成翡翠水庫工程，出水能量已能充分供應大臺北地區居民。原臺北水道的新店溪慢濾池設施於一九八七年也功成身退，成為歷史陳跡。一九九三年經內政部評定為三級古蹟，並經初步整修，於同年九月二十七日第一次對外開放，供民眾參觀，並成立「自來水博物館」。嗣後數年整建修復，於二○○○年四月三十日上午舉行全國第一座自來水博物館揭幕暨慶祝五一勞動節園遊會。自來水博物館分成博物館、輸配水器材展示區、公館淨水廠、後山步道區及親水戲水區等五大部份，總開放面積超過七千八百坪。二○○一年五月經古蹟學者專家會勘審查，其範圍除原有之唧筒室外，增列指定觀音山蓄水池、量水室、渾水抽水站等三處建築為古蹟本體，名稱也改為「臺北水道水源地」，於二○○二年二月五日由臺北市政府文化局公告確定。二○○三年十一月十五日啟用全國第一座結合風力與太陽能的發

電設施，產生的電力可供應園區水循環、省水器材，以及戶外照明所需動力。除了發電設備，一旁尚有電子顯示器，可即時顯示日照強度、風速、太陽能和風力的瞬間發電量，累積發電量，相對減少的二氧化碳排放量，相當效用之綠地面積等等，而且相關數據皆連線到工研院供紀錄研究之用，深具教育與實驗之意義。

附錄

〈蘇花公路安魂碑記〉

蘇花古道肇建，始於前清同治末年提督羅大春所闢。日據末期日人復拓，名斷崖公路。光復後拓寬延長，正式命名蘇花公路，於東部交通運輸，裨益甚鉅。

此路依山傍海，一旁斷崖壁聳，幾無插足，一邊海天蒼茫，寒波射斗。雖有山海美景，更有山海之奇險。路通以來，地震坍方不絕，颱風暴雨時有，道路阻斷，有行路之難。

民國九十九年十月，梅姬颱風來襲，與東北季風共伴，暴雨橫空傾捲而來，山水高漲，海潮外湧，遍地土流，漫溢氾濫，造成用路民眾四百餘人受困，車輛墜海，死傷失蹤者二十六人，為八十年來最慘重災難。

今碑體粗成，魂魄安奠。余登臨眺望，雖光景改觀，仍

有青山白骨之哀，行旅過此，不免悲咽太息。學棣簡崇濯君，囑作碑記，期慰幽魂。余愧不能文，略為整衣，謹以五柳先生詩祝奠：「縱浪大化中，不喜亦不懼，應盡便須盡，無復獨多慮。」誦畢告退，時明月照空，朔風勁哀，天上人間，一片耀眼。

宜蘭佛光大學教授

卓克華 敬撰

中華民國一○○年十一月十三日

〈後記〉

　　這本論文集多年前就已打字成稿，卻因事遷宕，拖延至今，才勉強校對出書。本書基本上是將我歷年來有關「古道」的研究案論文收輯在一起，如淡蘭古道、八通關古道、南部古道、新竹朝山官道；及廣義的「交通」史，如海關、郵局、火車站、燈塔、柵門、自來水廠等等論文也收輯一起。附錄〈蘇花公路安魂碑記〉，原是為當年罹難者所寫的一篇追悼安奠的碑文，立碑勒文之後，反應熱烈，出乎我意料之外。由於與蘇花公路有關也收入本書作為附錄，聊為紀念。

　　有關古道交通史的課題，在台灣史的研究中是屬於較被漠視、冷門的領域，個人不才，只是因緣際會，接了這些研究案，才涉獵其中，多年累積起來有十篇，二十多萬字，算算可以輯稿出書了。但這個領域究竟不是我的專長、強項，遂一再拖延至今才動手校對。原想趁機再作一番增補，卻因多年來未再涉

及此領域，生疏的很；且個人二次中風，年已花甲，精氣體力日衰，不可能再前往探勘田調；加上前些日子浴室洗澡，不小心跌倒，撞及後腦，導致輕微腦震盪，醫生再三交待，不可多勞累，原想作一番增補的計劃，只好打消，只有等待未來有志者再予增補、修正了。

我對古道的涉獵入門，主要是拜讀前輩唐羽先生與楊南郡先生的諸多著作、鴻文，啟發甚多，受益不淺，按照慣例我個人每出一本新書，必會獻給我所敬愛佩服的學者、師友，因此個人將這本古道交通史的論文集敬獻給兩位先生。

也如同慣例，每一本新書我也會找二到三位認識我、熟悉我的好友寫序，這次承蒙中研院台史所的陳宗仁先生與前二二八館館長謝英從先生賜序，在此謝了。只是有趣的是：兩人的序明顯突出了「學院派」學者，與「民間派」學者的不同觀念、思維與價值觀、主流與非主流論述。

我近二十年多所接的古蹟研究案，雖是個別的，具體的史實或地方性事件。這種研究取得的結果往往是局部的，不太可能推廣到某大事件或大時代的各種歷史現象的所有層面，但它卻極有可能對台灣史的整個時代背景提供重要補充性的說明，簡單地說，我之研究符合現代微觀史學的興起，我所承接的古蹟研究案不是宏觀的共同體（如國家、民族、經濟…）但透過地方古蹟的研究，卻是對一個個具體的有名有姓有血有肉的「人」、「物」進行研究，而不是把「人」、「物」作為一個抽象概念來研究，我企圖通過一個個「古蹟」的研究同時看到或

折射出其他方面的大現象、大潮流，也就是俗語所說的「以小見大」、「見一葉落而知秋到矣」的意境。另外，我十分重視研究成果在敘述形式上的可讀性，生動性、實用性（雖然英從兄序中用「實用史學的典範」來稱讚我，肯定我的研究成果，我有自知之明，實在愧不敢當）以吸引更廣大的讀者。

二十多年來我被困在「古蹟史」這個領域，足跡踏遍臺澎金馬四地，悠遊自得，一派自樂。雖企圖橫跨「學院」、「民間」兩派，彌逢其間，盼能雅俗共賞，看來「革命尚未成功，同志仍須努力」，我這「先行者」，同時也是「獨行者」，腳步依然踽踽獨行，身影還是孤單一人。不管如何，多年舊稿，出書在即，且逢農曆新年，了卻多年書債，固一樂也，是為「後記」。

卓克華

于三書樓 104.2.11

國家圖書館出版品預行編目資料

臺灣古道與交通研究─從古蹟發現歷史卷之二 /
卓克華　著　-- 民國104年4月 初版. -
臺北市：蘭臺出版社 -
ISBN： 978-986-5633-05-9(平裝)
1.臺灣史 2.史蹟
733.21 104003979

臺灣史研究叢刊 12

臺灣古道與交通研究──從古蹟發現歷史卷之二

著　　者：卓克華
執行主編：高雅婷
執行美編：林育雯
封面設計：林育雯
出 版 者：蘭臺出版社
發　　行：蘭臺出版社
地　　址：台北市中正區重慶南路1段121號8樓之14
電　　話：(02)2331-1675 或(02)2331-1691
傳　　真：(02)2382-6225
E─MAIL：books5w@yahoo.com.tw 或 books5w@gmail.com
網路書店：http://store.pchome.com.tw/yesbooks/　http://bookstv.com.tw
　　　　　http://www.5w.com.tw、華文網路書店、三民書局
經　　銷：成信文化事業有限公司
地　　址：台北市中正區重慶南路1段121號5樓之11室
劃撥戶名：蘭臺出版社　帳號：18995335
網路書店：博客來網路書店 http://www.books.com.tw
香港代理：香港聯合零售有限公司
地　　址：香港新界大蒲汀麗路36號中華商務印刷大樓
C&C Building, 36,Ting, Lai, Road, Tai,Po, New,Territories
電　　話：(852)2150-2100　　傳真：(852)2356-0735
總 經 銷：廈門外圖集團有限公司
地 址：廈門市湖裡區悅華路8號4樓
電 話：（592)2230177　　傳　真：(592)-5365089
出版日期：中華民國104年4月 初版
定　　價：新臺幣680元整

ISBN　　978-986-5633-05-9